住房公积金高质量发展研究

主　编：吴　铁

副主编：王战洪　耿占合

燕山大学出版社

·秦皇岛·

图书在版编目（CIP）数据

住房公积金高质量发展研究 / 吴铁主编. -- 秦皇岛 :
燕山大学出版社，2025. 3. -- ISBN 978-7-5761-0809-5

Ⅰ. F299.233.1

中国国家版本馆 CIP 数据核字第 2025P8A657 号

住房公积金高质量发展研究

ZHUFANG GONGJIJIN GAOZHILIANG FAZHAN YANJIU

吴 铁 主编

出 版 人：陈 玉
责任编辑：朱红波 **策划编辑**：朱红波
责任印制：吴 波 **封面设计**：刘韦希
出版发行：燕山大学出版社 **电 话**：0335-8387555
地 址：河北省秦皇岛市河北大街西段 438 号 **邮政编码**：066004
印 刷：秦皇岛墨缘彩印有限公司 **经 销**：全国新华书店

开 本：889 mm×1194 mm 1/16 **印 张**：19.5
版 次：2025 年 3 月第 1 版 **印 次**：2025 年 3 月第 1 次印刷
书 号：ISBN 978-7-5761-0809-5 **字 数**：458 千字
定 价：99.00 元

编　委　会

序　一

吴　铁

在奔涌不息的时代浪潮之中，住房公积金似一颗璀璨明珠，以其独特的地位，镶嵌于国计民生这一宏伟壮阔的版图之上。作为一项立意深远的创举，这一制度犹如一座承载着希望与梦想的桥梁，一端连接着亿万家庭对幸福家园的炽热向往，另一端则肩负起助力社会经济稳健发展的重大责任。

作为住房公积金事业发展的亲历者和践行者，我有幸全程见证了住房公积金制度在岁月长河中从萌芽破土、初显新绿，到茁壮成长、锐意变革的辉煌历程。我深知其中的艰辛，也为其取得的非凡成就感到自豪。追忆往昔，它从最初单纯为职工购房提供基础资金支持这一基本功能起步，凭借自身顽强的韧性与蓬勃的活力，逐步拓展至租赁住房保障、老旧小区改造等多个维度与领域，始终全方位、深层次地契合着社会经济发展的动态需求，为时代的脉搏跃动注入了新鲜血液。

当今，我国的经济格局正经历深度结构性调整，房地产市场呈现出前所未有的复杂态势。站在新时代这一充满机遇与挑战的全新历史坐标上，探索住房公积金迈向高质量发展的通衢大道，成为亟待我们倾尽全力、攻坚突破的核心任务。

作为河北省首部住房公积金行业论文著作集，《住房公积金高质量发展研究》如同一场及时雨，精准滋养了这片亟待创新开拓、蓬勃发展的广袤沃野，积极回应了时代召唤与行业使命。各位作者凭借深厚的学术功底和丰富的实践经验，从制度改革、风险防控、数字化建设等多个维度，对住房公积金高质量发展进行了深入研究，也为我们展现了行业工作者们鲜活的奋斗历程和不懈追求的精神风貌。这是一次有益尝试，更是一个良好开端。今后，我们将继续研究丰富学术交流的方式方法，让越来越多的行业新秀能够崭露头角，共同描绘一幅幅住房公积金高质量发展的斑斓画卷，为各地从业者提供宝贵借鉴。

开卷有益，厚德载物。我满怀热忱地祈愿这本书能成为行业同人手中的一把钥匙，在迷茫困惑之际为大家打开一扇启智之门，在探索创新之途激发新鲜灵感。我坚信，每一位翻开此书的人，都能从中汲取智慧与力量，在住房公积金高质量发展的漫漫征途上，踏出坚定自信的步伐，向着充满希望的未来阔步前行。让我们携手并肩，共同绘制住房公积金事业的宏伟新画卷，镌刻下属于这个时代的辉煌印记！

（作者系河北省住房公积金研究会会长、河北省住建厅原一级巡视员）

序　二

莫鹤群

“河北省住房公积金研究会”，此十一字，今已为独特而耀目之名片矣。甲辰龙年，该会循互利、共襄改革、同谋发展之径，与全国市长研修学院、燕山大学住房公积金研究中心等诸单位携手，共缔战略合作之框架协议。继而，与河北神玥软件科技股份有限公司联袂，举办“神玥杯”住房公积金论文大赛，并于秦皇岛盛启住房公积金高质量发展研讨交流会，群贤毕至，少长咸集。会上广纳英才，为首批六十六位专家颁授聘书，为九十九名论文作者赐奖以彰其能。同时，将洋洋洒洒四十余万字、分八篇之《住房公积金高质量发展研究》辑录成册，付梓于燕山大学出版社，并嘱余为序。借此机缘，余亦欲将推动“住房公积金高质量发展研究”之构想至实践之路，点滴甘苦，付诸笔端。

一

历史长河中，住房公积金制度犹若璀璨明珠，镶嵌于我国住房保障体系之内。其自诞生之日起，便承载万千职工安居之梦，成为房地产市场平稳发展之重要推手，于经济社会发展之宏伟画卷中，留下浓墨重彩之笔触，其重要性不言而喻。

昔岁乙酉深冬，挚友战洪来电相告，河北省住房公积金研究会换届，新任会长吴铁，乃河北省住建厅原一级巡视员也，其有志于事，能成事，欲求支持，余乃其所欲见之人。吴铁会长履新之后，数月间频赴省内外考察调研，终以神玥软件股份为依托，定“创新、协调、绿色、开放、共享”之题，启住房公积金高质量发展之研究。

腊月二十六日，吴铁会长、耿占合常务副会长，偕战洪教授至编辑部。是夜，众人聚于长沙之小肆，于静谧夜色中，探讨渐入佳境。“战略合作”之事宜何以筹备？需何等规划与步骤？如何获各方支持，以融入全国住房公积金之整体布局？诸般问题，萦绕心头。众人促膝长谈，将思绪一一梳理，渐成发起全国性“神玥杯”住房公积金论文大赛之构想。

“神玥”二字，意蕴深远。历代文人以“神玥”入诗，如康熙朝进士戴亨所作“神玥扼龙颔，奇犟探凤穴”（《竹林山纪异》），神玥科技股份亦以此为文化地标。“神”者，神秘、神奇、神圣之谓也；“玥”者，古传说中神珠之名。神玥即诗，诗即神玥，寓时光流逝、人生无常之感慨，以及对理想美好事物之追求。以“神玥”之名征文，神玥股份公司与住房公积金行业相得益彰，亦能赋予人生哲理之深刻思考，使其气质更添悠远温润，有望为当代住房公积金事业添一抹亮丽之景。

二

吾辈之人，常有独特意趣。会议之际，余有幸邂逅诸多新老友朋。其言谈举止间之睿智幽默、深厚人生阅历与审美修养，皆令余受益匪浅。与之相处，余深感一种更广阔之人文关怀与创造活力。

住房公积金人之敏锐好奇，无处不在。秦皇岛金台酒店之内，初至同人皆沉醉于海风海韵、涛声沙影之中。高远刚身着运动短衣短裤，自火车站跑步至下榻处，拍照时戏言需拿出“作案工具”（横幅）方不虚此行，引得众人欢笑不已。

王战洪重沉淀积累，深思熟虑，其文如陈年老酒，醇厚绵长。所著《住房公积金文集》，彰显论文之精练与文学传承之底蕴。

郝毅女史，来自吉林，曾任辽源中心党组书记、主任。其任期内，辽源中心打造书屋、刊物、歌曲、文化长廊、节目、宣传片等诸多文化成果，收获锦旗、奖牌、荣誉无数。党建引领、文化铸魂、服务优先、数字赋能之下，干部职工齐心协力，勇毅前行，终获五个“中字头”殊荣，成为行业翘楚。其对住房公积金情深义重，此次会议，只为见同人一面，遂夜飞而至，次日晨又飞而返。

李侃者，山东省住房公积金协会之长也，其声情并茂之朗诵，曾响彻泉城，俨然成为网红朗诵界之翘楚。

河南省住房公积金研究会之长李海成，晨起即于海滨驰骋，对秦皇岛之生态环境赞不绝口，言将此天然宝藏细心呵护。

侯运通，质朴无华，才华横溢，学养深厚。其曾任洛阳中心主任，散文造诣颇深，以精进为人生乐事。虽公务繁忙，仍虚心求教于名师，于韵律间探寻诗意之美，恰到好处。

更有梁硕、胥春华、贾卫东、曹国华、尹雪松、段兰兰、王中华、高艳靖、舒磊、邢云、蔡勇等住房公积金界之群英，不论资历深浅、名声大小，皆因心中那份对住房公积金之挚爱而汇聚一堂。彼等多元之思想、真挚之情怀，使得聚会独具魅力。余愿日后能更多地探寻彼等创作之心路历程，领略其生活与工作之智慧，相信必有更广阔而深远之发现。

三

专家学者群策群力，智慧碰撞，终得一系列极具价值之论文成果。此等成果，多维度地为住房公积金之高质量发展提供了坚实之理论支撑与实践指引。

张掖冯娟女士，深研住房公积金制度改革之道，强调“不以营利为目的”乃其社会保障之本质。若以金融逐利视之，中低收入家庭恐难享其贷款之利。三十余载实践昭示，此制度惠泽最广者，乃中低收入之家。住房公积金于房地产市场之平稳、住房消费之促进，成效斐然。故冯娟呼吁，当坚守住房保障之定位，稳中求进，以确保制度之公平与可持续。

天津王志权，于风险防控素有研究，剖析贷款风险准备金于住房公积金管理之关键屏障作用。他指出，传统手段化解不良资产乏力，探索更多贷款风险对冲机制势在必行。遂建议住建部、财政部修订《住房公积金呆账核销管理暂行办法》，放宽核销条件，如“不良资产超八年，尽职追索未收回者”等，皆可纳入。同时，优化核销流程，拓宽风险准备金之用途，除核销呆账，亦可涵盖强制执行阶段“流拍”房产购置、担保、信用保险等费用，以强化其屏障功能，为住建事业之高质量发展保驾护航。

岳阳刘彬，敏于住房公积金服务之特性，无形、互动、感知、社会，皆为其要。随着社会经济与科技之迅猛发展，民众对住房公积金服务之要求日高。为适应此变，管理机构须紧跟社会需求，融合时代变迁，巧运六大管理理论，坚持以人为本，以公平、优质、高效服务为目标，推进服务转型，实现住房公积金管理之可持续健康发展，以更好地满足人民对美好生活之向往。

吉安罗胜基，细探住房公积金“商转公”贷款资金规模。经严谨数据分析预测，即便个贷率维持在2023年之77.6%，若2024年归集余额按8%增速，年末余额将达10.86万亿元，沉淀资金高达2.43万亿元。若规定个贷率90%以下城市开展“商转公”贷款直转业务，理论上全国将有1.35万亿元资金可供职工使用。按户均贷款51.43万元计，将助261.83万户家庭享低息贷款之惠，年节约贷款利息134.66亿元，十年累计惠民超千亿元，彰显住房公积金于减轻职工贷款负担、提升民生福祉之巨大潜力与显著成效。

宜宾高远刚，以扎实数据分析，描绘公积金对宜宾经济社会发展之八大贡献，展现其于区域发展之强大动力与深远影响。

石家庄刘玉红，着眼于住房公积金财务管理模式之变革。她深知数字化浪潮之下，住房公积金行业须重新界定传统财务管理边界，加速向管理会计转型。构建“解析过去、控制现在、筹划未来”之管理会计体系，有望提升管理效率与管控水平，推动住房公积金事业迈向新阶，为行业高质量发展注入强劲动力。

安徽工大吴义东等学者，基于2019年中国家庭金融调查数据，研究住房公积金扩面对住房财富不平等之影响。研究发现，扩面改革于缓解住房财富不平等效果显著，尤其中西部地区、中高收入群体及制度包容性较强地区。但在住房财富差距悬殊地区，作用相对有限。故建议有序推进扩面改革，精准识别受益群体，因地制宜制定方案，发挥制度金融属性，增加资金存量，实现住房公积金制度在促进社会公平与经济发展中之双重价值。

烟台赵伟，提出公积金管理部门参与长租房、公租房建设之创新思路。此举既利住房公积金制度之良性发展，通过公租房租赁收入提升公积金增值收益率，吸引更多人自愿缴存，形成良性循环，又减国家财政压力，避免公租房建设之重负。同时，为低收入群体提供租金减免政策，彰显住房公积金制度在保障民生、促进社会公平中之积极作用，为住房保障体系完善提供新路径。

老房改人罗景华，则将视野拓至我国住房资金管理体制。他指出，当前住房资金多机构分散管理模式存效率低下、安全隐患等问题，难以发挥住房资金之综合作用。故建议，在资金所有权和专项使用不变前提下，将住建系统管理之所有住房资金委托给公积金中心统一管理。此改革举措，有利于建立房屋养老金制度，发挥住房资金整体效能，实现全面有效监管，提升管理效率，推进住房资金保值增值，为住房保障事业之可持续发展提供坚实财务支持。

本次论文大赛一等奖得主何树民，亦为住房公积金行政执法研讨群之主。此群氛围热烈，讨论昼夜不息。一专题之争，短则三五日，长则两三月，吾每日皆需花费大量精力“爬楼梯”以跟进。

今日清晨，群内有一论，吾甚以为然。公积金之制，起于房改之时，意在积金成池，助职工由分房之依转为购房之自。初，此制所对之人与所隶之单位，皆明晰矣，专施于购房以解决居处之困者。昔时，农籍之工，即一代、二代民工，有宅基地以足其居，无须必购于城镇，且力与愿亦未必向之。加之城镇购房之限多矣，遽纳此辈于强制缴存之域，既与制之初衷未尽合，于个人亦未必乐从，盖职工须担其半也。

然则，时移势易，今购房之境已巨变，且速甚。而吾辈未能与时偕行，应职工与企业之新需。有如言者：“未变者，吾辈也，未随时代，或疾步以追，或淘汰于时，无他途也！”此言犀利，充满紧迫感与冲击力，望相关方面重之，勇对时代之挑战。

住房公积金步入发展之新阶段，诚望新书能如魔力之钥，启公积金高质量发展之新程，解锁无限可能，引行业向光明之未来，观老朽蹙眉作捻髭吟也。

是为序。

甲辰腊月二十。莫鹤群识于三江抱云楼。

（作者系《住房保障与住房公积金报》总编辑）

序　三

谷俊青

2024 年 9 月 24 日，河北省住房公积金研究会在秦皇岛成功举办了住房公积金高质量发展研讨交流会。其研讨内容之丰富、交流话题之集中，彰显了河北省住房公积金研究会卓有成效的工作。我应邀出席会议，感受良多。

一是河北省住房公积金研究会精心组织。该研究会的主要负责人均为住房公积金战线有实践经验、有深入思考、有奉献情怀的资深领导。首先，他们不辞辛苦地深入省内外住房公积金单位、科研机构、软件公司等多地调研；然后，集中分析并征求意见，以征文形式列出了住房公积金制度发展中最需要关注的问题；最后成立组委会、评审组，对所收到的文章进行逐一研读、评审。如此规范的工作程序，如此为住房公积金制度发展鼓与呼，实在令人赞许。

二是省内外、业内外专家学者大力支持。组委会共收到论文 112 篇，其中省内住房公积金管理中心和 4 个金融院校等 37 篇；省外 17 个省份、36 个住房公积金管理中心 75 篇。通过严格筛选和匿名评审，最终确定省内一等奖 1 篇、二等奖 3 篇、三等奖 10 篇，省外特别大奖 15 篇。

三是交流内容集中体现在住房公积金制度高质量发展的主要业务中。大致分为：改革住房公积金制度、完善运行机制、归集扩面、贷款管理、风险防控、法制建设、数字化发展和提升服务水平等 8 个方面。不仅体现出住房公积金人爱岗敬业的责任与担当，更为全面落实党中央“建立公开规范的住房公积金制度，改进住房公积金提取、使用、监管机制”奠定了基础。

四是该研讨交流会影响大、意义深。住房公积金制度历经 33 年的发展，在取得了重大成就的同时，也面临着亟须解决的若干问题。称其影响大，主要体现为该会的参与面广、论及问题堪称热点而备受关注；称其意义深，主要体现为该会选择了一个重要的时间节点：贯彻党的二十大、二十届三中全会精神，落实住建工作“构建房地产发展新模式”、完善“保障+市场”住房供应体系、建设“四好”房子，等等。这无疑对推动住房公积金制度向更高质量发展产生重要作用。

河北省住房公积金研究会在秦皇岛举办的住房公积金高质量发展研讨交流会是成功的。为了使之可持续发展，该研究会还成立了专家库，聘请专家 66 人，其中特别顾问 1 人、省外专家 10 人、省内专家 55 人。同时，将所收到的论文汇集成册，正式出版。

综上所述，通过河北省住房公积金研究会住房公积金高质量发展研讨交流会的成功举办，可以得出这样的结论：住房公积金制度高质量发展是人心所向、众望所归！祝愿河北省住房公积金研究会越办越好！祝愿住房公积金制度在“让全体人民住有所居”中发挥更大的作用！让我们牢记习近平总书记的嘱托，为大家“笑容更多、心里更暖”，为大家“所愿皆所成，多喜乐、长安宁”，贡献住房公积金人的力量！

（作者系《住房公积金研究》杂志主编）

目　录

制度改革篇

机制完善篇

归集扩面篇

贷款管理篇

风险防控篇

法制建设篇

数字化篇

服务提升篇

制度改革篇

关于深化住房公积金制度改革若干思考和建议

浙江湖州　罗景华

党的二十届三中全会通过的《中共中央关于进一步全面深化改革、推进中国式现代化的决定》是新时代新征程推进全面深化改革的总动员总部署。我们要深入学习贯彻党的二十届三中全会精神，深刻认识进一步全面深化改革的重大战略意义，自觉把全面深化改革摆在更加突出的位置，系统总结住房公积金制度取得的显著成绩，深入分析制度运行存在的主要问题，思考谋划改革的主攻方向和着力点，为住房公积金高质量发展提供强大动力和制度保障。

一、凝聚思想共识，进一步增强深化住房公积金制度改革的紧迫感和责任感

住房公积金制度是民生领域的一项重要制度。这项制度自20世纪90年代初建立以来，为城镇职工解决住房问题发挥了重大作用，为促进房地产市场平稳健康发展发挥了重要作用，为新市民、青年人解决住房困难作出了积极努力，为建立中国特色住房金融制度积累了宝贵经验。

在充分肯定住房公积金制度取得巨大成绩、作出重大贡献的同时，我们应该清醒地认识到，当前住房公积金制度面临新的机遇和挑战，存在一些亟待解决的问题。一是定位问题。《住房公积金管理条例》（以下简称《条例》）把住房公积金定位为“单位及其在职职工缴存的长期住房储金”。这一定位显然已经脱离我国目前的国情和住房领域的实际情况，已经不能体现制度对解决当下住房领域突出问题所发挥的主要作用。二是覆盖问题。目前，全国机关、事业单位和国有企业已全面建立住房公积金制度，但约有60%的非公企业和大部分灵活就业人员尚未缴存住房公积金。三是作用问题。党中央、国务院和各级党委、政府都十分重视住房保障工作，非常重视解决新市民、青年人的住房问题。而作为国家唯一政策性住房金融制度的公积金制度，在支持住房保障和解决新市民、青年人住房问题方面发挥的作用还远远不够。四是公平问题。在住房公积金缴存、使用和增值收益分配方面，都存在若干不公平现象或问题。五是资金贬值问题。缴存人账户存款利率偏低，存款收益往往跑不赢物价指数CPI，给缴存人造成实际利益损失。六是安全隐患问题。流动性风险难以从根本上化解；风险防范手段只有房屋抵押和风险准备金；各城市自行开发管理业务系统，也存在较大的风险隐患。七是管理体制问题。现行的住房公积金管理体制已经不适应新的形势和任务，给依法监督、规范管理、防范风险等方面带来了不少困难和障碍。

实践证明，改革创新是促进住房公积金制度持续健康发展的制胜法宝。在当前新形势下，要切实增强改革的紧迫感和责任感，准确把握深化住房公积金改革的目标任务、主攻方向、价值取

向、重要方法。坚持目标导向和问题导向相结合，奔着问题去，盯着问题改，坚决破除妨碍制度进一步发挥作用的思想观念和体制机制弊端。只有不断改革创新，住房公积金制度才有生机和活力，才能最大限度地发挥制度作用。

二、抓紧修订《条例》，对住房公积金制度重新定位

《条例》是规范住房公积金管理的最重要、最基本的行政法规。《条例》于 1999 年 4 月 3 日发布，2002 年 3 月 24 日和 2019 年 3 月 24 日两次修订。《条例》颁布 20 多年，没有作过全面系统的修订。2010 年前后启动了一次修改工作。2015 年 11 月 20 日，国务院法制办发布公告，征求对《条例（修订送审稿）》的意见。本来征求意见后，2016 年上半年就可以重新颁布，结果由于种种原因，一直拖了下来。现在，为了适应新的形势、任务要求，解决制度发展中存在的主要问题，迫切需要抓紧修订出台新的《住房公积金管理条例》。

《条例》颁布 20 多年来，我国住房领域和住房公积金制度面临的形势和任务发生了重大变化。一是国情发生了重大变化。与酝酿建立住房公积金制度初期的 20 世纪 90 年代相比，我国经济结构、所有制结构均发生了重大且深刻的变化，公有制经济主体地位没有动摇，但比重大幅下降，非公有制经济快速发展，市场在资源配置中已经起决定性作用。二是住房体制发生了重大变化。住房制度经历了从职工住房由政府、单位配给，到取消实物分房、实行住房商品化，再到现在形成住房市场体系和住房保障体系相结合的新住房体制。三是住房需求对象发生了重大变化。城镇原住民的住房困难问题已经解决。我国正处于大规模的城镇化阶段。据测算，每年约有 1500 万农村人口转变为城镇人口。近几年每年有超过 1000 万新就业的大学毕业生。新市民、青年人在城镇就业，必然需要住房，但单纯依靠自身力量很难解决。四是住房公积金制度自身也发生了重大变化。缴存结构变化，全国新开户缴存人群中，非公有制单位缴存人数占比达到 75%以上；资金规模变化，全国住房公积金缴存余额突破 10 万亿元，贷款余额达到 7.8 万亿元。

为适应形势和任务发生的重大变化，坚持以缴存人为核心的发展理念，进一步彰显解决基本住房问题的功能定位，更好地服务住房市场体系和住房保障体系，建议对住房公积金和住房公积金制度进行重新定位：住房公积金是指单位及其职工和灵活就业人员缴存的具有保障性和互助性的个人住房资金。住房公积金制度是一项政府通过税收和政策性融资政策支持，提高居民尤其是中低收入家庭住房消费能力、支持居民住房合理消费的具有住房保障功能的制度。

在对住房公积金制度的重新定位中，综合考虑五大因素：一是体现公平普惠。住房公积金制度覆盖包括灵活就业人员在内的所有城镇就业人群，坚持强制缴存和自愿缴存相结合。二是体现保障功能。住房公积金制度具有住房保障功能，政府通过一定的政策机制支持住房公积金缴存使用，支持缴存人通过租购办法解决基本住房问题。三是体现互助互济。发挥资金的互助和互济作用，这是公积金制度的特色和优势。四是体现个人所有。明确住房公积金属于个人所有，通过长期积累、定向使用，提高缴存人的住房支付能力。五是体现政策支持。政府通过免税、政策性金融产品创新等增强制度的吸引力，提高缴存人租购住房的消费能力。

三、把握改革重点，深化住房公积金制度改革

深化住房公积金制度改革，要坚持“一个深化、四个探索推进”的基本原则。

（一）深化住房公积金缴存使用政策改革

覆盖面不广是住房公积金制度最大的基础性短板。要着眼于推进共同富裕和“扩中提低”、着眼于更好地发挥住房公积金制度作用，下大力气建立多层次、多支柱、可持续的住房公积金缴存制度，依法依规推进应缴尽缴、愿缴能缴。一是推进非公企业制度全覆盖。优化现行的缴存政策，积极推进将住房公积金缴存纳入企业集体合同和个人劳动合同示范文本，充分利用市场监管、社保、税务等信息，通过“开办企业”一网通办平台，推进单位实施职工“五险一金”联办，督促单位合规建缴住房公积金。二是鼓励灵活就业人员缴存。支持灵活就业人员、新业态用工人员等参加住房公积金制度，制定自愿缴存、使用管理制度和配套优惠政策，可使用财政补贴、税收优惠等方式鼓励缴存，向低收入灵活就业人员提供缴存补贴，拓宽制度受益面。灵活就业自愿缴存人员按规定缴存的住房公积金，在计算个人所得税时实行税前抵扣。三是健全行政执法和缴存信用体系。明确规范执法主体，理顺住房公积金行政执法体系，强化执法联动协调机制。建立公积金补缴追溯机制，明确追缴期限。建立健全住房公积金缴存信用评价体系，通过建立相关激励奖惩机制，促进单位依法建制缴存，减少逾期少缴不缴。积极探索税务代征，推进优化住房公积金缴存方式。

坚持“以用为先”。在继续支持缴存人“租购并举”解决基本住房问题的同时，通过多种方式加大对住房保障的支持力度。一是优化完善缴存人租购房使用政策。围绕“市场+保障”的供应体系，进一步发挥住房公积金支持作用。支持租房方面，加大租赁提取支持力度，提高新市民、青年人等群体住房支付能力，探索实施“全额提取”或“按实际支出提取”等举措。推进“无忧租赁”场景建设，拓展合作租赁机构范围。支持购房方面，着眼于缴存人刚需和改善性住房需求，持续优化购房信贷政策。二是支持保障性住房建设。建议探索使用住房公积金增值收益支持建设保障性住房，并纳入住房保障计划。支持建设的保障性租赁住房，根据住房公积金的特有属性，由住房公积金中心持有产权，优先安排给符合相关条件的缴存人承租。三是支持城镇老旧小区改造和开展支持农房改造建设的试点。对城镇老旧小区实施拆改结合的，住房公积金可纳入多元化融资机制，职工可申请个人住房公积金贷款和提取住房公积金。老旧小区加装电梯，缴存职工可提取住房公积金。为推进公共服务优质共享和城乡一体化发展，缩小城乡差别，总结推广浙江一些城市开展公积金贷款支持农房改造建设试点的成功经验，进一步开展利用住房公积金贷款支持农房改造建设的试点。

（二）探索推进住房公积金与住房保障制度融合发展改革

浙江省在全国率先探索建立住房公积金制度与住房保障制度融合发展的新模式、新机制，综合提升了解决新市民、青年人住房问题的质量效果，形成了 1+1>2 的协同效应。

推进住房公积金制度与住房保障制度融合发展势在必行。首先，从两项住房制度管理运行看，住房公积金制度与住房保障制度尚未有机结合。尽管这两项住房制度都由住建部门管理，但在实

际运作中存在“各管各”的现象。其次，从浙江省的实际情况来看，住房保障对象建缴住房公积金的比率还比较低。据对建信住房浙江公司的调查，该公司运营管理的24个租赁房项目已入住6001人，未缴存住房公积金的有3990人，占66.49%。再次，从新市民、青年人的需求看，目前保障性租赁住房安置大都面积较小、功能不全、设施不配套，属临时过渡居住，不适宜婚育后居住。未缴存住房公积金的保障房对象，迫切期待从“一张床”“一间房”保障过渡到刚需购买“一套房”时得到低利率的住房公积金贷款支持，希望在全生命周期得到住房政策的支持。

推进住房公积金制度与住房保障制度融合发展的主要举措：一是扩大建缴。扎实推进住房保障对象全员建缴住房公积金，完善工作机制，引导申请保障性住房的单位为职工建缴住房公积金。同时修订完善灵活就业人员缴存住房公积金政策，降低个人自愿缴存门槛，为建缴对象提供优惠便利，增强住房公积金的吸引力。二是优化使用。由城市公积金中心牵头，属地住房保障部门配合，加强与租赁机构的合作，优化住房公积金缴存人租赁保障性住房的政策，为保障性住房租赁对象提供团购租赁、租金打折、免收押金、租金直付等优惠政策和便捷服务。三是探索深度融合。探索利用住房公积金专项资金购买房源，作为保障性住房，纳入住房保障计划，由公积金中心持有产权，委托国有平台管理运行，优先提供给住房公积金缴存人承租。人口流入多的城市，探索利用住房公积金结余资金，向政府配售型保障性住房发放住房公积金项目贷款。

（三）探索推进住房公积金增值收益分配使用政策改革

探索推进住房公积金增值收益分配使用政策改革，事关住房公积金高效运行，事关住房公积金发挥社会保障功能。一是调整增值收益分配制度。住房公积金增值收益，在提取管理费用和风险准备金后，建议不再提取廉租（公租房）补充资金，而用于投资建设配租型保障性住房或对低收入缴存人的住房补贴支持。对低收入缴存人的补贴支持，结合改革收入分配制度和推进“扩中提低”，可实行“贴息”“贴缴”“贴租”“贴销”等“四贴”（“贴息”，对低收入家庭住房公积金贷款给予利息补贴；“贴缴”，对低收入灵活就业人员缴存住房公积金给予缴存补贴；“贴租”，对低收入缴存人给予租房补贴；“贴销”，对没有使用过住房公积金的低收入缴存人的退休销户给予提取补贴，提高低收入缴存人的实际收益和缴存积极性）。二是优化贷款风险准备金提取使用。住房公积金贷款风险准备金可继续按照不低于增值收益60%或不低于贷款余额1%的标准核定提取。对已经计提的贷款风险准备金，探索将高于年末贷款余额1%的部分用于支持建设保障性租赁住房，或发放保障性租赁住房建设的项目贷款。用于支持建设保障性租赁住房的贷款风险准备金，其资金属性不变，资金形态由流动资产暂时调整为固定资产。也可以借用这部分风险准备金，用于个人住房公积金贷款和提取业务的资金周转。三是建立住房公积金事业发展基金。现行的增值收益分配办法中的“管理费用”，侧重于保障安排当年住房公积金管理运行。为有利于长期建设和长远发展，建议在住房公积金增值收益分配使用改革中，建立“住房公积金事业发展基金”，用于住房公积金数字化发展、业务档案库房建设、服务网点管理等长远发展建设项目。

（四）探索推进统一管理住房资金的改革

目前，我国住房资金除住房公积金外，还有住宅专项维修资金、房改售房资金、商品房质量保证金、商品房销售监管资金、住房保障资金等，实行多机构多头分散管理，导致有限的住房资金难以发挥综合作用，分散管理还造成管理效率低和安全隐患等问题。为积极发挥住房资金的作用，为房屋全生命周期管理和城市更新提供更加有力的支持，同时为充分发挥住房公积金中心管理资金的专业能力和经验，为住房领域当好“财务大管家”，建议将住建系统管理的所有住房资金，在资金所有权和专项使用不变的前提下，委托各地公积金管理中心统一管理，实行统管运营，集开户登记、缴交、存放、贷款、拨付、咨询查询、管理等功能于一体。实行住房资金的统一管理，具有十分重要的意义和作用。一是有利于建立房屋养老金制度。实施住房资金的统一管理，为探索建立房屋养老金制度、筹措公共账户资金创造了条件。二是有利于更好地发挥住房资金作用。改变分散管理，实现资源整合，将扩大住房公积金中心的资金规模，提升政府调控能力，加大对新市民、青年人住房问题的支持力度，也为推进老旧小区改造、加快城市更新筹措资金。三是有利于全面有效监管住房资金。公积金中心作为资金专门管理部门，对资金管理有成熟的管理制度、运行机制和风控机制。把相关部门管业务与管资金的职能实行分离，也是廉政建设和防范资金风险的必要举措。四是有利于整合提升管理效率。住房资金实行统一管理，将推动机构人员精简，避免信息系统、管理用房、服务网点等重复建设，整合提升管理效率。五是有利于全面推进住房资金的保值增值。公积金中心可以为这些资金单独设立账户，实行分账核算。如住宅专项维修资金，迫切需要在确保防范风险的前提下保值增值。相关城市可以通过住宅专项维修资金发放公积金贷款实现保值增值。

（五）探索推进住房公积金管理体制改革

改革管理体制，着力推进更高层次的统筹，符合中央和国家主管部门的有关要求，也符合住房公积金管理的实际。当前住房公积金管理中存在的主要问题，通过实行省级或国家统一管理，基本上或者大部分可以解决。实行统一管理要做到“六个统一”：统一决策机制、统一管理机构、统一政策规范、统一资金核算、统一信息系统、统一组织人事。这样做，至少有“五个有利”：一是有利于最大限度地发挥这项制度在服务“住有所居”中的作用，更好地为人民群众服务；二是有利于强化住房公积金调控能力，可以统筹调配资金余缺，提高资金使用效率；三是有利于加强规范管理，统一业务政策，强化防范风险能力；四是有利于推进“放管服”改革，进一步提升服务效能；五是有利于提升领导干部和专业人才的素质能力，深化培育行业形象和行业作风。

以创新思维不断完善住房公积金制度

江苏盐城 李文刚

住房制度改革是经济体制改革的重要组成部分，随着经济体制改革不断深化，进入改革的“深水区”，改革的阻力会越来越大，需要化解的矛盾越来越多。以住房公积金为中心环节的住房制度改革面临的挑战越来越大，涉及经济社会发展中的矛盾和问题越来越多，住房公积金这项制度也出现了许多新情况、新问题。我们将坚持以住房商品化为终极目标的住房制度改革方向不动摇，在这个基础上，用发展和创新的观点不断完善住房公积金制度。

一、加强住房公积金法制建设——建立《住房公积金管理法》

由于《住房公积金管理条例》（以下简称《条例》）立法层次低，导致住房公积金的制度覆盖率比较低。建立立法层次比较高的《住房公积金管理法》，有利于体现权责相一致的法理原则，有利于加强制度缴存的强制性，有利于行政执法工作的更有效开展。

（一）制度权责相一致的需要

住房制度改革是经济体制改革的重要组成部分。住房公积金制度是住房制度改革的中心环节，住房公积金制度的成败关系到住房制度改革的成败。据统计，国有企业改制方面有中共中央决定 2 项、法律 20 项、行政法规 18 项、部门规章 10 项、规范性文件 76 项以及司法解释 8 项，共计 134 项相关内容。而住房公积金只有一个立法层次比较低的《住房公积金管理条例》，权威性显然不够，和权责相一致的法理原则显然不符。建立《住房公积金管理法》，有利于加强制度的权威性。

（二）制度强制性缴存的需要

由于《条例》立法层次比较低，导致缴存的强制性不够，制度覆盖面窄，特别是非公有制企业制度覆盖工作难度非常大。但是笔者在实际工作中发现了一些有趣的现象，比如，有一个比较大的企业，经多次做工作就是不交。但是后来，自己主动前来缴存住房公积金。究其原因，这个公司正准备上市，根据《公司法》《证券法》等有关法律法规规定，必须建立住房公积金制度才能符合有关上市的财务制度。肯德基、苏宁易购、国美零售等一系列上市公司在本地开设的经营门店也都是主动前来缴存住房公积金。这说明什么呢？说明法的强制性作用在制度建立工作中起着决定性作用。公司不能建立有关制度就上不了市，已经上了市的公司如果不严格执行国家有关法律，不仅要接受法律的制裁，负面信息被公众知晓后，还要影响公司股价，所以建立住房公积金制度是公司必需的选项。

（三）行政执法工作的需要

非公企业建立住房公积金制度问题一直是建立制度的难题之一。建立以行政执法权为核心的稽查机制是解决非公企业缴存问题最好的办法。建议赋予管理中心和税务、劳动等部门一样的财务资料检查权、相关的人事资料检查权。例如：可以检查企业的账簿、收入凭证、银行账户及有关纳税资料；检查企业的工资发放表、用工合同及有关的人事资料，并可以以记录、录音、录像、照相、复制等形式取证。建立专门的稽查队伍，严格执行专业化分工：选案、检查、审理、执行，各环节相互分离、相互制约。对于有逃避、拒绝或者以其他方式阻挠检查行为的，要加以重罚。例如：提供虚假资料，不如实反映情况，或者拒绝提供有关资料的；拒绝或者阻止检查人员记录、录音、录像、照相、复制与违法案件有关资料的；在检查期间转移、隐匿、损毁、丢弃有关资料的；有其他不依法接受检查行为的。

二、住房公积金制度创新

住房公积金制度是城镇住房制度改革的产物，是解决我国城镇居民住房问题制度创新的结果。在全面建设和谐社会的新的历史进程中，对住房公积金制度发展过程中出现的新情况、新问题，要加强调查研究，要继续保持强烈的创新意识，要用创新的思维创造性地开展工作。比如制度施惠面不公平的问题，实际上主要就是制度中两类人群不能充分获益的问题：一种就是首付付不起的“夹心层”人群，他们主要是租房。还有一种就是虽然缴存年限长，但月缴存基数过低，影响贷款额度。

（一）实行缴存的“大数法则”——从“制度全覆盖”向“人群全覆盖”转变

我国目前实行的住房公积金制度运用了互助理论，但互助理论所要求的大数法则没有得到很好的贯彻。主要表现就是全国住房公积金的缴存对象，主要限定为国家机关、国有企业、城镇集体企业、外商投资企业、城镇私营企业及其他城镇企业、事业单位、民办非企业单位、社会团体的在职职工。由此产生了一些制度不公平的问题，只有通过大数法则所要求的成员数量最大化来解决。在北京住房公积金管理委员会第十二次全体会议上，就要求实现住房公积金由“制度全覆盖”向“人群全覆盖”的转变，使参加住房公积金的社会成员的数量实现最大化。

（二）实行贷款的“长期法则”——缴存年限额度奖励政策

互助理论所要求的长期法则没有得到很好的贯彻。主要表现就是，现行制度下住房公积金贷款额度与借款人的收入和支付能力挂钩，而不考虑借款人对整个住房基金的贡献度。这对那些虽然缴存基数不高但缴存的年限比较长的人来讲是很不公平的，对住房基金的长久贡献并不能让他们日后有更多的受益。为使公积金互助体系更加公平，应该让缴存年限成为计算贷款额度的一个重要参考值。具体计算公式可表示为：公积金贷款额度=借款人及配偶公积金个人月缴存额之和×0.5×12×贷款期限+缴存年限×年限值。年限值是指每多缴存一年可以另外增加的额度。实际上就是执行一个缴存年限奖励额度政策，使缴存对象作出利益牺牲的时间能得到鼓励、得到益处。

三、明确定位，保障资金安全

（一）明确住房公积金为基金性质

根据《条例》第二条规定，住房公积金是单位及其在职职工缴存的长期住房储金。按实际运作形态来看，这项储金就是管理中心这个超级用户在商业银行的储蓄存款。而《条例》所确定的管理原则完全符合契约型基金管理模式的国际惯例。首先，住房公积金管理委员会是决策机构；其次，住房公积金业务委托办理银行相当于基金管理模式中的基金托管人；再次，住房公积金管理中心负责运作，相当于基金管理模式中的基金管理人。住房公积金管理中心本身是一个事业单位，本身没有资本金。从金融法规和银行经营的国际惯例（对照《巴塞尔协议》资本充足率4%～8%的基本要求）来看，管理中心根本不具备作为金融机构的资格，或者说是存贷机构的资格。因此缴存人在公积金管理中心缴存的住房公积金不能算作缴存人在中心的存款。但是从基金角度的法律关系就可以很好地解释管理中心与缴存人的关系。缴存人和管理中心通过《条例》这个契约明确住房公积金是管理中心为缴存人管理的信托资产。在信托各方法律关系的国际惯例中，信托资产是可以得到“破产隔离保护”的，就是商业银行破产不能把信托资产列入破产者的债务清算资产，所以也就从法律上保护了资金的安全。

（二）明确为互助性的住房保障基金是最广大缴存人的最大公约数

关于住房公积金的属性定位问题，不管是住房公积金本行业人士还是行业外人士都争论得非常激烈。主要有两种代表性观点：一种认为住房公积金是保障性属性，一种认为住房公积金是金融性属性。保障性观点认为住房公积金从一开始建立就是为了起到住房保障的作用，是“出发时的理由”。如果不选择住房保障属性，那么就只能选择逐利性的金融属性。金融性观点认为从整个运作模式来看，更接近于金融机制，而且《条例》第二条规定住房公积金是“长期住房储金”，而不是保障资金。笔者认为这两种观点都有一定的局限性，实际上住房公积金是由内在的金融手段来实现外部有限的住房保障属性。现行住房公积金制度只惠及城镇在职职工人群，对农村和城镇非在职职工人群没有施惠到，所以只能算是有限的住房保障属性。2004年9月国务院新闻办公室发布的《中国的社会保障状况和政策》中明确指出，住房公积金制度是城镇住房保障制度建设的主要内容之一，所以我们可以把住房公积金定位为互助性的住房保障基金。

四、投资保障房，保值增值

资金运用率不高，直接影响基金的保值增值，也影响建立住房公积金制度的初衷，作为互助性、专向性保障基金，投资原则上必须体现安全性、经济效益性、社会效益性三者的统一。

购买国债或是住房公积金唯一的投资途径，国债投资虽然安全系数比较高，但是回报率不高（这个回报收益按照《条例》规定不能进入个人账户，建立管理法以后可按照基金单位净值分解至每个缴存人账户）。随着通货膨胀压力越来越大，导致住房公积金贬值越来越严重，因此必须寻找新的投资途径。过分强调经济效益至上，去金融市场投资，风险太大，安全系数太低。住房公积金与住房保障有天然亲近感，住房公积金建立初期最大的用途就是为住房保障建设提供资金支持。但是住房公积金投资保障房的主要缺点是：由于保障房的公益性，经济效益不可能很高，也存在基金安全隐患。那么怎么解决这个效益性、安全性问题呢？政府可以发行住房保障专项债券，债券的利率要高于公积金存款利率、低于市场借贷利率。由住房公积金缴存人大会批准住房公积金购买住房保障专项债券投资计划，政府将债券筹集来的资金进行统筹安排。这样就解决了基金效益性、安全性问题。

这个投资方向应该是很好的选择。第一，社会效益性比较好，有助于完善住房供应体系。第二，可以提高住房公积金指数（公积金贷款占商品住宅均价的比重），加强住房改革制度中住房公积金的核心作用。第三，可以促使整个住房制度改革的成功。我们研究国有企业改革，可以发现一条有益经验就是实行三条保障线制度，即下岗职工基本生活保障制度、失业保险制度和城镇居民最低生活保障制度。保障房实际上就是起到整个住房体系的保障线作用。

五、还“钱”于民——建立住房公积金缴存人大会制度

缴存人是住房公积金基金的实际所有者，享有基金信息的知情权、表决权和收益权。基金的一切投资活动都是为了增加住房公积金缴存人的收益，一切风险管理都是围绕保护缴存人利益来考虑的。因此，住房公积金缴存人是基金一切活动的中心。

（一）住房公积金缴存人大会是住房公积金基金的最高权力机构

住房公积金本质上是所有缴存人缴存的资金形成的住房基金。国际惯例中，基金管理模式主要有公司型和契约型两种。公司型基金是指基金本身为一家股份有限公司，公司通过发行股票或受益凭证的方式来筹集资金。投资者购买了该家公司的股票，就成为该公司的股东，凭股票领取股息或红利、分享投资所获得的收益。公司型基金在法律上是具有独立“法人”地位的股份投资公司。契约型基金又称单位信托基金，是指把投资者、管理人、托管人三者作为当事人，通过签订基金契约的形式发行受益凭证而设立的一种基金。契约型基金本身并不具备公司企业或法人的身份，因此，在组织结构上，基金的持有人不是股东，但可以通过持有人大会来行使相应的权力。基金资产所有权属于全体投资人，基金投资人大会是基金资产管理的最高权力机构。住房公积金基金更接近于契约型基金管理模式。根据《条例》第三条规定，住房公积金属于职工个人所有。那么可以这样说，住房公积金基金资产所有权属于全体缴存人所有。住房公积金缴存人大会是住房公积金基金资产管理的最高权力机构。

（二）住房公积金缴存人大会履行的主要职责

1. 根据委托代理理论选定基金管理人和基金托管人。（1）在住房公积金管理中心负责运作，担任基金管理人角色，在基金管理人的选择上基本没有空间，但是对于管理中心的主要负责人的任命上有投票权、罢免权、质询权。基金投资人对于管理中心的服务有直接投诉权。对于管理中心的政策执行，通过缴存人大会的常设机构进行质询。对于管理中心服务工作不到位的员工，可以采取适当的惩罚措施。对于基金投资人的政策质询，管理中心必须及时答复。（2）在基金托管人的选择上应该有很大的空间。我国的住房公积金制度将住房公积金的存、贷和结算等具体日常金融业务委托给商业银行代理，利用了商业银行的业务技术和众多的网点，借助这种优势，将住房公积金的管理延伸到了广阔而具体的空间，大大节约了成本、提高了效率。为了预防与惩治基金托管人损害基金投资人利益的行为，委托人有必要采取“胡萝卜与大棒”政策：对基金托管人也就是银行的日常服务、对归集工作的积极性、对资金日常处理等一系列工作进行全面评估。对评估好的基金托管人可以采取适当的奖励措施，对评估差的基金托管人可以采取适当的处罚措施。可以引入竞争机制，让非国有银行有机会进入托管人行列。

2. 审批住房公积金的具体缴存比例和缴存基数。住房公积金的缴存比例和缴存基数是与住房公积金缴存人切身利益关系最紧密的政策。应规定缴存最低比例和最高比例，规定缴存基数的上下限。缴存基数的下限必须不低于当地的最低工资标准，缴存基数的上下限之间的差距必须保持在一定范围之内，防止再出现新的社会分配不公。

3. 审批住房公积金增值收益分配方案和投资方案。按照目前《条例》所规定的增值收益三种用途：用于建立住房公积金贷款风险准备金、住房公积金管理中心的管理费用和建设城市廉租住房的补充资金，显然第三种用途极不切合缴存人利益。补充资金的划拨是无偿的、没有收益的。目前《条例》第二十八条规定，可以将住房公积金用于购买国债。但是对于国债的买卖金额、收益情况、交易情况、委托代理机构等一系列情况，缴存人一无所知。这些情况损害了住房公积金缴存人的知情权、表决权和收益权。

4. 确定住房公积金的最高贷款额度。最高贷款额度的确定关系到住房公积金缴存人的住房消费能力，关系到缴存人改善住房环境的能力，关系到缴存人生活质量、幸福指数的问题，是住房公积金比较核心的政策。但是贷款额度又要和国家经济形势、宏观调控、房地产政策相适应，必须让缴存人充分享有基金信息的知情权。

（三）缴存人大会与管委会、管理中心的关系

1. 管委会与缴存人大会的关系。管委会是在住房公积金缴存人大会闭会期间，经常行使最高权力的常设机关。其有两个显著特征：（1）拥有相当大的权力，决定日常重要问题，监督管理中心工作，有建议任免管理中心领导人员的权力，并行使缴存人大会授予它的其他职权。（2）管委会必须对缴存人大会负责，并接受它的监督，不具有超越缴存人大会的权力。管委会由缴存人大会选举产生。由管委会主任委员、副主任委员、秘书长组成主任办公会议，负责处理日常重要工作。主任委员主持全面工作，每2个月召开一次管委会会议。管委会设办公室，在秘书长的领导下工作，处理日常事务。

2. 管理中心与缴存人大会的关系。管理中心是缴存人大会的执行机关。管理中心实行主任负责制。各处、各室实行处长、主任负责制。管理中心按照法律规定和缴存人大会有关决议、决定履行下列职责：编制、执行住房公积金的归集、使用计划；负责记载职工住房公积金缴存、提取、使用等情况；负责住房公积金的核算；审批住房公积金的支取、使用；编制住房公积金归集、使用计划执行情况的报告；承办缴存人大会决定的其他事项。

六、巡视监管——建立市、县级巡视组制度

现行的住房公积金监管体制存在很多弊端，造成监管的多头化、真空化，因此有必要建立巡视组制度把这个“头”连起来、把这个“空”填起来，防止出现“基金权力部门化、部门权力个人化、个人权力绝对化”。

（一）建立巡视组制度的意义

传统的监督办法是自上而下监督、舆论监督、组织监督，这样很容易造成“看得见的管不着，管得着的看不见”。现有的监督措施很难对“一把手”进行有效监督，管理部门班子成员、下级

和群众拥有的权利和权威不足以制约“一把手”的权力，“一把手”就成了监督的难点和盲点。实行巡视自上而下的监督可以解决群众监督鞭长莫及、舆论监督不便涉及、管理部门领导班子内部监督很难制约的问题。

（二）巡视组的组织架构

组织工作主要由省级住房公积金监管部门牵头，住建部公积金监管司可派员参加。组成人员主要从省级财政部门、审计部门、中国人民银行、纪检监察等部门抽调。巡视组实行组长负责制，副组长协助组长工作。

（三）巡视组的主要工作程序

巡视组进驻被巡视单位后，应当向被巡视单位领导班子及其成员通报开展巡视工作的计划安排和要求，说明巡视目的和任务。被巡视单位应当通过当地主要新闻媒体公布巡视工作的监督范围、时间安排以及巡视组的联系方式等有关情况。被巡视单位应当通过内部通报等方式公布上述情况。

（四）巡视的主要对象和主要内容

巡视的主要对象是市、县两级住房公积金管理部门的主要负责人。主要内容是：住房公积金有关法律、法规执行情况；执行党风廉政建设责任制和自身廉政勤政的情况；根据有关法律、决议进行投资的情况；选拔任用干部的情况；派出巡视组的组织要求了解的其他事项。

（五）巡视组的主要工作方式

听取被巡视市、县住房公积金管理部门主要负责人的工作汇报；根据工作需要列席被巡视住房公积金管理部门的有关会议；受理反映被巡视单位领导班子及其成员问题的来信、来电、来访等；召开所在管理部门服务对象、缴存单位座谈会；与被巡视单位领导班子成员和其他干部群众个别谈话；调阅、复制有关文件、档案、会议记录等资料；对被巡视住房公积金管理部门领导班子及其成员进行民主测评、问卷调查；以适当方式对被巡视管理部门服务对象、缴存单位进行走访调研；巡视组对反映被巡视单位领导班子及其成员的重要问题，可以进行深入了解。

住房长效机制下以住房公积金制度为基础构建住宅政策性金融机构的路径选择

山东烟台　赵　伟

近年来，国家多次提出要坚持“房子是用来住的、不是用来炒的”的定位，综合运用金融、土地、财税、投资、立法等手段，加快研究建立符合国情、适应市场规律的基础性制度和长效机制。笔者认为我国住房长效机制的建立需要经过一个长期的过程，涉及住房供应结构的调整、住房金融体系的完善、住房消费观念的改变等一系列问题，其核心目的是降低国民住房成本，提高国民的住房质量；抑制投机性炒房，完善自住住房信贷体系；稳定商品房价格，促进房地产市场的健康平稳发展。在这个新的历史阶段，住房公积金制度作为我国重要的惠及全部城镇居民的住房金融制度，需要实施改革以求更好地为新市民购租房服务，更有效地参与住房供应机制调整，更好地发挥社会效益。

一、建立住房长效机制的目的和意义

建立住房长效机制是改善国民居住环境、解决城市化进程矛盾、加速新旧动能转换的必然选择，其机制目标和重要意义体现在以下几个方面：

（一）稳定房地产市场，防止住房价格的大起大落，促进动能转化

住房长效机制的建立将大幅减少商品房市场价格的非理性快速波动，避免出现暴涨暴跌的现象，抑制住房炒作行为，使国民购房趋于理性、短期炒作和投资行为得到自然遏制，通过住房金融体系的完善将信贷规模合理配置到刚性需求的群体，支持自住住房的购买。通过大力发展共同产权住房和住房租赁市场等措施，丰富居民住房结构，除购房居住以外还可以选择购买部分产权和长期租房居住，从宏观和微观两个维度将资金从过热的住房市场抽离，扩大实体经济贷款规模，促进国民消费需求，刺激实体经济快速发展，从而加速新旧动能转化和经济结构调整，使我国经济结构更加趋于合理化。

（二）改变住房供应方式，整合过剩的住房资源，降低国民住房成本，改善住房条件

通过发展住房租赁市场改变住房供给结构，充分利用现有的住房资源，积极探索新的住房供给方式，解决国民尤其是新市民的住房问题。住房长效机制的一个重要组成部分就是发展住房租赁市场，如果规范了租赁市场，使其健康发展，将会有更多的优质房源流入租赁市场，居民选择性将大幅增加；监管缺位将大大改善，出租人和承租人双方的权益可以得到保障；官方的租赁平台将促使换租、重新招租、交接等服务更加规范方便。住房租赁市场规范后，拥有多套房产的中产阶层的闲置住房将进入租赁市场，避免了住房资源长期闲置的浪费现象。同时，国有企业也会成为租赁住房的重要提供者。如此一来，不仅可以使租房者有更多的选择余地，住房租赁市场的

价格也会趋于理性和稳定，租赁住房的品质将大幅提升，服务将不断规范。

（三）加速城镇化进程，缓解用工成本过高的现状，保证实体经济发展的人力资源供给

随着新型城镇化的不断推进，未来会有更多郊区、城中村和农村人口进入大中城市生活工作，也就是我们所说的新市民。这些人群刚进入城市工作没有资金积累，短期内全款购置商品房进行居住的可能性不大，如何有效地解决他们的住房问题，并且让他们享受到与老市民一样的市民待遇，提高他们的归属感和生活幸福指数是我国在城市化进程中面临的一个重要课题，解决得好坏将直接影响到城市化进程的顺利与否，影响社会安定和百姓的工作积极性。住房长效机制的建立将通过完善住房金融体系、建立住宅租赁机制、提供多样化住房、解绑住房和市民待遇等措施有效地解决新市民的住房问题，让他们用较低的成本获得较好的居住环境变成一种现实，有效提高新市民的生活幸福指数，让他们也能分享到改革红利，从而加速我国的城市化进程。

（四）扩大公有住房供给，提高公有产权住房的市场占有比例，增强住房价格宏观调控能力

中国适时进行了住房体制改革，开启了住房市场化时代。过去 40 年的住房市场化过程，充分利用了市场经济的基本规律，房地产业发展迅速，国民居住条件得到了大幅改善，取得的成绩是有目共睹的。但是房地产行业存在泡沫和住房过剩也成为大家公认的事实，包括小产权房市场的混乱问题也是客观存在的。通过建立住房长效机制，不断扩大公有住房的市场比例，国有部门积极参与到住房市场的竞争中去，增强住房市场的宏观调控能力，避免出现暴涨强制降温、暴跌强制刺激这种政策朝令夕改的被动局面，通过市场基本规律淘汰不规范、无效率的开发企业，逐步解决小产权房等市场化发展出现的弊端情况。

二、住房长效机制中住房公积金制度作用的发挥

住房长效机制的实现要素主要包括金融政策、供给调整、消费引导这三个方面，住房公积金制度在其中都可以发挥积极作用，这种内生的对于房地产市场的均衡功能是与制度的特点联系在一起、与生俱来的。

（一）优化完善贷款政策，配合做好住房金融去杠杆

为了达到防止住房价格暴涨暴跌、稳定房地产市场的目的，金融去杠杆是必须采取的有效措施。通过紧缩住房贷款政策将有效打击住房市场的投机行为，抑制除居住需求以外的炒作性购房。同时，在宏观上去杠杆的同时完善住房金融信贷制度，将有限的住房金融信贷规模用来支持自住住房消费群体，帮助刚性需求群体提高购房支付能力。

一直以来，住房公积金制度主要职能的发挥方式就是政策性低息贷款的发放，所以这个方面的作用发挥很简单，只需要将贷款政策进行调整，全力保障首套房购房需求，停止发放二套、三套房贷款，而且政策执行标准要严格，即认房又认贷，通过这些政策调整可以基本杜绝利用住房公积金贷款炒房的行为。

（二）积极参与长租房、公租房建设，促进住房消费多样化

为国民提供更加多元化的住房消费模式，大力发展租赁住房、共同产权房等新型住房解决办法，改变当前商品房是唯一住房解决方案的现状，这是住房长效机制的内在要求。住房供应结构

的改变将促进住房市场多样化、价格相互制约机制更加充分，进而降低年轻人的购房压力，提高国民生活幸福指数。在建立住房长效机制的大背景下，公租房的大量建设是保障住房供应结构调整的基础，公积金管理部门应该在住房供应体系中作为一个重要的官方租赁住房提供部门，直接参与公租房的购置、建设、管理和服务，开展租赁住房相关业务。

（1）有利于制度的良性发展。自有产权公租房的租赁收入将带来住房公积金增值收益率的提升，按照增值收益惠及缴存人的制度设计，缴存人将获得比当前更高的缴存利率，当缴存利率明显高于定期存款利率时，缴存住房公积金将成为国民一种新的理财选择，自愿缴存将成为全民趋势，资金规模会进一步扩大，从而形成良性循环：缴存利率提高—国民自愿缴存—资金规模增大—公租房数量质量双提升—租金收益增加—缴存利率进一步提高—更多国民自愿缴存。

（2）有效减轻国家财政压力。住房公积金部门作为公租房的主要提供部门，可以有效避免公租房建设给国家财政带来的巨大资金负担。财政部门只需做好对低收入群体现金补贴的资金筹备和发放工作，资金需求总额将大大低于建设公租房的资金需求。另外，住房公积金部门也可以为租住公租房的低收入群体提供租金减免配套政策，从而抵扣财政住房补贴资金，进一步减轻国家财政资金压力。

（三）多措并举，科学引导国民理性投资

近30年来，国民对住房投资的风险估计不足，价值投资的意识缺乏，盲目从众的住房投资方式盛行。住房长效机制的建立将引导国民科学投资，改变住房投资的习惯。住房公积金制度通过调整贷款政策和提供多层次选择的公租房，引导国民科学支配资金，压缩自住住房资金成本，大幅降低住房投资规模，从而稳定房地产市场，避免出现暴涨暴跌的情况。

三、进一步发挥住房公积金制度作用的改革路径

为了充分发挥住房公积金制度在住房长效机制中的作用，需要对当前制度和机构进行改革。

（一）改革的整体构想

当前住房公积金管理机构的职能可以分为行政性职能和金融性职能，归集、提取住房公积金属于行政性职能，而个人贷款业务具有金融性职能。由于《住房公积金管理条例》的法律效力不足，缴存的强制性很弱，很多地方催缴受阻。另外，管理中心虽然有金融属性但不是金融部门，贷款相关业务都要委托银行办理，每年支付高额的委托费用，业务流程也变得烦琐。

为了更好地发挥住房公积金职能，可以考虑将金融性职能和行政性职能分离运行，建立住宅政策性金融机构，负责个人贷款等相关金融性质业务，提高资金的使用效率和社会效益；同时保留和强化住房公积金管理机构，将其从事业机构划出，调整为政府序列的行政执法部门，负责征收管理，住房公积金提取，公租房、长租房建设等行政性职能。

（二）建立住宅政策性金融机构的具体路径

为使住宅政策性金融机构能够顺利运行，发挥其住房保障的主要职能，在体制设计、业务范围、人员构成等方面都需要得到相关保障。

（1）机构属性。住宅政策性金融机构的属性应该明确为国有独资企业，是不以营利为目的

的金融机构，顶层设计总行，下设分行和分支机构，日常业务开展接受人民银行和国家金融监督管理总局的监督管理，执行利率由人民银行规定，人员编制属于国企编制。

（2）业务范围。建立住宅政策性金融机构的主要目的是保障普通居民住房需求，除保留住房公积金贷款业务外，要进一步扩展业务范围，增加住房保障相关职能。一是为普通居民家庭提供长期、低成本的个人住房按揭贷款业务。此项业务就是对现有住房公积金贷款业务的一种保留。二是为新的住房公积金管理部门公租房建设提供长期、低成本开发融资业务。三是为低收入家庭提供住房保障类金融服务业务。通过提供无息贷款等方式解决低收入家庭租房费用。

（3）资金来源。住宅政策性金融机构的资金来源可以考虑以下几种方式：一是直接吸纳住房公积金、公管房出让收入、住房维修基金和其他房改资金作为资本金的构成部分。二是财政部门存放的保障国家住房政策执行的政策性资金。三是中央银行政策性再贷款。四是发行金融债券，通过人民银行批准向社会发放住房类金融债券，直接向社会融资。

（4）人力资源。住宅政策性金融机构的人员组成要充分考虑政策性银行兼具政策性和商业性双重属性的特点。人员构成分为两部分：一部分是住房公积金管理机构转制过来的具有贷款从业经验的人员；另一部分是通过公开招聘方式充实进来的金融专业人才。在人员构成上要注意知识结构和学历层次的阶梯性，为机构业务的顺利运行打下良好基础。

（三）保留并完善现有住房公积金管理机构

住房公积金业务中行政执法、征收管理、政策性提取等行政性职能依然要由政府行政机构承担，所以建议保留现有住房公积金管理机构，同时根据其新的职能特点优化机构设置。

（1）管理机构的体制建设。应在保留现有住房公积金管理机构的基础上对该机构体制建制进行完善，成立自上而下、层级对应的管理部门。在中央、省、市、区（县）逐级设立住房公积金管理局，统一管理机构属性和规章制度，明确各级管理部门的管理权限。

（2）管理机构的日常职能。剥离了金融性职能的住房公积金管理机构的日常职能主要包括：一是住房公积金相关政策的研究制定，例如：职工缴存基数上下限和比例的设定，住房公积金提取相关政策的制定。二是开展行政执法业务。进一步加大执法力度，开展制度宣传活动，增强职工的缴存意愿和对住房公积金制度的了解程度，不断提高制度覆盖面。三是负责归集、提取等日常业务的办理。四是监管住宅政策性金融机构对住房公积金的资金使用情况。

（3）新增公租房项目建设职能。明确新建立的国家住房公积金管理机构具有公租房建设和租赁管理职能，国土部门应结合本地规划和公租房建设需求提供公租房建设专项划拨土地。机构内部设立公租房建设和租赁管理的子部门，专门负责管理公租房建设和使用期物业、租赁等事务。公租房按照略低于同区域市场租赁的价格向国民出租，按照短期、中期、长期不同租赁情况分别设置科学合理的租赁价格体系。公租房租赁人享受同区域商品房所有权人同等的权利，实行租售同权。租赁收入计入住房公积金机构的业务收入，公租房建设资金计入住房公积金机构的业务支出。

住房公积金制度改革需要解决好几个关键问题

河南洛阳　俞慧彬

继《中共中央关于全面深化改革若干重大问题的决定》（以下简称《决定》）后，在2020年5月18日发布的《中共中央 国务院关于新时代加快完善社会主义市场经济体制的意见》（以下简称《意见》）中再次明确提出要"改革住房公积金制度"。

住房公积金制度应该如何进行改革？业内外专家学者可谓智者见智、仁者见仁。笔者认为，既然是改革，就必须坚持传承，必须坚守"初心"，将不适应新形势需要、人民群众反映强烈的问题通过改革解决掉，使住房公积金制度在新时代新形势下更好地发挥住房保障职能作用，绝不能抛开现行住房公积金制度和运作模式而"另起炉灶"。

笔者认为，住房公积金制度改革中应着重解决好以下几个问题。

一、解决好制度的定位问题

秉纲而目自张，执本而末自从。住房公积金制度的纲就是制度定位，也就是说必须明确住房公积金制度究竟是什么。

大多数专家学者，甚至是业内的专家都倾向于将住房公积金制度看作住房政策性金融，认为住房公积金制度改革的方向应该是金融化，将住房公积金管理机构改造成金融机构，从而更好地发挥住房公积金制度的金融职能。

不可否认，住房公积金具有住房政策性金融功能，因为缴存职工在购买、建造、翻修、大修自住房时可以向住房公积金管理中心申请个人住房贷款，所以住房公积金制度有住房政策性金融职能，但不能据此就将住房公积金制度定位为住房政策性金融。

从设立住房公积金制度的初衷来看，住房公积金制度就是一种社会保障制度。住房公积金制度是住房制度改革的产物，设立住房公积金制度的目的和出发点是要保障中低收入职工解决和改善居住条件。从住房制度改革之初就一直将住房公积金制度视为住房保障制度之一。虽然我国城镇住房制度改革已经完成，但住房公积金制度作为一种住房保障制度的定位始终没有改变。

从国家对住房公积金制度的定位来看，住房公积金制度也是一种社会保障制度。虽然《决定》和《意见》在具体表述上不太一致，但都将住房公积金制度与基本养老、基本医疗等基本社会保障制度并列，且不论是在《决定》还是《意见》中表述时，都将住房公积金制度放在建立健全住房保障制度内容之中，这充分说明，高层一直都将住房公积金制度视为我国一项基本的住房保障制度，而非住房金融。

从住房公积金制度的实践来看，住房公积金制度仍是一种社会保障制度。如果我们在实践中将住房公积金制度看作住房政策性金融，那就应该按照金融运作的要求，也就是运作资金要实现资本利益的最大化，那么中低收入家庭特别是低收入家庭根本就申请不到住房公积金个人住房贷款，但实际中却是中低收入家庭成为住房公积金制度的最大受益者。

因此，笔者认为，住房公积金制度就是一种社会保障制度，其根本职能是保障和改善所有缴存职工“住有所居”，只不过是通过发放低息个人住房贷款这种形式来实现住房保障这一基本职能而已。在住房公积金制度改革中必须坚持这个“纲”不能改变。如果将住房公积金制度定位为住房政策性金融，将住房公积金管理机构改革成住房政策性金融机构，就严重偏离了住房公积金制度作为我国一项基本的社会保障制度的定位，住房公积金制度就没有存在的必要，更不必谈改革住房公积金制度了。

二、解决好制度的公平问题

公平是制度存废的基础和前提。就住房公积金制度而言，公平就是要将所有劳动者平等地纳入制度的保障范围之内。但由于种种原因，住房公积金制度在城镇私营企业及其他城镇企业、外商投资企业、民办非企业单位等民营单位的覆盖面还比较小，在这些单位就职的劳动者还不能公平地享受住房公积金制度的“红利”。造成这一问题的原因是多方面的，究其根本还是对住房公积金制度认识不足。这既有高层认识不足的原因，《住房公积金管理条例》（以下简称《条例》）修订工作屡议屡放，导致《条例》已经严重不适应新的形势需要。也有各级政府领导认识不足的原因，对住房公积金建制缴存工作重视不够。还有从业人员认识不足的原因，等靠思想严重，不能主动想办法做好制度扩面工作。更有城镇私营企业法人认识不足的原因，法治意识淡漠，不能依法经营，无视职工切身利益。

因此，在住房公积金制度改革时，必须更加注重制度的公平性，使全体劳动者都能公平公正享受住房公积金制度的“红利”。

要想实现住房公积金制度公平，就要从思想上真正重视住房公积金制度。民生是人民幸福之基、社会和谐之本，而住房问题则是最基本的民生。在住房价格较高的当下，城镇中低收入家庭特别是以农业转移人口和新就业大学生为主体的新市民群体，由于收入不高、积蓄不多、支付能力弱，仅依靠其自身力量解决居住问题难度很大。各级党委和政府必须高度重视并妥善解决他们的居住问题。从住房公积金制度 30 年的实践来看，在解决城镇中低收入家庭和新市民居住问题上，住房公积金制度发挥了其他金融制度无法替代的作用。因此，必须始终坚持住房公积金制度，充分发挥住房公积金制度的保障作用。

要想实现住房公积金制度公平，就要加大制度的刚性。就现行《条例》来说，对不建立住房公积金制度的处罚力度太小，配套措施不够，且没有赋予住房公积金管理中心足够的行政执法权力，致使企业特别是私营企业违法成本太低，拒不建立住房公积金制度，少缴、欠缴问题比较突出，导致住房公积金制度在私营企业覆盖面较小。在改革住房公积金制度时，应加大对拒不建制、欠缴少缴企业的处罚力度，明确更加严厉的处罚措施，并实施联合惩戒，通过增加企业的违法成本促使其建制缴存，使其不敢违法。同时，要赋予住房公积金管理中心更多的行政调查、处罚权力，建立健全行政执法队伍，使管理机构有职、有权、有人对违法行为进行查处，做到执法必严、违法必究。

要想实现住房公积金制度公平，就要解决好增值收益分配问题。现行《条例》规定：“职工个人缴存的住房公积金和职工所在单位为职工缴存的住房公积金，属于职工个人所有。”但同时，又规定住房公积金增值收益，“用于建立住房公积金贷款风险准备金、住房公积金管理中心的管理费用和建设城市廉租住房的补充资金”，这与《民法典》“物权”编的规定严重相悖。建设廉租住房，保障低收入住房困难家庭的居住，是各级政府应该而且必须尽的责任和义务，所需资金应该列入各级政府的年度财政预算，而不应该由住房公积金缴存人承担。住房公积金管理中心作为直属设区城市政府的事业单位，其各项费用也应由各级政府承担，而不是由住房公积金缴存人承担。《条例》规定：“住房公积金贷款的风险，由住房公积金管理中心承担。”住房公积金管理中心作为不以营利为目的的事业单位，只代表政府负责住房公积金的管理运作，自身并不产生收益，如何承担贷款风险？贷款风险也应由城市人民政府负担，而目前的贷款风险其实是由所有缴存职工共同来承担、来“买单”的。所以，在住房公积金制度改革时要充分考虑《民法典》的规定，不再从增值收益中提取贷款风险准备金、住房公积金管理中心管理费用和廉租住房建设补充资金，而是将增值收益返还给缴存职工。

三、解决好制度的效率问题

效率关系群众对制度是否认可。再好的制度，如果效率低下也不会被群众认可。

近年来，国家和各地都在不断地扩大住房公积金的使用范围，降低使用门槛，拓展服务方式，住房公积金使用率有了大幅提升，服务质量有了明显提高，服务渠道明显增多，但使用难、效率不高等问题仍为社会所诟病。因此，在住房公积金制度改革时，要在牢牢守住住房消费这一底线的基础上，着力提升资金的使用效率和管理机构的工作效率。

提升使用效率，就要实现资金统一调配。近年来，各地住房公积金管理中心根据住建部的部署，大多开通了异地住房公积金个人住房贷款业务，在一定程度上支持了缴存职工异地购房。但总体来讲，目前住房公积金资金使用依然局限于设区城市范围内，资金还不能实现跨地区调动，这就导致部分个贷率较高的地区无钱发放住房贷款，个贷率较低的地区资金只能“躺”在受托银行的账户上，无法充分发挥资金效能。因此，要建立住房公积金资金全国至少是全省范围内正常流动的机制，以解决“旱涝不均”的现状，充分发挥住房公积金资金的最大效能。

提升工作效率，就要统一业务办理。作为一项基本的社会保障制度，住房公积金业务的办理标准、要件、流程等在全国各地五花八门、各不相同，导致了各地业务办理的不统一，个别地区工作效率不高，这也是住房公积金制度被诘难的原因之一。“工欲善其事，必先利其器。”对住房公积金而言，“事”就是工作效率，充分发挥制度保障职能；“器”就是为达到这一目的而进行的统一业务办理。只有在全国至少是一个省范围内统一了业务办理模式，统一了业务办理标准，统一了业务办理系统，实现了业务办理和管理的标准化，才能有效提升工作效率，赢得缴存人的赞誉。

浅析住房公积金制度存在问题和对策建议

广西河池　韦启财

住房公积金是我国重要的住房保障制度，30 年来各项事业得到了迅速发展。据全国住房公积金 2023 年年度报告，全国住房公积金实缴单位 494.76 万个，实缴职工 1.75 亿人，缴存余额 10.06 万亿元。2023 年，全国住房公积金住房消费提取 4616 万人、17626 亿元，发放个人住房贷款 286 万笔、14713 亿元，住房公积金成为缴存人解决住房问题的重要方式。

一、我国住房公积金制度存在的问题

（一）属地化管理体制导致区域间公积金流动性不足，造成资源较大浪费

根据《住房公积金管理条例》（以下简称《条例》）第十条规定，住房公积金管理中心是直属城市人民政府的不以营利为目的的独立的事业单位。各地市按当地的经济发展水平建立各自不同的管理模式和执行不同的业务政策。属地化管理体制加剧了住房公积金区域发展的不平衡，导致资源无法实现优化配置，存在以下弊端：一是区域住房公积金流动性不足，资金使用率不高，造成资源浪费。由于区域经济发展不平衡，不同区域住房消费差异较大，有的地区住房消费需求旺盛，住房公积金长期持续高位使用，资金流动性严重不足；有的欠发达地区房地产市场不发达，居民住房消费观念落后，住房公积金使用率不高，资金流动过剩，造成资源浪费，资金的短缺和过剩都会限制公积金的发展。二是信息化建设资源严重浪费。在信息化和数字化快速发展的今天，推进住房公积金业务全程网办是未来的发展趋势，也是管理服务的必然要求。各地管理中心不仅要有一套适合自己业务需要的信息系统，还要搭建手机公积金 App、微信公众号、支付宝、网上服务大厅等各种综合服务平台，在其开发、升级、维护上需要投入大量的人力、物力和财力，造成资金严重浪费。

（二）公积金制度发展不平衡，非公企业缴存覆盖率低

住房公积金制度设计的初衷应该与养老保险一样，使几乎所有的工薪阶层通过这项制度受益。随着住房公积金制度的深入推进，一些城市将住房公积金制度覆盖到灵活就业人员、个体工商户、农民工等新市民群体，住房公积金缴存群体不断扩大，但实际覆盖率并不高。以 2022 年为例，全国缴存住房公积金的人数约 1.69 亿人，略高于全国人口总数的 1/10，与全国基本养老保险参保人数 10.5 亿人相比，公积金参缴人数仅占养老保险参保人数的 16.10%，与全国城镇就业人员 4.59 亿人相比，公积金缴存人数也仅占其 36.82%。在经济欠发达的中小城市，政府机关、事业单位和国有企业职工仍是住房公积金缴存的主体，以笔者所在的城市为例，笔者在桂西北经济较落后的地级市，其政府机关、事业单位和国有企业职工公积金缴存人数占比高达 92%，由于当地经济发展落后、企业效益不高，一些城镇企业为了降低人力资源成本，不愿意为员工缴纳住房公积金，即使愿意缴纳公积金也不会突破人力资源成本，再加上为职工缴纳的住房公积金要从职工工资福利中扣除，所以职工宁可多拿工资也不缴纳住房公积金。

（三）政策法规不配套，行政执法难以有效开展

近年来，随着住房公积金制度的普及和完善，住房公积金管理部门面对的投诉量逐年增加，以员工离职后因与单位产生矛盾而投诉用人单位未缴纳住房公积金的案件居多。而住房公积金行政执法的法规依据主要是《住房公积金管理条例》。虽然《条例》第三十七条明确了对用人单位不依法为员工缴纳住房公积金行为的处罚规定，但没有其他相应的配套政策法规，发生纠纷不能纳入劳动仲裁，难以形成部门联动，达不到应有的执法效果。且《条例》立法层次比较低，强制性不足，在实际执法过程中，未建立公积金制度的企业众多，多数企业存在“法不责众”的心理。另外，行政执法涉及当地招商引资等诸多复杂问题，需要综合考虑企业经营成本、生存现状和环境问题等因素，导致住房公积金行政执法操作难度较大。

二、解决住房公积金制度存在问题的对策建议

（一）完善住房公积金管理体制，规范机构设置

现阶段我国住房公积金只在地市州盟一级做到了垂直管理。由于国家和省级没有单设独立的管理部门，各地各行其是，造成资源浪费。可以在中央和省级设立独立的住房公积金管理部门，实现中央、省、市三级垂直管理，分级核算，统管各地住房公积金管理中心，人财物和核算上做到统一管理，在全省内统一调度使用住房公积金，使资金的使用效益达到最大化。

（二）统一业务信息系统和业务操作流程

目前，全国各地住房公积金管理中心在信息系统建设方面闭门造车，各自建立业务信息系统，往往存在资金不足、技术落后等问题，既浪费了钱财，又无法实现数据和资源共享，在业务操作和流程上也没有统一的规范标准。由于各地信息发展水平不一、服务质量水平参差不齐，给缴存职工带来诸多不便。随着经济社会的发展，跨省市就业流动性增强，“跨省通办”业务增多，统一业务信息系统和业务操作流程势在必行。需要说明的是，统一业务信息系统和业务操作流程不等同于统一业务政策，区域经济发展不平衡、职工住房消费观念存在区域差异是不可回避的现实，住房公积金制度大方向上求同，各地政策上存异，因城施策更有利于经济社会的协调发展。

（三）加快住房公积金立法步伐，建立健全配套法规

住房公积金是职工个人缴存和单位为职工缴存的长期住房储金，具有一定的福利性和互助性，应当与社保一样覆盖广大劳动者。《条例》虽规定了单位不为职工缴纳住房公积金的处罚措施，但由于缴纳住房公积金没有列入劳动合同范本，也没有相关的地方性法规，现实中很多企业没有缴纳住房公积金。住房公积金制度实施 30 余年来，企业已广泛知晓住房公积金制度，但其覆盖率远低于社保，主要原因还是住房公积金强制缴纳刚性不足。提高住房公积金制度法律层级，建立配套相关的地方性法规，将缴纳住房公积金列入劳动合同范本，既可以推进建制扩面，维护广大劳动者的合法权益，也能有效解决住房公积金行政执法难问题。

三、未来住房公积金改革路径设想

有学者提出将住房公积金制度改革方向定位为建立政策性住宅金融机构。因为住房公积金管

理中心作为事业单位，不具备应有的管理能力和金融资信，却行使着金融机构的职能，与银行机构十分相似，从这个视野上看，建立政策性住宅金融机构未尝不可。住房公积金制度作为我国社会保障体系的重要组成部分，现阶段不仅用于住房消费，在职工退休、离职、享受城镇最低生活保障时也可以提取使用，一些城市还可以用于支付物业费、加装电梯、家庭成员发生重大疾病的医疗费用。也有学者提出在住房公积金尚未得到有效使用的情况下，将住房公积金的使用扩大到养老和子女教育等方面，由此看住房公积金具有社会保障的功能，与社保、医保有一定的相似之处。笔者设想，住房公积金并入社保体系，将职业年金、企业年金、个人医保账户和住房公积金账户合并成一个公积金账户，住房公积金去“住房”化，公积金不仅用于住房消费，还可以用于养老、医疗、证券股票投资等方面，进一步增强社会保障能力，并可以利用这笔资金进行宏观经济调控，有利于社会、经济和政治的稳定。据相关数据统计，2022 年年末全国个人医保账户累计结存 1.37 万亿元，占全国个人住房公积金账户余额的 14.81%，这是一笔不小的资金，账户合并以后可以做大资金池，盘活沉淀资金，提高资金的使用效率和增值收益，实现资源配置最优化。

科学把握住房公积金制度改革的方法论

甘肃张掖　冯　娟

科学把握住房公积金制度改革的方法论尤为重要。党的十八大以来，面对严峻复杂的国内外发展形势，以习近平同志为核心的党中央始终强调“稳中求进”，并不断拓展其科学内涵。2016年年底召开的中央经济工作会议，把“稳中求进工作总基调”进一步提升到“治国理政的重要原则”。2023年12月召开的中央经济工作会议明确提出，“要坚持稳中求进、以进促稳、先立后破”。这是对“稳中求进”思想方法、工作方法的继承和发展，是更客观、更全面、更准确的科学表达，是当前我国经济发展的需要，也是做好住房公积金制度改革的重要原则。

一、进才能稳，必须以进促稳

进是历史规律、大势所趋。“进”也是“稳”的条件。事物是发展变化的，这是万物恒定的规律。一个国家、一个民族乃至一个行业，唯有革故鼎新，才能继往开来。时代在发展，没有哪一个制度是完美无缺的，住房公积金制度存在缺陷和不足，作为公积金人应该客观正视。也正因为缺陷和不足，公积金存废或改革的争论由来已久，特别是疫情防控期间学者黄奇帆和企业主董明珠提出为降低企业成本取消住房公积金的建议，更是将这场争议推向了风口浪尖，引发了业内外专家学者激烈的争论和交锋。可以说没有旷日持久的论争，就没有党中央、国务院多次作出“改革住房公积金制度”的决议。住房公积金制度改革的基本方向是在保持现有制度优势的基础上进行必要的调整和优化，以适应社会经济发展的新形势和居民住房需求的变化。改革的目标是提高住房公积金的使用效率和公平性，增强其可持续性，以及促进住房市场的健康发展。改革的关键在于平衡新旧制度的过渡，确保在不影响现有职工利益的前提下逐步推进新政策的实施。通过这种方式，可以最大限度地减少改革引起的市场波动和社会不安，确保政策的平稳落地。

没有“进”，单依赖“稳”是稳不住的。但改革绝不会一蹴而就，道路上肯定会出现许多难题和困厄，会面临更加复杂、多变的形势和挑战。改革当前，公积金人必须保持稳定清醒的头脑，对公积金事业发展中所面临的问题不规避、不退缩，必须创新发展思路，增强责任意识、创新意识、改革意识、服务意识和全局意识，把公积金事业的发展放到确保职工“住有所居”的制度初衷中去考量，放到促进社会公平的大局中去谋划，放到整个社会保障体系格局中去定位，放到“管好资金、服务职工”的质效中去落实。

二、稳才能进，必须稳中求进

从设立的初衷看，住房公积金制度是社会保障体系格局中的一环。住房公积金制度是住房制度改革的产物，目的是帮助中低收入职工解决住房问题和改善居住条件。虽然我国城镇住房制度改革已经完成，但住房公积金制度作为住房保障制度的定位始终没有改变。“不以营利为目的”

是住房公积金制度社会保障属性的本质要求，而如果我们在实践中将住房公积金制度看作住房保障金融，那就应该遵循金融运作的要求，即基于实现资本利益的最大化来运作住房公积金资金。那样的话，中低收入家庭特别是低收入家庭根本就申请不到住房公积金住房贷款，而实践中却是中低收入家庭成为住房公积金制度的最大受益者。30 多年来，住房公积金对房地产市场平稳健康发展、支持住房消费成效明显。稳住住房保障制度这个定位，才能稳中求进。

从社会公平方面看，假如取消住房公积金，职工的收入降低，企业主的收入则相应增加了，拉大了贫富差距，反而成了“劫贫济富”。放弃以后享有公积金政策的机会红利，是很不明智的。有一部分企业主、股东或者银行业派系的专家学者，他们赞成取消公积金是追求利益最大化，这本无可厚非，但通过降低职工收入来达到自己增收的目的，对推进城镇化建设和促进社会公平正义来讲都是不利的。在住房公积金制度改革时，稳住制度的公平性和普惠性，就能进一步使全体劳动者都能公平公正地享受住房公积金制度的“政策红利”。

从社会保障体系看，民生是人民幸福之基、社会和谐之本，而住房问题则是最基本的民生问题。在住房价格较高的当下，城镇中低收入家庭特别是农业转移人口和灵活就业等群体，由于收入不高、积蓄不多、支付能力弱，仅依靠其自身力量解决居住问题难度很大，他们往往无力购买，只能望房兴叹。从住房公积金制度几十年的实践来看，在解决中低收入家庭和灵活就业人员住房问题上，住房公积金制度发挥了其他金融制度无法替代的作用。因此，有必要坚持住房公积金制度，充分发挥其保障职能。

从服务职工的质效看，一是管好资金。公积金中心作为资金管理机构，首要责任是管好用好资金，在谨防“骗提骗贷”和不良贷款的前提下，做到“应贷尽贷、应提尽提”，最大限度降低资金风险，提高资金使用率。二是服务好职工。转变观念，从细节入手，着力推进“放管服”改革、“零跑路”线上业务办理，不断加大信息化建设，积极引导缴存人通过手机 App、微信公众号、网上业务大厅等服务渠道提交申请和要件资料，并实行网上审核、联签审批，有效提高线上办结率，缩短群众等候时间，积极探索新的数字赋能方式，运用先进技术手段稳步消减旧的模式，不断提升群众对住房公积金行业的满意度。

三、破也是进，必须先立后破

改革，绝不会畏葸不前和浅尝辄止，只能是躬行实践和持之以恒。我们当然需要破，但前提条件是先“立”，必须立了再破，先立后破。公积金人必须正确理解、积极响应，坚决投身改革，紧跟改革步调，与“顶层设计”保持高度一致，始终坚持循序渐进，在没有“立”的情况下，绝不实施影响大局、伤筋动骨的“破”。

改革的目标应该是提高住房公积金制度的覆盖面、公平性和效率，更好地发挥其在住房保障、经济发展和社会稳定中的作用。扩大覆盖面启动城市试点工作，试点内容包括提高住房公积金的使用效率、扩大其适用范围，以及改进资金的管理和使用方式。这些试点项目的成功将为全国范围内的推广提供经验和依据。同时探索建立更加完善的住房政策性金融体系，以适应不同收入层次人群的需求。坚持数字化转型，如利用大数据和人工智能技术来优化住房公积金的分配和管理，减少行政成本，提升透明度和公平性。此外，改革还要着眼于增强住房公积金制度的灵活性和包容性，使之更好地服务于多样化的住房需求和市场条件。加强地区间的互融互通，提高资金使用效率和收益率。建立有效的监测和评估机制，及时调整策略，确保改革目标的实现。公积金制度改革是一个复杂的社会工程，需要科学的方法论来指导。

通过改革措施，提高住房公积金的投资收益率，避免资金闲置和贬值；优化资源配置，使得住房公积金能够更好地服务于广大职工的住房需求；增强住房公积金制度的可持续性，确保其长期稳定运行；促进住房市场的平稳健康发展，缓解住房供需矛盾；等等。改革过程中可能会面临的挑战包括如何平衡各方利益、确保改革的顺利实施、防止改革过程中出现新的不公平现象等。要加强监管，完善法律法规，建立有效的激励和约束机制，广泛征求社会公众的意见和建议等。

综上所述，住房公积金制度改革是一项复杂而艰巨的任务，需要综合考虑多方面因素，采取科学合理的措施，确保改革取得预期成效，同时维护社会的和谐稳定。所以，“稳中求进、以进促稳、先立后破”是辩证统一的整体。稳是住房公积金高质量发展的前提，进是公积金制度改革创新的主线，立和破是改革创新的必然要求。单纯依靠稳是稳不住的，“进”中的稳才是健康的稳；立和破是进的更高要求，只有建立在“先立后破”基础上的“立”和“破”才是住房公积金制度改革的正确方法论。

数字化时代下的住房公积金管理改革研究

广西河池　唐利月

住房公积金制度是我国特有的住房保障制度，数字化时代的到来给住房公积金管理带来了新的挑战和机遇。一方面，数字化技术可以提高住房公积金管理的效率和透明度；另一方面，数字化时代对就业形态和劳动者权益保护也提出了新的要求。因此，本文将从数字化时代的背景出发，探讨住房公积金管理改革的必要性和可能性，并提出相应的政策建议。

一、数字化技术对住房公积金管理的影响

（一）提高管理效率和透明度

在信息技术飞速发展的当下，数字化技术已经渗透到社会生活的方方面面，住房公积金管理也不例外。随着大数据、云计算、人工智能等技术的不断成熟，数字化技术在住房公积金管理中的应用越来越广泛，从而大大提高了管理效率和透明度。

通过建立住房公积金管理信息系统，实现了缴存、提取、贷款等业务的一站式、全流程在线服务。缴存人只需要登录网上服务平台，就可以轻松办理各项业务，无须再到柜台排队等候，大大节省了时间和精力。此外，数字化技术还可以实现业务办理的自动化和智能化，减少了人为操作失误，提高了业务办理的准确性和效率。数字化技术还可以提高住房公积金管理的透明度。以前，住房公积金的管理过程相对封闭，缴存人很难了解业务办理的具体情况，现在，通过公开透明的贷款审批流程，缴存人可以实时查询贷款进度和结果，了解自己的权益是否得到保障。此外，通过数据分析和挖掘，住房公积金管理中心还可以为缴存人提供更加个性化的服务，如根据缴存人的还款能力、贷款需求等因素，制定合适的贷款方案。数字化技术还可以用于风险管理和内部控制。通过建立大数据分析模型，住房公积金管理中心可以实时监测业务风险，提前预警可能出现的问题。同时，数字化技术还可以加强对内部管理的监督，防止违规操作和资金流失，保证住房公积金的安全和稳定。

（二）改变就业形态和保护劳动者权益

随着信息技术的不断进步，数字化时代已经到来，传统的工作方式和就业形态正在发生深刻变革。灵活就业、远程办公等新型就业形态日益普及，这无疑给住房公积金管理带来了新的挑战和机遇。

数字化时代下的新型就业形态给住房公积金的缴存和提取带来了一定的困难。以灵活就业为例，劳动者可能面临工作地点不固定、工作时间不规律等问题，这使得传统的住房公积金缴存和提取方式不再适用。为此，住房公积金管理中心需要创新服务方式，如推出更加灵活的缴存和提取政策，满足灵活就业者的需求。同时，可以通过数字化技术，如移动支付、在线服务平台等，为灵活就业者提供更加便捷的住房公积金服务。数字化技术的发展为劳动者提供了更多的权益保

护手段。在过去，劳动者如果遇到权益受损的情况，往往需要通过书面投诉、现场举报等方式进行维权，既耗费时间又效果有限，而在数字化时代，劳动者可以通过互联网平台进行投诉举报，提高了劳动者权益保护的效率和便捷性。此外，数字化技术还可以用于劳动者权益信息的公开和传播，提高劳动者的知情权和参与度。数字化技术还可以用于劳动者权益的监测和分析。通过大数据、人工智能等技术手段，可以实时监测劳动者的权益状况，提前预警可能出现的问题。同时，数字化技术还可以用于政策的研究和制定，为政府和企业提供更加科学、合理的政策建议，保障劳动者的合法权益。

（三）创新住房公积金管理模式

数字化技术的快速发展为住房公积金管理带来了前所未有的机遇，使得管理模式的创新成为可能。通过引入先进的信息技术，住房公积金管理正逐步从传统模式转变为更加智能、高效的现代模式。

大数据分析技术的应用为住房公积金管理提供了深入洞察缴存人需求和行为的能力。通过对大量数据的挖掘和分析，管理者能够更准确地把握缴存人的贷款需求、还款能力等信息，从而制定出更加符合市场和缴存人实际需要的政策和措施。例如，通过数据分析可以发现某一特定群体的贷款偏好，住房公积金管理中心就可以针对这一群体推出特定的贷款产品，以满足他们的需求。区块链技术的引入为住房公积金管理提供了新的解决方案。区块链技术以其去中心化、不可篡改和透明化的特性，为住房公积金的流转和管理提供了安全可靠的基础。通过区块链技术，可以实现住房公积金的实时追踪和精确记录，确保每一笔资金的流向都清晰可查，从而提高资金的安全性和管理的透明度。此外，区块链技术还可以减少中间环节，降低交易成本，提高住房公积金管理的效率。人工智能和机器学习技术的应用也为住房公积金管理带来了创新，通过构建智能化的决策支持系统，住房公积金管理中心可以实现对缴存人信用的自动评估、贷款审批的自动化处理，以及风险的智能预警等功能，这些技术的应用不仅提高了管理效率，还提升了服务的个性化水平，使得缴存人能够享受到更加便捷和贴心的服务。

二、住房公积金管理改革的创新路径

（一）推进数字化平台建设

在当前信息化、网络化快速发展的背景下，数字化平台建设已成为住房公积金管理改革的重要方向。住房公积金数字化平台的建设不仅能够提高管理效率、提升服务质量，还能够增强住房公积金制度的吸引力和竞争力。

为了实现数字化平台的建设，需要建立一个全面的住房公积金管理信息系统，该系统应涵盖缴存、提取、贷款等各项业务的在线办理功能，形成一站式服务模式，缴存人足不出户就能完成业务办理，极大地提高了便利性和缴存人的满意度。此外，数字化平台还可以提供业务咨询、政策宣传、信息查询等服务，满足缴存人的多元化需求。网络安全和数据保护是数字化平台建设的关键环节。随着信息技术的不断发展，网络安全问题日益突出，住房公积金管理中心应加强网络安全防护，采用先进的加密技术、防火墙等技术手段，确保缴存人的个人信息和资金安全，同时，还要加强对数据的保护，制定严格的数据管理制度，防止数据泄露和滥用。数字化平台建设还需要借助互联网、大数据、人工智能等技术手段，提高住房公积金管理的智能化水平。通过大数据分析，可以深入了解缴存人的需求和行为，为政策制定和业务优化提供依据。人工智能技术的应用可以实现业务办理的自动化和智能化，提高工作效率，减少人为错误，此外，通过互联网技术，可以实现住房公积金管理的远程监控和实时分析，提高管理的精准性和科学性。

（二）优化住房公积金贷款政策

贷款政策优化是住房公积金管理机制改革的核心内容之一，对于促进住房消费、支持职工购房具有重要意义。为了适应市场变化和缴存人的需求，住房公积金管理中心需要从多个方面对贷款政策进行优化。

住房公积金贷款额度和利率的调整是政策优化的关键。随着房地产市场的波动和经济增长的变化，适时调整贷款额度和利率成为必要。通过市场调研和数据分析，可以更好地把握缴存人的贷款需求和还款能力，从而制定出更加合理和灵活的贷款政策。例如，在房地产市场过热时，可以适当提高贷款利率，以抑制过度购房需求；在市场相对平稳时，可以降低贷款利率，刺激合理的住房消费。简化住房公积金贷款流程、减少审批环节是提高贷款效率的重要措施。传统的贷款流程往往涉及多个部门和复杂的审批手续，不仅耗费时间长，也容易产生不必要的麻烦。通过数字化平台建设，可以实现贷款申请、审核、发放等环节的电子化、自动化，缩短贷款周期，提高办事效率。同时，还可以通过大数据和人工智能技术，对贷款申请进行自动审核，减少人为干预，提高贷款审批的公正性和准确性。通过建立完善的风险评估体系，可以对贷款申请人的信用状况、还款能力等进行全面评估，有效识别和防范潜在风险。同时，还需要建立健全贷款监控机制，对贷款使用情况进行实时监控，确保贷款资金用于合法的住房消费，防止资金挪用和风险累积。

（三）完善住房公积金管理制度

完善住房公积金管理制度是确保住房公积金健康运行、有效服务缴存人的基础。住房公积金制度作为一项重要的住房保障制度，其管理制度的完善对于维护缴存人的合法权益、促进社会公平具有重要意义。

建立健全住房公积金管理的法律法规体系是制度完善的首要任务。法律法规是住房公积金管理的基础和依据，通过制定或修订相关法律法规，可以确保住房公积金管理的有法可依，明确各方的权利和义务，为住房公积金的规范管理和有效监督提供法律保障。加强内部控制和审计监督是防范住房公积金违规使用和流失的重要措施。住房公积金管理中心应建立完善的内部控制体系，明确内部管理流程和权限分配，确保资金的安全和合规使用。同时，应定期进行审计监督，邀请独立的审计机构对住房公积金的管理和使用情况进行全面审查，发现问题及时纠正，确保住房公积金的安全性和完整性。加强对住房公积金管理人员的培训和教育是提高管理水平的必要手段。住房公积金管理人员应具备专业知识和职业道德，能够熟练掌握各项政策和操作规程，增强法律意识和风险防控能力，从而提高整体管理水平和服务质量。

三、政策建议

（一）加强数字化技术在住房公积金管理中的应用

在信息化社会背景下，数字化技术在住房公积金管理中的应用日益重要。政府在这一进程中扮演着推动者的角色，应鼓励和支持住房公积金管理中心充分利用数字化技术，提升管理能力和服务水平。

政府应推动建立全面的住房公积金管理信息系统，该系统应涵盖缴存、提取、贷款等所有业务，并实现线上办理。通过数字化平台，缴存人可以随时随地进行业务操作，享受便捷的服务，同时，信息系统还可以为管理中心提供实时数据支持，帮助决策者更好地了解业务运行状况，作出科学决策。应鼓励住房公积金管理中心利用大数据、人工智能等数字化技术，提高管理智能化水平，例如，通过大数据分析，可以深入了解缴存人的需求和行为，为政策制定和业务优化提供依据。人工智能技术的应用可以实现业务办理的自动化和智能化，提高工作效率，减少人为错误。应加强对数字化技术研发和推广的投入，通过财政支持和政策引导，鼓励科研机构和企业在住房公积金管理领域进行技术研发和创新，同时，政府还应推动数字化技术的普及和应用，通过培训和宣传，提高住房公积金管理人员的数字化素养，为住房公积金管理提供技术支持和保障。

（二）完善相关法律法规，保障劳动者权益

住房公积金制度作为一项重要的社会保障制度，其法律法规的完善对于保障劳动者权益至关重要。政府应当承担起完善住房公积金相关法律法规的责任，以确保住房公积金的管理和使用依法进行，切实保护劳动者的合法权益。

应当对现有的住房公积金管理法律法规进行全面审视和更新，确保法律法规能够适应社会经济发展的需要。明确住房公积金的管理职责和监管机制，明确住房公积金管理中心和缴存人的权利义务，规范住房公积金的缴存、提取、贷款等流程，为规范管理提供法律依据。加强对住房公积金贷款的风险管理，制定相应的风险控制措施和应急预案，以防范和化解贷款风险。通过法律法规的形式，可以规定住房公积金贷款的条件、期限、利率等标准，以及贷款风险的评估和监控机制，确保住房公积金贷款的安全性和流动性。政府应当加强对劳动者权益的保护，规范住房公积金的缴存和提取流程，确保劳动者能够按时足额享受到住房公积金的福利。通过法律法规的形式规定住房公积金的缴存比例、缴存基数等参数，以及提取的条件和限制，可以防止住房公积金的滥用和不当使用。

（三）加强住房公积金管理人员的培训和教育

住房公积金管理人员的工作专业性和责任感对于确保住房公积金制度的健康运行至关重要。政府应当承担起加强住房公积金管理人员培训和教育的责任，提升管理人员的专业素养和职业道德，以确保他们能够依法依规高效地履行职责。

应制订全面的培训计划，涵盖住房公积金管理的各个方面，如法律法规、业务流程、风险控制等。通过系统培训，管理人员可以掌握最新的管理技能和业务知识，提高工作效率和服务质量。此外，培训还应强调职业道德的重要性，培养管理人员的责任感和使命感。应建立健全监督和考

核机制，对从业人员的行为和业绩进行定期评估，通过设立明确的考核指标和评价体系，确保管理人员依法依规履行职责，防止和减少工作中的失误和疏漏。对于表现优秀的人员，可以给予适当的奖励和晋升机会；对于无法胜任岗位的人员，应及时调整或淘汰。

数字化时代下的住房公积金管理改革是必然趋势，也是推动住房公积金制度可持续发展的重要手段。通过推进数字化平台建设、优化住房公积金各项政策、完善住房公积金管理制度等措施，可以提高住房公积金管理的效率和透明度，更好地满足广大缴存人的需求。同时，政府应加强对数字化技术在住房公积金管理中应用的支持和引导，完善相关法律法规，以实现住房公积金制度的公平、可持续和高质量发展。

住房公积金经济社会发展贡献度调查报告

四川宜宾　高远刚

住房公积金制度是我国一项社会性、互助性、政策性的住房保障制度，是城镇住房制度改革的一项创举。住房公积金制度的建立，在我国城镇住房体制顺利转轨、引导职工住房观念转换、提高职工住房消费支付能力、培育促进住房金融业发展和推动房地产市场形成发展等方面，发挥了巨大作用。经过 30 多年的发展，住房公积金制度已成为国家社会保障体系的一个重要组成部分。

一、宜宾市住房公积金事业发展现状

近年来，宜宾市认真贯彻落实《住房公积金管理条例》，以“争创全省一流、全国领先公积金中心”为发展定位，以“改善职工住房条件、强化住房保障功能”为目标，秉承“住房公积金，服务为人民”的宗旨和“忠诚、敬业、创新、和谐”的管理理念，科学发展，锐意进取，千方百计扩大住房公积金制度覆盖面，提高住房公积金使用率，不断提高服务质量和服务水平，住房公积金各项指标连年创新高，归集扩面、资金使用、规范管理等主要业务工作和制度覆盖率、资金使用率、风险控制率、增值收益率等主要业务指标均实现了全面发展。2023 年，全市新增缴存额 69.53 亿元，同比增长 8.25%；提取 54.32 亿元，同比增长 24.47%；发放个人住房公积金贷款 39.38 亿元，同比增长 29.92%，住房公积金个人贷款逾期率控制在 0.005‰以内；实现增值收益 3.42 亿元，同比增长 7.48%。截至 2023 年 12 月底，全市住房公积金覆盖率为 76.47%，住房公积金缴存总额 578.73 亿元，缴存余额 201.54 亿元；住房公积金个人住房贷款总额 356.04 亿元，贷款余额 166.08 亿元。住房公积金为支持职工住房消费、促进房地产市场平稳健康发展发挥了重要作用，为宜宾经济社会发展作出了积极贡献，多数业务指标在四川省 20 个地市州名列前茅。

二、住房公积金对宜宾经济社会发展贡献分析

近年来，宜宾市先后调整修订了包括缩短贷款年限，降低贷款首付比例，提高贷款额度，提高还贷额占家庭收入比例，灵活就业人员可自行缴存住房公积金申请贷款，启动异地缴存职工在本市申请住房公积金贷款，扩大家庭代际互助贷款，组合贷款，职工购房提取、还贷提取可按照贷款月供提取等在内的 20 多项惠民政策，住房公积金对住房消费支持度显著提高，有力地促进了房地产市场健康发展，为宜宾市经济社会发展作出了较大贡献。

（一）在保障中低收入群体住房需求方面发挥重要作用

截至 2023 年 12 月底，宜宾市住房公积金实际缴存职工人数 35.71 万余人，缴存总额为 578.73 亿元，143.86 万人次累计提取住房公积金 377.19 亿元，累计为 14.96 万户家庭发放个人住房贷款 356.04 亿元。其中，2021 年至 2023 年，住房公积金住房贡献率平均达 111.76%，个人住房贷款中中低收入群体占比达 98.99%，住房公积金贷款贡献率平均达 62.89%，50 余万职工家庭因此改

善了住房条件。

表1 2021年至2023年住房公积金对职工住房保障贡献统计表

年份	缴存/亿元	提取		贷款				还款贡献率	住房贡献率
		金额/亿元	住房提取占比	笔数/万笔	金额/亿元	中低收入占比	贷款贡献率		
2021	58.13	42.46	82.48%	1.01	34.90	99.80%	59.25%	82.67%	120.28%
2022	64.23	43.64	79.77%	0.79	30.31	98.68%	67.79%	73.1%	101.39%
2023	69.53	54.32	72.87%	0.88	39.38	98.50%	67.1%	79.6%	113.60%
合计	191.89	140.42	78.37%	2.68	104.59	98.99%	62.89%	82.19%	111.76%

（二）缴存职工住房消费能力增强

自建制以来到2023年年底，宜宾市职工累计缴存住房公积金578.73亿元，其中289.37亿元是通过强制缴存机制，将单位缴存资金统筹后转移给职工，为职工增加的货币性收入。当职工通过购买、自建、大修或租住住房提取使用住房公积金时，这289.37亿元可以直接转化为职工的住房消费能力。其中，2021年至2023年，住房公积金三年累计缴存191.89亿元，为职工增加货币性资金收入、增强住房消费能力80余亿元。

（三）为房地产市场提供强大资金支持

一是为职工住房消费融资提供强力支撑。自建制以来到2023年年底，累计发放个人住房公积金贷款14.96万笔、356.04亿元。按照一套房子平均4个人居住计算，累计为59.84余万人购买住房提供了低息贷款。其中从2014年房地产去库存至2017年，四年累计发放个人住房贷款35569笔，共计96.41亿元，分别占建制以来累计发放笔数和贷款总额的35.48%和53.19%，为宜宾市房地产去库存提供了强有力的资金支持。二是建制以来，住房公积金累计提取377.19亿元。如果按住房消费类提取占75%计算，住房公积金累计为住房市场投放住房消费专用资金282.9亿元。其中从2014年房地产去库存至2017年，四年累计提取住房公积金80.73亿元，占建制以来累计提取额的62.69%，向宜宾市住房市场投放专用资金59.18亿元（四年住房消费类提取平均占比74.6%）。

（四）为保障性住房建设提供资金支持

自建制以来到2023年年底，住房公积金从增值收益中累计提取城市公共租赁住房（廉租住房）建设补充资金10.99亿元、提取个人贷款风险准备金13.84亿元，有力地支持了住房保障制度的良性运行和基本住房保障作用的发挥。

（五）对房地产经济的贡献

2014年至2017年，全市住房销售面积860.8万m^2，通过住房公积金贷款销售住房238.1万m^2，占比为27.66%，为房地产开发企业提供资金支持76.17亿元。根据估算，2017年全市住房公积金购买商品房占上一年商品房库存的35.53%。2017年年底，全市金融机构个人住房贷款余额313.85亿元，其中住房公积金贷款余额111.07亿元，占35.39%。2021年至2023年，住房公积金支持住房消费面积占全市住房销售面积的比率分别为16.25%、16.27%、17.14%。

表 2 2021 年至 2023 年住房公积金对房地产经济的贡献统计表

年份	住房公积金贷款购房面积/m²	住房公积金市场占比
2021	104.08	16.25%
2022	83.80	16.27%
2023	94.10	17.14%
合计	281.98	16.55%

（六）对全市地区生产总值的贡献

2021 年至 2023 年，全市发放住房公积金贷款 104.59 亿元、用于住房消费提取 109.41 亿元，共 214 亿元。按住房贷款和消费提取与所拉动的市场效应之比约为 1：3.15 测算，将撬动房地产业和相关配套产业经济 674.1 亿元，占全市四年地区生产总值（GDP）10382.56 亿元的 6.49%。

表 3 2021 年至 2023 年住房公积金对地区生产总值（GDP）的贡献统计表

年份	住房公积金使用			撬动房地产及相关产业/亿元	全市 GDP/亿元	公积金贡献占比
	住房消费提取/亿元	贷款/亿元	小计/亿元			
2021	35.02	34.90	69.22	218.04	3148.08	6.93%
2022	34.81	30.31	65.12	205，13	3427.84	5.98%
2023	39.58	39.38	78.96	248.72	3806.64	6.53%
合计	109.41	104.59	214.00	674.1	10382.56	6.49%

（七）对地方财政收入的贡献

2014 年至 2016 年，全市房地产业对地方税收贡献累计 108.1 亿元，其中房地产税收 68.1 亿元、建安税收 40.02 亿元，贡献率 48.74%（占全市税收性财政收入比），其中住房公积金对地方税收贡献达 14.41%（房地产业对地方税收贡献率乘以住房公积金贷款市场占比）。

表 4 2014 年至 2016 年住房公积金对财政税收的贡献统计表

年份	全市税收性财政收入/亿元				全市房地产土地拍卖收入/亿元	其中公积金贡献/亿元	贡献率
		全市房地产税收/亿元	全市建安税收/亿元	小计/亿元			
2014	75.59	25.87	13.18	39.05	36.23	11.8	30.22%
2015	73.28	21.86	15.92	37.78	11.65	11.41	30.19%
2016	72.63	20.37	10.92	31.27	42.49	8.86	28.34%
合计	221.78	68.1	40.02	108.1	90.37	31.98	29.58%

（八）对构建和谐社会作出了积极贡献

截至 2023 年年底，住房公积金制度为促进全市机关事业单位和国有、私营企业与其 35.71 余万建制职工建立和谐劳动关系发挥了积极作用，增强了企业的凝聚力，增加了缴存职工的幸福感、获得感。

（九）拉动了社会消费，带动了相关产业发展

住房公积金制度一方面解决了职工的居住问题，另一方面也促进了与住房建设和住房消费相关的产业的发展，如住宅建设的上游产业钢铁、建材、玻璃、水泥等。同时，家电、家装、家修等产业也会因为住房公积金提取贷款使用的增长而增加市场需求。

上述情况表明，住房公积金为宜宾市经济社会的发展作出的贡献是巨大的，发挥的作用是非常积极的，效果是明显的，应当予以充分肯定。作为我国住房保障制度的重要组成部分，住房公积金制度的长期稳定发展，关系到的已不只是住房公积金制度本身，更关系到社会民生的改善以及社会的长期稳定。

三、进一步发挥住房公积金对经济社会发展的促进作用

党的二十届三中全会提出要加快构建房地产发展新模式，加快建立租购并举的住房制度，加大保障性住房建设和供给，满足工薪群体刚性住房需求，支持城乡居民多样化改善性住房需求，为我国住房公积金制度发展指明了方向。我们必须以党的二十大和二十届三中全会精神为指导，围绕“确保资金安全、满足刚性需求、提升服务水平”的要求，以扩大住房公积金覆盖面、提升服务水平和支持职工住房消费为重点，在服务经济发展、保障民生改善中勇挑重担，不断扩大制度受益面，增强制度的有效性和吸引力，为建立更加安全、有效、公平、可持续的住房公积金制度，推动实现住有所居目标和经济社会发展战略作出新的更大贡献。

（1）坚持房子是用来住的、不是用来炒的定位，梳理调整政策，明确规定非自住型房产消费不能提取使用住房公积金，利用政策杠杆遏制炒房和投资型购房行为，对于购买二套改善型住房的缴存人，在执行首付比例、贷款利率上浮等政策的前提下，同样满足贷款需求。全面禁止向第三次申请使用公积金贷款的家庭或家庭第三套住房发放住房公积金贷款，把有限的资金用在真正需要的群体上。

（2）紧盯多主体供给、多渠道保障、租购并举，补齐政策短板。当前特别要关注房屋租赁市场机构化这个大趋势，租赁市场将形成开发商、二手房中介、专业机构三者并举的局面，“租房住”将成为实现“住有所居”的重要渠道，城市低收入群体居住需求将成为保障重点。住房公积金要有针对性地进行研究，创新住房公积金的使用范围，给予相应的政策性住房金融支持，进一步发挥住房公积金对不同层次住房消费的支持作用。

（3）着力缴存扩面，不断提高人民收入水平及购买力。党的二十大报告多次提及提高人民收入水平、拓宽居民劳动收入和财产性收入渠道、缩小收入分配差距等问题。随着中等收入群体特别是新市民队伍的壮大，其必将成为房地产市场最为坚定的购房租房群体，住房公积金将以此为重点，采取有力措施向体制外群体扩散，不断扩大制度覆盖面和受益群体，维护广大从业者的合法权益，使每一个从业者都能享受住房公积金制度的优惠，助推房地产市场更好、更快发展。

（4）狠抓优质服务，不断提升服务水平。进一步梳理缴存、提取、贷款业务流程，减少不必要的业务流程，简化提取手续，提高办事效率。加强信息系统改造升级，全面推行“互联网+住房公积金”服务，做好一体化政务服务工作，全面提升住房公积金管理服务水平，切实做到单

位、职工、社会“三满意”。

（5）狠抓规范管理，确保资金安全。加强内部管理，完善业务、管理等各项规章制度。强化廉政风险防控体系建设，运用科技手段，实现由人控到机控的提升，切实防范资金管理风险。重新梳理查找住房公积金缴存、提取、贷款以及财务管理、物资采购、选人用人、信息系统安全等方面的廉政风险点，列出清单，制作流程图，并逐条制定防控措施，明确责任单位和责任人，实行分级管理、分级负责。同时，加强员工培训，提高业务技能和服务水平。着力建立内部动态管理系统，加强住房公积金风险防范制度的建设。建立监察稽核联动机制，全面防范各类风险隐患。

机制完善篇

当前经济形势下住房公积金制度面临的机遇和挑战

河北廊坊　段兰兰

当前，经济增长动能不足，国际形势日趋复杂严峻。房地产市场交易萎缩，企业效益下滑，职工收入减少，居民消费、投资意愿下降，全球金融风险显著增强。在这种经济形势下，住房公积金制度既面临着发展机遇，同时也面临着严峻的挑战。因此，各级政府及住房公积金管理部门要解放思想，改革创新，抓住机遇，迎接挑战，不断优化住房公积金制度，努力将挑战转化为机遇，促进住房公积金制度的健康可持续发展。

一、当前经济形势下住房公积金制度面临的机遇

（一）信息化带来的机遇

一是宣传途径多样。随着信息化不断发展，住房公积金政策知识宣传已经由传统媒体形式拓展为手机App、网站、公众号、小程序、自媒体等多种途径。这样既提高了社会公众对住房公积金认知的便利性，保障了职工的合法权益，也使更多职工享受到了住房公积金的福利。

二是业务办理便捷。近几年，各地陆续建设新一代住房公积金信息化管理系统，线上实时办理缴存、提取、贷款等业务，告别了传统的纸质档案、手抄、台账、半自动化办公模式，实现了电子化办公，提高了办事效率、业务准确率和群众满意度。

三是区域协作畅通。住房公积金管理机构通过信息化智能管理系统，实现了全国住房公积金数据互通互联，使原来很难甚至无法实现的跨省通办、联合执法、证件资料核查等业务得以轻松解决，便利了职工，提高了效率，提升了服务，降低了风险。

四是运营成本降低。信息化技术使得无纸化办公成为可能，业务网上办理、档案电子化等降低了办公成本，减少了人力资源，提高了办事效率和企业效益，优化了营商环境，增加了缴存单位及职工的幸福感。

（二）经济政策带来的机遇

第一，转变观念，提质增效。为提高经济活力，鼓励创新创业，国家部委、省市及各级人民政府出台了一揽子优化营商环境政策制度，并提出了一系列高标准要求，如来件即办、只进一扇门、最多跑一次、今日事今日毕等。住房公积金管理部门也转变观念，积极响应，简化流程，精简资料，缩短审批时限，让数据多跑路，让人少跑腿，提升了服务质量和水平，提高了办事效率，拉近了与群众的心理距离，建立了良好的事企关系。

第二，降低风险，促贷增收。受当前经济形势影响，许多企业效益大幅下滑，职工收入减少，

甚至影响到他们的正常生活。当前，国家下调贷款利率，一方面减轻了住房公积金贷款借款人的还款压力，提高了偿债能力；另一方面降低了住房公积金贷款逾期率和违约风险，进而降低了系统性金融风险；再一方面有利于提振群众对房地产市场的信心，促进消费，提高住房公积金贷款率，增加收益。

第三，加大供给，保值增值。为响应落实国家房住不炒，构建多主体供应、多渠道保障、租购并举的住房改革政策，住房公积金部门主动作为，放宽住房公积金的使用条件，采取了增加保障性住房的提取次数和适用人群、放宽保障房项目市场准入条件、提高贷款额度、降低贷款首付比例等一系列促进措施，既提高了住房公积金使用效率，也有利于保值增值。

（三）京津冀协同发展战略带来的机遇

一是政策制度更加优化。加强京津冀区域协同发展与合作，组织联席会议，联合执法，互相学习、沟通、借鉴，可不断优化政策，探索制定适合三地的统一的政策制度，如统一政策、标准、要件、流程，强化服务性、便捷性，提高风险防控能力。

二是提升服务质量。探索统一的服务标准、热线电话互转互接、公积金系统数据互通互联，以线上为主、线下为辅，以系统自动审批为主、人工干预为辅，逐步实现公积金提取、归集、贷款业务全程网办。

三是创新能力不断增强。在京津冀协同发展战略支持下，住房公积金相关部门可顺势而为，提升创新能力，建立公积金制度改革创新试点，不断增强创新能力，争取更大的创新空间，打破政策、信息、资金壁垒，突破区域化管理的限制，建立良好的合作沟通机制。

二、当前经济形势下住房公积金制度面临的挑战

（一）缴存风险

（1）违规缴存引发骗贷风险。经济发展放缓，职工收入减少，为牟取非法利益，一些中介公司为非本单位职工代缴住房公积金，取得住房公积金贷款后，直接停缴或偿还几期贷款本息后停缴，甚至将住房公积金余额全部取出。这种违规缴存引发了骗贷风险。

（2）未缴欠缴引发维权风险。经济发展下行，单位收益降低，部分单位以各种名义或理由不为职工缴存或欠缴住房公积金，侵害职工合法权益，引发职工投诉，维权风险上升。特别是大型建设类企业、中小微私营企业、民办非企业等单位此类问题突出。

（二）市场风险

市场风险主要是住房公积金贷款利率风险和担保抵押物贬值风险。利率风险主要是利率降低，导致住房公积金增值收益下降，而利率增高，导致借款人偿还能力不足出现断供；担保抵押物贬值风险主要是指由于市场经济变化和房价下跌导致担保价值低于贷款余额，一旦借款人出现断供，住房公积金将面临资不抵债和资金流失风险。当前房地产市场波动频繁，价格降低，担保抵押物贬值，利率下调，市场风险加大。

（三）操作风险

操作风险主要发生在住房公积金业务办理和信息系统操作过程中。业务办理中的操作风险，

一是由于经办人员能力欠缺导致业务办理错误；二是由于业务经办人员道德问题进行违法操作，出现骗提骗贷。信息系统操作风险，主要是业务办理人员有意无意所致的系统操作错误，信息技术服务人员产生的操作问题，信息技术手段不足出现系统漏洞问题。

（四）信用风险

当前，房地产市场低迷，房地产开发企业债台高筑，居民消费能力被严重透支，入不敷出，违约现象时有发生，使得住房公积金管理部门面临的信用风险指数增高。住房公积金信用风险主要来源于借款人、房地产开发企业、房产交易中介等。个人信用风险主要产生于主观和客观两个方面。主观方面，借款人道德低下、故意或恶意隐瞒个人信用情况，进行骗提骗贷，拖欠贷款还款；客观方面，借款人收入减少、意外事故或身体状况等客观因素造成的还贷能力下降，不能正常履行还贷义务。对于房地产开发企业，由于国家金融政策收紧或企业对市场研判出错，导致其财务状况、信用等级出现问题，当借款人出现违约还款时无力承担阶段性担保责任。房产交易中介机构良莠不齐，就业人员鱼龙混杂，重业绩轻德行，违规办理，暗箱操作，钻政策漏洞，机构及个人信用状况堪忧。

三、当前经济形势下住房公积金制度的优化策略

（一）持续推进增量扩面，拓宽缴存途径和资金来源

（1）加强宣传力度，提高住房公积金知名度。一是通过多媒体、网站、公众号、小程序、自媒体等途径对住房公积金制度进行广泛宣传；二是开展进企业、进社区送服务活动，为单位和职工普及公积金知识，宣传公积金政策，增强职工参加住房公积金制度的意愿，提高职工维权意识；三是组织公益讲座，召开业务交流会，邀请业内专家或业务骨干对住房公积金制度进行宣传讲解，通过现场问答方式解决群众问题。

（2）扩大缴存对象范围，提高住房公积金制度覆盖率。除规定的单位缴存外，应积极探索扩大缴存对象范围，提高住房公积金制度覆盖率。吸引个体工商户、自由职业者、农民工、大学生以及其他类型人员自愿缴存，对于资金确实困难的单位，可执行阶段性缓缴或补缴政策。

（3）丰富支付方式，提高缴存便捷性。当前住房公积金缴存方式主要通过受托银行账户，采取实时结算或者转账的形式实现缴存。为更好地方便和服务缴存单位及职工，提高缴存便捷性，应丰富支付方式，探索使用数字人民币、区块链、支付宝、微信、信用卡等方式进行缴存。

（4）加强执法队伍建设，提高执法水平。通过多种形式，组织执法人员开展法律法规及住房公积金知识培训学习；通过邀请专家召开讲座、座谈会、案例分析会、警示教育会等多方式普及法律及执法知识；定期开展法律法规知识考试测评，切实丰富工作人员的法律知识，提升执法能力和水平。

（5）推行抵押贷款证券化，提高资金使用效率。住房公积金抵押贷款证券化，实际上就是把住房公积金优质的稳定的住房抵押贷款打包上市，盘活其信贷资金存量，分散贷款风险。在政策允许的情况下，住房公积金管理部门也可以考虑采取这种方式，优化短存长贷结构，增强抗风险能力，化解资金流动性风险，提高资金使用效率。

（二）打造“互联网+住房公积金”新模式

一是构建综合性服务系统，实现业务全渠道办理。通过服务信息系统建设，实现归集、提取、贷款等全业务不见面办理，更好地服务群众；拓展线上办理途径，除通过手机App、微信公众号、小程序、支付宝等现有办理途径外，还可通过政务服务网、受托银行手机银行等途径办理；增加自助终端设备，在政务服务大厅、受托银行营业大厅、开发企业销售中心、飞机场、火车站、地铁站等公共场所放置自助服务终端设备，使缴存单位及职工随时随地享受到优质服务。

二是建立信息资源互通平台，实现数据互联共享。第一，搭建专业的资金调剂系统平台，建立跨区域资金融通机制，实现资金跨区域流动，提高使用效率；第二，建立跨区域信息共享互通平台，实现数据实时对接、共享，异地协查、惩戒，异地受理、核验、实时办结；第三，建立行业共享平台，与人力资源、民政、自然资源、公安、人民银行等部门共享数据和信息，减少信息不对称，防止信用欺诈和其他违规行为。

三是运用人工智能技术，实现业务优化转型升级。近年来，各住房公积金管理中心都已建立信息化管理系统，实现业务电子化受理、审批，但在审批过程中仍存在因人为干预导致的操作失误、审批缓慢、疏忽差错等问题。为了解决问题、控制风险，可在业务审批实践中运用AI技术，模拟人的大脑思维过程和智能行为，进行自动化审批。这项技术既能使住房公积金业务操作实现优化转型升级，降低操作风险，还能提高审批效率及正确率。

（三）建立健全激励机制，提升人员综合素质

第一，实行竞聘轮岗考评制度。根据事件设置岗位，聘请整体素质高的员工，对不作为和政治上有问题的员工予以解聘；设置轮岗制度，严禁出现住房公积金管理中心干部与业务员或中介机构勾结的现象，杜绝以权谋私问题；实行考评制，依据考评结果，奖优罚劣，奖励先进，批评落后。

第二，制订人才共育计划，定期组织培训。制订人才共育计划，区域联动管理，统一行为服务规范、话语话术等；定期组织政策法规和业务知识培训，提升员工业务和服务水平，降低出错率，减少风险隐患。

第三，展开警示教育，提高思想防范意识。通过召开警示教育会、组织生活会，观看警示教育片等形式加强警示教育。借用反面案例作为素材，使员工受警醒、知敬畏、明底线，提高思想防范意识，增强责任担当。

发挥住房公积金制度优势　促进房地产业平稳健康发展策略研究

河北秦皇岛　石雪伟

住房问题是当前社会民生领域备受关注的话题，随着经济社会高速发展和我国城市化进程的不断加速，房地产业已经发展成为国民经济的重要支柱之一，推动房地产行业平稳健康发展对我国经济建设、社会发展和民生保障具有重要意义。住房公积金作为国家法律规定的一项重要的住房社会保障制度，对房地产市场的调控和支撑作用也愈发凸显。

一、住房公积金在房地产经济发展中的重要作用

住房公积金是由国家机关、企事业单位及其在职员工共同缴纳的长期住房储蓄金，专门用于为缴存职工发放住房贷款及支持购买住房、偿还房贷、支付房租等住房性支出，具有强制性、互助性和保障性三个特征，是我国住房保障体系的重要组成部分。新形势下，住房公积金制度一头连着百姓安居，一头连着经济发展，有力地支持了人民群众的基本住房消费，推动了住房保障从“住有所居”向“住有宜居”发展。同时，住房公积金也通过政策杠杆作用，在房产行业过热时推出信贷紧缩政策措施提高贷款门槛；经济低迷时推出宽松政策稳经济促发展，起到了房产经济“稳定器”作用。此外，住房公积金还通过增值收益分配、支持保障性安居工程建设、引导银行保交楼配套融资等方式，为低收入群体、新市民群体等提供普惠性住房保障，维护购房职工住房权益。总之，住房公积金对促进住房消费、保障合理需求、推动我国房地产市场的平稳健康发展起到了积极的作用。

（一）撬动并支持了我国城镇化改革

住房公积金制度实施之初，就承担着支持“房改”即推动住房货币化改革的作用，通过发放低息住房贷款为职工购房提供资金支持，助力解决城镇职工迫切的住房需求与购房资金紧缺的矛盾，同时通过信贷杠杆作用，撬动房地产经济发展，进而推动了我国城镇化进程。2021 年 5 月，我国第七次全国人口普查数据显示，我国城镇常住人口为 90199 万人，占总人口比重为 63.89%。自 2010 年以来，有 16436 万乡村人走进城市，变成城镇人口，我国人口城镇化率从改革开放初期不足 30%，提高到了近年来的 60%以上。据住建部可查数据，2005 年年末，住房公积金缴存余额为 6259.5 亿元，当年提取 993.1 亿元，当年发放个人住房贷款 1195.3 亿元；到 2023 年年末，全国住房公积金缴存额 34697.69 亿元，7620.10 万人提取住房公积金 26562.71 亿元，发放个人住房贷款 286.09 万笔、14713.06 亿元。从这组数字可以直观地看出，住房公积金在我国城镇化进程中发挥着越来越重要的杠杆调控作用，助推了我国城镇化率不断提高，而城镇化进程的加快推进也为房地产业高速发展提供了前提和基础。

（二）健全并优化了住房保障体系

住房公积金制度作为社会保障和民生体系的重要组成部分，保障了职工在购房贷款及住房消

费方面的基本权益。通过每月缴纳的公积金，职工积累了一笔用于住房消费的资金，在城市规模日益扩大、房价不断增长的情况下，住房公积金通过普惠性的资金和信贷支持为广大职工购房消费提供有力支撑，助力更多的人顺利实现“安居梦”，提高了购房人的幸福感和满意度。同时，住房公积金制度也为那些无法购房或暂时不愿购房的人提供租房支持，减轻租房负担。近年来，各省市分别推出支持无房或租赁住房的缴存职工按需分次提取住房公积金制度；新冠疫情发生后，各地市也纷纷出台提高最高贷款额度，加大租房提取支持力度，支持购买绿色节能住房，降低贷款首付比例，提高高端人才和二孩、三孩家庭贷款额度等支持政策，加大住房公积金对职工购房、租房的支持力度，扩大住房保障覆盖人群，满足各群体需求。此外，住房公积金制度的资金积累为城市建设和发展提供了有力支持，公积金资金以上缴廉租房建设补充资金和增值收益等形式，用于城市更新和住房改造等项目，推动了城市的现代化建设和改善，提高了城市的整体品质。

（三）助力并拉动了房地产经济高质量发展

在我国房地产业发展进程中，住房公积金制度始终是重要的调控手段，在住房公积金制度推出伊始，其住房保障功能就得以充分彰显，大大解决了住房建设资金链条短缺的现实问题，推动了城镇化进程。与此同时，住房公积金政策的实施为住房市场提供了有效需求和资金保障。党的二十大以来，住房公积金制度成为我国“建立多主体供给、多渠道保障、租购并举的住房制度”的重要一环。政府可以根据市场情况，调整公积金贷款额度、利率和提取条件等，以政策杠杆作用有效应对市场波动。当房地产市场出现过度繁荣的迹象时，可以通过提高公积金贷款利率或调整贷款条件，提高贷款门槛，抑制购房需求，防止房地产市场过热。反之，当楼市出现过度放缓情况时，政府可以适度降低公积金贷款利率，提供更多针对刚需和改善型住房需求的支持政策，刺激购房需求，维护市场的稳定。此外，住房公积金制度在引导购房者稳健理性地购房、减少盲目投机方面也有相关的制度导向。比如规定公积金贷款不超过 2 次的限制，旨在防止公积金滥用和家庭过度借贷，以政策手段引导他们谨慎选择购房时机，理性购房，避免因频繁贷款而陷入过度债务，平衡了住房需求和贷款风险，进而维护了房地产市场的稳定性。公积金制度通过灵活的政策调控，帮助市场实现供需平衡，推动房地产市场的高质量可持续发展。

二、住房公积金参与房地产调控存在的问题

虽然住房公积金制度已展现出巨大的社会正效应，对促进房地产市场稳定发展和支持居民住房消费起到积极作用，有力提升了住房领域民生保障水平。但在实际工作中，住房公积金制度仍面临很多亟待解决的问题。

（一）资金运用渠道不够丰富、流动性较差、资金使用率不均衡等，一定程度上制约了住房公积金制度作用的发挥

由于各地区发展不平衡、资金归集总量不对等，发达地区公积金缴存正常，欠发达地区缴存有限。同时缴存职工住房消费观念存在地域差别，住房公积金使用情况也存在地区差异，有的地区住房消费较热，职工改善住房条件观念超前，住房消费需求旺盛，申请住房公积金支持购房积极；有的地区房地产市场不够发达，居民住房消费观念相对滞后，使用住房公积金购房也相对较

少，整体上看东部发达省份公积金资金运用率普遍高于平均水平，中西部地区则普遍较低。由于住房公积金在各自区域封闭运营和内部循环，导致了住房公积金流动性不均衡，有的地区资金严重不足，流动性风险很大；而与商业资本相比，住房公积金投资渠道较少，资金过剩地区住房公积金往往利用不足，保值增值压力很大。

（二）由于实行属地化管理体制，各地的住房公积金管理体制和运营机制存在很大差异，导致各地公积金管理水平和整体发展不统一、不协调、不均衡

目前住房公积金管理中心在实践中出现了两种倾向：一部分公积金管理中心倾向于强化行政机构色彩即“参公”管理；另一部分则倾向于将业务委托给受托银行，强化金融职能即转向政策性金融机构。各地公积金管理中心的发展水平参差不齐，在信息化建设、数据共享和标准化管理方面存在差异，集体转型难度较大。有的地区以住房公积金扶持职工住房消费为目的，积极开展个贷业务；有的地区求稳怕担风险，对职工使用和贷款条件过高、程序复杂、品种单一，管理理念保守，公积金使用不畅，以致使用率较低。

（三）住房公积金覆盖面不广，缴存结构不健全，民营企业不依法为职工缴纳住房公积金的现象大量存在，造成部分职工无法享受到住房公积金的制度红利

享受住房公积金者是收入较高、职业稳定或基本稳定者，而收入较低、职业不稳定的广大群体，正是住房购买能力低下、特别需要帮助的群体，却很少缴存或缴存额很低，不同缴存单位存在着缴存比例、计缴工资基数差距大，缴存额悬殊等情况，相较于垄断行业、垂直部门及行政事业单位，企业特别是中小企业缴存覆盖率不高、缴存基数偏低，低收入群体很难享受这一住房保障制度带来的好处。

三、推动住房公积金在促进房地产业平稳健康发展中发挥更大作用

新时代新征程，我国经济建设和房地产业的不断发展和变革、社会住房理念的不断改变，以及群众对安居宜居美好生活需要的不断提升，都对住房公积金制度改革发展和保障作用发挥提出更高要求。因此，新形势下，如何深入践行以人民为中心的发展理念，充分发挥住房公积金对房地产市场和住房消费的支撑和引导作用，推动房地产业从高速发展向高质量发展转变，成为一项重要课题。

（一）进一步推动公积金制度建设

《住房公积金管理条例》（以下简称《条例》）颁布于1999年，之后虽然经过多次修订，但仍存在一些现实问题，一是《条例》是行政法规，本身刚性不如立法；二是随着我国房地产业的快速发展和变革，条例的内容细化不够，需要很多地方性政策补充；三是随着住房公积金管理向数字化、信息化发展，还需完善相关法律条款，夯实责任、规避风险。让制度更加适应公积金发展、惠及更多群体，既是制度赖以生存和发展的基础，也是从供给和需求两端双向发力提高职工住房消费水平、推动房地产业平稳健康发展的重要举措。因此，建议在坚持现有制度的基础上，加快《条例》修订步伐，乃至出台《住房公积金管理法》，增强制度执行刚性。同时强化住房公积金执法机制体制建设，增加企业不建不缴的违法成本，可以探索实行住房公积金垂直管理或省

级层面垂直管理，规范执法权力和机构设置，形成制度与执行合力。

（二）大力拓展住房公积金缴存覆盖面

当前，叠加前期疫情影响和经济下行风险，一些私营企业尤其是中小企业因经营困难或考虑运营成本等原因并未完全按照规定为职工缴存公积金，甚至有些企业出于追求短期经济效益目的，未建立住房公积金制度，私营企业职工缴存规模偏小、缴存覆盖率偏低的情况在各地市普遍存在。因此，一是需要进一步加强政策宣传和引导，结合公积金立法建设，让更多企业认识到为员工缴纳住房公积金的必要性和重要性，让“五险一金”真正成为企业职工福利保障的“标配”。二是健全公积金执法操作规范，加强部门协调联动，加大对企业和单位的监管力度，提高公积金执法效能。三是住房公积金主管部门主动作为，适应经济发展新形势，拓展缴存人群，不断发掘缴存潜力，聚焦新业态群体、社区专职工作者、村干部群体、灵活就业人员群体等，研究出台灵活可行的缴存办法，形成强制缴存和自愿缴存联动的归集扩面工作新机制，既丰富公积金资金池，提高公积金制度整体覆盖面，又为这部分新市民和青年群体缓解购房压力提供资金和信贷支撑，同时可以起到有效缓解当前房地产去库存压力的作用，实现供给需求互为促进的良性循环机制。

（三）有效加强对住房公积金资金的监管和运营

高效严谨的监管机制，是公积金稳健运行的有力保障，对于确保资金的有效使用和保障制度的公正透明运作至关重要。一是要加强对住房公积金资金使用情况的监督和审查，针对房地产开发商、中介和住房公积金缴存职工利用虚假信息和不当手段骗取公积金及贷款的行为，进一步严格监管，依托大数据和信息共享，建立与公安等执法部门协查工作机制，畅通举报渠道，及时发现并查处违规行为，确保公积金资金安全，并将相关人员纳入失信名单，依法依规向相关部门报送失信信息，实行联合惩戒，确保公积金资金真正用于支持职工的合理住房需求和促进房地产市场的稳定发展。同时，在确保安全的前提下提高资金运作效率，加强资金统筹管理，确保实现增值收益最大化。规范住房公积金管理委员会职能，对公积金增值收益中的廉租房建设资金使用情况进行实时监测，确保资金流向符合政策规定，有效支持保障性住房建设。

（四）持续提高住房公积金服务效能

以大力发展新质生产力为导向，通过数字信息技术，对住房公积金管理和服务进行升级创新，积极服务群众，提升服务质效。一是推动数据共享，进一步拓展多跨协同场景。加强数据汇聚、共享和利用，对接公安、民政、人社、税务、银行等部门的共享数据，实现住房公积金服务事项“跨省通办”“全程网办”。二是以“最多跑一次”为目标，与社保、不动产等业务管理部门协调联动，以联审联办、合并办理等方式实现“一件事一次办”，避免群众“往返跑”“多头跑”。三是构建涵盖业务窗口、银行柜员机、网厅、公积金业务 App、地方政务官方平台、公积金微信公众号、支付宝平台等办事渠道的立体式服务框架，方便群众多渠道便捷咨询、查询、办理公积金业务，持续提高网办率和业务离柜率。四是大力优化营商环境，切实服务房地产企业，完善住房公积金开发商网上业务大厅建设，加强对售楼处工作人员的培训和指导，让缴存职工通过信息系统在开发商售楼处就可以办理住房公积金贷款业务，减少贷款审批时间，加速贷款发放进程，缩短资金到账时间，助力地产资金回笼，实现更好更快发展。

（五）加大对保障性住房建设支持力度

早在2009年，住房城乡建设部等七部门就联合发布了《关于利用住房公积金贷款支持保障性住房建设试点工作的实施意见》，截至2022年年末，全国累计向373个保障性住房试点项目发放公积金贷款872.15亿元。可以在此基础上，依据当前政策导向，开辟出公积金支持保障性住房供给的新模式。如设立保障性住房建设专项基金，固定公积金增值收益资金所占比例，其他部分允许社会资本以股权投资或捐赠的方式参与，以增加保障性住房建设的资金来源。通过使用公积金增值收益作担保向银行贷款购买或直接认购小平米商品房作为公租房等模式，紧扣“房住不炒”和“租购并举”，用足用好住房公积金增值收益。要出台更多更积极的住房公积金支持政策，努力化解商品房库存，为房地产企业纾困解难，推动我国房地产业健康良性发展。

改进完善住房公积金覆盖率指标口径与运用

江苏扬州　梁　硕

在住房公积金管理工作中，制度覆盖率始终是一个绕不过去的指标，同时也是一个动态变化、口径复杂和存在争议的指标，这一指标在作为衡量制度发展成果和对住房公积金管理机构业绩考核使用上，也经历了一个不断调整变化的过程。围绕进一步扩大住房公积金覆盖范围，推动制度高质量发展，迫切需要改进和完善住房公积金覆盖率指标口径与运用。

一、住房公积金覆盖范围的发展和变化

从住房制度改革推进过程和住房公积金制度发展历程可以看出，住房公积金覆盖范围和相对应的住房公积金覆盖率是一个动态变化的实行主体和评价指标。

（一）制度建立之初的有限覆盖

在 1991 年上海市率先实行住房公积金制度的基础上，按照国务院 1994 年印发的《关于深化城镇住房制度改革的通知》，要求全面推行住房公积金制度。同年财政部、国务院房改领导小组等部门制定了《建立住房公积金制度的暂行规定》，要求所有党政机关、群众团体、事业单位和企业的固定职工、劳动合同制职工以及三资企业中方员工，均应缴纳住房公积金。住房公积金从无到有，实现了制度建立之初的有限覆盖。

（二）制度规范之际的扩大覆盖

1999 年，国务院发布《住房公积金管理条例》（以下简称《条例》），在规范住房公积金管理的同时，进一步扩大了制度覆盖的外延，将面广量大的城镇集体企业、城镇私营企业和其他企业及其在职职工等纳入了制度覆盖范围，实现了制度规范之际的扩大覆盖。

（三）制度发展之时的广泛覆盖

2002 年，国务院修订了《条例》，增加了民办非企业单位和社会团体及其在职职工缴存住房公积金的要求。2005 年，建设部等部门联合印发了《关于住房公积金管理若干具体问题的指导意见》（以下简称《指导意见》），要求有条件的地方，城镇单位聘用进城务工人员，单位和职工可以缴存住房公积金；城镇个体工商户、自由职业人员可申请缴存住房公积金。《指导意见》将没有单位的人员也纳入了住房公积金制度覆盖范围，是对原以单位为依托方能建立住房公积金制度设计的新突破，进一步推动了制度发展之时的广泛覆盖。

（四）制度改革完善中的普惠性覆盖

2017 年，住建部等 5 个部门联合发文，将住房公积金覆盖范围扩大到在内地（大陆）就业的港澳台同胞。“十四五”是我国全面建设社会主义现代化国家新征程的开局起步期，《国务院关于印发“十四五”数字经济发展规划的通知》要求，推进灵活就业人员参加住房公积金制度试点。住房公积金行业与时俱进，一手抓以单位为依托、以劳动关系为基础的扩面建制工作；一手着力

推动灵活就业人员参加住房公积金制度试点，建立试点推进机制。2024 年 9 月 15 日，《中共中央、国务院关于实施就业优先战略促进高质量充分就业的意见》发布。其中提出，扩大社会保障覆盖面。推动失业保险、工伤保险、住房公积金向职业劳动者广覆盖。这些措施清楚地表明，扩大制度覆盖范围，推动灵活就业人员参加住房公积金制度，已由住房公积金管理机构的工作目标上升为国家意志和要求，住房公积金覆盖范围进一步由制度发展之时的广泛覆盖向改革完善进程中的普惠性覆盖加快拓展。

二、住房公积金覆盖率指标的形成使用

在住房公积金管理工作实践中，住房公积金覆盖率指标经历了从自发形成、地方先行到全国统一的渐进化发展过程，并主要用于住房公积金管理机构创先争优的考核、住房公积金发展业绩的评价等方面。但由于作为覆盖率比较口径“在职职工”构成的复杂性等原因，近年来，制度覆盖率指标已逐步弱化为退行性淡出指标。

（一）住房公积金覆盖率指标的自发形成

住房公积金制度建立之初，由于实行属地管理、分散决策的管理体制，对住房公积金覆盖率并没有统一口径和要求。而作为设区城市住房公积金管理机构，为加强对所属行政区域范围内住房公积金分支机构的业务指导和管理，在年度工作评价和先进单位评选中，逐步将制度覆盖率列为一项评价、评优考核指标。

（二）住房公积金覆盖率指标的地方标准

在《条例》修订后，住房公积金管理工作考核指标体系也逐步规范。2004 年 8 月，江苏省住建厅印发了《江苏省住房公积金管理工作创先达标考核暂行办法》（以下简称《暂行办法》），规定住房公积金归集覆盖率标准指标值为 70%，并对达标分值、超标加分、低标扣分等方面作出具体界定。《暂行办法》的出台实施，规范了全省住房公积金覆盖率指标的考核和评价使用。

（三）住房公积金覆盖率指标的全国统一

在江苏等地出台考核办法的基础上，2005 年 7 月，建设部、财政部印发了《住房公积金管理中心业务管理工作考核办法（试行）》（以下简称《考核办法》），并在第六条要求，管理中心在考核年度内有下列情形之一的不能被评为先进，而“年度住房公积金覆盖率低于 70%的”即为情形之一，这也是在全国范围内首次将年度住房公积金覆盖率不低于 70%作为评选先进单位的统一考核指标。其后，建设部住房公积金监管司又多次组织对《考核办法》的修订完善，以建立住房公积金管理绩效考核机制。为改进考核规范性和可操作性，2006 年 3 月，住建部等 3 个部门又联合印发了《关于住房公积金管理几个具体问题的通知》（以下简称《通知》），第一条就对《条例》中“在职职工”的范围作出界定，并从原仅采用国家统计局一个部门的解释口径，又增加了劳动保障部门的相关规定，形成了对住房公积金覆盖率认定的全国统一标准。

（四）住房公积金覆盖率指标的运用变化

由于《通知》中在职职工的界定口径仍然相对较为复杂，有一定操作难度，在年度考核时需对照统计年鉴和劳动保障部门相关规定进行统计核算。在《考核办法》和《通知》印发执行后，

迄今为止，尚未看到规范发布的全国住房公积金覆盖率情况。即使是在2014年起由住建部等3个部门联合发布的全国住房公积金年度报告中，也没有对住房公积金覆盖率情况的具体表述。近年来由于多种原因，省级住房公积金监管部门在对城市中心、城市中心在对分支机构的年度业绩考核和先进单位评选中，也逐步淡化住房公积金覆盖率指标甚至弃之不用。

三、住房公积金覆盖率指标的改进与完善

住房公积金覆盖率指标的使用被逐步边缘化，其原因，既有住房公积金制度保障同城镇职工基本养老保险、基本医疗保险相比，因制度特点、性质、要求等方面不同，而客观形成覆盖率的差距；也有因“在职职工”口径的复杂性，难以规范进行考核评价。围绕改革完善住房公积金制度，需要积极探索形成评价制度发展成果和考核制度覆盖率情况的多元化指标体系。

（一）正确认识住房公积金覆盖率的差距

住房公积金与构成调整后的城镇职工社会保障“四险”合称为“四险一金”，但以住房公积金这“一金”与“四险”中的城镇职工基本养老保险、基本医疗保险这“两险”相比较，“一金”的覆盖率明显低于“两险”，但对这个差距要进行客观分析。从社会建设、公共服务的角度看，城镇职工基本养老保险、基本医疗保险都具有不可替代的唯一性，必须实行全覆盖保障。但在住房保障方面，则是要加快建立多主体供给、多渠道保障、租购并举的住房制度，住房公积金只是让全体人民住有所居的供给和保障形式之一，无论过去、现在还是将来，住房公积金都不会是住房保障的唯一形式。对住房公积金管理机构来说，围绕人民群众的住有所居，关键是要进一步扩大住房公积金保障范围、提高制度覆盖率，帮助更多城镇职工、自由职业者等群体解决住房问题。

（二）停止使用单一的“在职职工”比较口径

“在职职工”作为《条例》明确的实行住房公积金制度的法定对象，以实缴职工人数同“在职职工”人数之比确定住房公积金覆盖率并无不妥，也无可厚非。但是要看到，由于“单位”构成的复杂性、就业形态的多样性，并且也没有一个相对独立设置的“在职职工”统计指标，要根据“在职职工”统计范围和口径进行累加计算，这样容易带来理解上的不同和具体计算时的偏差，影响覆盖率计算的合理性、准确性和可操作性。为此建议可停止对原“在职职工”统计口径指标的使用，而直接采用人社部、国家医保局公开发布的年度报告相关统计数据，构建住房公积金覆盖率评价考核指标体系。

（三）制度覆盖率多元化指标口径分析比较

根据住建部等部门与人社部、国家医保局2014年至2023年10年间年度报告发布的相关数据，下面以表格形式从5个方面对住房公积金覆盖情况作一个分析比较。

全国就业人数是外延最广的各类就业人数总和，从表1看，2014年，全国住房公积金实缴职工人数仅占全国就业人数的15.37%，总体覆盖率确实不高。但也要看到这10年间，全国就业人员住房公积金覆盖占比已从15.37%稳步持续提高到23.57%，这就是住房公积金覆盖范围扩大、覆盖率提高实实在在的业绩。

表 1　全国住房公积金实缴职工人数与全国就业人数之比

年份	全国住房公积金实缴职工人数/万人	全国就业人数/万人	制度覆盖率/%
2014 年	11877.40	77253	15.37
2015 年	12393.31	77451	16.0
2016 年	13064.50	77603	16.84
2017 年	13737.22	77640	17.69
2018 年	14436.40	77586	18.61
2019 年	14881.38	77471	19.21
2020 年	15327.70	75064	20.42
2021 年	16436.09	74652	22.02
2022 年	16979.57	73351	23.15
2023 年	17454.68	74041	23.57

从表 2 时间轴线纵向整体比较看，这 10 年间，全国城镇就业人数从 2014 年的 39310 万人增加到 2023 年的 47032 万人，增长约 20%；而同期全国住房公积金实缴职工人数则实现了约 47%的增长。比较表明，全国住房公积金实缴职工人数实现了比城镇就业人数更快更大幅度的增长，住房公积金覆盖率保持了稳步提高。

表 2　全国住房公积金实缴职工人数与全国城镇就业人数之比

年份	全国住房公积金实缴职工人数/万人	全国城镇就业人数/万人	制度覆盖率/%
2014 年	11877.40	39310	30.21
2015 年	12393.31	40410	30.67
2016 年	13064.50	41428	31.54
2017 年	13737.22	42462	32.35
2018 年	14436.40	43419	33.25
2019 年	14881.38	44247	33.63
2020 年	15327.70	46271	33.13
2021 年	16436.09	46773	35.14
2022 年	16979.57	45931	36.97
2023 年	17454.68	47032	37.11

从表 3 看，全国住房公积金实缴职工人数与参加城镇职工基本养老保险“在职职工”人数相比较，具有同表 1、表 2 不同的特点和一定差异的覆盖占比。与表 1、表 2 住房公积金实缴职工人数占比总体呈直线式逐年增长的态势不同，表 3 则表现为在 46.02%至 47.96%占比区间小幅波动徘徊。究其原因，主要是这 10 年间，全国住房公积金实缴人数虽从 2014 年的 11877.40 万人增加至 2023 年的 17454.68 万人，但在党的十八大提出坚持建设全覆盖的社会保障体系以后，参加

城镇职工基本养老保险的职工人数实现了较快增长，使得住房公积金覆盖率占比的提高未能有明显变化。

表 3　全国住房公积金实缴职工人数与参加城镇职工基本养老保险在职职工人数之比

年份	全国住房公积金实缴职工人数/万人	全国城镇职工参保在职职工人数/万人	制度覆盖率/%
2014 年	11877.40	25531	46.52
2015 年	12393.31	26219	47.27
2016 年	13064.50	27826	46.95
2017 年	13737.22	29268	46.94
2018 年	14436.40	30104	47.96
2019 年	14881.38	31177	47.73
2020 年	15327.70	32859	46.65
2021 年	16436.09	34917	47.07
2022 年	16979.57	36711	46.25
2023 年	1745.68	37925	46.02

从表 4 看，全国住房公积金实缴职工人数与全国参加职工基本医疗保险在职职工人数相比较，9 年间（2023 年数字尚未公布），其占比从 2014 年的 56.45%提高到 2022 年的 63.82%，且占比和增幅均明显高于全国住房公积金实缴职工人数与参加城镇职工基本养老保险在职职工人数之比。其原因，主要是部分已参加城镇职工基本养老保险的在职职工，因各种原因尚未能参加城镇职工基本医疗保险，或者是选择了参加城乡居民基本医疗保险。

表 4　全国住房公积金实缴职工人数与参加职工基本医疗保险在职职工人数之比

年份	全国住房公积金实缴职工人数/万人	全国参加职工基本医疗保险在职职工人数/万人	制度覆盖率/%
2014 年	11877.40	21041	56.45
2015 年	12393.31	21362	58.02
2016 年	13064.50	21720	60.15
2017 年	13737.22	22288	61.64
2018 年	14436.4	23308	61.94
2019 年	14881.38	24224	61.43
2020 年	15327.70	25429	60.28
2021 年	16436.09	26106	62.96
2022 年	16979.57	26604	63.82

表 5 虽未直接体现制度覆盖率的增长变化，但通过两者之间的比较可以看出，2014 年至 2023 年间（因年度报告未公布 2015 年新开户职工人数，故按 9 年数字统计），全国新开户职工人数达 16493.18 万人，是同期同口径全国新增就业人数 11605 万人的 1.46 倍，住房公积金新开户职

工人数实现了较新增就业人数更大幅度的增长，不仅更直观地体现了制度覆盖范围的扩大和实缴职工人数的增加，并有逐步替代住房公积金覆盖率指标的趋势，成为评价考核住房公积金管理机构扩面建制成效和工作业绩的主要指标。就业作为最大的民生问题，新增就业人数是近年来国务院《政府工作报告》必提和必须完成的年度工作考核指标。各地方的《政府工作报告》也都会向“两会”报告年度新增就业情况和新一年增加就业的目标。而提高住房公积金制度覆盖率，主要取决于住房公积金管理机构对存量就业职工的拓展和增量就业职工的扩大。全国住房公积金新开户职工人数实现比全国新增就业人数更大幅度的增长，充分表明了扩大制度覆盖在存量职工和增量职工扩面建制上的双向推进突破，可使全社会从定量分析角度更加直观地看到扩大住房公积金覆盖实实在在的业绩，形成制度发展更具影响力的社会效应。

表 5　全国住房公积金新开户职工人数与全国新增就业人数之比

年份	全国住房公积金新开户职工人数/万人	全国新增就业人数/万人	比较增长幅度/%
2014 年	1575.7	1322	19.19
2015 年	未公布	1312	—
2016 年	1612.87	1314	22.75
2017 年	1828.28	1351	35.33
2018 年	1990.38	1361	46.24
2019 年	1877.78	1352	38.89
2020 年	1835.11	1186	54.73
2021 年	2220.51	1269	74.98
2022 年	1985.44	1206	64.63
2023 年	2017.11	1244	62.15

（四）制度覆盖率指标体系层级划分和使用

通过以上 5 个方面的比较分析，可使我们对住房公积金实际覆盖情况有一个较为客观清晰的了解。围绕改进完善住房公积金覆盖率指标体系及运用，首先从比较数据来源看，住房公积金实缴职工人数、新开户职工人数直接采用住建部和各地住房公积金管理机构年度报告公布的数据，对应的比较数据，可采用相同层级人社、医保部门公布的年度统计报告数据，而不必再使用统计累加的“在职职工”数据作为比较口径。其次，对这 5 个反映制度覆盖情况的指标体系，在实际运用中可划分为三个层级，下面结合全国和江苏省的情况作一个运用分析比较。

一是参考指标。年度住房公积金实缴职工人数同全国就业人数、城镇就业人数之比可作为反映制度覆盖情况宏观层面的参考指标。在得出全国性参考指标的基础上，再与各地同口径指标值相对照，形成制度覆盖全国层面和地方层面的情况比较。江苏作为经济发达地区，住房公积金覆盖率高于全国平均水平，而其他地区也会有高于、持平或低于全国平均水平等不同情况。通过这样分析比较，可从全国就业人数、城镇就业人数宏观层面上看出不同地区在制度覆盖上的成效和差距，为进一步扩大制度覆盖提供参考依据。

二是评价指标。全国住房公积金实缴职工人数与参加城镇职工基本养老保险、基本医疗保险的在职职工人数之比，可作为对制度覆盖情况的评价指标。调整采用参加城镇职工基本养老保险、基本医疗保险的“在职职工”统计数字计算住房公积金覆盖率占比，虽然其外延和人数要大于原计算住房公积金覆盖率的“在职职工”，但是能相对统一规范、合理真实地反映和评价制度覆盖的实际情况。

三是考核指标。在建立住房公积金覆盖情况参考指标、评价指标的基础上，新开户职工人数的增长既是扩大制度覆盖范围、提高制度覆盖率的前提，也是住房公积金管理机构扩面建制工作的实际成果，以及同新增就业人数具有较强可比性的一个重要指标，因此，可作为对住房公积金管理机构的考核指标，以形成反映住房公积金覆盖情况的参考指标、评价指标、考核指标的多元化指标体系。在年度扩面建制工作具体考核运用上，可以各地区年度新增开户职工人数除以新增就业人数得出考核比值，再按比值高低进行排序即可得出考核结果。以江苏省 2023 年扩面建制工作为例，全省新开户职工 208.53 万人，占同期全国新开户职工人数 2017.11 万人的 10.34%，是全省同期新增就业人数 138.29 万人的 1.51 倍。江苏全省 13 个设区城市中心，2023 年新开户职工人数在 4.33 万人至 73.24 万人区间，同期新增就业人数在 5.39 万人至 23.20 万人区间，其中新开户职工人数大于新增就业人数的有 8 个城市中心，苏州市以新开户职工 73.24 万人位居榜首。而同期新增开户职工人数低于新增就业人数的有 5 个城市中心，最低的仅为 4.33 万人，只占同期新增就业人数 5.74 万人的 75.44%。通过这样规范性的定量考核比较，各个地方扩面建制工作成效和差距也就显而易见了。为此，对纳入全国住房公积金年度报告的 32 个地区的扩面建制情况，也可进行同样的定量性分析比较。正是由于江苏省内各城市和全国各地区经济社会发展水平的差异性，以及住房公积金管理机构扩面建制工作举措的不同，也就为使用以新增开户职工人数与新增就业人数之比作为对扩大制度覆盖情况和住房公积金管理机构的考核指标提供了相对规范的可比性、可行性和可操作性。而新增开户职工人数作为住房公积金管理机构的考核指标，关键是在综合运用参考指标、评价指标和考核指标的基础上，使住房公积金覆盖总体保持同各地经济社会发展的同步性、协调性和适当的超前性，以进一步扩大制度覆盖范围，更加有效地发挥住房公积金对人民群众住有所居的普惠性保障作用。

探索住房公积金制度与灵活就业人员住房保障的融合机制

河北廊坊　马冬冬

近年来灵活就业模式成为新的社会趋势，据最新统计，目前我国灵活就业人员的规模达到近2亿人，这种新趋势挑战着传统住房保障体系的适应性，使现行住房公积金制度在覆盖范围和服务模式上显现出一定程度的局限性。如何更好地满足灵活就业群体的住房公积金制度需求，更好地助力广大需求群体实现住有所居的安居梦，是值得探索和研究的课题。

一、灵活就业人员住房保障需求分析

（一）灵活就业群体特征

灵活就业人员的工作时间、地点及内容方式自由灵活，他们没有固定劳动合同，享受的社会保障相对较少，收入来源不固定，就业形式多样，尤其是随着网络技术、数字经济的发展，灵活就业的形式也不断扩展，如电子商务、在线教育、直播等通过网络平台提供服务的模式，不仅涵盖了传统服务行业的零工，还包括了自由职业者、网络平台工作者、众包外卖骑手、网约车司机、游戏代练等新业态工种。

（二）住房需求与现有保障不足

灵活就业人员的住房需求主要体现在两个方面：一是稳定的居住条件，以满足基本生活需要；二是合理的价格负担，这是由其收入波动性所决定的。

然而，传统的住房保障体系和住房公积金制度，主要针对传统的就业模式，主要是面向有固定雇佣关系的职工，未能充分覆盖新兴的灵活就业群体。这导致灵活就业人员在享受住房贷款优惠、租金补贴等方面存在较大障碍，难以享受到与稳定就业人员同等的住房保障待遇。

（三）灵活就业者面临的住房困境

灵活就业人员在住房保障方面遭遇多重现实困境。

第一，由于收入的不稳定性，他们难以像传统雇员那样定期定额缴纳住房公积金，这直接阻碍了其住房资金的有效积累和利用。

第二，没有稳定的工作和收入来源作为保障，商业银行等金融机构通常对灵活就业者的贷款申请设置较高门槛，导致他们获得住房贷款的难度显著增加。

第三，现行住房保障政策体系倾向于覆盖有固定职业的职工，灵活就业人员在享受住房补贴、公积金提取等福利方面存在明显劣势，政策覆盖范围狭窄。

二、融合机制的设计探索

（一）融合目标设定

为了确保能够有效服务灵活就业人员，可以探索围绕三大核心目标的融合机制，即机制包容性、机制公平性和机制可持续性。

机制包容性主要体现为制度广泛覆盖所有类型的劳动者，无论其就业形式如何，都能平等享有住房保障权益。

机制公平性主要强调在不同就业形态之间实现资源分配的公正，确保灵活就业人员能够获得与固定就业人员相当的住房金融支持。

机制可持续性是指在保障灵活就业人员住房需求的同时，制度本身应具备长期运行的政策连贯性，避免过度依赖财政补贴等短期措施，而是通过优化资源配置、提高效率等方式，实现自我循环和自我完善。

（二）机制创新点

针对灵活就业人员的特殊需求，融合机制的创新主要集中表现为缴存方式、提取方式、贷款条件的针对性优化。

首先，在缴存机制上应引入更多弹性，探索灵活就业人员根据自身收入状况和意愿，自主选择缴存比例和频率，甚至探索按项目或任务计缴的方式，以适应其工作特性。

其次，提取方式的优化旨在简化流程、减少行政壁垒，让灵活就业人员在有住房需求时能够更快速、更便捷地使用公积金账户中的资金。

此外，贷款条件的放宽则是为了降低灵活就业人员获得住房贷款的门槛。例如，可以探索通过建立信用评分系统、收入预测模型等创新工具，综合评估其还款能力和信用状况，而非仅仅依赖固定的雇佣合同和历史收入记录，以此提高贷款审批的灵活性和包容性。

（三）技术与平台支持

技术与平台支持主要是数字化转型与智能管理系统的应用。模式创新、机制创新离不开科技的支撑，数字化转型和智能管理系统将成为关键的技术支撑。通过探索建立统一的数字平台，为灵活就业人员提供可以在线完成注册、缴存、查询和提取等操作的渠道，探索建立依托大数据分析、人工智能等先进科技的智能管理系统，着力精准识别和评估灵活就业人员的住房需求和风险水平，为个性化服务和差异化管理提供数据支持。例如，通过分析灵活就业人员的工作类型、收入波动性、居住偏好等信息，系统可以智能推荐合适的缴存计划和贷款方案，同时监控账户动态，及时预警潜在的违约风险，从而实现对灵活就业人员住房保障的精细化管理和动态调整。

三、实施路径与策略

（一）政策法规完善

要实现住房公积金制度对灵活就业人员的有效覆盖，首要是结合试点工作的成功经验对现行的政策法规进行必要的完善，有针对性地将“灵活就业”明确纳入住房公积金制度的服务对象范畴，扩大住房公积金制度在就业领域的劳动者覆盖面。同时探索调整缴存标准和规则，允许灵活就业人员根据自身收入情况灵活选择缴存额度和周期，设立最低和最高限额，以兼顾公平性和灵活性。在贷款和提取条款方面应有针对性地放宽条件，如采用多元化的信用评估体系，认可非传统收入来源的稳定性，以及简化申请流程，以提高灵活就业人员的贷款可获得性和资金使用的便利性。构建更加包容和适应性强的制度框架，为灵活就业人员参与住房公积金制度扫清政策障碍。

（二）配套政策保障

建立配套措施支持融合机制的顺利实施，营造一个有利于灵活就业人员积极参与住房公积金制度的政策环境。

第一，可以探索对灵活就业人员实施财政补贴，特别是在试点范围内尝试通过补贴部分缴存金额或提供税收减免等形式，激励更多人参与进来。

第二，探索建立健全信用评级体系，细化公平合理可操作的评价细则，对于信用良好的灵活就业人员，给予更高的贷款额度和更低的利率，在政策范围内鼓励诚信行为。

第三，根据灵活就业人员流动性强的特点，探索推动跨区域的住房公积金协同机制建设，确保其在变换工作地点或就业状态时，公积金账户和个人权益不受影响，无差别享受住房公积金优惠政策，实现低成本的无缝衔接。

第四，探索更多针对灵活就业人员的住房金融产品，如定制化的低息贷款、租金分期服务等，满足其多样化的住房需求。

（三）社会参与宣传推广

成功实施融合机制还需要探索建立广泛的社会参与和有效宣传推广策略的工作模式。第一，政府相关主管部门可探索组织引导行业协会、工会组织、社区团体等社会力量合作，或者探索建立跨部门的联合工作机制，共同开展住房公积金制度的宣讲活动，提高灵活就业人员对制度的认知度和参与意愿。第二，通过举办讲座、研讨会、线上直播等多种形式，用社交媒体、官方网站、移动应用等多渠道传播，发布成功案例、政策解读、操作指南等内容，详细讲解制度优势、参与流程和权益保障，解答常见疑问，消除误解和疑虑，激发其主动参与的积极性。

综上所述，面对灵活就业的新趋势，住房公积金制度需不断创新，以更包容、更公平的机制满足新兴就业形态下的住房保障需求。通过法规修订、政策配套、科技应用与社会共促等构建一个适应性强、覆盖广泛的住房保障体系，让每位劳动者都能享有稳定、舒适的居住环境，促进社会和谐发展。

新时期住房公积金管理会计应用优化与发展

河北石家庄　刘玉红

2021年11月，财政部制定了《会计改革与发展“十四五”规划纲要》，明确指出：“加强管理会计在行政事业单位的政策指导、经验总结和应用推广，为行政事业单位提升内部治理水平作出有益探索。”管理会计是为企事业单位进行最优决策、改善经营管理、提高经济效益服务的一种管理活动。管理会计是财务会计的延伸和发展，其结合了管理和会计的双重功能，不仅对经济活动进行核算和监督，还对经济活动进行预测、决策和规划。近年来，住房公积金行业不断加大信息化建设力度，双贯标、综合服务平台、监管系统等信息化建设取得新成效，便民服务水平大大提高。随着信息化技术的发展，财务会计人员从繁杂的基础工作中解脱出来，有更多的时间和精力投身到单位的运营管理中，财务会计的职能重心应随之发生改变。与此同时，住房公积金业务系统以业务驱动资金、核算，关注更多的是已发生的业务，在对于下一步的发展预测以及如何提高管理效率、作好绩效评估等方面存在短板，数据割裂、资金效率低下等问题较为突出，会计管理的主动性、全局性尚显不足。因此，信息技术的发展对财务会计人员提出了新的要求，新形势下，财务人员应主动寻求工作转型，拓展自身的财务管理思维，充分运用管理会计方式方法，推动住房公积金事业高质量发展。

一、优化管理会计应用环境

由于管理会计在我国应用的时间较短，事业单位内部还没有意识到管理会计的重要性。要想有效应用管理会计，必须为管理会计创造一个良好的应用环境。首先，在文化环境上，要在住房公积金行业加强管理会计宣传工作，认识到管理会计的重要性，认真学习了解管理会计相关知识和方法，培育决策者的管理会计意识并倡导全员参与。其次，在组织方面，要建立起适合住房公积金发展现状和管理水平的财务部门。根据发展需要调整财务职能和机构设置，赋予财务部门在管理体系中应有的职能，明晰各级岗位职责，为财务管理职能的充分发挥提供有效保障。再次，在制度环境方面，应当建立比较完善的住房公积金管理会计体系，拟定管理会计实施基本框架，建立专业化管理会计队伍。还应完善内部管理制度，确保内部机构和人员的行为符合管理会计生存和发展的要求，也可建立相应的奖惩体系，将管理会计体系落实情况与职工绩效挂钩，以此来调动职工的主观能动性，使他们更好地投入工作。当然，除了以上内部文化、组织、制度环境外，还需要行业财务管理法规的完善、上级主管部门的支持等外部环境的优化，方能使财务部门从传统的基础核算模式向战略财务、业务财务、共享财务管理模式转变，从参谋助手向决策依据转变。

二、深化财务与业务的有效融合

住房公积金管理中心要实现长期稳健发展，就必须借助有效手段，紧密地将业务开展与财务管理工作相联系，借助业财融合提高财务管理水平。业财融合，即要求新时代财务人员转型，由传统的会计核算向致力于业务发展的方向转变。财务人员必须走出财务室，走进业务，了解业务，熟悉业务，这是业财融合的关键。当前，住房公积金财务部门一般侧重于核算，忽视了其作为核心部门的宏观调控能力，财务部门与业务部门之间的信息传递不对称，仍存在业务系统与财务系统缺乏定期核对机制、数据孤立的情况，财务部门无法在第一时间发现隐患，部门之间的沟通效率低下。目前，住房公积金行业普遍存在业务、财务指标考核效果不佳，归集、放贷的主动性、参与性不足，运营管理的绩效不高等问题。这就需要财务部门转换传统后台职能部门的观念，增强主动服务意识，将管理会计理念与方法融入业务管理中，嵌入业务全过程，全方位协同，消除业财壁垒，实现有序衔接，为公积金发展贡献更大的价值。一要更好地沟通。作好业财融合的关键一步就是有效沟通，财务部门要深入公积金业务活动，特别是将财务管理前移到业务前端，对数据进行分析，并反馈给业务部门及决策层，使住房公积金的管理决策更加科学。二要确保目标的一致性。业务部门要有经营思维和风险意识，要清晰地认识到业务开展与住房公积金总体效益的关系，控制和规避风险，积极创造价值。三要有效提升在数据统计、分析方面的速度和质量。加强业务数据管理力度，在业财融合基础上进行财务信息化数据平台的构建，实现数据资源的共享，提高数据核算的准确性。四要再造业务流程。对业务流程的重建是住房公积金财务数字化转型的必然要求，要基于财务目标，将财务视角向业务流程拓展，对业务流程提出符合数字信息采集、加工、处理与应用的新要求，使业务流程与数字化管理理念相匹配。五要通过会计集中核算充分发挥财务监督职能。根据会计核算的工作特点和运转规律，对稽核流程进行梳理规范，将监督时间、关口前移。总之，业财融合是财务部门由记账型向价值创造型转变的关键，是确保住房公积金管理提质增效的有效手段。

三、有效、合理运用信息技术工具

信息技术是支持财务数字化转型的有效工具。当前，住房公积金管理中存在的问题是传统财务工作的模式已难以跟上信息技术快速发展的步伐，在核算系统设计以及数据管理上主要依托软件公司，系统架构、数据中台建设等缺乏财务人员的前置参与，对软件公司的黏性和依赖度较高，财务的引领和主导作用偏弱。在这种情况下，住房公积金财务部门应主动求变，调整站位导向，发挥财务人员的主导作用，运用信息技术工具实现由财务会计向管理会计的转型。一是打破信息孤岛，实现财务数据的高效共享。统一数据搜集和处理方式，畅通会计数据获取渠道，让管理会计能够更快地获取所需信息，让住房公积金的数据信息得到有效转换，为管理会计的核算、分析提供充足的数据支持。二是充分运用信息技术，构建财务信息化数据管理系统，以数字化平台为主要管理手段，推动财务管理由事务型向价值创造型转型升级，由对财务信息现状的展示转变为对今后决策提供的财务指引，由住房公积金“后视镜财务”转变为“导航仪财务”。三是进一步转变观念，明晰财务管理核心系统的自主可控发展是财务转型发展的必要路径。增强住房公积金财务信息化团队的开发能力，将主动权掌握在自己手中，能够更好地结合住房公积金管理实际进行布局，同时确保各类风险可控。自始至终，财务人员都应担任起住房公积金合规管理的“守门员”和风险预警的“吹哨人”的职责。总之，财务人员应把握住日渐成熟的信息技术为管理会计实施创造的有利条件，认真学习，注重实践，不断更新自己的专业知识，发挥主观能动性，进行信息的收集、整理与分析，将大数据应用到住房公积金管理的各个环节中去，让信息技术为管理会计注入活力。

四、推进管理会计人才队伍建设

管理会计通过采用会计、数学、统计等各种技术方法，据实分析单位经营情况，对有关指标进行科学预测，帮助管理者进行经营决策。这就要求住房公积金财务人员不仅需要掌握管理会计的理论与方法，还需要掌握数理统计、逻辑学、IT 等学科的技术方法。为适应数字化时代财务转型新要求，应打破财务专业背景门槛，还需要熟悉业务经营、了解业务的每个环节，拥有管理者的视角、精通数据分析和信息管理以及掌握必备的沟通能力。除上述之外，投融资和资金管理能力也必不可少。目前，住房公积金行业会计队伍人才结构不合理，初级以下的会计人员所占比重较大，中级、高级人才严重短缺，具有较高水平的管理会计人才更是匮乏。构建住房公积金管理会计人才队伍，首先是内部培训。可采取送到高校学习、参加各地会计主管部门组织的培训，或邀请管理会计专家来单位授课等方式，使财务人员掌握管理会计所需的各项知识，提升胜任管理会计工作的能力。其次，加强与相关高校、财政会计主管部门的合作，按照住房公积金管理需要定向培养管理会计人才，或适时引进优秀管理人才充实到住房公积金会计队伍中，充分发挥高端人才辐射作用，提升会计队伍整体素质。也可采取考试选拔、读书交流、技能创新、考核评价等多种形式进行管理会计人才考评选拔，并可对选拔出的高精尖人才加以奖励，提高其工作积极性。再次，要将职业道德纳入住房公积金文化建设，培养有信誉、有能力的会计人，以更好地服务住房公积金事业发展。最后，针对住房公积金行业特点，应鼓励各地公积金中心会计骨干、高级人才积极努力、申请加入所在省、地市财政部门组织的管理会计咨询专家库和高端人才培养工程，开阔视野，丰富认知，提升能力。还可由住房公积金行业主管部门组织或住房公积金研究会、学会等社会团体牵头，成立住房公积金管理会计专家库，整合行业资源，汇聚会计力量，努力做好新形势下的住房公积金会计管理工作。专家团队通过调研交流、课题研究、案例研讨等形式就优化住房公积金财务管理模式、实现财务会计转型等问题群策群力、集思广益、凝聚共识，加快探索、指导构建相对统一又各具特色的符合实际需求的住房公积金管理会计应用体系。

五、构建公积金特色管理会计案例

管理会计案例是我国管理会计体系建设的一种特有形式。住房公积金管理中心可尝试构建公积金特色管理会计案例。住房公积金制度是一项为解决住房公积金问题而创建的资金筹集、使用和管理的制度，除一般会计核算外，资金管理在住房公积金核算管理中占有极其重要的地位。因此，有必要运用管理会计“价值管理”“经济增值”“全面质量管理”“人力资源会计”“约束理论”“流程管理”“管理风险会计”等方法打造“住房公积金财务与资金集中管理”的管理会计案例，使管理会计的运用更加符合住房公积金发展实际。

1.管理会计定位及战略规划

住房公积金管理中心应定位管理会计战略目标，设定符合远景及单位文化的价值信念，在提升服务的基础上实现最优风险收益比。制定季度、年度等短期、中长期战略规划，综合考虑缴存、放贷、提取、回收、政策、市场、合作单位等诸多因素，建立多维度指标评价体系。财务部门积极参与住房公积金中心的可持续发展战略，变被动为主动，挖掘部门内部节支增收潜力，提升住房公积金的管理效益。

2.搭建管理会计责任体系

以战略规划为起点，按照“领导层—财务核算中心—业务部门—责任人—稽核部门—评价部门”的体系架构，搭建管理会计责任体系；制定贯通全年的关键节点，打通“计划—指标分解—执行—考核”闭环管理，解决业务部门各自独立、指标孤立、信息孤岛等问题，确保责任落实和改进措施到位。

3.坚持制度管人、流程管事

建立涵盖计划管理、财务共享、核算管理、资金运作、综合管理等方面的财务制度体系，再造优化业务流程，打造基于业务、财务融合的全面财务集中核算平台，实施精细化标准化管理，不断提高财务管理的精细化水平。

4.构建住房公积金管理会计信息模型

该模型可包含规划和执行两大模块，其中规划部分由规划与决策会计负责，包括住房公积金“预测—调查研究—经营目标—最优决策—计划（预算）”等事项；执行部分由控制与业绩评价会计负责，包括住房公积金“差异分析—实际执行结果”等事项，并根据需要增加“拟定修改措施模块”，不断修正补充完善，使决策更加科学。

5.搭建基于数据中台的会计管理架构

以数据中台架构为管理会计信息化整体建设提供底层支撑，实现住房公积金管理会计“用数据说话、用数据管理、用数据决策”。将数据采集工作由后台、线下转移到线上，为会计管理提供技术上的便利，发挥管理会计的预测功能，让会计效率得到有效提升。

6.构建住房公积金管理会计报告体系

制定完整的住房公积金财务制度及科目、报表、统计分析、绩效管理体系。建立多层次管理会计报告体系，包括整体分析报告、核心指标分析报告、资金运行分析报告、投资分析报告、业务线运营报告、例外事项报告等，提供管理所需的有价值的数据信息。

7.构建资金管理与风控系统

一是从完善资金链条维度出发，搭建资金流动性管理预测模型，进行精准的收益预测和资金流预测；通过业务数据、财务数据、资金数据整合，形成全局视图，并扩展合作银行、中介部门等外围信息收集，利用相关工具进行事前和事中监控，及时发现问题、解决问题，打造高效决策工具；二是设计业绩指标、财务数据、业务流程等多维度分析比较模块，清晰反映收益创造因果关系，有效甄别异常指标，分析异常原因，提出改进建议；三是有效推动住房公积金财务系统体检评估工作，量化评估财务发展状况，滚动优化，夯实单位财务基础工作，有效防范资金风险。

住房公积金财务管理模式的变革，是效率与管控的提升，利在当下；公积金会计人思维模式的转变，对于管理变革则功在长久。站在数字化浪潮的历史起点上，住房公积金行业需要重新定义传统财务管理的边界，不断变革融合，实现由财务会计向管理会计的转型，逐步建立起“解析过去、控制现在、筹划未来”的管理会计体系，推动住房公积金事业的新发展、新飞跃。

人工智能给住房公积金财务管理带来的机遇与挑战

安徽马鞍山　宋金霞

近几年，人工智能已经逐渐进入了科技、经济、社会生活的各个层面、各个行业，并且深刻影响和改变着我们的工作和生活。而诸如ChatGPT、百度文心一言、阿里通义千问、华为盘古、讯飞星火等一些全新的大语言模型人工智能（Large Language Model AI）的出现，无疑将人工智能的发展推上了一个新阶段。这些大语言模型运用人工智能技术驱动的自然语言处理软件，最核心的能力在于基于深度学习技术能够“自我学习”，能够处理、理解和生成人类语言，甚至具有语境理解和推理能力，在“阅读”了大量书籍、论文、新闻、网页文本的基础上，能够自行归纳、总结，并且创作出新的内容。大语言模型人工智能一经面世，其拥有的人机互动、写作、翻译、编程、总结概括、故障诊断等功能，为使用者带来了全新体验，受到了广泛推崇，因而其应用场景正在以肉眼可见的加速度全方位拓展。

国家“十四五”规划和2035年远景目标纲要强调要“促进数字技术向经济社会和产业发展各领域广泛深入渗透，推进数字技术、应用场景和商业模式融合创新”。

2021年12月30日，财政部印发了《会计信息化发展规划（2021—2025年）》（以下简称《发展规划》），确立了“以信息化支撑会计职能拓展为主线，以标准化为基础，以数字化为突破口，引导和规范我国会计信息化数据标准、管理制度、信息系统、人才建设等持续健康发展，积极推动会计数字化转型，构建符合新时代要求的国家会计信息化发展体系”的总目标，为财务工作信息化、数字化发展指明了方向。《发展规划》中指出，随着大数据、人工智能等新技术创新迭代速度加快，经济社会数字化转型全面启动，对会计信息化实务和理论提出了新挑战，也提供了新机遇。

财务业务是住房公积金管理的一项重要基础性工作，不仅能够完整准确地记录和反映住房公积金各类业务的发生情况，根据业务进展对资金进行有效的调度，提高资金的利用率，防控资金风险，还可以通过对业务数据的分类统计、对比，对相关业务的完成情况和发展趋势作出评判和预测，为管理者决策提供数据支撑。

住房公积金业务数据的记录、核算、统计、分析，公积金资金的调度、资金风险防控是财务人员的基本功和主要职能。但是，随着住房公积金业务的不断拓展、业务内容的不断细化，一方面是缴存人数、资金数量的持续放大，另一方面是归集、提取、贷款业务类型的持续增加，由此导致每日产生的业务数据量也越发庞大。如何快速、准确、及时地完成业务数据的收集、整理、统计、对比、分析，并对统计分析结果作出正确的判断，这是当前住房公积金财务人员日常需要面对的巨大的工作压力。尽管目前使用的住房公积金信息管理系统为一些数据的提取提供了便利，但远不能满足快捷、系统地完成业务数据处理的要求。因此，大语言模型人工智能工具的引入，对于住房公积金财务工作是一次深刻的机遇与挑战。

一、大语言模型人工智能给公积金财务业务带来的变化

（一）自动化会计处理

在传统的人工记账模式下，日常的记账、对账、编制各类财务报表等简单的重复性工作，往往占据了财务人员大量的时间和精力。大语言模型人工智能能够利用其自我学习和自然语言处理技术高效处理会计业务。首先，它能够根据需要对各类会计业务和财务数据进行分类、处理、记录；自主“阅读”相关财务报表和其他文件中的文本信息，自动提取相关数据进行分类和记录。其次，自主完成大量的、重复性的数据录入和核算，并按要求生成核算结果。最后，能够自主地识别和纠正以往数据记录中的错误。在这方面，人工智能的最大优势在于快速和准确，其高效的数据处理和信息整合能力，能够切实地把财务人员从日常繁杂的重复性记账、对账、核算、制表中解脱出来，并且能够绝对避免在人工输入数据过程中可能出现的人为失误。

（二）数据分析与报告生成

按月、季、年编撰住房公积金运行分析报告和其他财务专项报告，对于财务人员来说无疑是一件“费力”“费脑”的事。说它“费力”，首先是需要对当期各类业务数据进行全面的收集、整理，同时还要提取对应往期的数据，作“同比”和“环比”分析，几十张统计对比表格、图表做下来足以令人“头晕目眩”；接下来的“透过现象看本质”的运行结果分析，更是要“绞尽脑汁”地查阅大量其他相关资料，去找寻和发现数据背后的因果关系，从而得出结论，这种结论的质量高低与财务人员的综合分析能力有莫大关系。而大语言模型人工智能工具基于人工智能强大的数据采集能力、数据处理能力、数据加工能力和个性化输出能力，可以从一定程度上改变这种状况。其利用“自主学习”和自然语言处理技术，通过对各类公积金运行分析报告的“阅读”和对公积金管理机构业务数据的收集、提取、统计、分析，可以自动解析各类财务报告、文件中的文本信息，自动从中提取需要的数据和信息，然后自主生成一份公积金运行分析报告或者其他的财务（业务）专项报告，这无疑可以大大减轻财务人员的工作量和工作压力，并且只要使用者对“关键词”把握到位，数据分析挖掘得将会更充分，报告质量也将得到提升。

（三）资金规划与管理

资金管理是住房公积金管理中一项非常重要的工作。住房公积金资金管理的主要内容，首先毫无疑问的是保证资金安全。其次，在保障资金日常使用需要的基础上，合理存储资金，争取存款收益的最大化。如果说前一项工作主要靠管理制度和操作流程来实现，那么后一项工作则牵扯了财务人员较多的时间和精力，还不一定能达到最佳效果。比如活期账户上的资金主要用于日常提取和贷款业务所需，留存多少资金算“合理”？留多了，会造成资金闲置；留少了，无法满足日常使用所需，一旦资金短缺就有可能要去破“定存”，这两种做法都有可能造成存款收益的损失；同时，每天的资金流动中，不仅有提取和放款业务的“支出”，还有不定期到账的归集资金的“收入”，这就更增加了“平衡资金”的难度。再比如当公积金资金较为富余时，面对较大数额的资金，如何在满足日常使用的前提下合理地存储资金，这既要考虑不同银行不同存储期的不同优惠利率因素，还要考虑各笔存款到期时间在一年的时间段内的合理分布。如果说同时管理十

几笔定存不是什么问题的话，那么同时动态管理数十笔甚至是上百笔定存，对财务人员的统筹规划管理能力无疑是非常大的挑战。而这对于大语言模型人工智能来说恰恰是它的长处，它一方面可以结合当前资金收支情况，通过对往年住房公积金资金收支情况的分析，对需留存的备用资金数额提出建议；另一方面，它可以根据现有定存的存期和在各家银行的分布情况，综合考虑未来一定周期内资金使用需求情况、各家银行的定存优惠利率情况等因素，为后期资金存储制定出方案，并在后续的执行过程中，根据实际情况动态地不断优化和调整资金存储方案，至于定存到期提醒和测算某一时间段内的存款收益情况等则更不是问题。

（四）预警提示功能

住房公积金业务和资金运行过程的风险防控，始终是住房公积金管理工作的一项重要内容。一方面，可以使用大语言模型人工智能工具定期对业务数据进行扫描巡检，在扫描巡检过程中一旦发现业务数据有异常波动，人工智能将发出提示，财务人员可以按照提示有针对性地审核对应的业务过程是否存在不当之处；另一方面，可以根据业务工作需要设定一些警示性指标，如：存贷比、资金使用或调度额度等，当人工智能在业务数据扫描巡检过程中发现相关数据达到警示指标时，将即时发出预警信息。

（五）优质的学习培训工具

信息化、大数据时代对财务工作提出了新的要求，财务人员从单一的财务专业型人才向既懂财务专业理论又懂人工智能技术的复合型人才转化将成为一种潮流。因此，财务从业人员面临着知识更新和能力提升的问题。但是，当前国内正规的财务专业课程教学和培训大多还停留在传统的财务课程上，能够将传统的财务业务与大数据、人工智能知识相结合的课程较少，尚不能满足财务人员系统学习培训的需要。在这种情况下，财务人员利用大语言模型人工智能工具来提升个人新的职业技能无疑是一个有效途径。首先，大语言模型人工智能具备强大的教学辅助功能。例如它可以根据学习者的需求，生成内容和形式丰富多样的教学课件，有助于增强学习者的学习体验；其次，大语言模型人工智能有助于实现因材施教和个性化学习。通过一对一交互式的学习模式，它能够分析学习者的学习行为数据，精准地刻画学习者的知识掌握程度和学习特点，进而提供个性化的学习内容推送、针对性练习，并实时反馈学习情况。这种个性化的学习方式，在较好地满足学习者学习需求的同时，更能够激发学习者的学习兴趣，进而快速有效地提升学习效果。

（六）潜在风险

（1）敏感数据泄露的风险。大语言模型人工智能在使用过程中之所以能够高效准确地完成上述职能，其基础在于对住房公积金政策、业务知识和数据的大量学习，更重要的是对住房公积金业务数据的全面掌握，但由此就有可能带来公积金管理中心数据库中的敏感数据信息或缴存职工个人信息被泄露的风险。一般来说，人工智能为了提高数据的安全性，防止未经授权对其平台数据进行访问，使用了端到端的加密技术，防止第三方擅自查看用户的对话信息。但是，人工智能本身在进行模型训练时，它日常掌握的各类业务数据会自动存入其数据库中，这样，它在与其他用户交流的过程中，有可能有意或无意地将公积金管理机构的业务数据外泄；同时，大语言模型人工智能是基于人工智能的开源程序搭建完成的，大语言模型人工智能对财务信息和业务数据通过电子形式保存，在保存和处理数据时可能由于技术漏洞而存在数据泄露的安全隐患。

（2）人工智能本身有可能引发的问题。作为大语言模型人工智能本身，其训练（学习）需要大量的数据、素材，如果这些数据、素材本身包含偏见，那么训练的结果往往会有失公允；同时，在对大语言模型人工智能进行训练的过程中，训练的过程和输出的结果是由其本身的算法决定的，如果算法在处理数据时存在偏见或被操纵，那么其输出的结果也可想而知。这是我们目前这个阶段在使用人工智能时必须注意的问题。

二、我们的应对之策

（一）主动学习，提升人机协作的能力

从已有的经验看，人工智能的合理使用，可以高效地完成诸如数据提取、分类、汇总和整理等工作，同时根据用户需要将工作结果以文本或图表的形式表达出来，可以代替财务人员完成大量重复性的工作，并且可以减少人工错误，大幅度提高数据处理效率和准确性。鉴于此，作为住房公积金财务人员，应该主动学习和掌握人工智能的使用技能，并在业务工作中加以实践和运用，积极拓展其运用场景，使之成为提升工作效率的得力助手。在智能时代背景下，财务人员不仅需要掌握传统的财务知识和技能，还需要学习和适应新的技术，如人工智能应用。

（二）依靠不依赖，提升主观能动性

当前国内使用的大语言模型人工智能工具的“智慧”程度和运用场景都在进一步提高和完善中，每一台人工智能工具所掌握的知识受到存储内容和数量的影响，都有一定的局限性，如处理长文本时的困难、对语境的依赖，以及一些特定领域的知识缺乏等，使得它还远未达到能够“独当一面”的程度。以使用大语言模型人工智能工具生成公积金月度运行分析报告为例，就目前来看，由于人工智能工具的训练程度不够，其还不能完全建立起住房公积金“数据—现象—本质”之间的逻辑关系。同时，对结果的分析往往需要财务人员的经验积累、行为习惯、直觉和理解能力，至少目前人工智能的理解能力和算法尚达不到这种要求。因此，人工智能工具可以完成数据的收集、统计、比较，但其对于统计结果的分析报告目前则只能供财务人员参考，需要财务人员根据统计结果作进一步分析研判，在此基础上修改完善分析报告。所以，在对待人工智能这一新事物的态度上，作为财务人员既不能视而不见、墨守成规，也不能简单地认为“来了个抢饭碗的”，或者是“配了个高级秘书”，要以积极的心态发挥主观能动性，一方面掌握使用技能，另一方面还要进一步提升个人的综合技能，达到人机有效协同、提升业务水平的目的。

（三）数据信息的安全防控

在使用人工智能软件时，为提高住房公积金数据信息的安全性，首先，信息管理部门应与开发公司一起有针对性地提升网络安全防范水平，制定统一的人工智能软件操作使用规范，避免人工智能软件在无任何中间介质的情况下直接与公积金信息管理系统相连；其次，信息管理部门对所使用的人工智能工具要有足够的了解，在使用过程中能够持续监控和评估隐私风险，避免泄露和共享敏感的数据信息；最后，应组织员工有针对性地开展数据安全、网络安全和各类防范技能的培训，提升员工对保护敏感数据信息重要性的认识和在人工智能环境下的网络安全能力。

住房公积金平时考核与体检评估结合应用研究

广西河池　黄江萍

住房公积金制度是我国社会保障体系的重要组成部分，对于保障职工的住房权益、促进房地产市场稳定发展具有重要意义。为了保障住房公积金的安全、合规和有效使用，平时考核与体检评估成为必要的管理手段。本文将对住房公积金平时考核与体检评估的关系进行研究，旨在探讨其意义、方法及更好地应用。

一、平时考核的意义与方法

平时考核在住房公积金制度的实际运行中充当着“质量检验员”的角色。它以数据为基础，通过定期对住房公积金管理机构及其工作人员的职责履行、目标完成情况等方面进行量化评价，确保住房公积金的合规性、安全性和有效性。

（一）平时考核的意义

（1）监控运营风险。通过对住房公积金的日常运营进行实时监控，及时发现和纠正违规行为，降低运营风险。

（2）提高管理效率。通过对各项管理指标进行量化评估，发现管理漏洞和不足，促使管理部门及时改进，提高管理效率。

（3）保障职工权益。确保住房公积金的合规使用，保障广大职工的住房权益。

（二）平时考核的方法

（1）定期检查。定期对住房公积金的运营情况进行检查，包括资金使用、投资收益、风险控制等方面。

（2）专项审计。引入第三方审计是保障住房公积金管理合规性和安全性的重要手段。第三方审计机构具备专业性和独立性，能够客观、公正地评估公积金管理的合规性和安全性，发现潜在风险和问题。通过与第三方审计机构的合作，我们可以及时发现和纠正管理中的不足，提高公积金运作的透明度和公信力，保障广大缴存职工的权益。

（3）数据监测。注重数据分析和风险管理，通过大数据分析、云计算等，对住房公积金的运行数据进行实时监测和分析，及时发现和解决问题，确保住房公积金的安全和稳定。

二、体检评估的意义与方法

体检评估是对住房公积金整体运行状况的全面评估，旨在发现潜在问题和风险，为制定政策和优化改进提供依据。

（一）体检评估的意义

（1）全面了解运行状况。通过对住房公积金的业务指标和重点工作进行评估，全面了解其运行状况和未来发展趋势。

（2）发现潜在问题。通过体检评估，可以发现潜在问题和风险，为及时采取相应措施提供依据。

（3）促进持续改进。体检评估结果可以为制定改进措施提供依据，推动住房公积金制度的不断完善和高质量发展。

（二）体检评估的方法

（1）指标体系构建。根据住房公积金的特点和实际情况，构建科学合理的评估指标体系。

（2）数据采集与分析。通过采集和分析相关数据，对住房公积金的日常工作状况进行全面评估和风险筛查。

（3）现场核查。对关键环节和重点部位进行现场核查，确保评估结果的准确性和可靠性。

三、平时考核与体检评估的结合应用

平时考核与体检评估是住房公积金管理的两种重要手段，二者相辅相成，共同构成了住房公积金的全面管理体系。为了充分发挥二者的作用，需要将其结合起来应用。

（1）制定科学合理的评估指标体系。将平时考核与体检评估的指标体系相结合，形成全面、科学、客观的评估指标体系。

（2）加强数据监测与分析。通过加强数据监测与分析，及时发现和纠正问题，确保住房公积金的安全、合规和有效使用。

（3）强化现场核查与专项审计。对关键环节和重点部位进行现场核查和专项审计，确保评估结果的准确性和可靠性。

（4）制定改进措施并落实责任。根据平时考核与体检评估的结果，制定有针对性的改进措施，并明确责任人和落实时限，确保改进措施的有效实施。

四、当前面临的挑战与应对策略

随着住房公积金制度的不断发展，我们面临着数据收集难度大、分析方法不够成熟等挑战。

（1）数据质量参差不齐。由于数据源多样、数据质量参差不齐，可能导致评估结果的准确性、客观性受到影响。为了应对这一挑战，需要建立更加完善的数据采集、存储、处理和分析体系，确保数据的准确性和完整性。同时，加强数据治理，对异常数据进行核实和修正，以提高评估结果的可靠性。

（2）评估指标和方法需要不断更新。随着住房公积金制度的不断发展和政策调整，评估指标和方法也需要不断更新和完善。因此，需要定期评估现有指标和方法的适用性和有效性，根据实际情况进行调整和优化。同时，积极借鉴国内外先进经验和做法，提高评估的科学性和前瞻性。

（3）评估结果的应用需要进一步加强。目前，一些地方对平时考核与体检评估结果的应用还不够充分，未能充分发挥其应有的作用。为了解决这个问题，需要加强对评估结果的分析和研究，深入挖掘其中的信息和价值。同时，将评估结果与具体工作相结合，制定有针对性的改进措施，并明确责任人和落实时限，确保改进措施的有效实施。

五、未来发展趋势与发展

随着社会的不断发展和住房公积金制度的不断完善，平时考核与体检评估也将迎来新的发展机遇和挑战。

（1）数字化和智能化。随着信息技术的不断发展，数字化和智能化将成为平时考核与体检评估的重要发展方向。通过运用大数据、人工智能等先进技术，可以提高评估的效率和准确性，实现更加科学、客观、全面的评估。

（2）更加注重风险评估和预警。随着风险管理理念的不断深入，平时考核与体检评估将更加注重风险评估和预警。通过建立风险评估模型和预警机制，可以及时发现潜在风险和问题，为及时采取应对措施提供依据。

（3）更加注重公众参与和透明度。随着社会对住房公积金制度的关注度不断提高，公众参与和透明度将成为平时考核与体检评估的重要考虑因素。通过加强信息公开和公众参与，可以提高评估的公正性和透明度，接受缴存人和社会各界的监督，增强公众对住房公积金制度的信任和支持。

六、加强平时考核与体检评估的建议

（1）加强制度建设和执行力度。制定和完善平时考核与体检评估的相关制度和规范，确保评估工作的标准化和规范化。同时，加强制度执行力度，确保各项制度得到有效执行。

（2）提高评估人员的专业素质。评估人员的专业素质直接影响到评估结果的质量和准确性。因此，需要加强对评估人员的培训和教育，提高其专业素质和技能水平。

（3）强化数据治理和信息化建设。数据治理和信息化建设是平时考核与体检评估的基础和保障。需要建立完善的数据采集、存储、处理和分析体系，提高数据质量和准确性。同时，加强信息化建设，提高评估工作的效率和准确性。

（4）加强公众参与和透明度。平时考核与体检评估的结果关系到广大职工的切身利益。因此，需要加强公众参与和透明度，让职工了解评估过程和结果，增强其对住房公积金制度的信任和支持。

（5）注重评估结果的应用和反馈。评估结果的应用和反馈是平时考核与体检评估的重要环节。需要加强对评估结果的分析和研究，制定有针对性的改进措施，并及时反馈给相关部门和人员，推动住房公积金制度的不断完善和发展。

住房公积金使用面临的现实挑战和对策思考

安徽马鞍山　舒　磊

2023年全国住建工作会议要求稳定房地产市场，坚持因城施策、一城一策、精准施策，满足刚性和改善性住房需求，优化房地产政策。住房公积金制度是住房保障和住房金融体系的重要组成部分，其中使用环节作为直观呈现房地产市场发展的“风向标”，对助力缴存人安居宜居和促进房地产市场健康发展具有重要作用。受当前房地产市场艰难转型的影响，现阶段住房公积金使用面临着诸多现实挑战，如何更好地发挥住房公积金制度的保障作用，提高资金使用率，对巩固房地产市场企稳回升态势、保障改善民生、促进地方经济发展具有重要的现实意义。本文尝试从马鞍山市住房公积金使用情况出发，通过分析全国各地住房公积金使用数据，并与丽水、温州、阜阳等周边城市进行横向比较，呈现当前住房公积金整体使用现状，从而提出相应的思考建议。

一、住房公积金使用现状

自2023年开始，为积极应对房地产市场供需关系发生的深刻变化，全国和地方层面出台了降低住房公积金贷款利率，提高最高贷款额度，增加人才、青年人、多子女家庭住房消费支持力度，提高使用便利度等多重利好政策，短期内起到了一定作用，但住房公积金使用特别是贷款使用整体处于下降态势，许多城市资金存量大幅增加，使用缺乏有效出口。从全国使用结构上看，提取使用和贷款使用呈现一增一减现象。如表1所示，2023年全国住房公积金个人住房贷款率为77.6%，同比下降1.34%，已连续8年下降。分地区看，21个省、自治区、直辖市个贷率下降，占比65.63%；11个省、自治区、直辖市小幅上涨，占比34.37%。提取率在近几年基本保持平稳的情况下，2023年陡升了9.65个百分点，且所有省、自治区、直辖市无一例外均有所上涨，其中新疆、西藏、青海、宁夏等地提取率上涨超20%，一方面显示了政策主动调控的成效，另一方面更为凸显了住房公积金贷款使用面临的困境，而且过于依赖提取也不利于资金保值增值。分区域来看，使用不平衡情况也比较明显，重庆、海南等地使用率在95%左右且同比有所增长，高于黑龙江、西藏等地40%以上。

笔者在实地调研中发现，尽管浙江省经济发展水平和住房公积金使用率均在全国处于靠前位置，但2024年5月末温州、丽水住房公积金个贷率为89%、81.7%，同比分别下降了7.07%、9.8%。以安徽省为例，2024年1—5月，全省发放住房公积金贷款124.73亿元，同比下降15.98%；5月末住房公积金个贷率为80.2%，较2022年年末下降4.94个百分点。马鞍山市尽管住房公积金使用政策较周边城市较为宽松，但贷款使用下降情况却更甚。2024年1—5月全市发放贷款4.57亿元（含“商转公”1.21亿元），同比降低17.51%，月末个贷率为67.64%，低于全国全省平均水平，较2022年年末下降12.14个百分点。主要原因为提取受使用政策放宽和存量贷款影响大，因而继续保持增长；贷款使用受当下房地产市场需求影响大，因而有所滑落。贷款使用中二手房贷款量大幅增加，5 月占比已达 67.9%（含“商转公”41.98%），反衬出个人一手住房贷款的疲软。提取使用中租房提取量增长迅速，1—5 月占全部提取笔数、金额的 4.89%、4.75%，与新市民进入制度内和落实“租购并举”加大租房使用支持力度有关。

表 1　2023 年全国各省市个贷率、提取率变化情况（单位：%）

地区	全国	北京	天津	河北	山西	内蒙古	辽宁	吉林	黑龙江
个贷率	77.6	67.29	82.35	68.9	73.54	64.35	70.6	69.3	51.6
同比	-1.34	-5.42	2.1	-0.87	-2.88	-1.3	-1.88	-2.34	-3.65
提取率	76.55	80.99	86.44	72.06	73.37	74.17	85.32	79.22	78.81
同比	9.65	8.71	14.69	15.8	15.77	14.59	12.75	13.09	15.19
地区	上海	江苏	浙江	安徽	福建	江西	山东	河南	湖北
个贷率	77.76	87.19	89.18	81.45	87.65	79.76	78.17	71.65	82.01
同比	-7.14	1.6	-3.47	-3.69	-0.29	1.1	-2.11	-1.32	1.21
提取率	66.50	74.72	76.89	77.24	77.39	69.05	74.26	75.37	75.97
同比	4.56	7.77	3.07	8.92	4.2	5.94	11.19	17.68	12.39
地区	湖南	广东	广西	海南	重庆	四川	贵州	云南	西藏
个贷率	77.28	74.34	86.54	94.88	95.69	77.78	93.82	77.85	51.35
同比	-0.5	-1.94	-1.29	5.62	4.69	-1.3	-0.65	1.96	-5.62
提取率	72.97	76.84	76.19	71.21	80.33	79.87	81.59	84.06	67.99
同比	12.84	6.56	5.91	11.77	16.45	9.28	6.91	7.75	30.18
地区	陕西	甘肃	青海	宁夏	新疆	兵团			
个贷率	83.30	68.4	72.4	63.65	83.78	80.64			
同比	3.63	1.12	-1.68	-0.31	7.94	3.25			
提取率	69.10	83.78	81.11	82.88	87.72	75.48			
同比	8.29	19.49	24.07	21.46	22.13	22.54			

注：以上数据来源于《全国住房公积金 2023 年年度报告》。

二、存在问题及原因分析

（一）整体房地产市场发展状况差异

住房公积金使用作为房地产市场发展的同步指标，受市场供需状况影响大，整体使用规模也与所在城市人口、房价以及经济发展状况息息相关。如表 2 所示，从各市房地产相关基础数据中可以看出，住房公积金贷款使用情况基本与当地商品住房销售情况保持一致，马鞍山住房公积金市场占有率在全省属于前列水平，与江浙城市相当。相较于其他城市，马鞍山房地产市场还存在着一些特有的困难。一是购房预期低。由于 2019 年以前马鞍山房价收入比较低，房地产市场发育成熟早。2019 年宁马城际开工建设以来商品住房销售量价齐升，2021 年基本达到峰值水平，随后销售逐步下降，近两年购房预期已达到历史低点。二是住房消费能力不足。马鞍山人口整体规模较小，城镇化率较高，相较于阜阳等尚处于城镇化发展进程中的人口大市住房消费潜力不足，同时受周边南京、合肥等城市虹吸严重，部分住房购买力外流，这也是当下许多中小城市使用困境的缩影。

表2　2023年各地房地产相关基础数据

城市	商品住房价格/（元/m^2）	房地产开发投资增幅	商品房销售面积/万 m^2	生产总值/亿元	居民收入/元	常住人口/万人	城镇化率	公积金市场占有率	公积金个贷率
马鞍山	8851	−14.1%	111.07	2590.55	52418	219.1	73.6%	17.8%	71.1%
阜阳	7510	−41.2%	663.57	3323.7	27357	808.4	45.16%	10.6%	66.0%
温州	21904	1.0%	706.2	8730.6	67380	976.1	74.7%	19.9%	93.0%
丽水	19797	−5.7%	260.6	1964.4	47182	252.8	64.6%	18.7%	84.9%

注：以上数据来源于各地2023年国民经济和社会发展情况统计公报、住房公积金2023年年度报告，商品住房价格为2023年6月数据。

（二）缴存覆盖面与住房困难群体错配

首先，缴存覆盖面不高。与社保普遍建缴相比，住房公积金缴存覆盖面偏小。2023年马鞍山市城乡居民基本养老保险参保人数91.17万人，同期住房公积金实缴人数为24.34万人，仅为社保缴存比例的26.7%，大量的新市民、自由职业者、非公中小企业职工等住房困难群体不在制度保障范围之内，该类人群也是当前扩面的主要目标群体和使用增长的潜力人群。2023年年末马鞍山非公企业缴存住房公积金占比为46.89%，远低于温州的69.26%。其次，缴存标准差异较大。目前行政事业单位、国有企业以及大部分规上企业已经基本实现了住房公积金的应缴尽缴，以马鞍山为例，行政事业单位和国有企业缴存人数占比为53.40%，平均月缴存额为3011元，缴存金额占比为80.94%。一方面，非公中小企业职工月缴存额普遍低于1000元以下或是按照最低标准缴存，不仅削弱了制度公平性，一定程度上拉大了收入差距，且极易引发职工信访投诉问题和社会对于住房公积金制度作用的质疑。另一方面，新市民和灵活就业缴存群体没有单位配缴，特别是在购房意愿减退后更缺乏缴存的积极性。

（三）住房公积金资金使用用途过窄

住房公积金具有专款专用性质，现阶段住房公积金使用主要聚焦贷款和提取住房消费环节，支持住房消费类型主要包括住房公积金贷款、购房和还贷提取、租房提取等，资金用途相对较窄。以影响住房公积金使用最重要的贷款为例，缴存职工家庭住房公积金贷款合计最高使用次数为2次（含办理“商转公”业务次数），无论之前贷款金额多少、贷款结清多少年，都不受理第三次住房公积金贷款，一定程度上限制了因异地工作调动或婚后再购房等人群的购房需求。马鞍山市住房公积金贷款实行认贷不认房，目前累计使用达2次及以上的正常在缴职工超2万人，占实缴职工人数的1/10，在现有住房公积金贷款政策不变的情况下，该部分职工已成为贷款“死户”。从实地走访了解中发现，许多职工出于使用次数限制或保留未来使用机会的考虑，选择住房公积金贷款购房意向正在减弱。

（四）住房公积金贷款利差优势缩小

自2024年5月18日起，全国层面首套住房和二套住房商业性个人住房贷款利率政策下限取消，各省级市场实施利率定价自律机制。虽然住房公积金贷款利率也有所下调，但较之商业住房贷款的利差优势显著缩小或几乎不存在，甚至可能会出现商业住房贷款利率低于住房公积金贷款利率的“倒挂”情况。据实地调研来看，丽水、温州首套房商业住房贷款利率已低至3.15%，且首付比例较之住房公积金贷款更低，套次认定更为灵活，加之商业住房贷款和住房公积金贷款在后续还贷提取服务上的无差别化，住房公积金贷款的优势正在逐步缩小。从数据体现看，2024年5月安徽省、马鞍山市住房公积金个人住房贷款市场占有率分别较2020年年末下降了0.16%、1.64%，随着商业住房贷款不断挤占个人住房贷款市场空间，预计全国范围内该项指标会持续滑落。

（五）区域使用不平衡现象突出

2023年全国住房公积金缴存余额突破10万亿元，目前住房公积金实施的是在各城市公积金中心内部使用的模式，随着城市化进程的加快，资金的封闭运行与多元化住房需求矛盾日益突出。且如此规模体量的资金，如果能更充分地进行使用，较之高负债投资和频繁降低利率拉动经济的模式，能更好地避免流动性陷阱，促进经济社会发展。虽然近年来包含成渝都市圈、南京都市圈在内的许多地区都在积极推动住房公积金互认互贷，但资金尚未真正实现跨市统筹调剂使用。由于各地经济社会发展水平的差异性和住房公积金使用政策的不一致，各地住房公积金资金使用状况不平衡现象突出。截至2023年，南京、合肥、武汉等城市住房公积金运用率超过了90%，少数城市公积金中心甚至面临着严重的流动性紧张问题。而与马鞍山同等的许多中小城市则面临着严重的流动性过剩问题，资金存量大幅增加，使用缺乏出口。从安徽省内来看，5月末个贷率在90%以上的城市为2个，个贷率在70%以下的城市5个，使用分布也不均衡。

（六）缺乏硬性执法条件手段

《住房公积金管理条例》属于行政法规，强制力度不如《劳动法》，没有出台具体化的行政执法实施细则，对各住房公积金管理中心的具体行政执法权限没有详细具体的规定，可操作性不强。许多城市公积金中心对企业欠缴住房公积金有执法权而无处罚权，虽然《住房公积金管理条例》中规定“单位不办理住房公积金缴存登记或者不为本单位职工办理住房公积金账户设立手续的，由住房公积金管理中心责令限期办理；逾期不办理的，处1万元以上5万元以下的罚款”，但从实际执法情况来看，各地针对住房公积金未缴或欠缴进行处罚并非常规手段，且在推动营商环境优化的背景下，当前处理企业欠缴问题以调解为主，扩面硬性执法受局限、有顾虑，这是行业内普遍面临的难题。同时，不少城市公积金中心为了追求扩面指标的增长，对非公企业采取最低缴存、部分建缴等方式，随着经济下行，裁员压力增加、职工维权意识增强，又大幅增加了职工缴存投诉信访量，形成扩面上的恶性循环。

三、提高住房公积金使用建议

一是增加扩面支持力度。温州公积金中心采取部省共建方式推动新市民和灵活就业人员缴存，给予 1%～1.2%的利息补贴，部分人员由财政按灵活就业人员月缴额的 25%进行配缴，2023 年新增职工 20.65 万人，大量退伍军人、外卖员、快递员、网约车司机等灵活就业人群缴存被纳入制度保障范围。应充分认识人口和就业形势发生的深刻变化，全国或省级层面在梳理各地灵活就业人员缴存经验的基础上，统一出台《灵活就业人员缴存使用办法》，建立“宽进宽出”便捷的住房公积金缴存、转换、使用、退出机制，扩大制度保障范围，提高资金使用；市级层面加大对住房公积金归集扩面政策的支持力度，通过财政或住房公积金增值收益给予灵活就业缴存人员利息补贴、配缴等优惠政策，提高缴存积极性。

二是扩大政策使用范围。准确把握构建房地产新发展模式的主要任务，在推动构建房地产发展新模式中更好地发挥住房公积金作用。全国层面可鼓励各地按照因城施策、一城一策原则，积极试点放宽住房公积金使用政策，扩大资金用途范围，构建覆盖生产、分配、流通、消费等住房全生命周期的住房公积金使用机制。逐步增加住房公积金用于公共租赁住房项目贷款、装修、支付税费、物业费、房屋维修等使用类型，提高缴存人住房消费能力，实现住房公积金贷款和提取使用“两条腿走路”的平衡，为房地产市场发展注入新动能。

三是推进资金统筹使用。深入领会促进金融与房地产良性循环的工作部署，基于现有区域之间实行的住房公积金互认互贷进而探索资金互用，在长三角、珠三角、各都市圈等区域内部试点推进住房公积金统筹使用。采用建立备付金、风险准备金、调剂基金等方式，由部、省出台指导文件，规范资金、条件、方式、责任，签订多边合作协议。通过住房公积金管委会决策或省住房公积金监管机构统筹，根据各地使用状况在区域范围内统筹调动使用资金，实现资金使用上的“调低补高”和“南水北调”，解决部分地市阶段性存量资金不足的问题，进而提高整体住房公积金使用效率。

四是推进使用便利好办。深入贯彻《住房和城乡建设部关于加快住房公积金数字化发展的指导意见》部署，坚持在推进国家治理体系和治理能力现代化中提升住房公积金管理服务水平。建议在全国或省级层面采取各地增值收益分摊列支方式，统一建设住房公积金核心业务系统，避免重复建设，解决数字化资金来源问题。部司层面统筹建立“总对总”数据共享机制，统一依法采集住房公积金管理服务涉及的相关主体、客体、行为等数据，持续汇聚多源数据。同时一体发挥数据要素价值，将智慧公积金广泛应用于便民服务升级之中，重塑住房公积金使用模式。在全国范围内开办住房公积金“7×24 小时”服务、智能审批、商贷按月划转、异地“商转公”、贷款一站式服务等业务，实现服务事项“网上办、掌上办、就近办、一次办”，更加好办易办。

五是提高行政执法能力。与法院、公安、不动产等部门建立执法联动机制，制定住房公积金行政执法操作规范，明确住房公积金行政执法规程标准，形成执法合力。在中国式现代化征程中找准住房公积金制度定位，从政策层面进一步明确和强化住房公积金制度的强制性，明确行政执法权限、执法手段和责任主体，出台全国层面的住房公积金行政执法操作规范，统一组建住房公积金行政执法队伍，有效防范化解信访投诉矛盾，为归集扩面提供法律和政策支持，增加住房公积金使用的内生动力。

归集扩面篇

从互助到共富：住房公积金扩面对住房财富不平等的影响研究

安徽　吴义东 张　伦 王先柱

一、引言

治国之道，必先富民。党的二十大报告明确提出，共同富裕是中国特色社会主义的本质要求，中国式现代化是全体人民共同富裕的现代化。缓解财富分配不均的问题在推动实现全体人民共同富裕的进程中发挥着重要作用，住房方面的财富不平等更是关乎人民群众稳业安居的重要民生问题，同时也是造成总体财富不平等的重要诱因。住房财富是中国居民家庭财富结构中的主要组成部分，在中国城镇居民家庭资产结构中，住房财富占比近七成且更多地集中在少数家庭。另外，大部分地区的经济发展依赖于房地产市场，无形中引导住房资产的投资成为我国居民家庭的主要投资路径，因此住房财富的分配失衡对当前财富分配格局具有较高贡献度。在规范财富积累机制的顶层设计下，住房财富不平等问题亟待缓解。住房公积金制度是解决我国居民基本住房问题的重要政策性金融手段，然而，历经 30 多年的发展进程，却始终存在着“有限公众参与”的短板。根据《全国住房公积金 2022 年年度报告》，2022 年我国住房公积金实缴职工人数为 16979.57 万人，仅占城镇就业人员的 36.97%和城镇参加养老保险人数的 33.72%，较低的住房公积金覆盖率导致住房公积金制度惠及住房财富劣势群体的成效有限，间接阻碍了住房财富的公平分配。近些年房价高企，我国拥有住房产权的家庭住房财富不断增值，根据费斯汀格的社会比较理论，当人们将住房财富作为评价标准与他人进行比较即社会比较时，住房财富劣势群体会产生相对剥夺感，从而引致多套住房产权家庭间、多套住房产权家庭与无住房产权家庭间的住房财富不平等矛盾日益突出。针对财富不平等问题的研究始终是学界的关注热点，但是聚焦住房财富不平等的文献及实证研究却较少，而将住房财富不平等与政策性金融手段相联系的研究则更为匮乏。

住房公积金制度是中国住房金融体系的重要组成部分，住房公积金由企业和职工按照一定比例共同缴存，其实质是长期性的住房储蓄。由于近些年经济发展放缓、有效需求不足、社会预期偏弱，住房公积金制度的功能定位和政策绩效逐渐受到各界质疑，制度存在的合理性广为诟病，如唐珏（2022）认为住房公积金制度加重了企业的经营负担，最终会导致企业缩减规模，不利于稳定就业，甚至还有学者认为住房公积金制度存在的意义不大，应该取消。然而，住房公积金制度是我国城镇住房制度改革的一项重要内容，有力推动了住房制度改革进程，为广大缴存人住房消费作出了巨大贡献。缴纳的住房公积金可免征个人所得税并且可以通过住房公积金贷款来降低购房的利息成本，缴存者住房公积金参与程度越深越能促进其收入的提升。此外，若忽略了住房公积金制度对住房财富不平等的影响效用，那么针对住房公积金制度的绩效评价则是失之偏颇的。

有学者研究认为，住房公积金制度存在“劫贫济富”的嫌疑，更倾向于让高收入群体增加住房财富积累，住房财富在高收入群体中通过财富效应发生增值，最终造成马太效应加剧、住房财富不平等。诚然，由于高收入群体的住房可支付能力较强，短期内确实存在高收入群体有更大概率利用住房公积金增加住房财富积累而中低收入群体即使缴纳住房公积金也难以使用的“倒挂现象”。然而，从长期视角来看，住房公积金制度的运行机制充分贯彻了先富带动后富、逐步达到共同富裕的发展思路。住房公积金制度虽然在施行之始更倾向于使高收入群体享受制度红利，但其天然具有强制性和互助性的基本特征，高收入群体在实现住房需求后仍需强制性缴纳住房公积金，这将继续为其他后富群体提供低息的住房金融支持。另外，住房公积金制度在缴存过程中“保低限高”和在使用过程中“保一限二禁三”的政策设计，一定程度上遏制了高收入的先富群体对住房公积金资金池的过度攫取，进一步保证了住房公积金制度互助性对后富群体住房财富积累的促进作用。由此可见，住房公积金制度不断改革完善有助于缩小住房财富差距，增强住房公积金制度普惠性是实现全体人民共同富裕的中国式现代化的题中应有之义。

共同富裕强调的是在发展和效率的基础上兼具共享和公平，如何使人民群众财富分配更加公平始终是我国的重点工作，针对财富分配不平等的最大贡献者——住房财富也是进行了多次调整。改革开放至1998年间，住房商品化改革将住房财富私有化，住房财富差距扩大。1999年至2007年间，住房财富分配向货币化方向改革，住房财富私有化迅速发展，房地产业逐渐成为推动国民经济发展的重要产业。2008年至今，由于房地产业投机现象严重，房价迅速上涨，住房财富不平等问题逐步加剧，国家鼓励保障性住房建设并多次出台文件强调“房住不炒”，试图抑制房价以促进房地产市场平稳健康发展。住房公积金管理部门也是不断进行扩面改革，致力于让更多住房财富劣势群体增加住房财富积累。2023年，住房和城乡建设部持续推进灵活就业人员参与住房公积金制度试点工作，将试点城市范围扩大到武汉、济南、青岛、昆明、湖州、包头、晋城等7个城市，指导重庆、成都、广州、深圳、常州、苏州等6个首批试点城市因地制宜；2024年，多地住房公积金管理部门实施新政向多子女家庭、新市民、青年人等群体倾斜。可以预期住房公积金扩面改革将会在解决住房财富不平等问题中发挥有力作用。但是，在住房财富分配改革面临窘境的背景下，住房公积金制度是否能够并且在多大程度上缓解住房财富不平等仍然需要进行规范化的量化评估，当前关于这方面的分析尚存在一定研究空间。为此，选用2019年中国家庭金融调查数据（CHFS），量化测度城市层面住房公积金扩面对住房财富不平等的影响效应。本文可能的边际贡献主要体现在：第一，利用城市层面指标设计模型和实证分析，为研究住房公积金扩面对住房财富不平等的影响提供了新的指标构建维度，填补了以往研究的空白。第二，将住房公积金扩面与住房财富不平等相联系，丰富了住房公积金扩面改革工作的理论基础。第三，以共同富裕为落脚点，结合住房公积金扩面改革，拓展了缓解住房财富不平等的路径机制。

本文剩余部分安排如下：首先对有关学者的研究作出回顾总结，对本文的研究设计进行介绍，涵盖数据说明、模型与变量选择；其次是实证分析部分，其中包括基准回归、稳健性检验以及考虑缓解内生性问题，并针对样本的不同情景进行异质性分析，继而考察住房公积金扩面对住房财富不平等的作用机制；最后是结论及政策建议。

二、文献综述与研究假说

“各安其居而乐其业”，规范住房财富积累机制关乎社会稳定、人民安宁，是实现共同富裕目标的关键步骤，住房财富分配不均不利于构建新发展格局。无论是从整体还是局部来看，我国的住房财富不平等问题均较为突出。在住房财富经由房价上涨所带来的财富效应急剧膨胀后，住房财富格局贫富分化逐渐凸显。与此同时，致力于解决住房问题的住房公积金制度不断进行扩面改革，试图缓解住房财富不平等，目前关于这一影响路径的实证研究尚不充分。

（一）住房公积金扩面影响住房财富不平等的宏观作用机制

从宏观层面来看，住房公积金制度通过扩面改革使处于住房财富劣势的缴存者增加住房财富积累从而缓解住房财富不平等，该制度作为保障居民住房消费水平的重要政策性金融手段，进一步提高了缴存者的住房可支付能力。有学者研究得出住房公积金制度拉大了缴存者与非缴存者的住房财富差距，住房公积金贷款多流向高收入群体，使高收入群体更易增加住房财富积累、低收入群体从中获益较少。诚然，住房公积金制度的运行机制不可避免地会使中低收入的住房财富劣势群体产生“劫贫济富”的剥夺感，然而这恰恰是其先富带动后富发展思路的体现。通过住房公积金制度的互助性，让先富群体继续缴纳住房公积金，为后富群体提供低息住房贷款和其他住房消费，逐步实现共同富裕。也有学者发现，住房公积金制度可以缓解缴存者之间的住房财富不平等。因此，住房公积金扩面改革至关重要，未参与住房公积金人群多为中低收入后富群体，为了使住房公积金制度红利效用最大化、规范住房财富积累机制，该制度理应向这部分群体合理倾斜。基于上述分析，本文提出以下假设：

H1：住房公积金扩面能够缓解住房财富不平等。

（二）住房公积金扩面影响住房财富不平等的微观作用机理

从微观层面来看，住房公积金扩面以缓解住房财富不平等主要遵循以下影响路径：第一，住房公积金扩面通过惠及更多灵活就业人员以缓解住房财富不平等。以往住房公积金缴存者多为体制内人员，参与住房公积金制度具有较高门槛，这违背了住房公积金制度互助性和公平性的基本原则。因此，将体制外灵活就业人员纳入住房公积金制度体系成为不断改革完善住房公积金制度的必然趋势。随着《关于住房公积金管理若干具体问题的指导意见》（建金管〔2005〕5号）、《住房公积金管理条例（修订送审稿）》、《关于做好当前和今后一段时期就业创业工作的意见》（国发〔2017〕28号）等文件陆续发布，获得自愿申请缴存住房公积金权利的体制外灵活就业人员越来越多，中低收入住房财富劣势群体的住房可支付能力稳步提升。

第二，住房公积金扩面使更多居民产生购房意愿从而为缓解住房财富不平等创造主观条件。住房公积金制度促进了流动人口产生购房意愿，而且这部分群体的购房概率也更高。进一步研究发现，住房公积金制度使流动人口购房意愿增加5.6～7.3个百分点，并且对其中中低收入群体的购房意愿具有显著提振效应。李伟军和吴义东（2019）基于2013年中国家庭金融调查数据发现，住房公积金制度显著增强了新市民的购房意愿且并未提升有房新市民的多套房投资意愿。流动人口、中低收入群体、新市民通常为住房财富劣势群体，由此可见，住房公积金制度对住房财富劣势群体的住房支持体现在了未来购房市场中，该制度使得具有基本住房可支付能力的住房财富劣势群体产生购房意愿从而为增加住房财富积累、缓解住房财富不平等提供了主观条件。

第三，住房公积金扩面使得住房拥有率上升从而为缓解住房财富不平等创造客观条件。住房公积金扩面对城镇职工拥有住房产权具有显著促进作用，尤其是针对农民工群体，缴存住房公积金的农民工购房概率明显高于未缴存住房公积金的农民工，并且住房公积金制度的住房保障功能对于新生代农民工的影响更为突出。另外，有学者从居民幸福感视角切入，实证研究发现住房公积金制度能够提高住房产权拥有率进而提升居民幸福感。农民工、灵活就业人员等住房财富劣势群体为住房公积金制度扩面改革的重点对象，当住房公积金制度的互助性、保障性等属性惠及这部分群体时，根据上述分析，住房财富劣势群体的住房财富拥有率将会提升，从而为缩小住房财富差距、缓解住房财富不平等提供了客观条件。

基于以上分析，本文提出下列假设：

H2：住房公积金扩面通过提高灵活就业人员住房公积金参与率以缓解住房财富不平等。

H3：住房公积金扩面通过增加拥有购房意愿人数从而缓解住房财富不平等。

H4：住房公积金扩面通过提升住房拥有率从而缓解住房财富不平等。

三、研究设计

（一）数据说明

考虑到住房财富、住房公积金扩面等微观数据指标的全面性，选用西南财经大学中国家庭金融调查与研究中心发布的 2019 年中国家庭金融调查数据（CHFS），测算城市层面住房财富不平等、住房公积金扩面及相关控制变量，同时利用国泰安数据库（CSMAR）计算出省级层面控制变量。CHFS 2019 覆盖了中国 29 个省、自治区、直辖市，涉及个人特征、家庭特征和社会特征等多层次变量信息，包括收入、消费、资产等问题，其抽样设计采用了分层、三阶段与规模度量成比例（PPS）的方法，全方面、多维度的大样本信息具有较强的代表性。在数据处理过程中，首先将个人、家庭和地区的数据进行合并，其次对有关变量含有缺失值的样本进行剔除，同时剔除了住房资产、家庭总收入等变量小于 0 的样本。另外，对住房资产、家庭总收入、家庭总消费、教育支出、负债、持有现金额等变量采取了缩尾处理，以降低样本信息中异常值对模型估计可能造成的偏误。最后，由于收入水平、教育支出、消费水平、负债程度、现金持有额以及省级层面控制变量等连续型变量数值较大，本文也相应采取了对数化处理，以消除截面数据可能产生的异方差影响。

（二）模型与变量选择

为考察住房公积金扩面对住房财富不平等的影响效应，本文通过微观数据加总至城市层面，构建多元线性回归模型如式（1）：

$$House\_inequal_{ij} = \alpha + \beta_1 \cdot Hpf_{ij} + \lambda_1 \cdot C_{ij} + \lambda_2 \cdot P_{ij} + \varepsilon_{ij} \quad (1)$$

$$Gini=\sum_{i=1}^{n}X_iY_i+2\sum_{i=1}^{n}(1-V_i)-1 \tag{2}$$

在式（1）中，*House_inequal* 为被解释变量住房财富不平等，参照以往学者测算中国财富不平等问题最广泛使用的方法，通过住房财富基尼系数来衡量住房财富不平等。住房财富基尼系数的取值介于 0 至 1 之间，数值越趋近于 0 表明总体差距越小，反之则差距越大。基于中国家庭金融调查与研究中心提供的综合变量住房资产，计算出住房财富基尼系数。*Hpf* 为核心解释变量，表示住房公积金扩面指标，住房公积金制度的覆盖率反映了该制度受益群体的多少以及住房公积金扩面改革的成效，因此本文利用住房公积金覆盖率来衡量住房公积金扩面，通过问卷中“目前，……是否有住房公积金”这一问题，将问卷中拥有住房公积金的居民加总进而计算出城市层面住房公积金覆盖率。*C* 和 *P* 分别代表城市层面控制变量和省级层面控制变量，城市层面控制变量主要包括老龄化程度、平均收入水平、平均教育支出、平均消费水平、平均负债程度、平均现金持有额，省级层面控制变量主要包括人均生产总值、住房销售价格、人均社保就业支出、人均公共安全支出、人均公共服务支出。下标 i、j 分别表示所观测地区和该地区住房资产平均水平，ε 为随机扰动项。另外，式（2）提供了住房财富基尼系数的计算公式，其中 X 为各组的人口占比，Y 为各组住房财富占比，V 为各组累计住房财富占比，i=1，2，3，…，n，n 为组数。主要变量构建说明与描述性统计信息如表 1 所示。

表 1　主要变量及描述性统计

变量	均值	标准差	最小值	最大值	变量构建说明
住房财富不平等	0.490	0.084	0.220	0.716	住房财富基尼系数
住房公积金扩面	0.159	0.104	0.000	0.569	住房公积金覆盖率
老龄化程度	0.094	0.065	0.000	0.322	65 岁及以上居民占比
平均收入水平	9.254	3.802	3.166	36.344	城市平均收入水平/万元
平均教育支出	0.515	0.213	0.102	2.162	城市平均教育支出/万元
平均消费水平	8.348	2.819	3.322	31.157	城市平均消费水平/万元
平均负债程度	7.481	7.109	0.702	78.508	城市平均负债/万元
平均现金持有额	0.657	0.447	0.038	2.954	城市平均现金持有额/万元
人均国内生产总值	6.710	2.710	3.299	16.422	省份人均国内生产总值/万元
住房销售价格	0.930	0.500	0.548	3.843	省份住房平均销售价格/万元
人均社保就业支出	0.212	0.072	0.128	0.452	省份人均社保就业支出/万元
人均公共安全支出	0.083	0.031	0.047	0.251	省份人均公共安全支出/万元
人均公共服务支出	0.129	0.029	0.080	0.232	省份人均公共服务支出/万元

习近平总书记强调，要践行人民城市理念，不断满足人民群众对住房的多样化、多元化需求，确保外来人口进得来、留得下、住得安、能成业。从表 1 的住房公积金扩面和住房财富不平等的

结果来看，在样本涵盖的273个城市当中，住房公积金覆盖率的均值仅为15.9%，要推动解决广大人民群众的基本住房问题，住房公积金扩面改革的工作任重而道远。同时，住房财富基尼系数平均值达到了0.49，据联合国开发计划署（UNDP）等组织规定：基尼系数位于0.4～0.59之间表示存在较大差距，由此可见城市居民住房财富不平等问题较为突出。为进一步阐明我国住房财富不平等现状，本文结合CHFS微观调查数据绘制出住房财富基尼系数与住房财富泰尔指数核密度图（如图1所示），基尼系数对于中间住房财富水平的变化比较敏感，泰尔指数对于两端住房财富水平的变化比较敏感，两者具有较好的互补性。另外，为了对住房公积金扩面与住房财富不平等的影响效应进行初步验证，分别绘制出住房财富基尼系数、住房财富泰尔指数与住房公积金覆盖率的散点图。由图1核密度图（a）、（b）可知，住房财富基尼系数的数值主要集中在0.5附近，住房财富泰尔指数的数值主要集中在0.4附近，两者均反映出当前住房财富差距较大的问题。但是，相较于两端住房财富水平城市，中间住房财富水平城市所表露的住房财富不平等问题则更为突出。从图1散点图（c）、（d）可知，住房公积金覆盖率与住房财富基尼系数、住房财富泰尔指数均存在负向关系，扩大住房公积金覆盖面对住房财富不平等可能具有缓解作用，但住房公积金扩面对住房财富不平等的具体影响效应仍有待后文进一步检验。

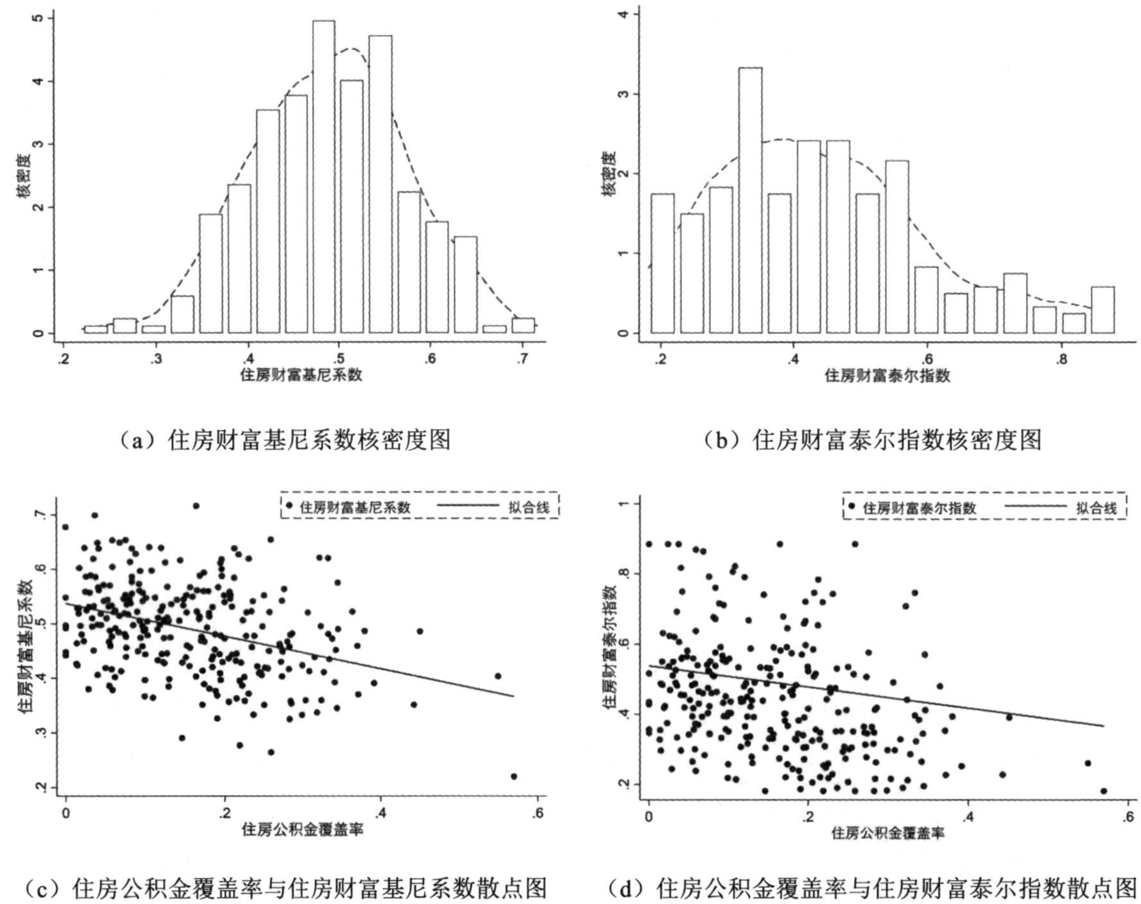

（a）住房财富基尼系数核密度图

（b）住房财富泰尔指数核密度图

（c）住房公积金覆盖率与住房财富基尼系数散点图

（d）住房公积金覆盖率与住房财富泰尔指数散点图

图1　住房财富核密度图及住房公积金覆盖率与住房财富不平等散点图

四、实证结果分析

（一）住房公积金扩面对住房财富不平等的基准分析

本文运用标准的 OLS 回归模型进行实证检验的基准分析，考察住房公积金扩面对住房财富不平等的影响效应。表 2 第（1）列仅放入住房公积金扩面和住房财富不平等指标，可以看出住房公积金扩面对住房财富不平等的影响系数为负值且在 1%的水平上显著，这说明随着住房公积金扩面改革工作的持续推进，住房财富不平等程度将得到有效抑制。在表 2 第（2）列和第（3）列逐步加入城市层面控制变量和省级层面控制变量之后，住房公积金扩面对住房财富不平等的影响系数从原来的 0.301 下降至 0.153 和 0.168，表明住房公积金覆盖率每提高 10%，以住房财富基尼系数衡量的住房不平等程度将分别平均下降 0.0153 和 0.0168。结合住房财富基尼系数的波动范围，相比于未纳入控制变量之前的基准回归结果，第（2）、（3）列的回归结果似乎更符合实际形势。为使模型估计结果相对准确地反映住房公积金扩面对住房财富不平等的影响效应，本文在 CHFS 微观问卷数据中尽可能地选用城市层面对住房财富不平等影响较为明显的控制变量。然而，本文仍然存在可能的遗漏变量问题，导致 OLS 模型的估计系数存在偏误。尽管基准回归估计结果可能受到一定影响，但仍可以初步推断住房公积金扩面对住房财富不平等具有抑制效用。对于基准回归结果是否稳健，后文将陆续验证。

根据城市层面控制变量和省级层面控制变量的回归结果，老龄化程度越高，平均教育支出、人均社保就业支出、人均国内生产总值越多的城市，住房财富分配相对更加平等，而住房销售价格的上升则会加剧住房财富不平等。本文根据国家统计局的划分标准定义老龄化群体为 65 岁及以上人群，可能的原因在于老龄化群体已经步入退休阶段或成为固定收入群体，因此住房财富的分配相对平均；高水平的教育支出通常伴随着相对广泛的教育机会和较高的受教育程度，因此更多群体能够获得更好的工作和收入，从而缩小住房财富差距；人均社保就业支出作为一种福利保障，其本质就是致力于财富合理分配；人均生产总值提高将改善整个经济社会状况，就业机会增加和工资水平上升使得住房财富分配更加公平。而住房销售价格的上升一方面通过财富效应扩大住房财富不平等，另一方面通过提高购房门槛对购房需求产生挤出效应。

表 2　住房公积金扩面对住房财富不平等的全样本基准回归

变量	住房财富不平等		
	（1）	（2）	（3）
住房公积金扩面	−0.301***	−0.153**	−0.168***
	（0.046）	（0.060）	（0.061）
老龄化程度		−0.226***	−0.167**
		（0.074）	（0.076）
ln 平均收入水平		−0.001	0.017
		（0.024）	（0.025）

（续表）

变量	住房财富不平等		
	（1）	（2）	（3）
ln 平均教育支出		−0.036***	−0.035**
		（0.014）	（0.014）
ln 平均消费水平		−0.009	−0.039
		（0.030）	（0.031）
ln 平均负债程度		−0.012	−0.009
		（0.010）	（0.010）
ln 平均现金持有额		−0.001	−0.002
		（0.008）	（0.008）
ln 人均社保就业支出			−0.083***
			（0.024）
ln 人均公共安全支出			0.058
			（0.043）
ln 人均生产总值			−0.078***
			（0.023）
ln 住房销售价格			0.044*
			（0.025）
ln 人均公共服务支出			−0.004
			（0.040）
常数项	0.537***	1.088***	1.918***
	（0.009）	（0.232）	（0.357）
样本量	273	273	273
R^2 值	0.138	0.210	0.265

注：*、**、***分别表示 10%、5%、1%显著性水平，括号内为标准误差。

（二）住房公积金扩面对住房财富不平等的稳健性检验

1. 替换被解释变量

由于基尼系数对中间住房财富城市天然具有敏感性，泰尔指数对处于两端的住房财富城市较为敏感，因此，将住房财富基尼系数替换为住房财富泰尔指数来衡量住房财富不平等指标，以验证回归结果的稳健性。住房财富泰尔指数与住房财富基尼系数类似，其取值位于[0，1]之间，数值越小则住房财富分配差异越小，反之则差异越大。参考聂长飞和简新华（2020）的研究，给出住房财富泰尔指数计算公式如下：

$$T=\frac{1}{n}\sum_{i=1}^{n}(\frac{Q_i}{\overline{Q}}\cdot\ln\frac{Q_i}{\overline{Q}}) \quad (3)$$

式（3）中，T 为测算住房财富不平等的住房财富泰尔指数，Q_i 代表第 i 个个体的住房财富，$\overline{Q}$ 表示所有个体的平均住房财富。前文散点图已经对住房公积金扩面与住房财富泰尔指数的相关关系作出了初步验证，现通过实证检验进一步细化住房公积金扩面对住房财富泰尔指数的影响效应。稳健性回归结果如表 3 的 Panel A 所示，在逐步加入城市层面控制变量和省级层面控制变量后，住房公积金扩面对住房财富不平等的估计系数严格拒绝零假设且存在负相关关系，与基准回归所得出的结论一致，住房公积金扩面对住房财富不平等的抑制效应依然稳健。

2. 替换核心解释变量

本文核心解释变量从我国住房公积金参与广度的视角切入，以住房公积金缴存者覆盖率来衡量住房公积金扩面，仅仅从这一层面来考察住房公积金制度的惠及程度可能失之偏颇。2019 年至 2022 年住房和城乡建设部发布的住房公积金年度报告显示，住房公积金平均提取率偏低，为 39.46%。对于大部分缴存者，住房公积金被迫成为一种长期低息存款。因此，仅仅测度住房公积金缴存维度的覆盖率仍有欠缺。本文在稳健性检验中，利用 CHFS 微观数据进一步计算城市层面住房公积金提取维度的覆盖率，替换核心解释变量缴存维度住房公积金扩面，即从住房公积金参与深度的视角检验住房公积金扩面对住房财富不平等的影响效应。表 3 的 Panel B 汇报了这一实证结果，住房公积金提取维度的覆盖率在 1%的显著性水平上对住房财富不平等产生抑制作用，结论依然具有稳健性。

3. 更换估计方法

已有学者指出，标准的普通最小二乘回归模型（OLS）与二值选择模型（Probit）相比并无二致。鉴于此，本文更换 OLS 回归为 Probit 回归，以进一步验证住房公积金扩面与住房财富不平等的负向关系。由于 Probit 模型要求被解释变量为二元变量，因此将超过住房财富基尼系数均值的城市样本赋值为 1，反之为 0。进行 Probit 回归后得出结果如表 3 的 Panel C 所示。从中可见，住房公积金扩面对住房财富不平等的缓解作用依然稳健。

表 3　住房公积金扩面对住房财富不平等的稳健性检验

Panel A 替换被解释变量	住房财富泰尔指数		
	（1）	（2）	（3）
住房公积金扩面	-0.518^{***}	-0.201^{*}	-0.264^{**}
	（0.090）	（0.118）	（0.120）
城市层面控制变量	否	是	是
省级层面控制变量	否	否	是
样本量	273	273	273
R^2 值	0.107	0.166	0.209

（续表）

Panel B 替换核心解释变量	住房财富不平等		
	（1）	（2）	（3）
住房公积金提取率	−1.731***	−0.694**	−0.779***
	（0.226）	（0.275）	（0.270）
城市层面控制变量	否	是	是
省级层面控制变量	否	否	是
样本量	273	273	273
R^2 值	0.178	0.286	0.349
Panel C 更换估计方法	住房财富不平等		
住房公积金扩面	−4.569***	−2.562**	−2.919***
	（0.827）	（1.055）	（1.122）
城市层面控制变量	否	是	是
省级层面控制变量	否	否	是
样本量	273	273	273
R^2 值	0.089	0.146	0.180

注：*、**、***分别表示10%、5%、1%显著性水平，括号内为标准误差。

4. Bootstrap 法抽样

本文观测样本为微观数据加总至城市层面，样本数涵盖中国273个城市。为针对小样本数据的稳健性作出检验，选用比较适合处理小样本数据的Bootstrap法，对所有观测母本进行有放回和无放回的随机抽样。分别通过有放回、无放回抽样依次抽取96、150、218个子样本，且通过经典的OLS回归对上述子样本进行估计。估计结果如表4所示，可以看出住房公积金扩面对住房财富不平等具有显著抑制效应。

表4 稳健性检验：Bootstrap 法抽样

无放回抽样	住房财富不平等		
	35%	55%	80%
住房公积金扩面	−0.253**	−0.242***	−0.190***
	（0.104）	（0.092）	（0.069）
城市层面控制变量	是	是	是
省级层面控制变量	是	是	是
样本量	96	150	218
有放回抽样	35%	55%	80%
住房公积金扩面	−0.447***	−0.193**	−0.228***
	（0.131）	（0.083）	（0.061）
城市层面控制变量	是	是	是
省级层面控制变量	是	是	是
样本量	96	150	218

注：*、**、***分别表示10%、5%、1%显著性水平，括号内为标准误差。

（三）内生性问题分析

本文潜在的内生性问题可能主要来自两个方面，一方面是样本观测值测量误差的问题，这一问题在微观问卷数据中普遍存在且难以避免；另一方面是遗漏影响住房财富不平等的相关变量造成偏差。为住房公积金扩面选取合适的工具变量，可能会较好地解决本文的内生性问题。为此，参考经济学科与社会学科对于“同侪效应”的研究，将上层集聚数据充当较低层次内生变量的工具变量，选择省级层面住房公积金覆盖率作为城市层面住房公积金覆盖率的工具变量。毋庸置疑，省级层面住房公积金覆盖率这一工具变量与城市层面住房公积金覆盖率具有天然的强相关关系，同时，省级层面住房公积金覆盖率与城市层面住房财富不平等并无直接关联，因此所选择的工具变量具有较好的外生性。另外，为进一步解决由于弱工具变量问题所带来的估计偏误，本文采用小样本下有限信息最大似然法（LIML）进行回归估计，小样本下的有限信息最大似然法估计值相对较少受限于弱工具变量的影响。

表5提供了基于有限信息最大似然法的工具变量两阶段回归估计结果，其中第一阶段的回归系数在1%的显著性水平上拒绝原假设且为正值，表明所选择的工具变量与内生变量存在较强的正相关关系。另外，表中一阶段 F 值显著大于10，进一步验证了回归结果较少受到弱工具变量的影响。根据第二阶段的回归结果，在纳入工具变量后，住房公积金覆盖率对住房财富不平等的影响系数为－1.152且显著异于0。由此可见，在考虑了遗漏变量偏差所造成的内生性问题的基础上，住房公积金扩面对住房财富不平等仍然产生显著抑制效应。至此，假设1得到验证。

表5　住房公积金扩面对住房财富不平等影响的工具变量回归

变量	城市层面住房公积金覆盖率	住房财富不平等
	（1）	（2）
省级层面住房公积金覆盖率	0.545***	
	（0.204）	
城市层面住房公积金覆盖率		－1.152**
		（0.505）
城市层面控制变量	是	是
省级层面控制变量	是	是
样本量	273	273
F 值	30.69	

注：*、**、***分别表示10%、5%、1%显著性水平，括号内为标准误差。

（四）异质性分析

已有学者研究表明住房公积金扩面改革与收入水平、地区差异、住房公积金制度包容性等因素有着密切关联，而且根据财富水平不同，检验了核心解释变量对财富水平差异的影响。为此，本部分参考以上要素进行异质性分析，既是对住房公积金扩面影响住房财富不平等研究的延伸，又再一次验证了本文所得结论的可靠性。

1. 基于不同收入水平的异质性回归

前文分析已经证实住房公积金扩面可以有效缓解住房财富不平等，为进一步探究不同收入水平下的城市样本住房公积金扩面对住房财富不平等的影响效应有何差异，参照金双华和王静雅（2023）的研究，将所有城市样本依据收入水平的高低排列，再按照相同带宽幅度分为三组，分别界定为低收入水平城市、中等收入水平城市和高收入水平城市。另外，前文变量选择过程中将平均收入水平设定为城市层面控制变量，考虑到由此可能造成的估计偏误，此处基于不同平均收入水平的异质性回归对于城市层面控制变量平均收入水平作剔除处理。

异质性样本回归结果如表6所示，可见住房公积金扩面能够显著缓解中高等收入水平城市的住房财富不平等，对于低收入水平城市则无明显影响。针对这种现象的可能解释是平均收入水平较低的城市整体住房支付能力不足，相比于商业贷款，住房公积金贷款的首付门槛普遍较高且贷款额度存在较大局限，因此低收入水平城市总体上难以通过住房公积金制度得到资金支持。同时低收入水平城市人群缴纳住房公积金会增强流动性约束，进一步降低了其住房支付能力。住房公积金制度“低存低贷”的特征使得低收入水平城市人群蒙受存款利息损失，帮助中高收入水平城市人群增加住房财富积累。因此，住房公积金扩面改革为中高收入水平城市住房财富公平分配带来的贡献程度较高，而低收入水平城市在住房公积金扩面改革中需同步提升自身住房可支付能力。此外，中等收入水平城市的回归系数及显著性水平均超过高收入水平城市，可能是因为位于中等收入水平城市的人群住房刚性需求相较于高收入水平城市更为强烈，从而导致住房公积金制度带来的提振刺激更加明显。

表6 基于不同收入水平的异质性回归

变量	住房财富不平等		
	低收入水平城市	中等收入水平城市	高收入水平城市
住房公积金扩面	−0.071	−0.281**	−0.184*
	（0.102）	（0.125）	（0.109）
城市层面控制变量	是	是	是
省份层面控制变量	是	是	是
样本量	91	91	91
R^2值	0.250	0.187	0.316

注：*、**、***分别表示10%、5%、1%显著性水平，括号内为标准误差。

2. 基于不同地区的异质性回归

由于不同地区经济发展水平、产业结构、自身定位等存在区域异质性，考察不同地区住房公积金扩面对住房财富不平等的影响效应具有现实意义，有利于各地区根据自身实际情况因城施策、分类施策。本文参照蓝嘉俊等（2018）的研究，将各省份按经济发展水平划分为东部和中西部地区，其中东部地区包括北京、天津、河北、上海、江苏、浙江、福建、山东、广东和海南，其余为中西部地区。

异质性回归结果如表 7 所示，可以看出，在中西部地区，扩大住房公积金覆盖面对住房财富不平等有明显的缓解作用，中西部地区住房公积金覆盖率每提高 10%，其住房财富基尼系数将平均降低 0.0198，而在东部地区影响系数较小且不显著。主要原因可能在于东部和中西部地区房价差异较大，按照前文划分标准，将省级层面控制变量住房销售价格区分为东部和中西部地区，由此计算出东部地区平均住房销售价格为 1.71 万元/m²，而中西部地区平均住房销售价格仅为 0.71 万元/m²。东部地区房价高企，缴存者即使借助住房公积金也难以达到购房门槛，尤其是对于低收入缴存者而言。而在房价水平相对偏低的中西部地区，住房公积金扩面一定程度上能够提高中西部地区缴存者住房可及性，从而促进其增加住房财富积累并推动形成公平分配格局。然而，这并不意味着住房公积金制度在东部地区缺乏存在的必要性，住房公积金制度是稳定住房市场和完善住房保障的“压舱石”，东部地区应当建立房价管控与住房公积金扩面改革的联合机制，双管齐下增强住房公积金对住房财富公平分配的支持力度。

表 7　基于不同地区的异质性回归

变量	住房财富不平等	
	东部	中西部
住房公积金扩面	−0.039	−0.198**
	（0.108）	（0.078）
城市层面控制变量	是	是
省级层面控制变量	是	是
样本量	88	185
R^2 值	0.472	0.253

注：*、**、***分别表示 10%、5%、1%显著性水平，括号内为标准误差。

3. 基于住房公积金制度包容性的异质性回归

住房公积金制度的包容性即体制外群体缴存住房公积金的覆盖率。体制外群体缴存住房公积金的覆盖率越高，则住房公积金制度包容性越强，反之则越弱。已有研究指出，住房公积金制度的政策性金融功能包容性不足，该制度的公平性和效率性饱受质疑。鉴于此，有必要考虑在住房公积金制度包容性程度不同的前提下，研究住房公积金扩面对住房财富不平等的影响差异。本文在剔除缺失值后，将 CHFS 问卷中的机关团体/事业单位、国有及国有控股企业界定为体制内群体，其余为体制外群体，进而计算出城市层面住房公积金制度的包容性。然后，将体制外群体缴存住房公积金覆盖率超过总体均值的城市样本定义为住房公积金制度包容性强，反之则包容性弱。为降低样本数据受极端值影响所造成的估计偏差，本文又以中位数为基准，将体制外群体缴存住房公积金覆盖率高于中位数的城市样本定义为住房公积金制度包容性强，反之则包容性弱。

基于住房公积金制度包容性的异质性回归结果如表 8 所示，第（1）列按体制外群体缴存住房公积金覆盖率的平均数划分，第（2）列按中位数划分。两种划分标准下的结果均表明了对于住房公积金制度包容性相对较强的城市，住房公积金扩面能够有效缓解住房财富不平等。可能的原因是住房公积金制度包容性较强的城市，更多体制外群体享受到住房公积金制度的住房支持。由于体制外群体大部分属于中低收入群体，当住房公积金制度释放的红利效应惠及这部分群体时，那么将促进住房财富劣势群体增加住房财富积累。简言之，住房公积金制度以先富带动后富，通过其互助性属性弥补了中低收入群体的住房财富劣势，逐步实现共同富裕。为此，理应提升住房公积金制度的包容性、普惠性，让体制外群体、中低收入群体有更大概率增加住房财富积累。

表 8　基于住房公积金制度包容性不同的异质性回归

变量	按平均数划分		按中位数划分	
	（1）		（2）	
	包容性弱	包容性强	包容性弱	包容性强
住房公积金扩面	0.039	−0.187*	−0.071	−0.214**
	（0.118）	（0.097）	（0.134）	（0.085）
城市层面控制变量	是	是	是	是
省级层面控制变量	是	是	是	是
样本量	151	122	136	137
R^2 值	0.132	0.265	0.148	0.288

注：*、**、***分别表示 10%、5%、1%显著性水平，括号内为标准误差。

4. 基于住房财富不平等程度的分位数回归

由于住房财富不平等程度存在差异，住房公积金扩面的影响效应可能具有异质性。为观察住房公积金扩面对住房财富不平等影响的条件分布特征，运用联合 Bootstrap 分位数回归，通过 Bootstrap 密集算法处理，对全样本数据采取有放回抽样得到样本的置信区间，继而对不同分位点处影响系数进行估计。普通的 OLS 全样本回归结果只能了解核心解释变量对被解释变量的总体影响效应，分位数回归则能相对准确详细地描述核心解释变量对被解释变量的条件分布影响，且在结合了 Bootstrap 法后可得出更为稳健的参数估计结果。本文在住房财富不平等的第 25%、50%、75%的分位点处进行回归估计，表 9 给出了不同分位点处的分位数回归结果。

可以看出，住房公积金扩面对不同分位点处的住房财富不平等的影响效应不同。当住房财富不平等处于第 25%分位点和第 50%分位点时，住房公积金扩面对住房财富不平等具有显著抑制效应，特别是在住房财富不平等的第 50%分位点处，住房公积金覆盖面每扩大 10%，住房财富基尼系数将显著降低 0.018；当住房财富不平等位于第 75%分位点处，住房公积金扩面对住房财富不平等无明显影响。以上差异表明：当住房财富分配比较合理或差距较大时，住房公积金扩面可帮助住房财富劣势群体增加住房财富积累，一定程度上缩小住房财富差距。尤其是在住房财富分配差距较大的地区，相比于未缴存住房公积金群体，住房公积金缴存者更易形成住房财富积累。然而，当住房财富分配差距悬殊时，贫富格局分化严重，住房财富劣势群体住房资金有限，即使拥有住房公积金，也不足以达到增加住房财富积累的门槛。但这并不意味着住房财富分配悬殊的地区不具备住房公积金扩面改革的必要性，在此情形下，需要建立完善市场加保障的住房供应体系，市场满足多层次、多样化的住房需求，建立租购并举的住房制度，政府则需要以强有力的住房保障政策为住房财富劣势群体的基本住房需求兜底，从而在此基础上结合住房公积金互助性属性缓解住房财富不平等，最终实现共同富裕。

表 9　基于住房财富不平等程度的分位数回归

变量	住房财富不平等		
	25%	50%	75%
住房公积金扩面	−0.134*	−0.180***	−0.102
	（0.080）	（0.068）	（0.112）
城市层面控制变量	是	是	是
省级层面控制变量	是	是	是
样本量	273	273	273
R^2 值	0.188	0.187	0.137

注：*、**、***分别表示 10%、5%、1%显著性水平，括号内为标准误差。

五、作用机制分析

本文继续从微观样本数据加总至城市层面指标切入，试图阐明住房公积金扩面对住房财富不平等的影响机制。

（一）住房公积金扩面通过提高灵活就业人员住房公积金参与率以缓解住房财富不平等

习近平总书记指出，只有坚持以人民为中心的发展思想，坚持发展为了人民，发展依靠人民，发展成果由人民共享，才会有正确的发展观、现代化观。随着我国经济社会不断发展，住房公积金制度“有限公众参与”的短板日益凸显，为继续改革完善住房公积金制度、与全体人民共享现代化建设发展成果，住房公积金扩面改革工作稳步推进。2021 年 12 月，由国家发展改革委联合多个部门发布的《“十四五”公共服务规划》（发改社会〔2021〕1946 号）明确要求扩大住房公积金制度覆盖范围，多措并举促进单位依法缴存，鼓励灵活就业人员参加住房公积金制度，优化住房公积金使用政策，租购并举保障缴存人基本住房需求。灵活就业人员是住房公积金扩面改革的重点关注对象，我国灵活就业人员规模庞大，国家统计局公布的数据显示，截至 2021 年，我国灵活就业人员规模已达到 2 亿人，因此解决灵活就业人员的住房问题是增进民生福祉的重要工程。在扎实推进共同富裕的要求下，促进灵活就业人员参与住房公积金制度是住房公积金扩面改革的关键环节与扩大普惠性非基本公共服务供给的内在要求。住房和城乡建设部已经指导各地方开展灵活就业人员参加住房公积金制度试点工作，在 2023 年 12 月召开的全国住房城乡工作会议上提出，扩大灵活就业人员参加住房公积金制度范围，随后贵州、陕西、浙江等多地开展施行灵活就业人员住房公积金管理办法。可以看出，当住房公积金扩面改革工作不断深入，将会有更多灵活就业人员参与缴纳住房公积金。灵活就业人员的住房财富积累在住房财富结构中相对处于劣势，当住房公积金的制度红利惠及这部分群体时，住房财富分配将会更加公平。

鉴于以上分析，本文采用住房公积金灵活就业人员参与率作为被解释变量，住房公积金扩面作为解释变量，实证检验住房公积金扩面通过提高灵活就业人员住房公积金参与率以缓解住房财富不平等的作用机制。参考储怡安和朱勤（2023），将工作性质为临时性工作的人员、自营劳动者、家庭帮工、自由职业者界定为灵活就业人员，然后识别出灵活就业人员拥有住房公积金的个体样本，从而计算出城市层面住房公积金灵活就业人员参与率。表 10 第（1）列提供了上述作用机制的回归结果，住房公积金扩面对住房公积金灵活就业人员参与率的影响系数在 1%的显著性水平上严格为正。这说明随着住房公积金扩面改革工作不断推进，越来越多的灵活就业人员被纳入住房公积金制度保障体系，住房财富劣势群体增加住房财富积累的可及性增强，较大程度缓解了住房财富不平等。至此，本文的假设 2 得到验证。

上述机制利用 CHFS 微观数据验证了在住房公积金扩面改革背景下，住房公积金灵活就业人员参与率提高从而缓解了住房财富不平等。据此，本文又试图从宏观数据切入，对当前住房公积金扩面改革进程作出进一步直观性的描述。然而，一方面由于住房公积金灵活就业人员参与率的宏观数据尚未披露，另一方面考虑到体制外群体多为灵活就业人员，且体制外群体参与住房公积金覆盖率也即异质性分析中提及的住房公积金制度的包容性，由前文分析可知，住房公积金制度的包容性越强，越有利于住房财富分配趋于公平。因此，本文选用全国住房公积金 2022 年年度报告数据绘制出体制外群体参与住房公积金制度覆盖率，考察当前住房公积金扩面改革工作的现状（如图 2 所示）。本文将国家机关和事业单位、国有企业界定为体制内群体，其他为体制外群体。可以看出，在实现全体人民共同富裕的中国式现代化的本质要求下，我国住房公积金扩面改革工作稳步推进，住房公积金制度包容性逐步提升，住房财富不平等将按照上述作用机制得到有效缓解。

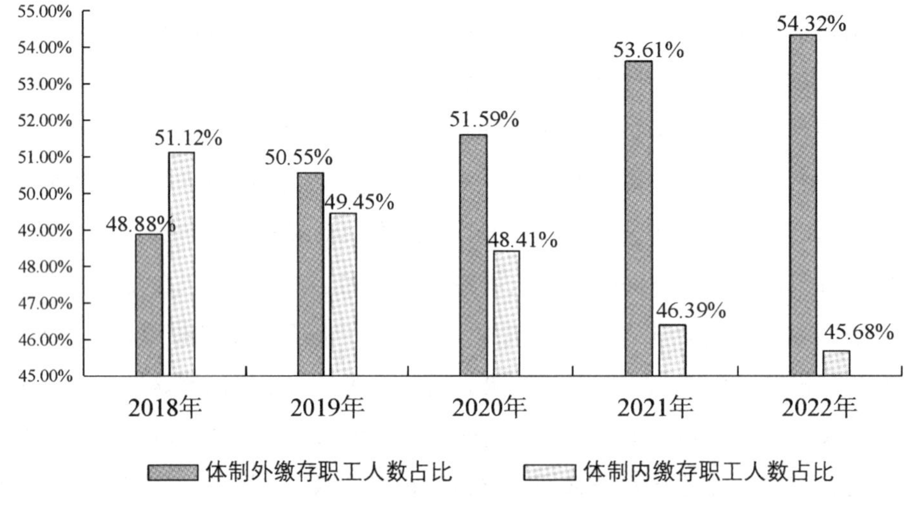

图 2　不同单位性质住房公积金覆盖率

数据来源：通过《全国住房公积金 2022 年年度报告》计算得出。

（二）住房公积金扩面通过增加拥有购房意愿人数占比从而缓解住房财富不平等

2023 年 12 月中央经济工作会议指出，当前进一步推动经济回升存在有效需求不足、部分行业产能过剩、社会预期偏弱等困难。在这种宏观经济形势影响下，居民购房意愿也有所减弱。住房公积金制度作为我国住房金融体系的重要组成部分，与居民购房问题有着密不可分的联系。已有研究指出，居民购房意愿与住房财富不平等具有负相关关系，因此，本部分试图考察住房公积金扩面对居民购房意愿这一主观因素的影响，以检验住房公积金扩面通过改变居民购房意愿进而影响住房财富不平等的作用机制。随着住房公积金扩面改革工作不断深入，因为住房公积金贷款的较低利率而产生购房意愿的缴存者将会陆续增加，继而在未来住房消费市场中会有更多缴存者形成住房财富积累。由住房公积金扩面改革的对象可知，这部分缴存者通常为住房财富结构中的劣势群体，因此住房财富分配将会更加公平。为针对上述影响机制进行实证检验，本文首先将CHFS数据中拥有购房计划的样本赋值为1，无购房计划或不清楚的样本赋值为0，其次对缺失值作剔除处理，然后计算出城市层面拥有购房计划的人数占比来衡量购房意愿指标，最后将其作为被解释变量与住房公积金扩面进行回归分析。表10第（2）列汇报了住房公积金扩面与购房意愿的回归结果，可以看出，在住房公积金制度覆盖面扩大的同时，拥有购房意愿的居民也逐步增加，从而为缓解住房财富不平等创造了主观条件。至此，本文的假设3得到验证。

（三）住房公积金扩面通过提升住房拥有率进而缓解住房财富不平等

习近平总书记指出，既要不断解放和发展社会生产力，不断创造和积累社会财富，又要防止两极分化，切实推动人的全面发展、全体人民共同富裕取得更为明显的实质性进展。当住房市场房价上涨时，住房财富本身所蕴藏的巨大价值较易产生马太效应，导致住房财富分配格局分化严重。因此，推动实现全体人民共同富裕的关键路径是要促进住房财富分配更加公平、增加住房财富劣势群体的住房财富积累。住房公积金制度是解决缴存者基本住房问题的“垫脚石”，对于增加住房财富积累有直接的作用关系。基于此，本文试图验证住房公积金扩面通过改变住房拥有率影响住房财富不平等的作用机制。住房拥有率即平均拥有住房套数是一城市住房财富现状较为直接的反映，本文通过CHFS提供的家庭住房套数信息计算出城市层面住房拥有率，同时为避免极端值对指标测度的影响，对样本数据采取了缩尾处理。表10第（3）列给出了住房公积金扩面对住房拥有率的回归结果，结果表明，住房公积金扩面能够较大程度上提高住房拥有率，扩大住房公积金覆盖面存在增加住房财富劣势群体住房财富积累以缓解住房财富不平等的影响路径。至此，本文的假设4得到验证。

表10　住房公积金扩面对住房财富不平等的影响机制

变量	灵活就业人员参与率	购房意愿	住房拥有率
	（1）	（2）	（3）
住房公积金扩面	0.044***	0.141**	0.143*
	（0.008）	（0.061）	（0.082）
城市层面控制变量	是	是	是
省级层面控制变量	是	是	是
样本量	273	273	273
R^2值	0.241	0.207	0.404

注：*、**、***分别表示10%、5%、1%显著性水平，括号内为标准误差。

六、结论及政策建议

规范财富积累机制是建立一个公平可持续的社会经济体系的关键组成部分，住房财富不平等是关乎民生福祉的重要问题，缓解住房财富不平等有利于防止贫富两极分化、促进实现共同富裕。从住房公积金制度先富带动后富的运行机制来看，住房公积金扩大覆盖面以缓解住房财富不平等的影响路径将不可或缺。为此，本文基于 2019 年中国家庭金融调查数据（CHFS），从城市层面视角切入，寻求住房公积金扩面对住房财富不平等影响效应的经验证据。研究发现：（1）住房公积金扩面可以有效缓解住房财富不平等，采用了替换被解释变量、替换核心解释变量、更换估计方法、Bootstrap 法抽样等多种方法进行实证检验，同时选取了工具变量处理内生性问题，所得结论依然稳健。（2）异质性分析结果表明，在中西部、中高收入水平、住房公积金制度包容性相对较强的地区，住房公积金扩面对住房财富不平等有着更为显著的缓解作用。另外，分位数回归结果显示，当住房财富分配比较合理或差距较大时，住房公积金扩面能够缓解住房财富不平等，而当住房财富差距悬殊时，住房公积金制度存在局限性。（3）住房公积金扩面通过提高灵活就业人员住房公积金参与率、具有购房意愿人数占比、住房拥有率等，对住房财富不平等产生抑制效应。

基于上述研究结论，本文给出如下政策建议：第一，在扎实推进共同富裕的顶层设计下，有序扩大住房公积金制度覆盖面，采取强制加自愿的弹性缴存方式。一方面要求先富群体继续强制缴存住房公积金，从而降低住房公积金的流动性约束，保障住房公积金制度互助性属性的有效发挥；另一方面针对灵活就业人员、体制外人群等住房财富劣势群体，精准开展住房公积金扩面试点工作，充分按照自主自愿原则，根据实际情况将其灵活纳入住房公积金制度保障体系，增强住房公积金制度普惠性和针对住房财富劣势群体的特惠性，同时严格履行“保低限高”的原则，防范扩大住房公积金缴存差距，在坚持以人为本和公平性原则的基础上实现先富带动后富。第二，因城施策用好政策工具箱，将住房公积金扩面工作与当地实际紧密结合。对于中西部且具有基本住房可支付能力的地区，须重点关注住房公积金扩面改革工作，进一步提高住房公积金制度宣传力度，鼓励和引导更多住房财富劣势群体参与住房公积金制度，规范住房财富积累机制；对于房价高企、住房财富差距悬殊的地区，需要将构建房地产业发展新模式、规范收入分配次序与住房公积金扩面改革相结合，完善“市场加保障”的住房供应体系，政府保障基本住房需求，市场满足多层次多样化的住房需求，多措并举解决人民群众基本住房问题。第三，充分发挥住房公积金制度金融性功能，增加住房公积金存量资金以弥补其短期内的公平性不足。在短期内，住房公积金资金分配的公平性有所欠缺，为此需要将住房公积金存量资金用于购买国债、政府债券、大额存单等具有稳定收益类的产品，多渠道提高住房公积金保值增值能力和金融化水平，在增加住房公积金存量资金的同时降低住房公积金资金沉淀率，以便在前期对住房财富劣势群体的多种住房需求给予适当性补贴，努力实现住房公积金制度的全过程公平。例如，在加快建立多主体供给、多渠道保障、租购并举的住房制度背景下，短期内住房财富劣势群体虽难以增加住房财富积累，但住房公积金制度仍然可以通过支持缴存者租房提取对这部分群体进行资金补贴。基于生命周期理论，这种补贴在前期减少了后富群体租房支出从而增强了其后期的住房可支付能力，一定程度上弥补了住房公积金制度短期内住房资金分配不均的短板。

试论住房公积金对市场主体发展的积极影响

四川自贡　吴春林　林　莉

市场主体通过生产产品和提供服务，增加就业和提高收入，推动经济社会发展，推动管理变革和技术创新，成为推动经济社会发展的重要力量。市场主体缴存住房公积金能够提高员工归属感、增强凝聚力、提高竞争力、降低税负负担、营造良好发展环境，在履行社会责任中互利共赢，更好地实现自身发展。

一、我国市场主体发展概况

截至2023年1月底，我国市场主体超过1.7亿户，庞大的市场主体在我国经济总量攀升、国家财力和社会财富稳定增长中发挥了重要作用，为7亿多人提供了就业支撑。市场主体成为经济发展的根基和动力，抓住了市场主体，有利于实现社会资源持续优化配置，推动经济社会发展。

（一）各类市场主体不断发展壮大

我国社会主义市场经济体制的不断完善，为市场主体的发展提供了良好的环境和广阔的市场空间，支撑各类市场主体不断发展壮大。目前，我国市场主体中民营企业近5000万户，民营企业的总量、结构和质量得到了全面提升。这些市场主体在经济社会转型升级中活力充分迸发，推动数字经济、智能产业迅速发展，为社会带来取之不竭的前行动力。

（二）市场主体发展环境不断优化

近年来，我国营商环境改善明显，在国际社会中的排名持续攀升。2019年公布的《优化营商环境条例》提出，全面加强市场主体保护，优化市场主体发展环境，提升政务服务水平，规范监管法律，强化法治保障。市场主体准入放宽，监管公正，服务便捷，各类市场主体获取资源和追求发展的机会和资源更加均等。

（三）促进市场主体发展的政策持续发力

近年来，我国市场主体数量保持增长，党中央、国务院紧密联系市场主体，在税收、金融等方面出台一系列政策，针对困难市场主体出台“一揽子稳经济政策措施”，帮助市场主体应对各种困难和挑战。通过实施积极的财政政策，延续、优化、完善并落实好减税降费政策，为市场主体发展提供稳定可预期的宏观政策环境，打造更具韧性的经济。

二、市场主体缴存住房公积金取得的成效

（一）市场主体缴存住房公积金概况

1. 市场主体缴存住房公积金政策变化

为支持市场主体更好地缴存住房公积金，国家不断改进规范住房公积金制度，为市场主体缴存住房公积金营造更好的法治环境。近年来，住房公积金缴存制度覆盖范围不断扩大，市场主体

缴存住房公积金的推进取得了显著成效。从全国住房公积金历年发布的年度报告看，经济越发达的地区和城市，市场主体缴存住房公积金的单位数和职工数越大，缴存占比越高，新增缴存越快。住房公积金缴存的发展趋势说明，住房公积金制度的发展得到了越来越多市场主体的认可。

2. 市场主体缴存公积金概况

根据住房和城乡建设部、财政部、中国人民银行联合发布的住房公积金年度报告，2023 年，全国住房公积金实缴单位 494.76 万个，市场主体单位占比 74.81%；实缴职工 17454.68 万人，其中市场主体单位职工占比 64.31%。从住房公积金实缴单位和实缴职工的数量和占比可以看出，市场主体已经成为住房公积金缴存的绝对主力。而非公有制市场主体缴存快速增长，成为近年来住房公积金制度发展的显著特征。

3. 市场主体面临的缴存阻力

一是住房公积金缴存氛围不够浓，近年来，社会上不时有言论呼吁取消住房公积金，片面地认为住房公积金制度的历史使命已经完成，住房公积金制度不宜再继续存在。二是有大量的非公市场主体尚未缴存，仍然存在不想缴、不愿缴的现象。三是就业形势严峻，大量非公市场主体吸纳的低技术、低学历的员工缺乏就业竞争力，在职期间不愿因是否缴存住房公积金与市场主体发生矛盾。四是在国家减税降费、优化营商环境的政策导向下，市场主体不缴存住房公积金的违法成本极低，不愿主动履职尽责。五是国内外经济形势变化对市场主体经营发展带来压力，影响市场主体缴存住房公积金的积极性。

（二）缴存住房公积金对市场主体的诸多益处

1. 缴存公积金为市场主体履行社会责任提供路径

住房公积金作为住房保障的重要制度，一头连着住房、一头连着民生，住房公积金发展的 30 余年，是我国住房事业取得重要成果的阶段，我国的住房事业发展成果举世瞩目。市场主体已经成长为社会保障的重要贡献力量。市场主体的生存发展，需要在遵守法律法规的基础上进行，更应该承担相应的社会责任。住房公积金作为普惠性公共服务，注定了其需要社会主体的广泛参与，住房公积金给参与职工带来了住房保障，为职工安居乐业提供了坚实支撑。显然，缴存住房公积金已经成为社会主体履行社会责任的重要路径。

2. 缴存公积金利于市场主体提升人力资源效率

人才已经成为经济社会发展的核心，市场主体的发展必然需要人才。市场主体缴存住房公积金制度，就是更好地用好住房公积金这一普惠性公共服务政策，保障职工的权益和福利，为员工提供更好的就业保障，职工有了更好的保障，就意味着职工面临更低生存发展风险，职工就更有动力去工作，工作效率就能得到有效提升，从而为企业创造更多价值。

3. 缴存公积金利于市场主体增强自身凝聚力

市场主体面临的市场竞争日益激烈，想要更好地发展，需要持续有效地吸引人才、留住人才，减少人才的流失。缴存住房公积金，有利于增强市场主体的凝聚力、向心力，建立住房公积金制度是市场主体为职工着想的重要体现，是用真金白银关心支持员工的住房需求，使员工有能力解决好自己的住房问题，员工对市场主体会产生更深的认同感和更强的归属感，从而使市场主体的凝聚力得到增强。

4. 缴存公积金能提高市场主体职工的收入

缴存的住房公积金归职工个人所有，对于职工而言，住房公积金由有专用属性的延迟支付使用的工资组成，从目前住房公积金缴存实际看，仍然有大量的市场主体未缴存住房公积金，也并未将这部分资金直接用于增加职工薪酬。缴存住房公积金就是增加职工收入，而且缴存住房公积金对职工而言是免税的，如果不缴存住房公积金，部分职工需要缴纳更多个税，因此缴存住房公积金还能减少职工税负支出。

5. 缴存住房公积金能减轻市场主体纳税负担

市场主体为职工缴存住房公积金单位部分，作为职工薪酬福利，能让市场主体少缴所得税，减轻纳税负担。而参与住房公积金制度支持职工解决住房问题，通过普惠性公共服务提高资源配置效率，市场主体不用在职工住房问题上投入更多资源，有利于为市场主体发展减负增能。同时，该制度还能为市场主体优化自身财务结构，降低市场主体纳税额，减轻市场主体纳税负担。

6. 缴存公积金利于为市场主体营造良好发展环境

市场主体缴存住房公积金，是守法经营的要求，是员工保障的需要，更是企业发展的需要。缴存住房公积金能够增强人才吸引力，在就业市场双向选择的大环境中，人才更愿意选择尊重人才、保障充分的市场主体。缴存住房公积金是市场主体履行社会责任的担当，市场中的合作伙伴更愿意选择与之合作发展。市场主体的融资上市等进一步发展壮大，也需要其依法缴存住房公积金。缴存住房公积金更好地体现了共享发展成果，员工将更自觉地维护市场主体，更好地维护市场主体的形象，提升其社会声誉。

三、市场主体如何与住房公积金互利共赢

（一）准确认识住房公积金普惠性公共服务的特点

住房公积金的缴存具有普遍性，根据《住房公积金管理条例》的规定，所有市场主体都必须缴纳住房公积金，住房公积金覆盖所有市场主体就业人员，所有住房公积金的缴存具有强制性。我国的住房公积金不同于香港的强积金，是为解决住房问题专门设置的长期储金。从公积金贷款和提取使用看，正常缴存住房公积金的情况下，住房公积金的使用围绕解决缴存职工住房问题，充分体现了住房公积金的专用性。住房公积金虽然是由国家规定缴存的，却需要单位和职工共同承担缴存义务，住房公积金使用的前提是住房公积金缴存，住房公积金是普惠性公共服务，市场主体参与越充分，职工获得的普惠性保障越充分。

（二）缴存公积金是市场主体健康发展的客观需要

住房保障是职工生存发展的需要，更是市场主体发展的需要，住房保障影响职工工作效率，影响市场主体发展壮大。住房公积金作为重要的住房保障制度，能够为企业健康稳定发展提供支撑。参与社会保障是社会主体实现市场化经营的重要内容，能够有效降低职工劳动报酬风险，改善企业人力资源发展条件，促进社会更好地实现公平发展。良好的社会保障能够营造更好的经济社会发展环境，激活社会消费需求，提升社会群体消费能力，从而为市场主体的发展提供必要的

环境和必需的购买力，创造更多的市场机会，促进市场主体发展壮大。

（三）住房公积金改革规范为市场主体提供发展支撑

住房公积金的发展离不开市场主体的参与，同时住房公积金为市场主体发展提供制度和环境支持。近年来，住房公积金持续改革规范，坚持租购并举，加大了租房支持力度，取消了贷款保证金公证费等，规范了住房公积金缴存比例上下限，统一上调住房公积金账户存款利率为1.50%，提高了住房公积金贷款额度，增加了住房公积金支持老旧小区改造的力度，扩展了住房公积金缴存群体覆盖。住房公积金聚焦保障和改善民生，规范完善住房公积金制度。住房公积金缴存政策的不断优化，提高了市场主体的参与意识和积极性，支持市场主体更好缴存和更规范使用，加强制度的宣传和推广，推动住房事业取得历史性成就。

（四）缴存公积金利于构筑健康稳定有序的劳资关系

市场主体在追求经济利益的同时，也要承担起社会责任，通过积极参与社会保障，促进社会和谐发展。无论是世界五百强评价指标体系还是最佳雇主评价指标体系，都非常看重市场主体履行社会责任的情况、为员工提供福利保障的情况。缴存住房公积金对市场主体具有诸多好处，能提升员工福利、提高员工生活质量、稳定员工队伍。市场主体应该充分认识到，政府近年来出台的“减税降费”政策，其具体内容是指“税收减免”和“取消或停征行政事业性收费”两部分，住房公积金并不属于税收或行政事业性收费，因此不属于“减税降费”范畴。市场主体的发展需要建立在健康稳定有序的劳资关系之上，市场主体的核心价值就是有效组织资源为社会创造更多价值，市场主体关联各方均需在分享市场主体创造的价值中实现更好发展，员工作为市场主体价值创造的依托力量，理应得到保障。缴存住房公积金有利于构建良好的劳动环境，有助于安全高效生产，有助于目标实现，有利于构建健康稳定有序的劳资关系。

新形势下住房公积金缴存新机制的探索

广西河池　毛羽翠

住房公积金制度成立以来，一直以解决老百姓住房问题为目标，在推动城镇住房制度改革、改善居住环境等方面发挥了积极作用。当前，经济增速放缓、人口负增长、房地产市场进入缓和周期等宏观因素叠加，住房公积金行业面临着缴存和贷款的双重压力。新形势下，住房公积金要发挥制度优势，更加积极主动地融入国家发展大局，既要在制度上不断完善创新，强化行业内部工作质量监督管控，也要打开新思路，适时优化缴存政策，提质增效，促进制度健康可持续发展。

一、探索住房公积金缴存新机制的当前背景

住房公积金是单位及其在职职工缴存的长期住房储金。近年来，一些公积金制度的新动向也正在发生，在"放管服"改革背景下，缴存规定逐步放宽，比如允许单位自行选择缴存比例等。而现行住房制度已覆盖的城市户籍在职人口和已经在城市工作、生活多年的农业转移人口，只要是年满 18 岁的公民，就可自主确定缴存额自愿缴存公积金，实行以单位缴存模式为主、个人缴存模式为辅的公积金归集扩面业务，多缴多得，长缴多得，长缴多贷，体现公积金政策的普惠性，实现住房公积金制度全覆盖、广收益。随着灵活就业人员参加住房公积金制度的增多，住房公积金的缴存力度近年来也呈上升趋势。但是随着住房公积金贷款在最大限度满足市民的住房刚需和改善型需求的作用日趋明显的同时，也在一定程度上造成了账户管理上的不便以及逾期贷款日益增多的问题，给贷款后期管理带来极大的风险。

二、住房公积金缴存新机制的方案

在《住房公积金管理条例》（以下简称《条例》）约束下，为方便单位和群众，提出以下两个机制。方案 1：允许单位设立子账户，便于管理同一单位缴纳住房公积金的资金来源不一致的人员，同时方便职工自主缴纳住房公积金。方案 2：已申请住房公积金贷款的，允许以缴存账户作为唯一还款账户，如公积金账户余额不足的，及时调整月缴存额进行汇缴或进行补缴；已由单位开户缴存的在职职工账户余额不足以偿还贷款的，可通过办理个人名义自愿缴存手续和委托扣款业务，将差额部分以个人名义缴入个人公积金账户，以保证账户余额足够偿还贷款。目前实施该政策的有广州市和长沙市。

三、新机制的意义分析

（一）允许单位设立住房公积金子账户的优点

有利于管理体制的理顺，促进制度目标的实现。一是根据目前单位体制实际情况，大部分单位会同时存在缴纳住房公积金的资金来源不一致的不同编制人员，在所有人员均缴纳住房公积金

的情况下，会发现这些人员在同一个单位管理户内无法区分，在资金不能按时全额拨付时，造成无法及时分配到个人账户、影响部分职工的利益、暂存款累积的情况。二是人力资源公司劳务派遣人员因实际派遣单位不同，需要分开管理，并且根据与派遣单位协议要求核定缴存比例，缴纳时间也不一样。因此在一个住房公积金单位管理户下增设单位子账户，把单位不同类人员区分管理，便于单位分账管理、维护职工合法利益，也不会违反“一个单位宜只设立一个单位管理户”的规定。

（二）设立个人子账户并以缴存账户作为唯一还款账户的优点

1. 便于职工个人补充个人账户余额

实质上，职工自愿缴交资金有利于资金规模的壮大，有利于中低收入人群购房目标的实现，在强制的基础上鼓励居民自愿缴存。根据“每个职工只能有一个住房公积金账户”的规定，允许个人账户设立自愿缴存子账户，可以解决职工因公积金账户余额不足无法及时办理贷款申请的问题。职工公积金账户余额不足的，允许办理个人名义自愿缴存手续和委托扣款业务，将差额部分以个人名义缴入个人公积金账户，以补缴住房公积金的方式，让职工无须等待数月的缴存额即可提高可贷额度，解决职工急需改善居住状况，购买住房时因公积金余额不足而无法及时申请住房公积金贷款的情况。

2. 缴存人偿还住房公积金贷款方式更灵活

采用按月还贷方式偿还公积金贷款，公积金缴存账户作为唯一还款账户的，在公积金账户余额充足的情况下，在约定扣款日公积金中心将会按照还款额自动划扣公积金个人账户余额，用于偿还公积金贷款本息。借款人如公积金账户余额不足以偿还贷款的，为保证账户余额足够偿还贷款，可调整月缴存额进行汇缴或进行补缴或选择将差额部分以个人名义缴入个人公积金账户，在还款日前补充账户余额。譬如借款人每月要还款 3000 元，但是月缴存额只有 2000 元，按照正常情况，在公积金账户余额不足的情况下，需要从借款人的银行卡再划扣 1000 元，还款成功后，缴存人再以偿还贷款本息为由提取从银行卡划扣部分。现在借款人把 1000 元或更多闲钱存入公积金账户，不受月缴存额的限制，对于借款人来说，并没有增加多余的成本，除了按时还款避免逾期外，还可以享受缴存公积金存款年利率。

四、实施新缴存机制会存在一定风险

（一）同一个单位存在多个缴存比例的风险

在单位账户下设立子账户，根据不同人员会出现设置两个（含）以上缴存比例的单位，比如人力资源公司劳务派遣人员因实际派遣单位不同，会设置不同的缴存比例，但可能出现不是人力资源派遣公司的单位通过设立子账户，从而实现同一单位存在不同缴存比例的情况。

（二）增加中心结息利息支出的风险

个人设立子账户并以缴存账户作为唯一还款账户，将差额部分以个人名义缴入个人公积金账户，在还款日前补充账户余额，自公积金汇缴到公积金账户之日起，管理中心会按照国家规定的利率为缴存人计息，根据中国人民银行、住建部、财政部《关于完善职工住房公积金账户存款利率形成机制的通知》（银发〔2016〕43号）规定，职工住房公积金账户存款利率按一年期定期存款基准利率执行。结息后，所结利息转入职工个人住房公积金本金。因此在未达到还款日前，所存入公积金账户用于还款的资金就会产生利息，无形中会造成中心多付利息的情况。

五、实施新缴存机制建议

（一）完善业务信息系统，杜绝违规行为

健全完善缴存审核制度，在住房公积金业务信息系统明确设置缴存比例上下限及缴存基数上下限。充分利用住房公积金监管服务平台及电子稽查工具核验一人多户、一人多缴、超比例缴存、超基数缴存、多比例缴存等行为，杜绝违规缴存。针对在单位账户下设立子账户，对于根据不同人员会出现设置两个（含）以上缴存比例的单位，通过系统强控，设置同一单位账户下不允许存在不同缴存比例的情况，但可以允许人力资源劳务派遣公司通过设立子账户，实现不同缴存比例。

（二）强化风险防控意识，筑牢资金安全新防线

一是建设风险自动预警功能，通过系统配置监控指标和设置预警阈值等功能，加强对住房公积金运行情况、账户异常、资金流向、资金变动的监控。二是建设风险自动预测及配置模型。用好电子稽查工具，根据住房公积金电子稽查报告及数据明细，及时制定问题整改责任清单、建立问题整改工作台账、归类处置风险疑点，提升风险隐患排查能力。

通过对受托银行进行考核评价助推归集工作

河南洛阳　俞慧彬

受托银行具有与企业特别是中小型民营企业联系紧密的优势，但由于缺乏住房公积金制度扩面的激励约束机制，因而对扩面积极性不高，主动性不强，只想坐享制度扩面的成果——增加自己的存款，却不愿意付出相应劳动——参与制度扩面。在此情况下，就必须要用好对受托银行进行考核评价这个工具，加大归集工作在考核评价中的分量，严格考核评价结果运用，从而调动其参与公积金制度扩面的积极性，有效破解制度扩面难、归集难的问题。

一、对受托银行进行考核评价的依据

（一）对受托银行进行考核评价是法律赋予公积金中心的权力

公积金中心与受托银行作为两个独立法人，其签订的公积金金融业务委托合同是经平等、自愿、遵循公平原则确定双方权利和义务，依法成立的合同，受法律保护。《民法典》虽然没有明确规定委托人可对受托人履行合同情况进行考核评价，但委托人有权督促受委托人履行委托合同，且《民法典》第九百二十四条明确了受托人对委托人有报告的义务，即“受托人应当按照委托人的要求，报告委托事务的处理情况。委托合同终止时，受托人应当报告委托事务的结果”。笔者认为，对受托银行进行的考核评价实质就是对受托银行履行委托合同过程的考核评价。公积金中心作为委托人，应要求作为受托人的受托银行定期报告履行委托合同的情况，对受托银行履行委托合同的情况进行全面的考核评价，并根据考核评价情况对受托银行进行相应的奖惩。

（二）对受托银行进行考核评价是上级主管和监管部门赋予公积金中心的职责

公积金管理工作的主管部门住建部和监管部门财政部、人民银行，在 2011 年与银监会联合发布了《关于加强和改进住房公积金服务工作的通知》（建金〔2011〕9 号），该通知明确要求：“各地要加强对受托银行服务质量的管理和考核，并将考核结果与委托手续费挂钩。”

二、如何用好对受托银行进行考核评价这一工具

（一）合理设定归集工作的考核评价内容

对受托银行进行考核评价的主要目的是确保公积金金融业务委托合同及相关协议的落实，进而助推公积金事业高质量发展。因此，考核评价的项目是对委托合同及相关协议内容的细化，绝不能超出委托合同及相关协议。基于此，在签订委托合同时就要对相关工作内容进行明确，特别是在明确受托银行的义务时应该借鉴商业银行的相关格式合同模式，即使受托银行的义务可能超越其工作职能，但这既不是公积金中心“以胁迫手段”逼迫受托银行签订的合同，更不是“利用对方处于危困状态、缺乏判断能力等情况”而签订的委托合同，且后一种情形在《民法典》上专指自然人而不是法人。

就归集工作而言，在委托合同里面基本都是笼统约定，没有非常具体的、可操作性的内容，因此在明确考核评价内容时必须突出重点，不能面面俱到、眉毛胡子一把抓；要对合同约定内容进行细化、具体化、可操作化。笔者认为主要应该考核评价其参与制度扩面、归集工作管理以及配合公积金中心处理其他相关归集工作的情况，即考核评价新增缴存单位和缴存人数、现有缴存单位正常缴存情况、灵活就业人员正常缴存情况以及协助公积金中心处理长期封存账户情况。至于受托银行是否有专门机构和人员负责归集工作、是否进企业宣传公积金政策、内部是否建立了归集工作奖惩措施、是否建立讲评通报制度等均不应在考核评价范围内。毕竟对受托银行进行的考核评价是以结果为导向的考核评价，保障结果实现的措施不应该在考核评价范围内。

（二）科学实施归集工作的考核评价

一是加大归集工作在对受托银行考核评价分值中的比重。归集工作是公积金管理工作的源头，是公积金服务工作的基础。因此，在对受托银行考核评价时，归集工作的分值应占到总分值的60%以上，这样才能突出归集工作的地位和作用。二是科学设置考核评价形式。应采用“基础分＋扣分＋加分＝总分值”的形式进行。制度扩面部分以该受托银行一定年限平均新增民营企业建制单位数及缴存职工数，为该行当年新增民营缴存单位及缴存职工数任务数，完成任务数的，得分为基础分，超额完成任务数的按该项分值的一定比例加分，没有完成任务数的按该项分值的一定比例扣分，加分、扣分均不设上下限。现有缴存单位（含灵活就业的公积金缴存人）均正常按时足额缴存的，得分为基础分，如出现欠缴时间达3个月的，或职工有效投诉单位为其少缴、未缴公积金的，按欠缴时间、年少缴金额、未缴人数设定相应扣分分值，扣分不设下限。现有缴存单位中没有长期封存账户的，得分为基础分，有长期未处理的封存账户的，按封存账户数量的一定比例设置相应扣分分值，直到扣完该项分值为止。加分项为受托银行自行出台并经公积金中心认定的相关激励民营企业建制缴存的政策规定，如为已经建制缴存的民营企业融资提供便利等，并对制度扩面和缴存起到一定推动作用的，可对该受托银行在考核评价时进行加分，加分分值以不超过归集工作部分考核评价总分值的10%为宜。三是合理认定任务数完成情况。制度扩面的认定：新开户民营缴存单位必须是受托银行自主动员的，经公积金中心做工作或通过行政执法建制缴存的及党政机关、国有企业和拟上市民营企业新开户或新增缴存职工不应计入受托银行的任务数中。新增民营缴存单位和新增缴存职工数量认定：线下办理的，以缴存单位开户时现场填写的由公积金中心统一制作的缴存确认单为准，确认单填写两个及以上受托银行的一律无效，由业务办理单位定期统计报公积金中心相应科室统一汇总；线上办理的，以新开户缴存单位填写的缴存银行为准，由相关科室通过管理系统进行汇总。现有缴存单位新增缴存人员的认定：默认为是现缴存银行自主动员的，计入受托银行任务数，线下办理的，由业务办理单位定期统计报公积金中心相应科室统一汇总；线上办理的，由机关科室通过管理系统进行汇总。现有缴存单位缴存情况及长期封存账户的认定：由相应科室通过管理系统进行统计认定。四是严格进行考核评价。参与考核的部门要坚决避免打人情分、感情分，严格按照考核评价细则的规定进行打分，让受托银行对考核评价结果心服口服而不是口服心不服。

（三）严格归集工作考核评价的结果运用

要想让受托银行真正重视考核评价工作，真正重视归集工作，就必须要在严格运用考核评价结果上下功夫。一是加大奖惩力度。受托银行真正在意的是公积金存款，而不是归集手续费和委贷手续费。因此，要将公积金存款作为考核评价结果运用的标的物，而不是减少归集手续费和委贷手续费。要将考核评价在后两名或后三名的受托银行存款的一定比例调入前两名或前三名受托银行。在没有公积金存款或存款较少时，可通过变更缴存单位的缴存行的形式进行奖罚。实行末位淘汰制度，对连续两年或三年归集工作考核评价均为末位的受托银行，坚决取消其承办公积金金融业务的资格。二是严格落实奖惩措施。只有严格落实奖惩措施，才能真正使受托银行重视考核评价工作。相反，处处照顾反而会让受托银行觉得考核评价只不过是走走过场，更加不重视公积金管理工作，不重视归集工作。因此，公积金中心要坚决摒弃照顾意识，敢于拉下脸来坚持原则，严格运用考核评价结果，严格落实奖惩措施，罚要罚得受托银行“肉疼”，奖要奖得受托银行“心动”。如此，受托银行才会主动安排专门机构和人员，制定相关规章制度来保障公积金管理特别是归集工作的开展，才能真正让受托银行参与到公积金的归集、管理、服务等工作中来。

公权力下的灵活就业人员自愿缴存机制分析

河北邯郸　宋晓瑜

住房公积金制度作为一项重要的住房保障制度，关乎我国民生发展之大计。随着我国社会经济形势的不断变化，新住房保障体系下住房公积金制度的受益群体也逐步从在职职工扩展到非传统就业方式的灵活就业人员。

2021年起，在住建部住房公积金监管司的指导下，先后有两批城市开展了灵活就业人员参加住房公积金制度的试点，探索灵活就业人员缴存住房公积金的管理机制。目前国务院及相关部委尚未出台针对灵活就业人员自愿缴存住房公积金的规范性政策文件，各试点城市根据住房公积金政策改革方向，结合当地社会、经济环境和本地人员结构情况，对灵活就业人员的缴存额度、缴存比例、提取规定和贷款条件等方面提出不同要求。这些要求在不同程度上都对灵活就业人员缴存和使用住房公积金进行了约束，对灵活就业人员个人权利形成了一定程度上的干预和限制，在制度执行过程中容易产生较大的行权争议，甚至引发其是否属于公权力滥用的讨论。

一、公权力在自愿缴存住房公积金管理中的必要性分析

（一）公权力的概念

公权力是指国家机关及其授权机关为维护国家和社会的公共利益，对政治、经济、社会领域中的各参与主体的利益分配实施干预与协调的权力和能力。从法律的内涵上来说，公权力源自对公民的个人权利的让渡，表现为对私有产权的制约与干预，实质上是一种公共强制力，目的是更好地维护民众个人的利益和社会的稳定。但同时，公权力具有强烈的自我扩张性，其行使的空间必须有边界，否则很容易发生偏差甚至异化，造成权力的滥用。

可以说，公权力的介入是对个人权利最好的保障。在自愿缴存住房公积金管理的过程中，对灵活就业人员的限制性条款即被视为一种公权力的行使。

（二）公权力在自愿缴存管理中的必要性

1. 从灵活就业人员角度

灵活就业人员的工作性质具有灵活性、临时性、季节性、非全日制和弹性工作等特点，导致该群体的收入普遍具有较大的变化与波动。而灵活就业人员的收入情况，直接影响到其缴存住房公积金的能力和贷款后的还款能力。如果灵活就业人员的收入大幅度降低或者失业，就有可能导致其按照规定履行缴存和还款义务的能力不足。

履行缴存和还款义务的意愿属于主观性的行为，是缴存人品格和责任感的具体体现。主观性行为难以被估量和控制，一些外部环境因素，如房地产市场的波动，就业环境、市场环境的变化，都会间接影响到履行缴存和还款义务的意愿的稳定性。

履行缴存与还款义务的能力不足和意愿缺失，都有可能产生贷后停缴或逾期还款的现象，导

致灵活就业人员自愿缴存住房公积金管理过程中的风险加大，这种风险可称为信用风险。

部分地市的住房公积金管理中心针对信用风险制定了一系列限制性条款，如："自愿缴存人开户或变更缴存基数时，应根据本人近12个月实际平均收入，填报缴存基数，且最低缴存基数不得低于本市最低工资标准，最高缴存基数不得高于上年度本市社会平均工资的3倍"；"自愿缴存人使用公积金贷款时，以借款人和配偶的缴存基数认定家庭收入，若缴存基数高于个税起征点的，应提供个人纳税记录或凭证"。此类条款能够在一定程度上判断识别灵活就业人员的缴存能力和还款能力，对信用风险起到一定的预防和控制作用。

2. 从住房公积金管理角度

灵活就业人员自愿缴存住房公积金的制度体系运行时间只有短短3年，相较于住房公积金强制缴存体系30余年的运行，其资金池的累计量非常小。再加上灵活就业人员参加住房公积金制度的主要目的在于能够获取低息贷款，其相较于单位职工的贷款比例偏高，缴存资金流入的增长远小于使用资金的流出，无形中增加了资金的运行压力，很容易造成资金紧张，加大资金流动性不足的风险。

从归集扩面的角度来说，为了吸引更多人参缴公积金，对于灵活就业人员的缴存标准一般较为宽松，即缴存量少而贷款量多。这样很有可能会造成缴存义务与使用权益的平衡被打破，向使用权益倾斜，从而出现资金流动性不足的问题，甚至发生使用权益不能及时兑现的情况。同时，较宽松的缴存标准也容易使未建制的单位规避建缴责任，这对于单位职工的归集扩面工作是十分不利的，更会影响到灵活就业人员与单位职工在住房公积金资金使用方面的相互协调补充。

部分地市的相关限制性条款有："停缴住房公积金超过3个月（含），账户自动封存，中心不再受理其贷款申请"；"办理了公积金贷款的自愿缴存人，贷款结清前，不能办理个人账户的异地转移业务，不能下调缴存基数"；"自愿缴存人在住房公积金贷款未结清前，如连续满3个月或累计满6个月不履行缴存义务（或不能按期归还住房公积金贷款本息）的，中心有权对其贷款余额部分执行同期商业银行贷款利率、提前收回贷款，直至申请法院强制执行抵押房产"。这些条款在一定程度上对灵活就业人员的缴存和使用进行了有效平衡，降低了资金流动性风险，促进了住房公积金制度良好互助的发展局面。

通过从灵活就业人员角度和住房公积金管理角度对自愿缴存管理中的风险以及为降低风险而制定的相应限制性条款进行分析，可以看出，公权力的介入对于灵活就业人员自愿缴存住房公积金的管理是十分必要的。制定限制性条款，能够有效降低风险，而风险的降低又能够使灵活就业人员更加顺利地使用公积金，即限制性条款实际上是对灵活就业人员使用权利的一种保障。因而，在把控好公权力介入界限的前提下，对灵活就业人员参与住房公积金进行限制性管理，非但不是公权力的滥用，还会对灵活就业人员顺利行使住房公积金的使用权利产生促进作用。

二、自愿缴存管理机制中对公权力的界限把控原则

由于公权力的自我扩张性，行使时把控界限十分重要。从公权力行使的角度分析，灵活就业人员自愿缴存住房公积金管理在实行过程中应当把控好以下两个方面的原则。

（一）遵循法律法规的规定

目前，国家层面对灵活就业人员自愿缴存住房公积金有相关指导意见。但现行《住房公积金管理条例》未对灵活就业人员参与住房公积金制度的规则作出明确指示。因此，出台全国统一的规范性自愿缴存管理制度，是把控公权力界限的首要前提。而基于当前情况，各地市应在不违背《住房公积金管理条例》规定的前提下，对具体制度作出探索性的设计制定。

（二）更加注重对灵活就业人员个人私权利的保护

由于灵活就业人员缴存公积金的资金全部来源于自有资金，因此，在管理中要围绕“自愿”原则，突出和尊重灵活就业人员的财产权利，明确参缴人员对个人住房公积金的支配使用权利，适度降低灵活就业人员参加和退出住房公积金制度的门槛。同时，也要注意保护参缴人员的个人信息安全，重视灵活就业人员个人隐私权。

三、建立规范化自愿缴存管理机制的建议

基于公权力在自愿缴存管理机制中的必要性和界限把控原则，将制度建立的强制性与缴存的自愿性有机结合起来，对建立规范化自愿缴存管理机制提出相关建议。

（一）规范资金运作标准，加强风险防范

1. 设计缴存使用标准

建立使用权益与缴存义务相匹配的阶梯式量化标准。在缴存人可贷款额度与缴存余额、缴存年限互相关联的“存贷挂钩”原则的基础上，加入衡量灵活就业人员信用情况和缴存贡献的评分指标。将指标分数按阶梯式分档，测算指标分数平衡点，各分数段适用相应的使用权益，平衡点以上适度放宽使用权益，平衡点以下适度收紧使用权益。使用权益包括贷款额度计算时，在原有“存贷挂钩”计算规则的基础上，按分档规则增加或减少相应的可贷款额度；提取时按分档规则提高或降低相应的可提取额度。评分越高，可贷款额度越高，可提取额度越高，反之额度降低。

2. 作好资金池管理

由于灵活就业人员缴存群体的资金池规模尚小，短期内必然无法支撑庞大的贷款需求，因此借用强制缴存职工资金池的资金来支持灵活就业人员的资金需求非常必要。这样有利于形成良好的互助效应，提高资金使用效率，保障灵活就业人员的公积金使用权益。

在此基础上，建立双资金池核算模式，强制缴存职工和灵活就业人员这两类缴存群体的资金池分别进行独立核算。这样有利于更加准确地掌握住房公积金资金的流入流出情况以及未来的发展趋势，判断住房公积金制度运行的适用性和稳定性，精准预测资金需求，也有助于防止出现因过度借用导致“挤占”强制缴存职工资金、间接损害强制缴存职工权益的情况。

（二）通过适当的利益引导和政策支持，增加自愿缴存吸引力

1. 缴存补贴设计

结合衡量灵活就业人员信用情况和缴存贡献的评分指标，对符合贷款条件但未申请贷款的自愿缴存人员给予一定的缴存补贴。根据评分指标的阶梯式分档，上浮相应的公积金存款利率，按年度进行结息，从而提高灵活就业人员的缴存意愿以及缴存稳定性，促进公积金缴存资金持续稳

定增长，有助于资金的累积沉淀。

2. 提供税收优惠

按照强制缴存职工享受的公积金税收减免标准，对自愿缴存公积金的灵活就业人员提供税收优惠政策激励，对其住房公积金本息免征个人所得税。充分发挥公权力作用，对个人权利形成保障，进而提高自愿缴存人员的幸福感和获得感，吸引更多的灵活就业人员参与到住房公积金缴存中来。

逐步规范和完善灵活就业人员自愿缴存住房公积金制度，对我国住房公积金制度改革与发展具有重要意义。把控好自愿缴存制度中的公权力行使界限，运用好公权力，充分发挥住房公积金制度优势，更能促进灵活就业人员顺利行使住房公积金的使用权益，从而进一步扩大住房公积金覆盖面，提高住房保障能力，满足人民美好生活的愿景。

灵活就业人员——制度必须覆盖的群体

湖南岳阳　周正斌

灵活就业人员，其基本定义为年满 18 周岁，未到法定退休年龄，具有完全民事行为能力的自由职业者、个体工商户及其雇佣人员以及从事非全日制、临时性和弹性工作人员。对这部分人群的住房公积金缴存，全国正在试点，但不少地方也在作探索性推进。本文以中部某城市相关数据作样本分析，结论为：灵活就业人员——制度必须覆盖的群体。

一、引以警觉的现实状况

自 1999 年开始建立职工住房公积金缴存制度以来，经过了 20 多年的摸爬滚打，住房公积金的建制建缴并不足以引以为傲。

（一）缴存覆盖率低位运行

缴存覆盖率是指已缴存住房公积金的在职职工数与应缴存住房公积金职工数的比例。这是一个衡量建制扩面的重要指标。

从表 1 可看出：一是总体覆盖率偏低。近三年的覆盖率在 22%～27%之间，意味着该市只有不到 1/3 的职工参与了住房公积金缴存。二是提升速度缓慢。2022 年较 2021 年只提高了 1.92%，2023 年较 2022 年只提高了 2.38%。

表 1　某市 2021—2023 年住房公积金缴存覆盖率

年份	2021 年	2022 年	2023 年
住房公积金缴存覆盖率	22.11%	24.03%	26.41%

（二）“体制外”企业建缴举步维艰

这里将机关、事业单位、国有企业、社会团体等缴存单位归为“体制内”，将城镇集体企业、外商投资企业、城镇私营及其他城镇企业、民办非企业单位和其他缴存单位归为“体制外”进行比较。

从表 2 可以看出：缴存账户中，“体制外”比重大大偏低。缴存单位大头依然是“体制内”单位，住房公积金缴存格局没有实现质的变化。

表 2　某市年末缴存职工账户分类占比

年份	2021 年年末	2022 年年末	2023 年年末
“体制内”占比	73.98%	73.49%	72.66%
“体制外”占比	26.02%	26.51%	27.34%
合计	100%	100%	100%

从表 3 可以看出：“体制外”规模以上企业缴存了住房公积金的职工所占比重很低，不及三成。

表 3　某市年末缴存职工占年“四上”单位从业人员比重

年份	2021 年年末	2022 年年末	2023 年年末
占比	21.4%	22.8%	26.6%

（三）灵活就业人员建缴未能实施

灵活就业人员建缴这一事项实际上已规划多年，但因有太多顾虑，一直未能落地。从近三年的归集数据来看，补缴、息转本为年度归集增长贡献了“超级”力量。

从表 4 可以看出，近两年归集总额的增长主要来自“体制内”缴存单位的补缴和息转本。2022 年这一比重为 156%，2023 年进一步提高至 215%。“体制内”缴存单位的补缴终究不会是取之不尽的，必定只会逐年减少，如果不开拓新的增长点，年度归集增长恐怕会放缓。

表 4　某市归集增长的结构型影响

年份		2021 年	2022 年	2023 年
年度归集总额/亿元		47.89	51.88	54.61
其中	1.补缴/亿元	11.31	3.31	2.69
	2.息转本/亿元	2.57	2.91	3.19
$\frac{\text{本年度补缴}+\text{息转本}}{\text{本年度归集总额}-\text{上年度归集总额}}\times 100\%$		—	156%	215%

二、现状的成因探讨

分析住房公积金建制缴存现状的成因，以下三个方面的因素怕是不可回避的。

（一）执法的相对尴尬，使非公企业缴存扩面缓慢而行

国务院《住房公积金管理条例》（以下简称《条例》）明确规定，对不为在职职工缴存住房公积金的单位，可以给予行政处罚和申请法院强制缴存。但在实际工作开展中，执法往往会承受额外的压力，有时还可能被冠以破坏营商环境的帽子而被责难。《条例》施行这么多年，面对不主动为职工缴存住房公积金的非公企业群体，真正硬杠过的没有几家。开展非公企业建制建缴，基本上靠的是宣传政策和上门催建，下的是嘴上和脚上的功夫，力度有限，成效缓慢。

（二）思想上趋于保守，使灵活就业人员缴存议而未行

一是“围城”思维。习惯于盯着建制型单位、企业做文章，而对于灵活就业人员的建缴，认为麻烦会很多，多一事不如少一事，期待外地试水探路后再跟着上。二是风控“魔咒”。对待灵活就业建缴有一个重要的“魔咒”，就是认为这一块必定会是贷款的高风险区。这既有习惯思维作祟，也不排除歧视性眼光作怪。这个思想阻力不搬除，在灵活就业人员建缴上，就有可能放不开手脚。

（三）《条例》约束使业内在创新上缚手难行

《条例》自 2002 年修改后，一直沿用至今，其中对缴存对象的认定，已明显地不适应新时代、新业态。在推进灵活就业人员缴存上，住建部只确定了 6 个城市试点先行。突破《条例》的

框框，抢先而行，作为非试点城市，大多担心有可能受到监管处、审计部门的责难。如果因此被要求来一轮纠偏整改，怕是“画虎不成反类犬”，吃亏不讨好。不变的《条例》约束，成了“挡箭牌”。

三、放手实施时机已成熟

国务院多次就促进就业有关工作作出部署，提出要“取消对灵活就业的不合理限制”。国务院办公厅发布的《关于支持多渠道灵活就业的意见》也明确，要在创业就业、技能培训、劳务市场设立、养老保险缴存等多个方面对灵活就业人员给予帮助和支持。住房公积金作为一项普惠性的政策性金融制度设计，理应在支持灵活就业人员住房消费、促进城市建设和地方经济发展方面作出相应贡献。

（一）多地探索给出了经验

2021年住建部确定的6个试点城市，在缴存方式、缴存额、贷款额度、贷款风险控制等方面都探出了路子。除这6个城市外，还有不少城市在自主先行先试。湖南益阳市2009年就走出了这一步，目前，该市灵活就业人员缴存户有2.47万户，灵活就业人员贷款笔数2.27万笔，贷款额达54亿元，已有了相当规模。大庆市2016年开始实施，目前灵活就业缴存户有4.77万户。作为住建部试点市的常州市有8万户，苏州市有13.7万户。

（二）未来持续发展的新动能

目前“体制内”单位建缴的面和量已达到“天花板”水平，往后大有作为的区块，大概率在非公企业和灵活就业人员两块。

表5的数据表明：2021—2023年间，年度新增缴存人数中有65%左右来自“体制外”这块，而“体制内”只占有35%左右，且主要是因退休补员产生的。

表5　某市年度新增缴存职工账户分类占比统计

年份	2021年	2022年	2023年
“体制内”占比	35.28%	35.72%	39.56%
“体制外”占比	64.72%	64.28%	61.44%
合计	100%	100%	100%

表6的数据表明：缴存人数增长比率“体制外”比“体制内”2022年高11.8%，2023年高8.2%，体现了较好的增长性。

表6　某市年末缴存人数分类增长比较

年份		2021年	2022年	2023年
1	“体制内”缴存人数/人	132736	140928	150004
	年度增长	—	6.1%	6.1%
2	“体制外”缴存人数/人	94224	111037	126962
	年度增长	—	17.8%	14.3%
年末缴存总人数/人		226960	251965	276966

四、基本原则和思路

就灵活就业全面参与住房公积金建制，享受政策红利，提出以下基本原则和思路。

（一）基本原则

缴存自愿、权责对等、需求导向、风险可控。缴存自愿即灵活就业缴存对象自主申请开户，按月缴存（可预缴）。权责对等即灵活就业缴存对象申请住房公积金贷款额度与缴存时间、月缴存额度、缴存账户余额挂钩。需求导向即根据缴存状况和贷款市场发展需要，适时调整政策。风险可控即一方面要力求规避灵活就业人员的逾期风险，另一方面严格控制好资金池的流动性风险。因开展灵活就业人员缴存必定会形成一定的贷款规模，由此会推动贷存比的提升，因此，应把握好75%～80%这个合理关口。

（二）基本思路

1. 对象放宽，推行“1+”

灵活就业缴存对象为：年满18周岁具有完全民事行为能力的公民，且男性未满60周岁、女性未满50周岁；就业并具有合法的经济收入；个人信用良好，自愿遵守住房公积金管理规定，履行缴存义务，承担相应责任。

为设好贷款风控的第一道栅栏，建议申请人存在下列情形之一的，原则上不批准缴存开户：（1）个人信用报告中有连续3次（含3次）或累计6次（含6次）逾期等不良记录的；（2）被社会信用体系建设管理机构公布为失信人员的；（3）存在涉嫌赌博、吸毒等行为的；（4）没有稳定合法收入来源的；（5）其他经调查评估不能批准开户的。

“推行1+”是依据非公企业人员住房公积金建制建缴比例不高、难度不小的现实，在灵活就业人员和非公企业人员之间建立互换通道。在非公企业经多次催建催缴无果的情况下，允许其工作人员以灵活就业人员身份缴存，待其企业建缴后，再转回去。

2. 简捷开户，一证办妥

灵活就业人员缴存住房公积金开户，应签署开户审批表和缴存使用协议。上述限制开户的事项列入开户审批表，审批后可以开户的，凭身份证即可开户，一人一户。缴存使用协议，用于明确双方的权利和义务。业务系统中设“灵活就业人员”窗口，实行网上、窗口同时办理。

3. 按月缴存（可预缴），规范使用

灵活就业人员住房公积金的缴存方式大体有：（1）按月缴存（可预缴）。不低于当地最低月缴存额，不高于最高缴存额。（2）一次性缴存。不低于当地最低月缴存额，不高于年度最高缴存额。（3）自由缴存。单笔缴存金额不低于当地最低月缴存额，单笔缴存金额和每月累计缴存之和不高于一定额度。

按月缴存（可预缴）这一方式是目前的主流模式，简单便捷，操作方便。灵活就业人员住房公积金缴存基数为其月收入，缴存比例为10%～24%，但月缴存额不得低于职工最低缴存标准，不得高于职工最高缴存标准。公积金中心每年公布一次上下限缴存标准，在此范围内自主申报缴存。

提取使用要求与职工住房公积金提取范围要求相同。停缴后的提取可按睡眠账户处理。

贷缴挂钩，“三手”风控。灵活就业人员（包括停缴后再缴的）连续正常缴存住房公积金6个月（含6个月）以上，并提供住房抵押担保的，应该支持其申请住房公积金贷款。为了弱化贷后风险，在实行贷缴挂钩，缴存时间越长、余额越高，贷款额度相对高些的基本操作的前提下，可考虑打好以下“组合拳”：

一是实行最高限额。即按单人缴存最高贷款额和按家庭缴存最高贷款额来控制，灵活就业人员的最高申贷额度应考虑低于在职职工的贷款额度。

二是金银合作。根据灵活就业人员的缴存时长、账户余额、使用频次、个人信用等条件进行综合测算，设计多样化的贷款产品，确定贷款额度。对申贷额度较高的，考虑推荐走组合贷款或银行商贷、公积金中心部分贴息模式，以规避贷后风险。

三是实行月缴可直接对冲还贷。贷后停缴是大家比较关心的问题。研究认为，只要灵活就业人员不是主观刻意来骗贷，实行月缴可直接对冲还贷可较好地解决这一问题。以月缴存额定月还贷额，再根据贷款时间确定贷款额。贷款发放后立马可实行月对冲还贷，灵活就业人员贷后只需按月按时缴存即可。在这点上，建议可设立一个月的逾期“宽容期”，不搞只要出现一次逾期，就取消其月对冲还贷资格，迫使其走停缴还贷之路。当然，可通过签订相关协议形式明确：恶意贷后停缴的，则会实施提前收回贷款、纳入征信惩戒等惩罚性举措，予以震慑。

五、环境营造

（一）加强宣传

加大对灵活就业人员自愿缴存政策的宣传力度，以增强吸引力，增强其自主缴存的积极性。应注重三个方面的宣传，即“一等同一高于一低于”：一是使用便利等同。与缴存住房公积金的职工使用一样便利，无差别。二是缴存利率高于商储。缴存在公积金账户中的公积金全部按年利率1.5%计息，高于商业银行活期利率。三是贷款利息低于商贷。公积金贷款属政策性优惠贷款，利率低于商业银行贷款利率。

（二）政策跟进

一是财政支持。可以在住房公积金的增值收益中列支部分资金，根据灵活就业人员的缴存年限、使用情况等，给予相关补贴。二是税务支持。将灵活就业人员缴存的住房公积金不计入个人所得税的纳税基数，个人提取的住房公积金本息按规定免缴个人所得税。

（三）优化服务

打破以区域城市为中心的格局，加强信息共享建设，大力推进全网通办、“跨省通办”，使灵活就业人员充分感受到住房公积金服务的便利、优质，增强获得感。

贷款管理篇

全面推行“商转公”直转政策分析及对策建议

江西吉安　罗胜基

在当前房地产下行压力不减、各地方经济恢复增长形势复杂的情况下，如何进一步发挥好住房公积金在经济建设中的积极作用，尽量盘活住房公积金资金结余，以促进房地产的健康发展呢？笔者认为，全面推进个人住房商业贷款转住房公积金贷款（以下简称“商转公”贷款），是继异地贷款政策落地后，促进全行业高质量发展的又一关键举措。

一、当前全国住房公积金使用情况预测分析

《全国住房公积金2023年年度报告》显示：全国资金规模（归集余额）已突破了10万亿元，达100589.80亿元。住房公积金总资产规模（不含行业固定资产）与全国所有金融机构比较排第八，在招商银行之后。住房公积金贷款余额为78060.74亿元，全国平均个贷率为77.60%。虽然贷款余额较上年继续增长，但个贷率呈持续下降趋势，以省（直辖市）为单位，全国仅海南省、贵州省、重庆市个贷率超过90%，北京市个贷率为67.29%，上海市个贷率为77.76%，广东省为74.34%。许多大中城市已不再“缺钱”了，2023年年末全国结余资金（沉淀资金）达2.25万亿元，资金闲置巨大。

据公开信息分析，当前全国房地产销售形势和销售价格同比并不乐观，住房公积金贷款业务也有继续下降的可能。2023年全国公积金个贷率同比下降了1.34%，2019至2022年全国个贷率分别是85.48%、85.31%、84.18%、78.94%，与贷款高峰期全国平均个贷率近90%相去甚远。

个贷率下降速度如此之快，除房地产市场因素外，还与资金规模快速增长和机关事业单位大部分职工基本解决了住房问题、贷款回收大幅增长等因素有关。多年来资金规模年增长都在10%以上，2023年同比也增长了8.8%，而贷款余额仅增长了6.96%，全年正常回收贷款就达9633.57亿元，贷款余额增长乏力。

住房公积金行业能有多少资金可供“商转公”贷款使用呢？即便个贷率不继续下降，保持2023年的77.6%水平，2024年归集余额保守按8%增长预测，年末将高达10.86万亿元，会有沉淀资金2.43万亿元，是2018年年末的3倍。

如果高位推动，规定个贷率在90%以下的城市应当开展“商转公”贷款直转业务，理论上全国有1.35万亿元可供应职工“商转公”贷款。按最新年度报告中公布的信息推算出的户均贷款51.43万元计算，该巨额资金又将帮助261.83万户家庭通过“商转公”享受住房公积金低息贷款，这些家庭的商业银行个人住房贷款利率基本在4%以上，而住房公积金贷款利率仅为2.85%，即

便按1%的利差计算，每年也可帮助这些家庭节约贷款利息134.66亿元，10年下来将惠民千亿元以上。

二、全面推进“商转公”贷款直转业务的目的、意义

“商转公”贷款是指缴存职工向住房公积金中心申请将在商业银行的个人住房贷款转为个人住房公积金贷款的业务简称，是住房公积金行业独有的创新业务，有先还后贷和直转两种模式。先还后贷主要是在非合作银行由职工自筹资金先还清商贷再申请公积金贷；直转模式是由住房公积金中心发放新贷款帮助职工提前偿还商业银行的住房贷款，直转模式深受职工欢迎。本文主要谈直转模式的目的、意义。

一是既有利于盘活资金结余，又助力了全国经济发展。住房公积金只能用于面向缴存人发放住房贷款，并无其他更多可直接参与地方经济建设的渠道。而各商业银行投资渠道、支持地方经济的方式更多、更灵活。金融机构大量的信贷资金因为持续支持个人住房贷款被占用，房地产过热时期，央行曾经对各金融机构的住房贷款占总贷款比进行了上限限制，如果不是因经济形势发生巨大变化，这个房地产调控限制措施是不会轻易解除的。通过竞争以“商转公”的形式消化巨额的沉淀资金，用于帮助更多职工降低贷款压力后，因住房公积金“商转公”贷款替代的挤出效应，各金融机构节约出同等的信贷资金指标，会因赢利、考核等因素驱动，寻找新的信贷使用渠道，必然会继续转向实体经济新增发放贷款，既化解了住房公积金使用的局限性，也能曲线实现提高地方经济活力的目的。

二是既有利于降低职工贷款压力，又能体现制度优越性。在当前住房公积金贷款利率优势不够明显的情况下，各金融机构仍然乐于在个人住房贷款方向激烈竞争，有的银行工作人员甚至以各种措施引导购房人选择商贷，以完成新贷款任务，这对住房公积金归集扩面产生了阶段性不利影响，即便已出台灵活就业人员建缴等重大利好政策，各地扩面及贷款增长效果并不明显。而老的商业贷款利率相对较高，已开展“商转公”贷款直转的城市深受群众欢迎，没有开展该业务的城市则经常被群众吐槽或投诉，影响行业形象。“商转公”贷款能直观体现住房公积金低息贷款的竞争力，大幅减轻职工住房贷款压力，形成与金融机构的良性竞争，充分彰显住房公积金制度的优越性。

三是既有利于吸引新缴存职工，又能促进贷款、归集双增长。哪些职工是“商转公”贷款需求群体呢？有的是购房时还没有参与制度，之后进新企业又开户缴存的；有的是购房时公积金贷款额度低不能满足需求的，这尤其在大中城市居多；有的是职工不了解公积金贷款政策匆忙选择商业贷款的；有的是楼盘以各种措施不让职工申请公积金贷款的，如当年的恒大地产；还有的是购房后有机会参与制度的职工或灵活就业人员，如果不能使用公积金贷款，他们就不想参与制度了；等等。解决好这些历史贷款“欠账”需求，同样是对制度“无用论”的实力回应。

四是既有利于提高增值收益率，又增加了地方政府可用财力。在当前各商业银行定期存款利率持续下降的情况下，住房公积金大额定期存款利率已持续低于贷款利率。当前各金融机构信贷资金持续充裕，在全国经济恢复期，这种定期存款低利率状况或会持续一段时间。通过加大发放住房公积金贷款，有利于提高住房公积金保值增值的能力，提高增值收益率，增加投入保障房的

财政能力。

五是既有利于良性竞争，又能确保贷款资金安全。有人认为开展“商转公”贷款增加了贷款风险，恰恰相反，这些在商业银行已经贷款的购房人，一般都持续正常归还贷款有一定年限，其个人信用在贷款前已经过各放款银行仔细调查审核，楼盘真实交易价格也明朗，且超过一定逾期次数是不可申请“商转公”贷款的，如果再设定已经办理了房屋产权证的才可申请转入，更不存在烂尾的风险。所以，只要在不出现经济形势和房地产价格极端风险的情况下，“商转公”贷款风险更小。而“商转公”贷款是职工强烈需求的，是职工与商业银行贷款比较后的明智选择，是制度竞争力和影响力的充分体现。

六是既有利于实现全国扩面“一盘棋”，又能巩固贷款市场竞争地位。在“存贷配比”的正确引导下，合理设定以职工缴存年限长短、缴存余额的一定倍数等享受相应的贷款额度，大量职工将受益。有的职工缴存余额不多或时间较短，或会先在商业银行获取贷款还款一段时间，待条件成熟后再通过“商转公”享受公积金贷款；有的职工购房时公积金贷款额度暂不能满足需求，在还贷一段时间后，剩余贷款接近公积金额度规定的；有的异地缴存职工在公积金资金紧张期不能申请办理住房公积金贷款；等等。在如今各地资金充裕期，这些职工就可享受政策红利。

全面扩大“商转公”贷款人群范围，更多人会主动参与制度，也为住房公积金寻找到新的信贷需求群体，实现资金“用好用足”的目的。2023 年住房公积金个人住房贷款市场占有率为 16.98%，多年来市场占比都在 15%左右，但仍有 85%左右的个人住房贷款是在商业银行发放的，这是一块源源不断的住房公积金扩面和信贷资源地，也说明还有大量职工没有享受到政策红利。在资金紧张时，又可适度收紧甚至阶段性关停“商转公”贷款，采取灵活开关调节是提升制度竞争力的利器。

三、开展“商转公”后的主要风险分析

目前已有部分城市开通了“商转公”贷款直转新业务，有的还在研究层面，对开展该业务还有一定顾虑。下面来分析一下可能存在的风险情况。

（1）资金流动性不足可能带来的风险。资金需求主要会受城市差异和宣传推广效果好坏以及短期需求急增、存贷配比等需求的影响。辖区越大、以前贷款额度越不能满足职工需求的城市，其需求群体市场越大，各地的市场需求影响大小难预测些，所以开通该新政策对资金流动性不足的风险依然存在。

（2）房地产市场下行可能带来的风险。当前经济增长压力下，群众对购房持观望态度，房地产价格或还有下降趋势，在价格可控范围通过“商转公”进入公积金贷款的房产风险不大，但后期如果出现资产价格缩水的极端情况，还是可能存在风险隐患。或者审批贷款时不严，房价实际下跌超过贷款申请额度而不知等，都有可能带来新风险。

（3）短期需求过大可能对定期存款利息损益的影响。如果在一段时期内贷款需求过度集中，会产生资金周转压力，如果历史定期存款到期循环安排不理想，被迫通过提前支取定期存款应对资金流动性需求，则可能会有部分定期存款发生利息损失的风险。

（4）贷款质量可能下降的风险。虽然“商转公”贷款经过了商业银行一段时间的还款检验，但可能吸引灵活就业人员等新开户的人员，其收入稳定性与单位职工缴存群体还是有一定差异的，且贷款时间跨度长，该群体的贷款回收稳定性还是存在不可预测因素的。

（5）操作层面不规范的风险。主要涉及金融机构、不动产管理部门的操作风险，各部门不按闭环管理规范操作造成的风险，比如合作金融机构或不动产部门工作人员不按操作流程协议办理，责任不清，可能造成资金或抵押物风险。

四、主要风险防范措施和稳步推进办法

（1）建立阈值管理。为防止资金阶段性流动风险，可以制定一整套有序开、关运行机制。比如江西省在《2022 年住房公积金工作要点》（赣建金〔2022〕2 号）中明确规定：个贷率低于 90%开通个人商业性住房贷款转为住房公积金贷款业务。吉安市已断断续续实施了将近十年，深受当地职工欢迎，2018 至 2022 年 7 月前因个贷率持续高于 90%而停办，2022 年 8 月恢复至今已受理“商转公”贷款 23.76 亿元，占同期发放贷款额的 40%以上，目前没有因该业务而产生新风险。其流动性风控的主要做法是管委会授权当个贷率高于 90%时的第二个月暂停受理该业务，未受理的全部进入轮候状态，只作需求登记；低于 90%时的第二个月自动重启受理。

（2）建立预备轮候措施。为了确保政策执行的相对稳定，对达到规定个贷率比例上限的城市，可实行“商转公”申请轮候制度，待达到“商转公”开通条件后，再通知借款人按轮候顺序有序恢复发放，进行有序调节。

（3）合理调配资金流动性。住房公积金制度的根本目的是互助使用，城市中心尽量提高贷款额度，特别是要大幅提高职工首套房首次使用的额度需求，在基本保证新购房者贷款需求后，个贷率还低于 90%的城市，原则上应当开展该业务，展现住房公积金制度的担当和吸引力。有条件的城市还可以适当降低开通条件，但当地个贷率超过 95%时不宜开放，过高的阈值关停无法保障其他业务的资金需求。同时要根据资金需求情况、房地产市场变化情况尽量预测资金需求量、需求期，谋划好当期定期存款期限和到期区间，将每笔定期存款额度适当化小或采取大额存单可部分提前支用的方式，或可放慢“商转公”贷款放款节奏，尽量避免发生提前提取定期存款应对流动性的情况。

（4）加强规范操作推广。高位推动，充分总结全国已经开展了“商转公”贷款直转模式的城市中心的好经验，挑选大、中、小城市中心有代表性的好操作模式进行全国推广。

以当前各级政府重视化解房地产风险为契机，充分理顺快捷办理流程，尽量避免把简单问题复杂化。城市中心应与各合作银行签订协议，明确操作责任，建立与各银行间的“商转公”贷款业务合作机制，建立资金专户安全闭环操作流程，与不动产管理机构协定顺位抵押流程，持续加强贷款审批风险把控管理，发现风险隐患及时上报处理，进一步提高风险防范应对能力。

重启住房公积金“商转公”业务的思考与研究

河北邢台　岳　伟

住房公积金制度作为我国社会保障体系的重要组成部分，对于提高个人住房消费能力、促进房地产市场发展、稳定房地产供给具有重要的现实意义。近年来，随着经济社会发展的形势变化、住房公积金制度的不断发展及房地产市场供求关系的转变，商业性住房贷款转住房公积金贷款（以下简称“商转公”）需求持续增长。因此，重启“商转公”业务具有重要的现实意义。

一、重启“商转公”业务的背景及现状

（一）“商转公”需求情况

“商转公”是指符合住房公积金个人住房贷款条件的缴存职工，将已经办理且尚未结清的商业贷款转为住房公积金贷款。早在2015年，河北省各市就已开办了“商转公”业务，取得了良好成效。2017年，为了促进房地产市场平稳健康发展、控制房价上涨过快、抑制房地产泡沫，各市停止了“商转公”业务。近年来，在全面下调住房公积金贷款利率的背景下，商贷和公积金贷款存在较大的利率差，同时，随着城镇居民可支配收入增速放缓，“商转公”需求持续增长。

“商转公”需求职工增多。从“商转公”的受众群体来看，部分职工所在单位未及时建立公积金制度，购房时未能申请公积金贷款转而申请了商业贷款；还有部分职工因购房时公积金贷款额度无法满足购房需求，选择通过商业贷款方式缓解购房压力。随着近几年归集扩面逐步深入，公积金制度覆盖面进一步扩大，且针对自由职业者出台了灵活就业人员缴存办法，使得原来未能申请公积金贷款转而申请商业贷款的职工办理“商转公”的需求增加。

“商转公”需求意愿增强。根据河北省统计数据，2022年邢台市商品房平均销售价格为6006元/m^2，而非私营单位就业人均工资为6227元/月，月平均工资基本等于1 m^2房价，职工购房压力较大。根据邢台市住房公积金贷款数据分析，住房消费类提取占比近年来持续攀升，2023年达六成以上，其中偿还房贷提取占住房消费类提取的八成以上，由此可见，按揭贷款购房是市场购买者的主要消费方式。2023年10月、2024年5月中国人民银行两次下调住房公积金贷款利率，住房公积金贷款较商业个人住房贷款利率更优惠。受当前经济社会形势影响，购房群众“商转公”诉求意愿持续增强，大量缴存职工迫切希望把存量商业住房贷款转为低息的住房公积金贷款。

（二）“商转公”办理模式

2023年以来，全国已有重庆、哈尔滨、长沙、苏州等多个城市重启“商转公”业务。2024年河北省石家庄、唐山、张家口市也陆续实施“商转公”政策。经过对多个地市的深入调研，总结出当前“商转公”实践中普遍采用的三种主要模式。

（1）先还后贷模式。该模式是以往传统的“商转公”办理方式，借款人需自筹资金结清原商业银行贷款本息，解除银行抵押后，再按照住房公积金贷款流程，获得住房公积金贷款。该模

式下职工自筹资金压力较大，目前河北省唐山市采用此模式办理“商转公”业务。

（2）以贷冲贷模式。公积金中心和原商贷银行协作，对借款人已取得不动产权属证书的，通过顺位抵押方式落实担保后，将“商转公”贷款资金划入原商贷银行指定账户冲抵原商业贷款余额。此模式减轻了职工自筹资金压力，省去了还款及解押环节，但需要当地不动产部门和商业银行的支持，适用于特定区域和银行。目前河北省石家庄市和张家口市支持按此模式办理“商转公”业务。

（3）部分置换模式。借款人无须自筹资金结清原商贷余额，公积金中心和原商贷银行协作，将“商转公”贷款资金划入原商贷银行指定账户偿还（置换）部分原商贷，剩余部分商贷继续保留，形成借款申请人“组合贷款”，即“商转组”模式。此模式同样需要商业银行支持。目前河北省各地市均未采用该模式开展“商转公”业务。

二、面临的挑战及问题

“商转公”在提高公积金使用效率的同时，直接减少了已购房家庭的贷款利息支出，降低了购房成本，进而修复了市场预期，同时在一定程度上也有利于释放居民消费潜力。但在实际操作过程中，仍存在自筹资金难、办理流程复杂、风险防控要求高、资金流动性管理压力大等亟须解决的问题。

（一）自筹资金压力较大

一方面，在“先还后贷”的模式下，购房职工需要先自行筹集资金还清原商业贷款；另一方面，由于住房公积金贷款最高贷款额度限制，部分职工原商业贷款金额较大，超过了公积金可贷额度，无法全额置换公积金贷款，借款人需自行补足差额结清原商业贷款。在当前经济环境下，职工收入减少，自筹资金难度增加，对于许多职工来说是一个不小的经济负担。

（二）办理流程较为复杂

“商转公”的办理流程通常较为烦琐，涉及多个部门的协调和审批，如住房公积金管理中心、商业银行、不动产登记中心等。尤其在“先还后贷”模式下，职工需先向银行申请提前还款、自筹资金结清、办理解除抵押，再按照住房公积金贷款流程申请“商转公”、签订借款合同、办理抵押登记、发放贷款资金。职工需要在不同机构之间往返，耗费大量时间和精力，部分购房者可能因为办理流程烦琐而放弃置换贷款。

（三）风险控制要求较高

“商转公”涉及公积金中心、商业银行及借款人等多方利益，且办理流程较普通住房公积金贷款更为复杂，对住房公积金管理机构的风险控制能力要求较高。公积金管理中心需要加强对贷款风险的评估和控制，制定清晰、高效的转贷流程，减少不必要的中间环节，确保在业务办理全流程各环节无缝连接，保障贷款资金的安全。

（四）资金流动性管理难度增加

河北省自 2017 年停办“商转公”以来，形成了较大的“商转公”资金需求，全面开展该业务可能会对资金流动性造成影响。公积金管理中心需要加强资金统筹管理，确保在满足日常提取和贷款需求的基础上，合理安排资金来支持“商转公”业务，保障各项业务平稳运行。

三、对策建议

（一）灵活“商转公”办理模式，减少职工筹资压力

推广以贷冲贷和部分置换模式，在此两种模式下，职工无须自筹资金结清原商业贷款，就可以有效解决职工筹资问题。一是研究探索顺位抵押。积极与市不动产中心沟通，对已取得不动产权证书的住房进行“顺位抵押”，破解房产二次抵押技术难题。二是实现以贷冲贷。协调各商业银行同意开展“商转公”业务并开设过渡账户，用于接收缴存人住房公积金贷款款项，解决贷款资金不得直接划入借款人账户的政策瓶颈，实现“商转公”贷款资金冲抵原商业贷款余额。三是灵活选择办理模式。在确定借款人符合“商转公”条件、办理房产顺位抵押登记后，公积金管理中心将公积金贷款资金转入原商贷银行过渡账户，用以偿还原商业贷款。借款人可以选择以贷冲贷模式，只需偿还差额部分结清商业贷款；也可以选择“商转组”模式，继续保留剩余部分商贷，形成“组合贷款”，有效解决缴存职工商业性住房按揭贷款余额较大、筹钱还贷难的问题。

（二）强化风险控制，优化业务流程

一是强化与商业银行的沟通合作。与合作商业银行签订个人住房贷款“商转公”业务合作协议书，重点对相关配合工作、抵押登记注销、贷款资金划转、抵押担保等进行协议约定，保障业务顺利开展。二是确保顺位抵押担保落实。在维持原商业个人住房贷款抵押登记不变的情况下，办理房屋抵押登记手续，明确公积金中心为第二顺位抵押权人，并与商业银行约定，该套房屋抵押权只能用于该套房屋按揭贷款，不得用于其他任何形式的贷款或债务担保，以确保抵押权的使用具有明确的指向性和唯一性，保障各方的合法权益。三是升级业务系统功能。及时完善“商转公”业务模块功能，对照业务流程，全面梳理业务系统中涉及流程的关键控制点，制定业务系统工作流程，增强业务系统的审核控制及操作性约束功能，强控业务风险，确保资金安全。

（三）加强业务宣传培训，提升服务质效

一是通过公积金中心官网、微信公众号等渠道，主动将办理“商转公”业务所需的申请材料及办理流程告知缴存职工，减少职工跑办次数，同步加强政策解读宣传。二是适时组织召开业务推进会，针对业务办理过程中出现的难点和堵点问题，共同商讨解决对策，确保业务正常稳定开展，满足缴存职工合理住房需求。三是持续完善政策及流程，积极与不动产登记中心及合作金融机构进行对接沟通，解决“商转公”业务操作中的难点问题，让风险最小化、流程标准化、操作简便化。

（四）提升资金监管效能，确保业务安全运行

一是根据个贷率实施动态启停机制。公积金中心个贷率连续三个月高于85%（含）时，暂停受理“商转公”业务；个贷率连续三个月低于85%时，恢复受理“商转公”业务。通过动态启停机制，有效防范资金流动性风险。二是推行预约申请制。为避免“商转公”业务开展初期的“堰塞湖”现象，可实施网上预约制，缴存职工可通过公积金中心微信公众号，在注册并登录后进行实名制预约，有效节约办事群众时间成本。三是动态调整政策适用范围。采取分批实施、逐步解决的方法，优先解决群众最迫切需要解决的实际问题，再结合政策实施情况、资金运用情况以及群众意见建议，不断放宽“商转公”的申请条件，让发展成果更多、更公平地惠及广大缴存职工。

探索贷款项目全生命周期管理　稳健应对房地产市场外溢风险

河北邢台　邢　云

面对房地产市场新定调与深度调整的背景，本文从防范住房公积金贷款项目风险的角度出发，通过深入了解市场现状，总结了住房公积金行业面临的挑战，并着重强调项目全生命周期管理在防范风险中的重要性，提出了相应的改进措施和管理新模式，为贷款资金安全提供坚强保障，以期促进房地产市场的平稳健康发展。

一、房地产市场风险分析

2023 年以来，国家对房地产市场重新定调，要求持续防范化解包括房地产在内的重点领域风险，以适应我国房地产市场供求关系发生重大变化的新形势，促进房地产市场平稳健康发展。

（一）目前市场存在的风险

我国房地产市场在经历了快速发展的长周期后，正在进行重大转型并寻找新的均衡点。在这一过程中，部分房地产企业长期采用"高杠杆、高负债、高周转"的经营模式，资产负债快速扩张，叠加近几年房地产市场政策调整、供求关系变化等，以恒大为代表的企业风险显性化并向行业扩散。随着市场环境继续变化，房地产企业可能会面临市场泡沫、资金链断裂、项目烂尾等一系列问题和风险。

（二）风险外溢会造成的影响

一是影响宏观经济发展。房地产业是国民经济的重要组成部分，其产业链长，涉及建材、冶金、装饰装修、电器、家具等与房地产市场关联性巨大的产业，房地产市场变化、房价波动容易使风险在不同产业间传递。二是影响房地产市场健康发展。行业发展不均衡、土地出让难造成地方财政收入减少，房价波动影响居民财富水平，使其失去投资信心，这些因素反作用于房地产市场后，严重影响着行业的稳定性和健康发展。三是影响金融体系稳定。房地产市场与金融体系紧密相连，市场不稳定会导致不良贷款增加，进而影响金融稳定。例如在宏观经济指标向好时期往往采取宽松的金融政策，导致房贷市场规模迅速扩大，房价飙升；而当经济下行压力增大时，可能会收缩房贷存量，导致房企资金短缺，出现项目烂尾、贷款回收困难的情况，从而影响金融体系的稳定性和可持续性。

二、住房公积金行业现状分析

（一）行业规模及面临的挑战

住房公积金作为一项重要的住房保障制度，在房地产市场中调节资金供应、平衡市场供需、促进住房消费、改善民生需求等方面的作用越来越明显，贷款规模逐年扩大且日益增长。有数据显示，截至 2023 年年末，我国公积金贷款余额约 7.8 万亿元，占存量住房贷款 46.1 万亿元的 17%。

但发展永远与风险并存，在个别项目已经出现停工烂尾的情况，在“保交楼”等外力暂不能提供有效支持的情况下，如何通过加强自身管理应对行业风险显得尤为重要。

（二）项目管理上存在的不足

一是项目准入时风险识别能力弱，容易埋下风险隐患。由于管理人员缺乏专业的知识和经验，对收集到的信息只能进行表面分析，无法将数据信息与企业真实经营状况有效整合，例如不能识别财务报表中的一些重要数据可能失真的情况，从而影响项目风险判定。

二是项目风险评估时方法单一，缺乏灵活性。评估项目风险时，过度依赖传统的指标分析方法，如开发企业财务报表“三道红线”、征信报告上的逾期记录等指标，而不考虑政策调整、市场变化、利率波动等这种难以在财务指标上体现的可能面临的潜在因素；再比如企业存在高额民间借贷、大额临期债务的，单一的评估方法不能根据实时利率变化来调整风险评判标准，从而带来潜在风险。

三是项目管理中信息获取不对称和滞后导致风险很难被发现。项目准入后，由于一些关键信息无法准确、及时地获取，经常形成被动处理问题的局面。例如在日常管理中，项目真实施工状况、资金的具体流向和使用效率、企业的真实经营状态等被故意隐瞒或延迟传递，导致无法作出有效预判、采取应对措施，而错过最佳的预防和控制时机，也增加了解决问题的难度和成本。

四是风险处理上缺乏专业经验导致应对措施少。目前只有扣划保证金和处置抵押物两种处理逾期贷款的手段，但贷款额5%比例的保证金杯水车薪，抵押物处置变现的成功率也并不理想，两种方法在应对集中爆发的断供时显得捉襟见肘。

五是日常管理措施落实不到位导致新风险被忽视。大多只关注项目准入时的静态状况，而不能持续跟踪准入后的信息，往往忽视开发企业、楼盘项目出现的新变化以及由此带来的新风险。

三、应对措施

为有效规避贷款项目产生风险，保持行业稳定和资金安全，针对项目管理的不同时期实施“三个盯紧”，以求对项目实施全生命周期管理。

（一）盯紧项目准入“第一关”

项目准入作为第一关，能否看紧风险的大门，作用至关重要。一是加强人员培训，定期组织相关人员参加专业知识培训，开展案例分析，提升其风险识别能力。二是建立数据挖掘机制，明确信息查询途径，将收集到的信息与企业真实经营状况进行深度整合和挖掘，设置数据监测和预警系统，及时发现财务报表中可能存在的失真数据。三是建立集体风险评估机制，成立专门的风险评估小组，定期对潜在因素进行分析和评估。四是制定灵活的风险评判标准，根据实时利率变化及其他市场动态因素，及时调整企业存在高额民间借贷、大额临期债务等情况的风险评判标准。

（二）盯紧日常管理“常态化”

一是优化信息获取渠道，建立与项目相关各方的有效沟通机制，确保关键信息能够准确、及时传递。利用实时信息共享平台，对企业经营状态等信息进行实时更新。二是增强跨部门协作和经验积累，组织跨部门的风险应对研讨会，分享经验和教训，共同制定多样化的风险应对措施。

同时，建立风险应对案例库，供相关人员对照参考。三是持续跟踪与动态管理，建立项目准入后的持续跟踪制度，对开发企业、楼盘项目进行定期的动态评估，及时发现新变化和新风险，并明确相应的应对策略。四是建立项目年检机制，每年利用一个月时间对合作项目的参数指标测评打分，根据得分情况划分风险等级后进行分级管理。其中，低风险项目可以在贷款办理、保证金解付等方面享受更宽松的贷款政策；中风险和中高风险项目在楼盘备案、项目续签、保证金解付等方面受到限制；高风险项目将采取中止贷款发放的退出措施，以确保后续资金安全。同时，利用年检结果推进抵押落实力度，推进“以放促押”新举措，对低风险的项目，通过释放一定比例的保证金，鼓励开发企业尽快办理抵押手续，以提高整体抵押率。

（三）盯紧项目安全“责任状”

抓好项目管理，必须做到守土有责、守土负责、守土尽责。一是强调管理部在项目管理上的主体责任，进一步提高政治站位，做到风险防范与业务工作一体谋划、统筹推进。二是明确责任分工，按照“管理部具体负责、信贷管理部门严格监督、各部门紧密协作、主管领导重点包联”的原则，压紧压实各方责任，形成工作合力。三是落实责任追究制度，定期开展职责落实情况的总结和反思，不断优化管理措施和流程，持续提升职责落实的效果。对未认真落实职责导致不良后果的，严格按照规定进行通报批评、提醒谈话等问责和惩处。

公积金中心开展法拍贷业务的研究探索

广西河池　肖先乐

本文主要基于我国法拍市场发展现状和住宅拍卖情况，阐明公积金中心开展法拍贷业务的意义，并对开展法拍贷业务过程中可能面临的问题和风险点进行分析，有针对性地提出相关建议和解决办法。

一、背景描述

（一）法拍市场现状

近年来，受新冠疫情冲击、经济增长放缓和就业形势不稳定影响，部分借款人无法按时偿还房贷，导致房屋被银行或其他金融机构拍卖的情形增多。自 2017 年司法处置全面推广网上拍卖以来，线上法拍交易市场关注度走高，法拍房逐步进入大众视野。根据中指研究院发布的 2023 年全国法拍市场监测报告显示，2023 年全国法拍住宅房源挂拍 38.9 万套，同比 2022 年的 27.2 万套增长 43.01%；2023 年成交 9.9 万套，同比 2022 年的 8.4 万套增长 17.85%。全国法拍住宅房源的数量和成交情况反映了市场的动态与变迁，法拍市场正逐渐释放其潜能，成为房地产市场的一股新生力量。随着大众对法拍市场认知度的提升和信息流通的优化，预计法拍市场将在房地产市场中扮演越来越重要的角色，迎来更广阔的发展空间。

（二）公积金中心开展法拍贷业务的意义

传统的司法拍卖，竞拍人需向法院一次性全额缴纳购房款，虽然法拍房的价格很有吸引力，但对大部分普通市民来说经济压力相对较大。法拍贷业务是针对司法拍卖房产推出的贷款业务，旨在为参与司法拍卖的竞买人提供资金渠道，降低融资成本，减少因资金不足而导致的司法拍卖流拍现象的发生。公积金中心通过开展法拍贷业务介入司法拍卖程序，打破了之前购房人需全款完成房屋拍卖并过户后再申请住房公积金贷款的传统模式，仅支付首付即可通过公积金贷款完成法拍房的司法拍卖交易，为购房人开辟了一条购买法拍房的高效便捷绿色通道。一是解决竞买人的资金难题。通过法拍贷业务，竞买人可以在竞拍成功后获得贷款，有效缓解了竞拍人的付款压力，解决了他们因资金不足而无法参与司法拍卖的问题。二是提高了司法拍卖效率。通过降低法拍房制度性交易成本，降低了普通群众参与司法拍卖的门槛，有助于更多人参与到司法拍卖中来，从而扩大竞买人的范围，提高司法拍卖的成交率和溢价率，有效化解执行变现难的问题，实现买受人、当事人、法院、公积金中心多方共赢的效果。三是创新司法金融服务模式。法拍贷业务的开展是公积金中心与法院深度合作的创新之举，有助于各方充分发挥专业优势。公积金中心通过提供法拍贷服务介入司法拍卖程序，打通了司法拍卖的“最后一公里”，为竞买人提供了丰富优质的金融服务。四是法拍贷业务的开展能满足缴存人更多样化的贷款需求，进一步扩大了公积金中心的贷款业务范围，增加了贷款额度，有效提高了房地产市场的流动性，促进了房地产市场生态的良性循环。

二、公积金中心开展法拍贷业务面临的潜在问题和风险

公积金法拍贷业务最早可追溯至2023年。2023年11月，江苏省高级人民法院、江苏省住房和城乡建设厅、中国人民银行江苏省分行共同制定《关于做好住房公积金个人住房贷款购买法拍房业务的实施意见》，对符合公积金个人住房贷款条件的法拍房买受人，可在未付清全款前办理公积金个人住房贷款。目前，公积金法拍贷业务的开展仍处于小范围起步阶段，在全面铺开之前，其面临的潜在问题和风险仍值得进一步研究探索。

（一）法拍房市场需求潜力仍未得到充分释放

根据中指研究院发布的2023年全国法拍市场监测报告显示，2022年和2023年全国法拍住宅房源成交套数占挂拍套数的比例分别为30.88%和25.45%，成交率仍处于一个较低水平，侧面反映了法拍市场参与度和活力不够，需求潜力有待进一步释放。主要原因是尽管法拍房低于市场的价格吸引了众多意向买家，但因其本身存在的隐性风险较多，再加上需要一次性付款，这就导致很多意向竞买人持观望态度。

（二）贷款发放超时风险

法拍房有限定的尾款支付时间，而法拍贷涉及多个环节及多方配合，任何一个环节的疏忽都可能会影响贷款发放，如果贷款发放超时造成司法拍卖尾款逾期，竞拍者将会面临因尾款无法及时交付被罚以没收保证金之困境，公积金中心前期所做的工作也将付诸东流。因此，如何确保在限定时间内发放贷款是业务开展中需要重点关注的问题，尤其是对于那些审批环节多、流程长，或资金流动性紧张需要轮候放款的地方来说，开展法拍贷业务需审慎考量规避风险。

（三）潜在投诉风险

通常来说，有意向申请公积金贷款的竞拍人，一般会在竞拍前到公积金中心进行咨询，如是否符合贷款条件、可贷额度等。因法拍房信息相较于普通二手房来说更为复杂，公积金中心想在短时间内获取全面、准确的信息难度较大，前期咨询时很有可能会疏漏一些关键信息，导致竞拍人竞得成功后贷款却不通过；由于法拍房的特殊性质，合理评估抵押物价值和确定贷款额度具有一定挑战性，也可能会出现抵押价值评估误差导致最终贷款额度减少，不足以支付法拍尾款的情况。总之，最终结果如与事先咨询不符，竞拍人很可能会产生不满情绪，甚至引发投诉事件。

（四）抵押落实风险

传统的司法拍卖流程中，通常是竞拍人付清拍卖款项后，法院出具相关司法文书，竞买人才能凭此办理房产权属转移等相关手续，如果以公积金贷款支付竞拍尾款，此时房屋尚未办理过户，公积金中心的抵押手续实际尚未落实，这意味着在发放贷款后至房屋过户办理正式抵押前这一期间，公积金中心对该笔住房贷款处于抵押落空的状态，作为放款方的公积金中心并不享有优先受偿权，这一优先权的丧失会给公积金中心带来极大的风险隐患。

（五）司法程序风险

司法拍卖程序中的法律瑕疵可能影响到公积金中心贷款的安全性，例如执行异议、执行回转

等。一旦在贷款发放后出现此类问题，尽管法律上有明确的责任划分规定，但在实际操作中，贷款资金后续的回收将会存在诸多不确定性。

三、相关建议和解决办法

（一）加大宣传力度，扩大市场参与度

公积金中心、法院、助拍机构等要加强多方合作，充分利用引流较高的线上方式，与线下协同联动宣传，提升公积金法拍贷政策的知晓率，改变以往公众对于法拍房必须一次性付款的片面认识。同时，法院拍卖公告中要增加法拍贷业务操作全流程的介绍，进一步完善竞买人须知、风险提示等相关内容，切实减少竞买人顾虑，让更多潜在竞买者参与到法拍市场中来。

（二）加强建章立制，畅通服务流程

一是建立健全相关法律法规和制度体系，公积金中心可以联合法院出台关于规范法拍贷业务的相关政策文件，明确各方责任和权益，让工作有章可循，确保业务开展过程中的各个环节畅通，缩短流程耗用的时间，以便符合条件的竞买人能够及时获得贷款支持。二是公积金中心可适当制定差异化信贷政策，为法拍贷放款开通绿色通道，对于资金流动性紧张的地方，如果法拍房尾款支付时间已到但仍未轮候到放款的，公积金中心也可以考虑发放贴息贷款，确保在法律规定的付款期限之前完成贷款发放。

（三）完善审核机制，提升服务质量

一是引入预审机制，将贷款服务前置，即竞买人参与拍卖前，持相关资料至公积金中心进行预审，核定最高可贷额度，结合竞买人的自有资金情况，推算其在拍卖时可出价的最高额。二是建立完善的尽职调查体系，加强对拍卖房源的背景调查，充分了解相关信息，合理审慎地评估抵押物价值。三是加强审核把关，针对审核要点、内部流转和审核岗位设置等问题，进一步明确工作细节，规范流程步骤。

（四）探索合作机制，创新放款模式

一是引入担保杜绝风险。在竞买人竞拍成功后，由公积金中心先行发放竞拍尾款，在贷款发放至正式取得抵押权期间，由第三方担保公司为借款人提供阶段性担保服务。二是延缓分配执行款项。公积金贷款资金转入法院执行账户后，暂由法院监管，法院协助办理过户抵押相关手续，待公积金中心正式取得抵押权后，再进行执行款项的分配处理，若抵押无法落实则由法院将贷款资金原路退回公积金中心。三是建立承诺放款机制。参照江苏省法拍贷的贷款发放模式，公积金中心受理审批法拍贷业务后向法院出具同意贷款承诺证明，法院根据承诺出具司法文书，公积金中心正式取得抵押权后发放贷款。

（五）规范权力行使，确保司法公正

法院要坚持严格依法裁判原则，要以事实为根据，以法律为准绳，严把案件事实关、程序关、法律适用关。同时，要严格筛选司法人员，确保其具备专业的法律知识和良好的职业素养，坚持加强司法人员培训，不断提高其执法水平和风险意识，确保司法活动有法可依、做到规范行权。

探索差异化业务设计满足多元化贷款需求

天津　史　茜

当前，租购并举住房制度加快建立，我国灵活就业和新就业形态蓬勃发展，使用住房公积金贷款解决住房问题的需求呈现多元化，这给住房公积金贷款提出了新的课题。应通过差异化的业务设计，统筹兼顾规范管理和精准服务，满足不同群体不同阶段的差异化需求。

一、多元化需求提出的新课题

（一）灵活就业群体贷款需求强烈，制度覆盖进退两难

据最新统计数据显示，截至2023年年底，全国灵活就业人员已经超过2亿人，其中以个体工商户和自有职业者为主，行业分布主要是服务业、文化创意产业和互联网行业，灵活就业者平均年龄在30岁左右。灵活就业人员作为新就业形态劳动者，使用住房公积金贷款解决住房问题的需求较为强烈。住建部也积极倡导、鼓励各地就灵活就业人员建立住房公积金制度进行探索和尝试。但是，灵活就业人员流动性大，相对而言，收入也缺乏稳定性。贷款还款的意愿和能力与传统就业形式职工相比，存在更大的风险隐患。部分管理中心统计数据也显示，当地个人贷款逾期中八成以上为灵活就业人员。因此在缺乏针对性风险防控手段的情况下，灵活就业人员缴存住房公积金并贷款让住房公积金管理中心望而却步。这就需要针对灵活就业人员特征，制定差异化、有针对性的贷款政策和管理措施，其中包括责权对等方式、风险防控工具等。

（二）新市民“商转公”诉求集中，风险积聚爱莫能助

新市民置业安家的需求较强，但这部分群体往往由于参加工作时间短、住房公积金缴存时间不足或余额较少等原因，首套住房只能选择商业银行个人住房贷款。随着住房公积金缴存积累，为了降低还贷资金压力，很多职工提出商业住房贷款转为公积金贷款的需求。但是“商转公”业务对于住房公积金管理以及住房金融行业的健康发展均会造成一定干扰。一方面对存量贷款的转换会直接影响住房公积金的资金流动性，降低对新增住房消费的支持能力；同时也会引发较为集中的商业贷款提前还款潮，影响正常的金融秩序。另一方面由于商业银行贷款和住房公积金贷款的审核发放标准存在较大差异，因此直接转换存在较多的操作难点，也存在规避房地产调控政策之嫌。如何使住房公积金缴存职工充分享有低息贷款权益，同时保持住房贷款领域的健康平稳发展，是一个需要科学设计、精准发力的研究课题。

（三）青年人“租购衔接”成主流，为贷弃取无奈之举

目前大量青年人选择先租房后买房，在租房阶段逐步完成购买住房所需的资金储备。住房公积金贷款是这部分缴存群体的首选，但是贷款额度与其住房公积金账户余额正相关，最高倍数为20倍，按照最高额度政策需要账户余额不少于4万元。因此，部分职工为了能够在若干年后享受高额度的贷款支持，在租房阶段选择放弃租房提取以实现余额积累。如何在租房提取和贷款购房

之间形成良好的衔接，打消缴存人在租与购之间的无奈取舍，是当前摆在住房公积金使用业务设计方面的一个新课题。

（四）“新金融”深刻影响消费行为，信用风险过度焦虑

当前个人消费金融产品快速迭代，新金融产品层出不穷，小额消费贷款出现在住房公积金贷款申请人的征信报告中已经成为常态，但这直接影响了住房贷款审核时对于借款人偿债能力的评估。按照住房公积金贷款对资金安全的风险偏好，往往一些负有消费信贷债务的缴存人不能获得住房贷款的支持。如何更加精准地评估借款人对住房公积金贷款的偿还能力，细分其他负债对住房公积金贷款回收安全的影响，避免因过度焦虑而“一刀切”地将这部分缴存人拒之门外，这就需要研究按照风险等级进行差异化贷款审核的新模式。

二、单一化贷款产品的局限性

（一）同样的贷款条件，制度受益面和公平性受限

目前住房公积金贷款遵循“先存后贷”的基本原则，缴存一定期限是申请住房公积金贷款的首要条件。在贷款审批时，需评估申请人的缴存时长，而一些新市民、新参加工作的青年人群体，置业安家的需求强烈，却往往因为缴存时间不足或缴存积累过少导致贷款额度偏低，而不得不放弃住房公积金贷款。

为了解决这一问题，目前行业内把贷款的缴存期限要求一般设置为 6 个月，但这引发了另外的问题，如一些灵活就业人员通过挂靠单位进行短期缴存后而获得相对高额的住房公积金贷款，随后便停止缴存，其缴存义务的积累过低，而贷款收益较大，存贷挂钩机制出现失衡，影响了住房公积金制度的互助本质和公平性。

（二）同样的额度上限，对长期稳定缴存鼓励作用不显著

目前对于借款人贷款额度计算的核定方式为，取还贷收入比、房价成数、余额倍数和贷款最高限额 4 个条件算出的最小值，除多子女家庭首套住房贷款外均为 80 万元上限，不按缴存时长区分可贷额度，与累计缴存情况以及缴存贡献弱相关。按照目前最高可贷额度 80 万元计算，按余额倍数计算贷款额度的方法反算，余额 4 万元则可贷满最高额度，一般职工平均 2～3 年即可满足余额要求，月缴额高的甚至不需要 2 年。上述政策下，连续缴存 10 年甚至更长的缴存人，在住房公积金贷款的权益上，往往和刚刚开始缴存的职工相同。

在上述问题上，同行业在进行积极的探索。如山西省大同公积金中心，按年限区分最高可贷额度，规定连续正常缴存公积金超过 6 个月（含）不超过 1 年（含）的，最高可贷额度 10 万元；连续正常缴存公积金超过 1 年不超过 3 年（含）的，最高可贷额度 30 万元；连续正常缴存公积金超过 3 年不超过 5 年（含）的，最高可贷额度 50 万元；单职工连续正常缴存公积金超过 5 年的，最高可贷额度 60 万元；夫妻双方连续正常缴存公积金超过 5 年的，最高可贷额度 80 万元。广州公积金中心采取的方法是根据缴存年限设定合理的缴存系数，规定缴存累计满 24 个月未满 36 个月的，缴存系数为 1；缴存累计满 36 个月未满 60 个月的，缴存系数为 1.5；缴存累计满 60 个月的，缴存系数为 2.5。这两种方式都可以作为最高可贷额度的权益和缴存贡献强相关的参考。

（三）同样的风险偏好，贷款审核缺乏简易程序

在认定借款人还款能力时，没有充分考虑公积金缴存余额对贷款偿还具有封闭运作的特点，对职工收入中住房公积金月缴存额部分的偿债能力视同一般收入也设定为60%。同时对于缴存额较为稳定且额度较高的，没有对其偿还能力进行区别化认定，这部分职工会因为其他负债影响其住房公积金贷款审核效率。究其原因，是因为忽视了缴存额对住房公积金贷款具备完全偿付能力和优先提取的保障作用，一定程度上放大了其他债务风险。

在贷款审核中，我们认为所有人带来的风险是一样的，所以审核流程、审核标准应该是一样的。没有就不同的风险等级作出差异化的审核，不利于贷款服务效率的提升。在做好风险防控的前提下，应更好地满足人们的刚性和改善性住房需求。建立一整套个人住房贷款客户服务标准和配套机制，制定产品贷前、贷中、贷后的配套服务方案。

三、差异化住房公积金贷款产品设计思路

（一）授信置换贷款

解决问题——“商转公”

适用群体：新市民、新青年中有即时购房需求但暂不具备住房公积金贷款申请条件的人群

产品特征：“先贷后存”+“存满置换”

职工有购房需求但缴存年限不够或余额不够的，可以申请“授信置换贷款”，先由商业银行发放按揭贷款，满足约定条件后可转成公积金贷款。此模式与传统“商转公”贷款的不同之处在于，一是申请授信置换贷款时，按照公积金贷款政策的首付、利率等政策审核，杜绝传统“商转公”规避政策调控的漏洞；二是提前约定可转成公积金贷款的条件，提高了职工长期稳定缴存公积金的意愿；三是提前锁定公积金贷款权益，可吸引更多职工缴存，有助于制度覆盖面的扩大。

授信置换贷款，突破原有先存后贷的顺序，实现“先贷后存”，将存、贷两个阶段更紧密贴合，先予以权利，及时帮助缴存职工进行购房融资，在还款的同时履行缴存义务，使得产品设计流程与客户需求先后顺序一致。具体做法是与尚未符合公积金贷款条件的职工签订授信置换贷款合同，预先满足借款人的贷款需求，同时要求其履行缴存义务。以贷款产品的形式在合同中进行要约，在符合住房公积金贷款条件之前，与公积金中心有合作关系的银行帮助职工获得短期资金支持，当其符合产品中约定的条件时，实现“存满置换”，借款人账户存满一定金额即可申请将部分按揭贷款转为住房公积金贷款，可分批多次申请，随存随转，按照产品中约定的利率计息，最大限度地减少职工购房贷款利息负担。

（二）租购一体贷款

解决问题——租购衔接

适用群体：新市民、新青年中暂不具备购房条件但未来有购房需求的人群

产品特征：“智能提取”+“一体贷款”

为先租后买的职工提供租购衔接的一体化贷款产品，在产品设计上突破业务条线的束缚，从职工的需求出发，通过业务整合，让职工在租房阶段无忧提取，在贷款阶段最大限度享受政策红

利，在住房消费的全过程享受无焦虑、一体化的智能服务。

租房阶段实现“智能提取”，由系统按照职工未来贷款需求自动核算其应留存的金额，在留足贷款所需账户余额的基础上提取公积金支付房租；在贷款阶段执行租贷衔接的“一体贷款”政策，采用更加精细化的管理方式，适时引入日均余额的计算方法，将整个租房提取周期中的缴存资金按时间沉淀计算贡献度，根据贡献度适当放大余额倍数，提高可贷额度，最终实现租购并举的一体化服务。

（三）公商接力贷款

解决问题——存贷权益不等

适用群体：灵活就业人员

产品特征：“公转商”+“风险转移”

针对灵活就业缴存人员申请住房公积金贷款的，推出公商接力贷款，在解决“公转商”问题的同时实现“风险转移”，不仅能够有效降低公积金贷款逾期风险，还能规避贷后停缴风险。灵活就业人员申请住房公积金贷款的，应签订公商接力贷款合同，在合同中约定，借款人贷后应继续履行缴存义务，且月缴存额不得低于申请贷款的月还款额，账户的留存余额不得低于 6 个月的还款额，以保证足额偿还贷款；贷款结清前，借款人公积金账户的余额优先用于偿还公积金贷款；贷款未结清前，连续满 3 个月或累计满 6 个月不履行缴存义务或公积金贷款连续逾期 3 个月（含）、累计逾期 6 个月（含）的，公积金中心不需要经过借款人同意，可以按照合同约定采取以下一项或多项措施：按照合同约定停止其个人住房公积金贷款资格，将尚未还清的剩余贷款转为按揭贷款，贷款利率按照商业银行在该时点执行的个人住房贷款利率进行确认或提前收回贷款；将借款人还款违约情况的不良信用记录提交至中国人民银行纳入征信系统；向人民法院提起诉讼。

（四）信用简易贷款

解决问题——信用评级细分

适用群体：长期稳定缴存且缴存额较高的职工

产品特征：“简易程序”+“时限缩短”

充分利用客户管理系统和数据库资源，对客户进行深入挖掘和细致维护，不断提升对客户进行画像的能力，全面、准确、高效地获取客户真实信息。依据职工所属职业、收入、年龄、住房公积金缴存年限、购房需求等几个重要因素对职工进行更加深入有效的细分，通过实行差异化审核流程为客户提供更便捷高效的服务。

1. 按购房类型进行细分

适用群体：购买保障性住房或共有产权房的人群

通过政府部门审核符合购买保障性住房或共有产权房的职工，必定是符合购买该类型住房政策规定条件的，这部分职工在符合基本贷款条件的基础上，可以适当简化贷款审批流程，直接认定其所购住房为首套住房。

2. 按职工收入水平进行细分

适用群体：职业稳定、收入高、偿还能力强的优质人群每月缴存的公积金足以覆盖其公积金贷款月还款额，收入稳定且偿还能力优秀的职工，如国家公职人员、有补充公积金的职工等，可简化征信审核要求，不再审核其征信中“本月其他应还金额”，进行简易化的审核。

3. 按贷款抵押率进行细分

适用群体：首付比例高贷款额度低的贷款，即抵押率较低的贷款

当贷款抵押物价值远大于抵押值时，可以设定一个合理的抵押率，比如：以抵押率 40%为标准，当抵押率低于 40%时，相应地可以简化审核要求，在审核标准和贷款管理上有一些差异化的措施。

以上思路可见表 1。

表 1　个人住房公积金贷款差异化产品介绍及比较

产品	解决的问题	适用人群	产品特征
授信置换贷款	“商转公”	新市民、新青年 ——有即时购房需求但暂不具备住房公积金贷款申请条件	“先贷后存”+“存满置换”
租购一体贷款	租购衔接	新市民、新青年 ——暂不具备购房条件但未来有购房需求的人群	“智能提取”+“一体贷款”
公商接力贷款	存贷权益不等	灵活就业人员	“公转商”+“风险转移”
信用简易贷款	信用评级细分	长期稳定缴存且缴存额较高的职工	“简易程序”+“时限缩短”

“以存定贷”视角下的住房公积金贷款额度制度重构再探索

天津　李潇然 王志权

一、“零元贷”引发的思考

“零元贷”是缴存职工在申请住房公积金贷款时，公积金账户余额为0。按照天津市账户余额不足2万元的按2万元的额度计算方式，其首套、二套分别至少可贷40万元、20万元。“零元贷”真的符合住房公积金公平性、互助性的设计初衷吗？还能满足新时代高质量发展背景下缴存职工住房贷款需求吗？

二、贷款额度之实证分析

（一）多因素考量下贷款额度运行现状

在当前住房公积金贷款政策框架下，根据还贷能力、房屋价格、贷款最高限额、住房公积金余额倍数4个条件，分别从偿债能力、合理设置抵押率、刚性指标、存贷挂钩等不同角度明确贷款额，如表1所示。

表1　贷款额度限制条件

额度限制条件	限制角度
还贷能力	考虑职工收入水平和偿债能力，以职工收入情况为基础，确保其在贷款期限内的还款能力，不至于过度负担
房屋价格	设置合理的贷款抵押率，以抵押权落实进行风险控制
最高限额	作为刚性指标限定明确额度红线，又因其对贷款额度控制的直接作用，具有一定的政策性
余额倍数	考虑存贷挂钩的权责关系，衡量职工的缴存余额以确定可贷额度，余额不足2万元按2万元计算

我们对近期某个时间段发放的公积金贷款进行考量，受最高额度条件限制的贷款比例最高，占37%，受余额倍数条件限制的贷款比例最低，占17%，而存贷挂钩余额倍数计算方式也是“零元贷”的最直接原因。

（二）当前贷款额度计算可能存在的问题

根据职工缴存余额进行贷款额度配比可能会存在以下问题：

（1）贡献与权益匹配性还有待进一步提升。当前存贷配比的计算方式未考虑账户余额的时间价值，事实上近半年缴存5万元余额，其资金贡献必然远小于近5年每年1万元的增额，而后者却要花费更多的时间得到相同的贷款配额，在一定程度上造成了资源分配的不公平。

（2）考察职工账户贡献度的角度略显单一。住房公积金是在职职工个人及单位按照一定比例逐月缴存的、具有保障性和互助性的职工个人长期住房储金，保障和互助是本质，时点账户余额单一角度的考量不足以反映职工资金账户的沉淀情况及参与者对制度运行的贡献度，“零元贷”的存在是对连续足额缴存职工积极性的一种变相伤害。

三、贷款额度之行业经验参照

（一）重点城市中心做法

从全国范围看，目前没有统一的贷款额度计算规则，有据可考的规范性文件主要有两个：一是2005年《住建部 财政部 人民银行关于住房公积金管理若干具体问题的指导意见》（建金管〔2005〕5号），“贷款具体额度的确定，要综合考虑购建住房价格、借款人还款能力及其住房公积金账户存储余额等因素”。二是2015年《住房城乡建设部 财政部 中国人民银行关于切实提高住房公积金使用效率的通知》（建金〔2015〕150号），“要综合考虑当地房价水平、贷款需求和借款人还款能力，提高住房公积金个人住房贷款实际额度”。

在上述文件指导下，各地结合当地实际情况，分别确定贷款额度计算方法。我们对全国部分重点城市贷款额度计算方法进行汇总分析，主要可分为如图1所示4类。

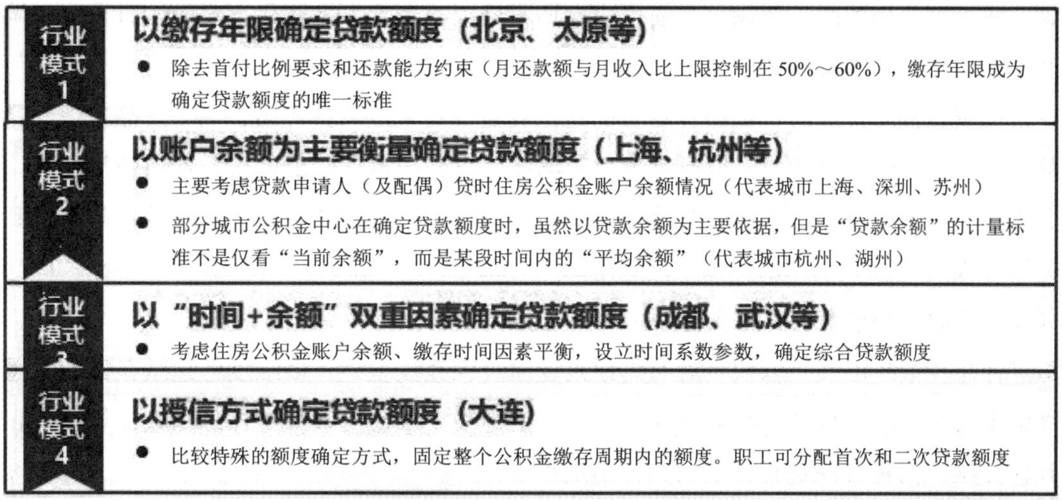

图1　部分重点城市贷款额度计算方法

（二）同业经验评述及工作启示

“缴存年限”定额法计算简单，以缴存职工加入住房公积金制度的时间长短为业务逻辑，适合用在像北京这样的特大城市，对稳定缴存住房公积金但暂无住房需求或客观无法立即购房满足居住条件的人群，通过较长时间的资金积累获取更高的贷款额度，“购房”“贷款”实现同频共步。

“余额”或“时间”定额法相对综合，考虑了缴存职工缴存行为的时间价值、贡献价值等多种因素，是一种较为科学严谨的计算方法。综合定额法一方面有利于维护制度内部已有缴存者的使用权益，以保证其缴存的持续性和稳定性；另一方面也有利于制度外的观望者，吸引其加入制度中以期获得较大未来权益。“多缴多贷”“少缴少贷”“不交不贷”等住房公积金制度坚持的基本工作原则得以体现，权利义务对等的正确“义利观”逐步确立，值得借鉴和探索学习。

授信定额法比较少见，从一定程度上看，有利于缴存职工根据自己实际情况，合理分配首次和再次额度使用情况，资金规划更清晰。但绝大部分城市按照首套、二套分别确定贷款额度，在坚持执行“房住不炒”政策底线的基础上，突出住房公积金在支持刚性与改善性住房需求中的作用，授信定额法可能在缴存职工改善性需求的作用发挥上“心有余而力不足”。

四、贷款额度计算方法重构方案

综合考量当前住房公积金贷款运行现状，并借鉴同业相关经验，我们建议从“以存定贷”的视角对“余额倍数”规则进行重新审视，以“理念+模型+体系”为路径，探索重构贷款额度工作新机制。

（一）引入一种理念

“产品”是一个经济学概念，指根据不同的市场需求，进行多样化设计，同时注重产品的收入、成本和盈亏测算，将定价与预期收益挂钩，并根据消费者的风险承受能力、风险偏好开展差异化管理。在住房市场，住房公积金管理机构是贷款产品的经营者，缴存职工是消费者，将“产品”理念引入住房贷款制度设计和应用中，通过“存贷挂钩”原则，将贷款额度、缴存年限、缴存金额、缴存余额相关联，在满足当前住房市场不同“消费者”多元化需求的同时，可有效防范以较低缴存额、短期缴存行为得到较高额度的风险。

建议在贷款额度计算时，把缴存资金的运作收益与资金成本的差值，用“产品”理念将“余额倍数”量化为个体资金的“资金贡献度”，测算缴存义务履行与贷款权益使用的平衡点。通过“资金贡献度”匹配不同缴存义务与使用权益，在坚持“以存定贷”基本规则的基础上，既差别化保障缴存人的利益，也可以防范个贷风险。

（二）重构一个模型

从“计息积数”出发，以权责对等为原则建立“积数模型”，多维度考量缴存行为、缴存余额的“资金贡献度”，代替“余额倍数”单一认定标准。本模型选择“计息积数计算法”和“日均余额计算法”两种方法进行论证。具体情况如下。

1. 计息积数计算法

“计息积数”是用于利息计提的一个核算统计数值，本质是对缴存职工每日账户余额的合计。举例来说，假设职工每月缴存 1000 元，每月按 30 天计算。开始缴存当天的计息积数为 1000；缴存 3 个月以后，计息积数=1000×30+1000×2×30+1000×3×30=180000。目前在中心业务核算数据中，有公积金账户计息积数、补充公积金账户计息积数和按月账户计息积数三种，本文只选择公积金账户的计息积数进行研究分析。

为什么选择“计息积数计算法”作为模型建立的基础呢？因为它不仅能体现公积金缴存的金额、时间价值，还能准确反映账户内每一笔资金的转入转出对其资金沉淀效果的影响。举个简单的例子：

①假设职工缴存 6 个月，贷时账户余额 6000 元，每月月初缴存 1000 元，则其计息积数=1000×30+1000×2×30+1000×3×30+1000×4×30+1000×5×30+1000×6×30=630000。

②再假设第二种情况，在职工缴存时长和贷时账户余额不变的情况下，第二个月缴存公积金时提取了 800 元，并于第 6 个月多缴了 800 元，其计息积数=1000×30+（1000×2－800）×30+（1000×3－800）×30+（1000×4－800）×30+（1000×5－800）×30+1000×6×30=504000。

由上述案例不难发现：在较短时间内小额的账户资金进出也可以通过计息积数的时间累积效应体现出来。

综上，由于计息积数本身已经能充分体现出资金沉淀的金额和时间，只需要设置一个贷存比系数 R，将其与贷款额度建立线性联系，即可获取一个公允的贷款额度确定模型，具体公式如下：按计息积数法计算可贷额度=计息积数×计息积数系数 R。

以研究样本数据分析，平均月缴额 1928 元，平均贷款额度 54 万元，假设其缴存 2 年后达到此额度，通过反推可推导出贷存比系数 R=0.029，后文模型分析也使用此系数。

2. 日均余额计算法

“日均余额”是指职工账户余额在一定时期内的平均值，其金额等于计息积数和缴存时长比值，将缴存贡献细化到每日。相对于计息积数的巨大数额，“日均余额”的概念更为直观。

按照在计息积数指标中假设的两种情况，计息积数分别是 630000 和 504000，缴存时长都是 180 天，那么对应的日均余额分别为：

①第一种情况：630000/180=3500

②第二种情况：504000/180=2800

为把日均余额和缴存时长综合考虑，并与贷款额度关联起来，可以使用一个固定系数 U 来计算贷款额度，即按日均余额法计算的可贷额度=日均余额×缴存年限×U。

以同样的样本数据作为参考，平均月缴额 1928 元，平均贷款额度 54 万元，假设其缴存 2 年后达到此额度，反推得到 U 为 9，将其作为日均余额法的系数，应用于后文的模型分析。

3. 新旧额度计算方法对比

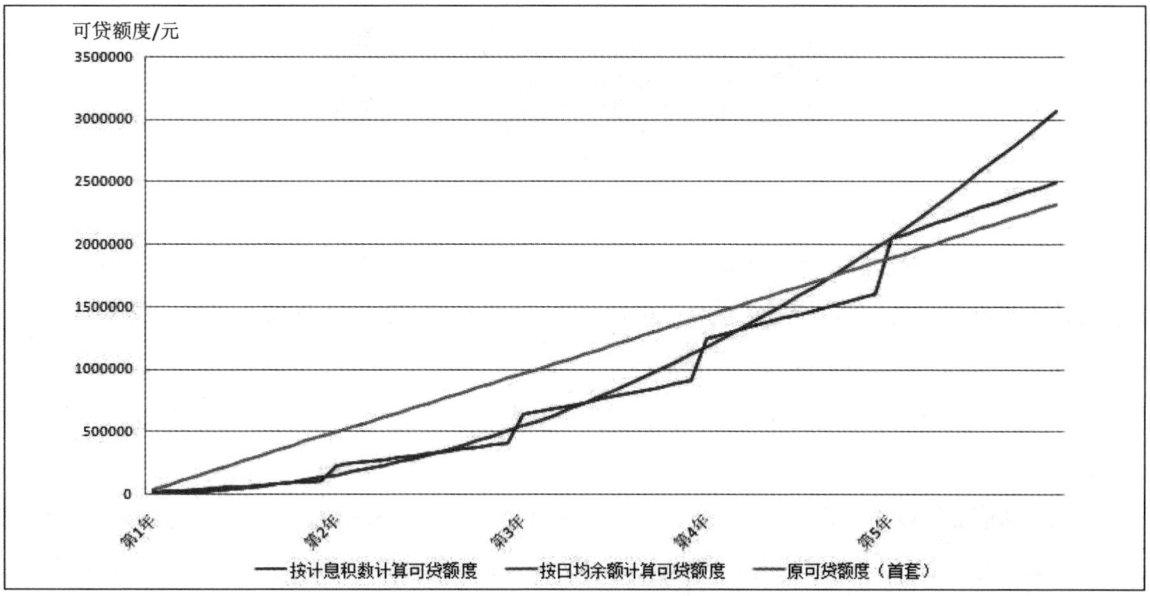

图 2　新旧额度计算方式下可贷额度趋势图

可以看出“贡献度模型”下的两种计算曲线，新模型前期可贷额度较低，但随着缴存时间累积，计息积数和日均余额逐渐增加，在某个时间点超过“余额倍数”的可贷额度，且上扬斜率更大，也就意味着缴存时间越长，资金贡献度越高，贷款权益越大。一定程度上也能防止职工为增加贷款额度突击补缴获取高额贷款的行为。

（三）形成一种体系

“产品”理念的引入，“资金贡献度”计算模型的建立，以缴存人为核心、以“月缴额”和“缴存时间”为主轴的坐标体系的形成，“以存定贷”四个象限内的运行规则将更加稳定有效运转。我们把多样化的缴存行为，按月缴额和缴存时间，划分了四个群体象限，希望能体现较完善的“以存定贷”体系，如图 3 所示。

“短期多缴”群体：缴存时间短、月缴额高，有“假性高收入”的可能，需要防范“突击缴存”风险，更应衡量其缴存资金的沉淀价值。

“多缴长缴”群体：缴存时间长、月缴额高，贡献度高。我们认为长期稳定缴存公积金的职工应该真正获益。

“少缴短缴”群体：缴存时间短、月缴额低，贡献度低。建议保留保底额度的设定，但将“账户余额不足 2 万元的按 2 万元算”修正为“在‘资金贡献度’规则下，可贷额度不足 10 万元的，按 10 万元核定”，保留对新进入职工的支持力度。

“长期少缴”群体：也就是实际的低收入人群，应支持他们通过资金沉淀的时间价值积累提升受益力度。

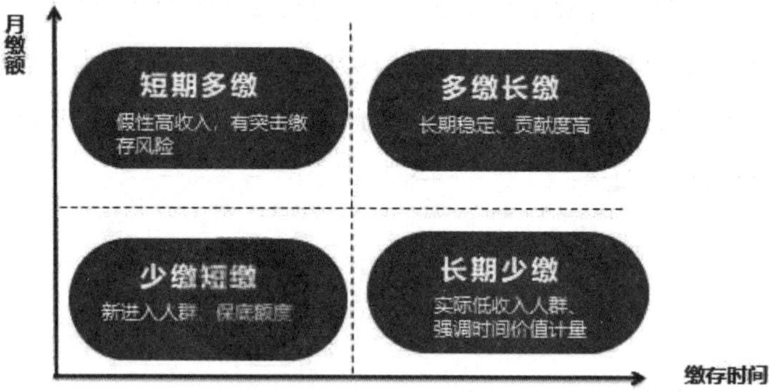

图 3　多样化缴存行为

为了验证“积数模型”的可行性及“以存定贷”体系的稳定性，我们用新旧模型对高收入、低收入、突击缴存三种行为范式分别进行模拟，以摸清贷款额度计量及变化趋势。

1. 高收入职工可贷额度模拟

假设职工 A 每月缴存额为 6129 元，由于资金基数大，可贷额度迅速积累，所以只需选取两年的估算数据。

从图 4 和表 2 可以看出新的可贷额度计算方式明显推迟了其获取最高限额的时间点。贷到 100 万元的时间从缴存首年第 9 个月推迟到次年第 7 个月，增加了资金的有效沉淀。虽然时间被推迟，但 A 缴存一年后仍可获得 50 万元左右的贷款额度。因此可认为对高收入者的贷款行为没有显著影响。

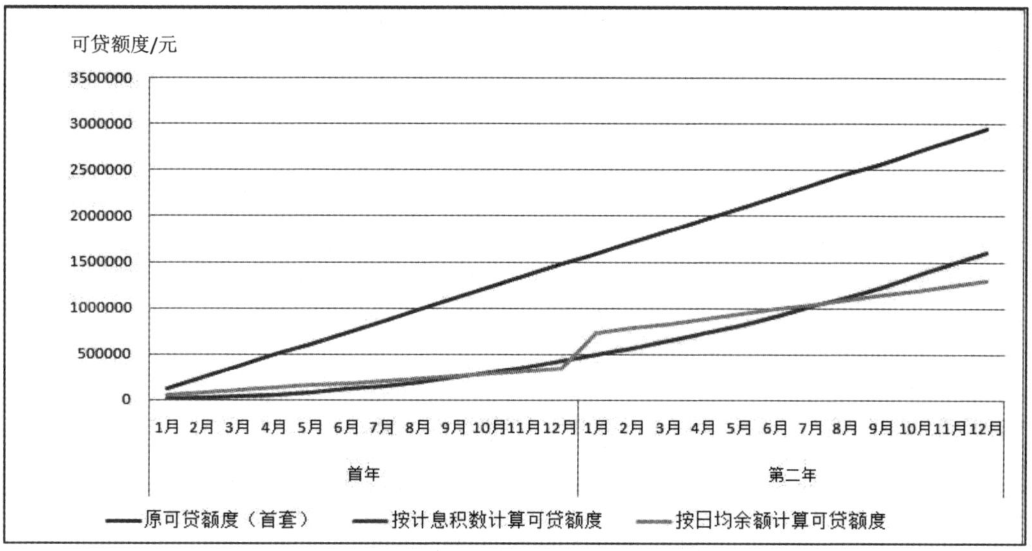

图 4　高收入职工可贷额度模拟

表 2　高收入职工可贷额度模拟（按最高月缴额 6129 元估算）

缴存时长		原可贷额度（首套）/元	按计息积数计算可贷额度/元	按日均余额计算可贷额度/元
首年	8 月	980640	191960	234434
	9 月	1103220	239950	260483
	10 月	1225800	293273	286531
	11 月	1348380	351927	312579
	12 月	1470960	415914	338627
第二年	1 月	1593540	485233	729351
	2 月	1716120	559884	781448
	3 月	1838700	639868	833544
	4 月	1961280	725183	885641
	5 月	2083860	815831	937737
	6 月	2206440	911811	989834
	7 月	2329020	1013124	1041930

2. 低收入职工可贷额度模拟

假设职工 B 按照每月缴存额为 218 元。

从图 5 和表 3 可以看到额度曲线在第 4 年可贷 20 万元时交叉，之后额度差距逐渐拉开，新模型时间价值明显显现。到第 8 年年末，按计息积数计算的可贷额度已经是现可贷额度的 2 倍。所以低收入职工通过缴存时间的累计可以获得比现在更高的贷款额度。

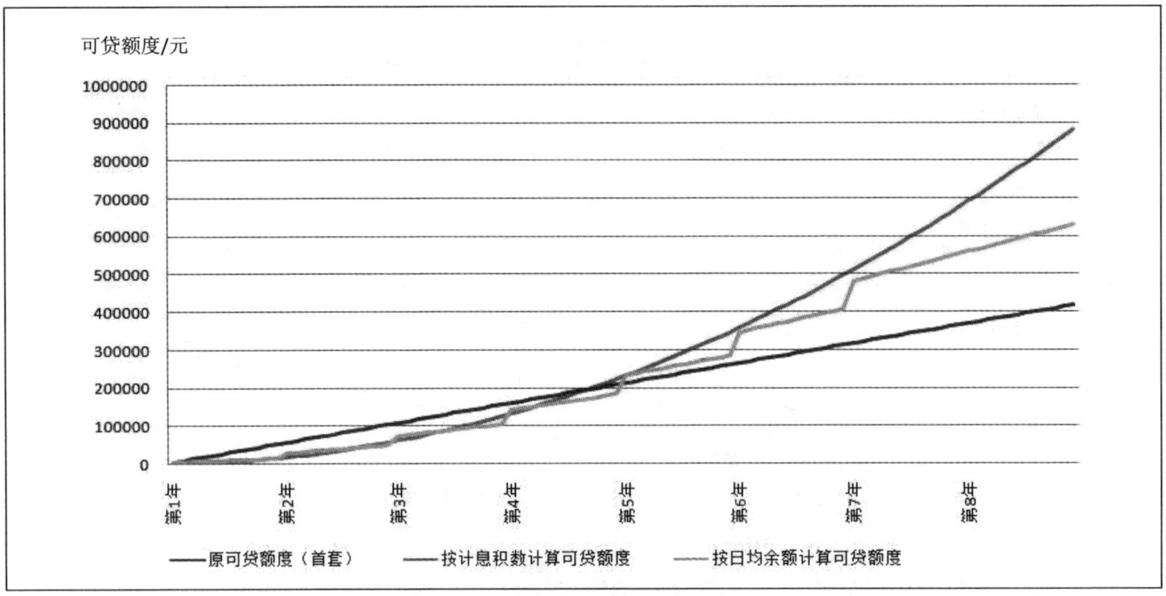

图 5　低收入职工可贷额度模拟

表 3　低收入职工可贷额度模拟（按最低月缴额 218 元估算）

缴存时长		原可贷额度（首套）/元	按计息积数计算可贷额度/元	按日均余额计算可贷额度/元
第 5 年	1 月	213460	232334	231625
	7 月	239800	292076	259420
第 6 年	1 月	265960	358647	344658
	7 月	292120	432045	378012
第 7 年	1 月	318280	512272	479927
	7 月	344440	599326	518840
第 8 年	1 月	370600	693207	557753
	7 月	396760	793917	596666
	12 月	418560	883057	629094

另外，低收入职工 B 要获得 50 万元贷款额度的时间，从 9 年多缩短到了六七年，也可以看出新的模型对于低收入职工购房的保障作用明显提升。

3. 突击缴存行为模拟

如图 6 所示，假设职工 C 一直按照最低月缴额缴存，第 2 年起大幅提升月缴额到最高值。如果按现行余额倍数计算法，该职工突击缴存 8 个月后即可贷到 100 万元，而按照新的计算法，职工 C 在同一时间仅能贷到 22 万元左右。贷款前账户余额短期大幅度变化，并没有使可贷额度突然提升。同理，职工发生政策性提取、断缴补缴等行为对贷款额度的影响也会由于计息积数的每日累计反映在模型上，计入整体贡献。

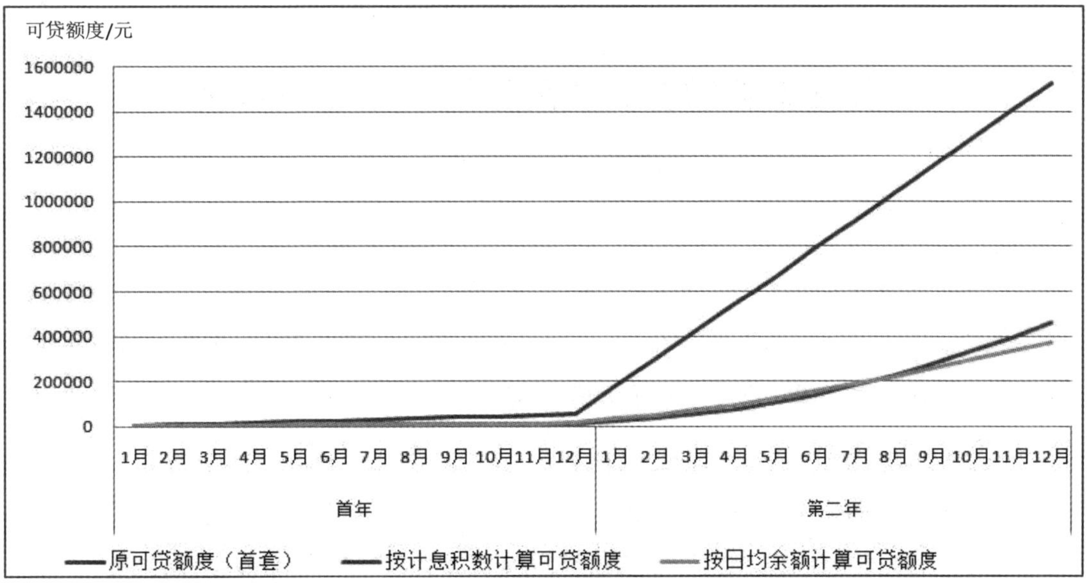

图 6　突击缴存可贷额度模拟

4. 新的计算体系评价

“积数模型”下，“资金贡献度”较“余额倍数”计算规则有以下几个优势：

（1）凸显制度互助性。强调了资金沉淀的实际价值，鼓励持续稳定的缴存，遏制投机性需求，也为推行灵活就业人员参与公积金制度奠定了基础。

（2）政策可调控性更强。平衡不同缴存群体的利益需求，还可以通过权重系数的调整与资金使用率的挂钩，实现对贷款规模的控制。

（3）便于衔接贷款业务系统体系，便于升级改进。一方面具备技术可实现性；另一方面不改变额度确定的大框架，保持政策衔接的连续性和稳定性。

灵活就业缴存人贷后停缴问题必须解决

河南洛阳　俞慧彬

业界对将灵活就业人员纳入住房公积金制度的保障范围的认识比较统一，但对如何处理灵活就业缴存人贷后停缴的问题意见却不统一，甚至是意见相左。笔者试就住房公积金制度到底是什么、灵活就业缴存人贷停问题为什么必须解决、灵活就业缴存人贷后停缴问题怎么解决，谈谈自己粗浅的看法。

一、住房公积金制度到底是什么

纵观业内对灵活就业人员缴存使用住房公积金的做法，有的是基于住房公积金制度是一种社会保障制度的前提进行探索的，有的是基于住房公积金制度就是住房金融的前提来实行的，如允许灵活就业人员趸交，如直接将住房公积金开发成存贷产品，明确规定贷后可以不再缴存，等等。出现对灵活就业人员缴存使用住房公积金的不同做法，笔者认为，其根源是对住房公积金制度的定位认识不统一。

那么住房公积金制度到底是社会保障制度，还是住房金融？笔者认为，它就是一种社会保障制度。理由如下：

一是党的十八大、十九大、二十大报告都将保障人民群众的居住问题列入我国的社会保障体系之中，虽然表述不同，但都充分表明住房保障制度是我国的一种社会保障制度。党的十八届三中全会通过的《中共中央关于全面深化改革若干重大问题的决定》（以下简称《决定》），是在党的历届全会决议中首次明确提到住房公积金制度的文件，更是明确指出住房公积金是一种社会保障制度，《决定》在“建立更加公平可持续的社会保障制度”部分明确指出：建立公开规范的住房公积金制度，改进住房公积金提取、使用、监管机制，这是党中央对住房公积金制度的明确定位。

二是《〈住房公积金管理条例〉释义》非常明确地指出：住房公积金制度实际上是一种住房保障制度。既然是一种住房保障制度，也就无疑是一种社会保障制度。

三是作为最具权威的全国干部系列学习培训教材的《社会保障制度建设》指出：就我国而言，社会保障体系包括社会保险、社会救助、社会福利、优抚安置等内容。住房保障是改善劳动者住房条件并保障贫困、弱势群体住房需要的福利制度。我国的住房保障制度包括政府积极推进并建立的住房公积金制度、经济适用住房制度、廉租住房制度。

四是任何一种社会保障制度都必须要通过一定的途径来发挥其保障职能作用，作为住房保障制度之一的住房公积金制度也不例外。住房公积金制度是通过直接为缴存人购买、建造、翻建、大修自住住房提供住房公积金贷款来发挥其保障职能作用的。可以说住房公积金制度从诞生之日起就自带住房金融属性，因为建立住房公积金制度的根本目的就是要为缴存人解决住房问题提供资金支持，但并不能据此就说住房公积金制度是住房金融。因为金融属性只是它发挥保障作用的手段，而不是它的基本属性，它的基本属性还是保障性、互助性、长期性。因此，诚如不能因为社会保险基金客观上表现为消费性的社会后备资金就将之归为消费基金，也不能因为社会保障基金可以直接或间接投入国家法律或政策许可的金融资产或实物资产以获取收益，而简单地将其认定为投资基金一样，认为住房公积金制度是住房金融。

五是住房金融具有多样性、长期性、安全性和政策性的特征，但却不具有保障性、互助性的特征。住房公积金制度虽然也具有长期性、安全性、政策性这些特征，但保障性、互助性却是它的基本特性，同时，住房公积金制度还具备了住房金融不具备的普遍性、公平性、互济性、强制性等社会保障制度必须具备的四个基本原则。

二、灵活就业缴存人贷后停缴问题为什么必须解决

如果站在住房金融的角度来看，灵活就业缴存人贷后停缴不存在问题。因为任何符合金融机构贷款资格条件，通过金融机构贷款审查的人，都可以获得金融机构发放的贷款用于住房消费，只需要按照贷款合同约定按时偿还贷款本息即可，不需要另外承担任何责任和义务。但住房公积金制度恰恰不是简单的住房金融，而是一项社会保障制度，不但要按时偿还贷款本息，还要履行相应的缴存义务和责任。这是由社会保障制度的基本原则和住房公积金制度的基本特性决定的。因此，此问题必须解决，并且是彻底解决。

一是贷后停缴问题与住房公积金制度的公平性严重相背。“公平性原则是社会保障制度的基本原则，也是制度优先选择的目标”，公平性“是社会保障制度安排的出发点，也是社会保障政策实践的基本归宿，甚至可以说，追求公平是社会保障的天性”。任何一项社会保障制度都对其保障对象的权利和义务进行了明确规定，并要求只有履行了其义务才能享受被保障的权利。如《社会保险法》就明确规定其保障对象只有按时缴纳各项保险费用才能享有其保障。同样《住房公积金管理条例》也要求其保障对象要建立个人住房公积金账户，并按时、足额缴纳住房公积金，才能在购买、建造、翻建、大修自住住房时享受住房公积金个人住房贷款。住建部、财政部、人民银行《关于发展住房公积金个人住房贷款业务的通知》（建金〔2014〕148 号）就借款人的资格提出了明确要求：职工连续足额缴存住房公积金 6 个月（含）以上可申请住房公积金个人住房贷款。《住房公积金个人住房贷款业务规范》（GB/T 51267—2017）更是明确规定：原则上借款申请人应已按公积金缴存有关规定建立住房公积金账户，并至少应在申请贷款前 6 个月连续缴存公积金，且申请贷款时公积金账户应处于正常缴存状态。根据这些规定，我们可以看到借款人必须同时具备已建立住房公积金账户、申请贷款最少连续缴存 6 个月、申请贷款时公积金账户处于正常状态的条件，才具备申请住房公积金个人住房贷款的资格，否则就不具备贷款资格。何为正常缴存人？《住房公积金管理条例》第二十条规定：单位应当按时、足额缴存住房公积金，不得逾期缴存或者少缴。只要是出现逾期缴存或少缴现象的都非正常缴存职工。在实际操作中，各地公积金中心也都要求借款人在申请贷款前不得欠缴或欠缴时间不得超过一定时限（多数为 3 个月）。既然连欠缴时间超过 3 个月的缴存人都不具备住房公积金个人住房贷款的资格，那么停缴的缴存

人就更不具备贷款资格了。贷款后出现停缴现象的借款人应该就不是住房公积金缴存人了，更不用说是正常缴存人了。如果不提前收回贷款本息，对贷后仍正常缴存的缴存人公平吗？住房公积金制度还是一个公平的社会保障制度吗？如果此问题长期不能得到有效解决，必将严格扰乱住房公积金管理秩序，严重损害住房公积金制度的公平性。

二是贷后停缴问题与住房公积金制度的互助性严重相背。互助性是所有保障制度的一个基本原则，更是住房公积金制度最主要的基本特性。建立住房公积金制度的根本目的是通过城镇所有机关和企事业单位及其在职职工每月缴存一定数量的住房公积金，建立起解决职工住房问题的住房建设基金，使每一个缴存人都能住上自己比较满意的住房。住房公积金制度30余年来的实践表明，其也确实实现了互帮互助的制度设计。灵活就业人员缴存住房公积金的目的就是获得低息住房贷款，只有有贷款需求的灵活就业人员才缴存住房公积金。灵活就业缴存人贷后停缴问题的实质是典型的只享受权利而不履行义务的行为，是与住房公积金制度互助性严重相背的行为。如果对此行为不及时加以制止，必将会引起更多缴存人特别是灵活就业缴存人、小微企业缴存职工进行效仿，如果不及时加以制止、彻底解决，极大可能会引发住房公积金流动资金紧张。前几年各地管理中心为应对“钱荒”问题，“公转商”、向银行融资、贷款资产证券化、贷款发放轮候，等等，可谓是想尽了一切办法。由于近几年房地产市场不景气，贷款需求明显减少，手头才有了点“余粮”，心里才不那么“慌”。如果再次出现“钱荒”问题，如何保证住房公积金制度互助性的发挥？将灵活就业人员纳入住房公积金制度保障范围，是住房公积金制度作为一项社会保障制度的必然要求，是体现住房公积金制度公平性的必然要求，是体现社会主义制度优越性的必然体现，但灵活就业缴存人必须也要尽到自己的义务，才能真正实现住房公积金制度的设立初衷。

三是贷后停缴问题与住房公积金制度的长期性严重相背。住房公积金作为一项职工个人的长期住房储金，长期性是住房公积金制度的基本特性之一。住房公积金制度要求每一个职工自参加工作之日起至退休或者终止劳动关系的这一段时间内，不论是否需要购房，都必须要缴交个人住房公积金。这是每一名缴存职工必须履行的义务，只有这样才能享受住房公积金制度的保障，即缴存人在购买自住住房时可以获得低息住房公积金个人住房贷款。这种制度的设计充分体现了权利与义务对等的法治原则。灵活就业人员就业形式性质特殊，为体现住房公积金制度作为一项社会保障制度的公平性，制度没有强制其必须履行从参加工作之日起就缴存住房公积金的义务，可以在有购房需求时自愿缴存。但该“自愿”绝不是让灵活就业人员不受任何限制和束缚、随心所欲地缴存使用住房公积金。灵活就业人员既然要享受住房公积金制度赋予的权利，就必须要履行住房公积金制度规定的义务（按时足额缴存住房公积金），而不能只享受权利（获得低息贷款）。正如马克思指出的：“没有无权利的义务，也没有无义务的权利。”

三、灵活就业缴存人贷后停缴问题怎样解决

（1）灵活就业缴存人由于其工作性质的特殊性、缴存目的的特定性，其开户缴存不能完全与单位缴存人一致。开户时要签订相关缴存协定，在缴存协定中明确双方的权利与义务，特别是要明确灵活就业缴存人在贷后其月缴存额不得低于月还款额的一定比例。考虑到灵活就业缴存人

的实际情况，贷后月缴存额不得低于月还款额的 120%，借款合同签订后即调整月缴存额，不受缴存基数调整时间的限制。这样做既可以保证其正常偿还贷款本息，不出现逾期问题；又可以为其他缴存者提供一定的贷款资金，完全符合住房公积金制度的公平性、互助性要求。

（2）要在借款合同中明确约定以下内容：一是在合同有效期内借款人及其配偶或共同还款人如果出现连续 6 个月不缴存住房公积金的，视作借款人违反合同约定，贷款人有权提前收回贷款本息。二是为减轻灵活就业缴存人缴存和还款的双重压力，贷款人只从借款人个人住房公积金账户内划转资金偿还贷款本息，不接受借款人从个人银行账户或现金偿还贷款本息。这样可以从根本上杜绝贷后停缴问题发生。由于借款合同没有不合理地免除或减轻管理中心的责任，也没有加重借款人的责任、限制或排除借款人的主要权利，因此，该合同不违反法律、行政法规的强制性规定，也不违背公序良俗。该合同的签订不是在借款人对住房公积金个人住房贷款政策的重大误解基础上签订的，也不是管理中心以欺诈、胁迫手段在违背借款人真实意思的情况下签订的，更不是管理中心在利用借款人处于危困状态缺乏判断能力等情况下签订的。因此，此条款不违背《民法典》的相关规定。

（3）有条件的地方可以对灵活就业缴存人贷款实行“公转商”模式，由借款人按照住房公积金个人住房贷款的息率偿还贷款本息，差额部分由管理中心向发放贷款的银行进行支付，在灵活就业缴存人欠缴达到 6 个月时，管理中心通知借款人和发放贷款的银行，由借款人按照商业银行贷款利率偿还贷款本息，管理中心不再支付公贷和商贷的差额部分。若借款人在规定时限内继续进行缴存，管理中心可在借款人继续缴存一定时间后继续向发放贷款的银行支付差额部分。若借款人在规定时间内没有继续按规定进行缴存，管理中心则将贷款资产转交发放贷款的银行，完全按照银行贷款执行。

（4）从单位离职的借款人可以参照灵活就业缴存人进行管理，单位因职工离职而对其账户封存时，管理中心要通知缴存人本人将其个人住房公积金账户转入灵活就业人员缴存账户，按灵活就业缴存人贷后缴存办法进行缴存，逾期不缴存的，管理中心可以提前收回贷款本息。这样做对其他单位缴存人和灵活就业缴存人都是公平的。

商品房延期交付导致购房合同撤销后贷款处置问题

天津　史　茜　王志权

一、一个“新问题”，深入研究迫在眉睫

合同“双解”，是指商品房延期交付后，购房人诉诸司法救济，人民法院判令购房合同、借款合同双双解除。

那“双解”发生后，涉及的住房公积金贷款如何处置呢？在执行法院生效判决的过程中，如何做到兼顾平衡，为购房人纾困和保障资金安全呢？这一系列问题应引起高度重视，值得深入研究。其必要性表现在以下三方面：一是上级有要求。2024年是“保交楼”工作的攻坚关键期，住建部对此高度重视并多次部署安排，住房公积金监管司提出各公积金中心要加快研究纾困、纾解措施，不断提高资产质量。二是群众有诉求。近几年房地产市场呈整体下行态势，地产企业违约风险持续延伸，“双解”判例不在少数，且呈增长态势。三是现实有需求。商品房延期交付导致的借款人未按时甚至不再偿还贷款的情况多次发生，占逾期贷款比重较大，逾期率持续走高，差别化管理和资产处置措施应提上议程。

可见，合同“双解”对住房公积金业务提出一个新课题，亟须研究一种新的机制以规范管理、防范风险。

二、一种“新思路”，依法处置势在必行

那如何处理“双解”背景下的贷款处置新问题呢？我们提出一种全新工作思路：将“贷款”转为“资产”，单独建账分立管理，实行“贷款”“资产”双轨运行。

这么做理由有二：

其一，“双解”后，依原借款合同形成的借贷法律关系发生本质转变，“贷款”变“资产”。最高人民法院2019年发布的《全国法院民商事审判工作会议纪要》（即“九民纪要”）第124条第二款认为，合同解除后，返还财产的请求权为物权请求权。“双解”案件判决生效后，原借款合同解除，并判令由开发商偿还剩余贷款本息，基于原借款合同形成的债权人（银行及公积金中心）向债务人（借款人）的按月偿还贷款的债权请求权，变为物权人（贷款资金的实际出资方，银行及公积金中心）对实际占有人（开发商）的返还原贷款资金的物权请求权。所以，原借贷关系消灭，“贷款”从法律性质上转为具有物权性质的“资产”。

其二，购房人权益倾斜保护成为当前立法第一要义。最高法院无论在2020年新修订的《关于审理商品房买卖合同纠纷案件适用法律若干问题的解释》里，还是在2023年新发布的《关于商品房消费者权利保护问题的批复》中，都明确规定“因商品房买卖合同被确认无效或撤销、解除，致使商品房担保贷款合同的目的无法实现，当事人请求解除商品房担保贷款合同的，应予支

持”，“在房屋不能交付且无实际交付可能的情况下，商品房消费者主张价款返还请求权优先于建设工程款优先受偿权、抵押权以及其他债权的，人民法院应当予以支持”。不难看出，消费者合法权益保护第一，“保交楼”维稳次之，贷款权益等保障在后。

当“保交楼”过程中，职工维权后“双解”成为无法回避的必然，那就有必要形成一套健全的管理工作机制，以保障住房公积金贷款业务平稳、安全、高效运行。

三、一套“新机制”，规范管理亟待实践

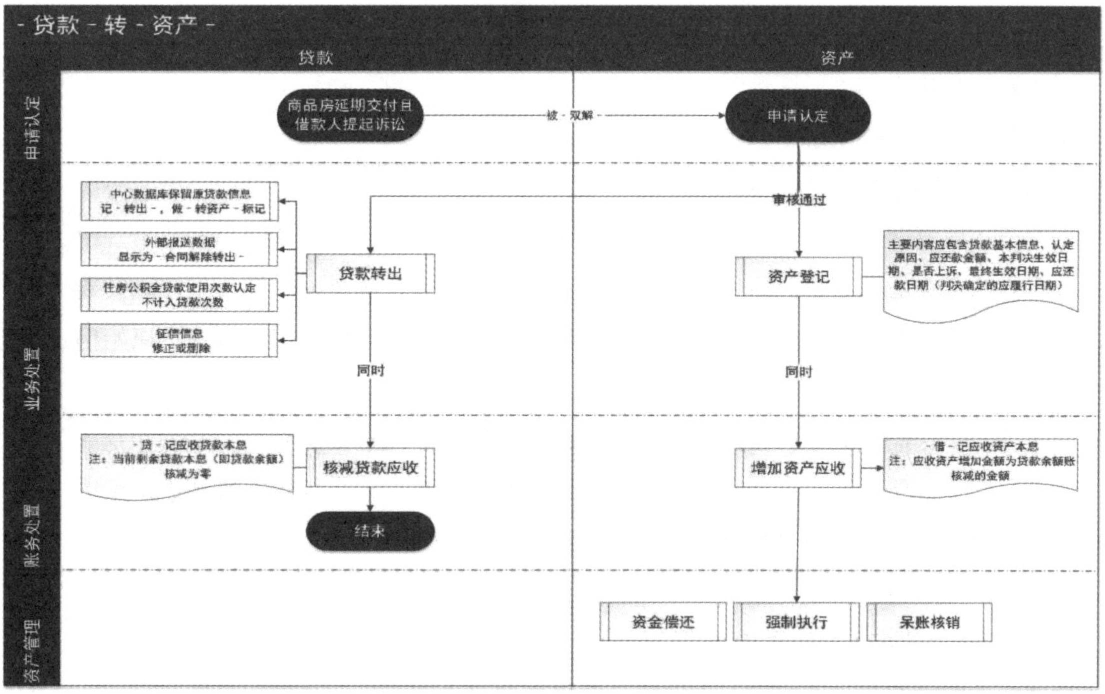

图1 “贷款”转“资产”处置示意图

在“双解”情况下，借款合同被认定为无效、撤销或解除，原借款合同借款人因客观原因不再承担还款责任，由原贷款资金收受方偿还剩余贷款本息。此时，“贷款”转为“资产”，需要从申请认定、登记建账、资产管理和呆账核销等方面加以明确，建立一套标准、规范的管理工作机制。

（一）申请认定

在商品房延期交付实际案例中，存在一个显著的特点，那就是信息的不对称：借款人购房置业需求无法得到满足时，首先会向开发商维权，沟通无果或不能满足诉求时，才会诉诸司法救济。进入诉讼阶段，作为贷款资金提供方的银行或公积金中心被追加为第三人后，方能触及可能的“双解”舆情。

那如何能做到最大程度的风险识别，及时进行风险预警呢？此时，管理部、银行的贷款管理服务职能要调动起来，双管齐下、协同推进。

程序一：管理部要充分发挥触角作用，深化商品房项目动态管理。

各管理部对主责区域内的商品房项目进行动态跟踪管理，每季度至少进行一次实地走访，了解项目销售进度、建设进度、是否有延期交付风险等，并及时将调查结果反馈至贷款处，形成商

品房项目延期交付重点关注名单。

程序二：银行要切实担起贷款管理责任，高效推进“资产”认定流程。

对已列入延期交付重点关注名单的项目，银行要妥善跟进，结合所涉项目已发放贷款的还款情况，及时采取有效催收措施。对已经进入诉讼阶段，借款人提出“双解”请求的，结合实际案情，制定处置方案，并第一时间将案件情况反馈至分行贷后管理部门，由分行报个贷业务部备案。

在案涉法律文书生效后，原贷款发放银行将书面情况报告、判决书或调解书、生效证明等材料报送个贷业务部，发起“双解”后“资产”认定流程，经个贷业务部、贷款处审批，“贷款”转为“资产”。

（二）登记建账

在公积金中心业务系统中，增设“资产管理账”。

（1）贷款业务账——做“减法”

将符合“双解”条件的贷款从原贷款业务账中转出，贷款账中余额“减少”。

一是内部留存信息处置。原贷款状态记“转出”，贷款余额核减为零，不再触发新的还款业务。原贷款申请、审批、发放、回收业务信息保留，做“转资产”标记，以满足原始信息可溯源的管理要求。

二是外部报送信息处置。住建部信息平台、公积金中心App及其他具有信息报送、展示和更新的渠道，原贷款信息注明“合同解除转出”。从维护缴存人正当权益角度考虑，可以根据借款人诉求，在判决生效后，对原贷款的征信记录进行修正或删除。

另，再次申请贷款，原贷款不计入住房公积金使用次数。

（2）资产管理账——做“加法”

贷款业务账余额减少的同时，新设资产管理账余额“增加”，且增加金额与贷款业务账核减金额一致，确保两账联动、增减挂钩、总账平衡。

新资产管理账初始登记时，根据案件实际情况，主要留存以下信息：贷款基本信息（贷款金额、贷款起止日期、贷款期限等）、应还款金额（转出当日应还本金、利息、罚息合计）、判决主要内容、是否上诉、判决生效日期、判决应还款日期（判决确定的应履行日期）。

初始化资产管理账套待回收资金金额，根据“双解”判决中具体内容，判决生效后、强制执行正式立案当日，原住房公积金贷款应还本金、利息和罚息确定。会计核算部门按照业务发生驱动账务处理的原则进行相应的会计账务处理。

（三）资产管理

“双解”后，债权追偿难度大，资金回收周期长。那如何提高资产处置效率呢？这就需要建立一套相对完整的资产管理工作机制，推动“双解”后相关当事主体履行还款责任，做到及时跟踪跟进，尽快回收资金。

1. 建立健全资产追收制度

（1）明确分工，压实责任

资产管理工作由专门部门负责，选用具有一定法律、经济等专业素养，并具有相关经验的人员，组建专业管理队伍。也可委托律师事务所或专业催收机构进行催收，提高催收成功率。

加强考核监督，明确资产追收管理职责，坚持正向激励与反向约束相结合，在规定时限内完成规定管理任务，严谨、正确地行使公积金中心对资产的追索权利，不断压实管理责任，提高管理质效。

（2）分类施策，动态管理

资产管理工作以“底数清、形式活、成效实”为基本原则，坚持因案施策、动态管理。要摸清每笔资产的不同状况，包括但不限于债务人情况、诉讼案件进展情况、项目进展情况、外部环境情况、政策变动情况等，综合梳理资产处置难易程度，形成最佳处置方案。

根据判决生效后，结合债务人实际还款能力，分别采取以下管理措施：

一是债务人具备或部分具备还款能力的，主动提醒、催告，督促债务人在规定时间内履行判决确定义务，并协助法院做好执行款项回收工作。

二是债务人暂不具备还款能力的，及时查找财产线索，并申请强制执行和财产保全。债务人有还款意愿但暂时存在困难的，可根据客观情况需要，制订还款计划，阶段性还款。未能履行已达成还款协议的，申请恢复对原生效判决的执行。

三是债务人完全丧失还款能力的，经综合评估，发现债务人存在资金链断裂、资不抵债等情形，可根据实际情况，通过破产程序（包括清算程序或重整程序）进行权利救济，作为债权人及时进行债权申报，争取在破产程序中获得相应的款项回收。

2. 资金偿还

开发商或其他资金偿还继受主体主动履行，或人民法院查封账户、扣划资金、拍卖资产等强制执行措施回收部分和全部资金。“资产管理账套”的资金偿还按照以下规则执行：

（1）足额一次性偿还的

执行资金充足的，按照生效判决确定的本金、利息、罚息，以及迟延履行的债务利息偿还全部待回收资金。执行“先息后本”的还款规则。

具体偿还流程：人民法院将资金拨付给原贷款银行，银行发起执行款回收并将资金支付到公积金中心指定账户，管理部前台作不良资产资金偿还业务操作，资金回收后核算部门作会计账务处理，贷款业务作资产偿还业务结清记账。超出原贷款利息收入的多余款项，纳入公积金中心收益统筹管理。

（2）部分偿还的

执行资金不足的，以实际回收资金偿还，按照“先还本后还息”的业务规则处理，并支持单笔资金回收的不足额偿还。

资金偿还流程与足额一次性偿还的流程一致。根据实际执行情况，可多次进行资金回收。

说明：足额还“先息后本”，出于“保值”考虑，不减损原贷款利息收入。不足额还“先本后息”，出于“保本”需求，在资金有限的情况下尽量回收本金，减少账面资产损失，同时也有利于调动债务人的还款积极性。

（四）呆账核销

房地产业风险敞口持续加大，但风险容忍和风险缓释不足，不良贷款“核销难”成为目前困扰住房公积金行业的突出难题之一。那么在“双解”情况下，“核销”这条路还有必要继续走下去吗？答案是肯定的。

从现实可操作性角度看，“双解”后原贷款既没有贷款所购房屋的标的物托底，开发商也不具备可供执行条件，符合《住房公积金呆账核销管理暂行办法》规定核销条件，可通过核销方式先行出表，按照相应流程进行呆账核销。核销后，按照账销案存的原则，对已核销的呆账继续保留追索的权利，待清收时机成熟，逐步清收。

基于数字化转型的住房公积金个人贷款发放业务流程再造研究

天津　李潇然 王　萍

习近平总书记指出：“数字技术正以新理念、新业态、新模式全面融入各领域和全过程，给人类生产生活带来广泛而深刻的影响。”在当前数字化发展的大背景下，我们以满足缴存职工基本住房需求为出发点和落脚点，研究重构一套基于数字化转型的贷款办理流程，通过减资料、减环节、减人工，实现贷款发放业务更快捷、更周到、更安全。

一、让贷款申请变得简单

打破“业务管理视角”，从“借款人视角”出发，优化重构住房公积金贷款申请资料、受理模式、服务方式，实现真正意义上的贷款服务体验提升。

（一）最大限度精简申请资料及填报信息，贷款申请“一看就懂”

提交资料是贷款申请的第一步，我们将申请资料分为要件和签署表单两大类，在保证信息完整合规的前提下进行以下整合：

（1）缩减信息范围。能数据共享核验的事项免于提交，并按照《中华人民共和国个人信息保护法》的要求，信息采集“限于实现处理目的的最小范围”，避免产生过度收集个人信息之嫌。

（2）简化签署表单。在签署表单中去掉可从现有资料中获得的信息、已由借款合同约定事项等，保留贷款申请核心要素收集。

（3）区分信息主次。以业务频率区分信息主次，共性的贷款申请信息通过贷款申请表主表明确，将涉及特殊情形如共同购房人签署事项另立为附表，符合业务情形才需填写。

通过以上整合，申请人只需签署一份表单，即可在遵循合规风险的前提下实现对申请信息、授权声明和承诺事项的有效采集，使申请资料更加简洁易懂。

（二）改进贷款受理模式，实现“受理便捷化”

通过智能移动设备，搭载电子签名及交互功能来完成贷款申请。一方面坚持“少录入”的轻量化原则，一方面践行“容缺先行”的服务理念，在不影响贷款风险防控的前提下，先受理后补充材料，实现业务办理高效简捷。

1. 受理机构工作人员进入小程序收集资料

要件资料的采集分为现场采集和收取原件两类。

（1）现场采集的资料，受理人员拍照留存影像。能通过 OCR（光学字符识别）识别的系统自动录入信息（目前适用于规范性身份证件识别的技术已广泛应用，随技术成熟可逐步扩大应用范围）。

（2）收取原件的资料，受理人员挑选相应目录及份数。

确认无误后，生成二维码。内容包括纸质资料收集情况、信息自动识别情况、受理机构信息。

2. 贷款申请人扫码确认

贷款申请人手机扫码进入绑定界面进行以下操作：

（1）扫码绑定公众号并完成身份认证。

（2）查看二维码包含的信息，简要填写贷款申请信息（包括贷款金额、期限、还款方式等申请信息）。

信息确认无误后，推送受理机构工作人员。

3. 受理完成

受理人员核对信息，点击确认，完成受理。系统向申请人推送提示“您的贷款申请已受理，业务受理编号为***”，同时推送受理回执。受理模式调整，方便贷款申请职工实时掌握贷款办理进度，可实现贷款申请“两活两快”：

一是受理灵活。贷款受理不再受时间、场合和硬件设备限制，业务办理方便灵活。

二是调整灵活。“容缺后补”使业务资料影像采集和信息修改更灵活。需要补充资料时，申请人可在受理机构的授权下直接在线上提交影像资料、修改信息。

三是申请快速。通过电子签名及OCR技术使贷款申请信息进一步简化，减少了资料采集时间，申请更快捷。且关键信息确保由职工本人填写，可保证信息的准确性。

四是流转快捷。电子文件一步到位，省去了传统纸质资料签署、录入、扫描的步骤，缩短贷款资料流转时间，加快贷款办理速度。

（三）从贷款申请之时，完成“客户黏度”建立

在贷款申请和受理的设计中，植入电子签名和线上确认的环节，使得职工在业务办理开端就实现了手机终端与公积金中心对外服务渠道的绑定，实现了业务便捷办理和实时查询。更重要的是，通过这一绑定建立了“客户黏度”，搭建起双向互动渠道，使一系列服务升级成为可能。

1. 有利于后续电子业务开展，助推互联网+服务

通过贷款申请业务引导职工在业务中绑定公积金中心对外服务渠道，使电子服务覆盖范围进一步拓宽，为惠民政策推送、业务宣传、个性化服务推送开辟快速通道。

2. 有利于整个贷款服务期间信息的精准推送，提供个性化服务

一是及时获取贷前须知。职工可查看业务提示和合同模板，做到对贷款申请知情知政。

二是随时了解贷中进展。申请职工通过与业务系统的直联互通，实时进行资料提交、追踪审批进度，获取贷款办理“一手信息”。

三是精准接收贷后服务。发放后的借款合同、发放借据等电子文件直接推送职工查询和留存，精准推送还款、结清信息，实现贷款业务“尽在掌握”，让职工动态掌握自己的贷款情况。

二、让贷款办理更加智能

（一）电子签约“一点就办”，贷款办理更加“无感化”

在流程中引入电子签约流程，使线下签约变线上确认。借款人只需在贷款受理时确定核心申请信息并进行在线提交，系统自动填充合同文本，无须重复填写。审核通过后，电子合同瞬间生

成自动推送，借款人确认后启用电子签名完成签约。通过“一次见面、二次确认”的新流程设计，实现人工跑动和数据跑动路径“双减”，解除纸质合同签约限制。

一是解除见面限制。避免在贷款审核后再次持合同让借款人签订的烦琐手续。受理机构审批后将完整借款合同推送借款人进行线上签订，突破时间地点限制，借款人办理贷款业务可实现“面谈面签仅一次”。

二是解除流程限制。签约模式优化带来的最直接变化就是环节流程的大幅缩减，在整个贷款办理流程中省去合同打印、扫描等操作环节流转，解决纸质签约带来的效率低下问题。

（二）精简审核环节，实现“去人工化”

1. “数据自检”代替资料审核

在现有技术条件下，最大限度变纸质资料人工核验为数据自检，推进房屋交易信息和部分征信信息的直接应用，非必要情况下不需借款人提供购房合同。下一步，随着外部数据时效性、规范性的增强，逐步拓展其他共享信息的深度运用。

2. 加密技术代替人工核对

《中华人民共和国电子签名法》第十四条关于“可靠的电子签名与手写签名或者盖章具有同等的法律效力”的规定确保了电子签名的合法性。新流程的电子签约模式中，合同要素在数字化流程中自动生成，利用先进的加密技术确保签名的可追溯性和合同内容的不可篡改性，增强了数据安全级别，实现了文书合同的准确有效、信息“免审”。

3. 增加关键节点的线上交互确认

新流程充分利用线上交互功能，增加关键节点的线上交互确认。对于合同要素信息在整个贷款审批流程中进行两次确认，即申请提交信息确认和签署信息确认，为信息数据准确性提供双重保证。

以上，借助流程再造的数据共享深度使用和电子签名应用、信息交互功能等多方面协同发力，贷款审核由“人工批”向“智能批”转变，可实现65%的“智能批”替代率。在能达到的数字化范围和深度下，最大限度地将标准化审核交给数据处理，使审核聚焦非标准化的真正风险点。基于智能审批的转变，审核重点从资料审核转移到真正的风险点审核，减少了环节流转和重复审核。

三、让流程管控实现贯穿

保住“大安全”是业务设计底线，新流程不但能优化提升职工前端的贷款体验，更有利于中心后端实现全流程贯穿管控，达到拓展监管范围、降低操作风险、提升风控能力的目的。简单来说，就是“前端业务快跑，后端全程把控”。

1. 管控起点前移，消除管理盲区

新流程将贷款管理的起点前移到了借款人和受理机构首次会面的场景，可以消除管理盲区，从源头把控业务节奏，规范贷款受理机构及人员职责落实。

2. 数字代替人工，实现操作风险缓释

新流程体现了“去人工化”和“数据自检”两大特点。不论是电子签约文件加密加签，还是共享数据直接应用，都降低了人工参与度，从传统的人工操作为主转向更高效、准确的数据驱动方式，提升了业务处理的客观性，降低了操作风险。

3. 自动化监控，提升特殊情况处理效率

住房公积金贷款相关政策变动时，新流程可以点对点向申请人进行政策变更的提示，并通过推送借款人消息、提示借款人确认等方式进行线上业务协调，减轻突发情况下与贷款职工的沟通压力。

基于大数据分析，新流程还可实现对贷款办理情况的精准分类和及时预警，保证关键节点通知和特殊情况及时提示，加快对外部变化的响应速度。

风险防控篇

住房公积金风险防控体系建设研究报告

高远刚　王战洪

近年来，各地住房公积金管理部门大胆探索，勇于创新，使住房公积金管理工作不断走向规范化，服务水平逐步提高。与此同时，一些地区也存在制度不健全、运行管理不规范、防控措施不科学等问题，风险隐患较大。随着房地产业和经济社会不断发展，住房公积金规模快速增长，业务范围不断拓宽，缴存、提取、个人贷款、资金存储、财务核算等方面的风险隐患不断积累，由此带来的风险值得高度关注。2023 年，全国当年缴存住房公积金 3.47 万亿元，提取使用 2.66 万亿元，发放贷款 1.47 万亿元。截至 2023 年年底，实缴职工 1.75 亿人，缴存余额 10.06 万亿元，累计为 4768.54 万户家庭发放住房公积金个人住房贷款 15.19 万亿元，个人住房贷款余额 7.81 万亿元，个人住房贷款率 77.60%，贷款逾期额 18.68 亿元，逾期率为 0.02%。

党的十八大以来，党中央坚持问题导向和底线思维，增强忧患意识，提高防控能力，着力防范化解重大风险。党的十九大把防范化解重大风险作为全面建成小康社会要坚决打好的三大攻坚战之一。党的二十大基于国内外形势的复杂性继续强调必须增强忧患意识，坚持底线思维，“要防范化解重大风险，保持社会大局稳定”。2022 年年底的中央经济工作会议提出，“突出做好稳增长、稳就业、稳物价工作，有效防范化解重大风险，推动经济运行整体好转，实现质的有效提升和量的合理增长，为全面建设社会主义现代化国家开好局起好步”。基于以上背景，将住房公积金风险防控体系建设列为重大课题研究就显得十分必要，具有重要的实用价值和战略意义。

一、课题研究意义

（一）防范化解重大风险是当前重要的政治任务

防范化解重大风险既是全面建成小康社会要坚决打好的三大攻坚战之一，更是党的二十大和 2022 年年底的中央经济工作会议确定的重大经济工作决策部署和战略举措之一。住房公积金政策执行和风险防范工作关系到缴存职工的切身利益，关系到资金安全，关系到房地产市场健康平稳发展，是防范化解重大风险的重要组成部分，是防范化解房地产市场风险和住房金融风险的重要内容，事关推动实现“住有所居”目标、维护广大缴存职工合法权益、促进社会和谐稳定大局。随着我国经济和社会的快速发展，“住有所居”“住有宜居”成为居民美好生活的基本要求。住房公积金作为国家支持居民解决住房问题的主要制度安排，资金体量巨大且增长迅速，风险管理的要求随之提高，风险防控建设工作越来越重要，迫切要求国家建立科学、完善的住房公积金风险防范控制体制和机制，把防范风险放在特别重要的位置，通过科学的制度设计、稳健的管理运作、严密的风险监控，借助现代化信息技术等手段，保证住房公积金管理运营的全过程安全合规。

（二）防范化解重大风险是新的重大理论问题

立足新发展阶段，防范化解住房公积金重大风险是一个全新问题。这既源自住房公积金发展阶段、环境、条件、目标等新情况，又表现为风险本身的变化、演进、传染、蔓延等新特征，还体现为对风险防范、化解、阻断、止损各项工作的新要求。我们必须充分认识、把握和适应新发展阶段的新情况、新特征、新要求，面对全新的风险与挑战，深刻理解新时代新阶段防范化解重大风险的重要性、必要性、紧迫性，以新战略、新举措来解决新矛盾、新问题，在不稳定性持续增加的挑战中谋求稳定发展，在纷繁复杂的环境中牢牢守住不发生系统性风险的底线，高质量制定政策、高水平执行政策，扎实做好防范化解风险工作。

（三）防范住房公积金风险是防范金融风险的重要要求

住房公积金是政策性住房金融的主体。所谓政策性，是指住房公积金的特点是低存低贷、封闭运行。低贷的基础是低存，低存则要求单位和个人都要按政策规定，定额定时不间断缴存，形成稳定资金积累；而低利率贷款则能帮助中低收入者解决住房问题，减轻其还款负担，加速实现“自住其力”，体现出互助性。在职工收入水平普遍不高的情况下，职工比较看重利率较低的住房公积金贷款，尽管经过多次降息，住房公积金和商业性贷款利差已缩小，但职工一般都将住房公积金贷款作为贷款首选。通过加强住房公积金风险防控，进一步完善政策性住房金融机制，支持住房消费，并使这一政策性优势为最需要的家庭服务，是住房公积金在推动经济增长中必须担当的责任。

（四）防范住房公积金风险是维护广大缴存人核心利益的根本要求

住房公积金是老百姓的住房工资，是一种返还性的住房储金，不允许出现风险损失。住房公积金风险一旦造成损失，危害是巨大的。第一，它损害了缴存单位和职工的经济利益。住房公积金归集主体是单位，以缴存单位为基本单元，以缴存人个人为受益主体。缴存中出现的任何一种问题，都将直接反映到单位的利益上，影响到缴存人的收入和使用。第二，给住房公积金管理主体带来损失。《住房公积金管理条例》规定：住房公积金的风险由住房公积金管理中心承担。因此，住房公积金管理中心既是债权人，又是债务人，无论住房公积金发生何种损失，住房公积金管理中心都要承担最终责任。第三，最终会损害老百姓利益。住房公积金归职工个人所有，是老百姓的“私房钱”。住房公积金发生的任何一类风险，如果不能有效预防、规避和处置，最终必然损害到老百姓的利益。

（五）防范住房公积金风险是住房公积金管理部门和广大从业人员的基本要求

住房公积金管理机构和从业人员必须牢固树立廉洁意识，廉洁从政、干净做事，加强廉政监控，强化廉洁治理，才能在经济发展大潮中立于不败之地。只有守住防范风险的底线，从思想上、制度上、机制上、行动上落实风险防控措施，建立科学的防控机制，才能为老百姓守住财、管好财、用好财，才能让缴存人放心。

二、我国住房公积金风险防控现状

国家历来十分重视住房公积金运营安全问题。在住房公积金制度建立初期，就把加强住房公积金管理、防范资金风险作为住房公积金制度建设的重中之重。早在1994年，国务院就作出《关于深化城镇住房制度改革的决定》（国发〔1994〕43号），全面推行住房公积金制度，要求“按照责权利一致原则，建立和完善住房公积金制度，加强住房公积金的管理”，同年11月23日，财政部、国务院住房制度改革领导小组、中国人民银行颁布《建立住房公积金制度的暂行规定》（财综字〔1994〕126号），明确住房公积金管理的具体职责要求。1996年，国务院办公厅转发国务院住房制度改革领导小组《关于加强住房公积金管理意见的通知》（国办发〔1996〕35号），明确要求“管理中心必须建立、健全内部的管理、监督、检查制度”，加强住房公积金管理。1999年4月3日，国务院第262号令颁布《住房公积金管理条例》，标志着住房公积金管理进入法制化、规范化、科学化的轨道。

之后，国家层面陆续出台了一系列有关加强住房公积金风险防控的规范性文件，主要包括建设部、财政部、中国人民银行、中编办、国家经贸委、监察部、劳动保障部、审计署、国务院法制办、全国总工会颁布的《关于完善住房公积金决策制度的意见》（建房改〔2002〕149号），建设部、财政部、中国人民银行颁布的《关于住房公积金管理若干具体问题的指导意见》（建金管〔2005〕5号），建设部、财政部、中国人民银行颁布的《关于住房公积金管理几个具体问题的通知》（建金管〔2006〕52号），财政部颁布的《关于加强住房公积金管理等有关问题的通知》（财综〔2006〕38号），建设部颁布的《关于进一步规范住房公积金管理信息公开工作的意见》（建金管〔2007〕222号），住建部、财政部、中国人民银行颁布的《关于规范住房公积金个人住房贷款政策有关问题的通知》（建金〔2010〕179号），住建部、财政部、监察部、审计署、国务院纠风办、中国人民银行银监会颁布的《关于加强住房公积金廉政风险防控工作的通知》（建金〔2011〕170号），住建部、财政部、中国人民银行、中国银行业监督管理委员会颁布的《关于加强和改进住房公积金服务工作的通知》（建金〔2011〕9号），住建部颁布的《关于进一步加强住房公积金监管工作的通知》（建金〔2012〕10号），住建部、财政部、中国人民银行颁布的《关于发展住房公积金个人住房贷款业务的通知》（建金〔2014〕148号），住建部、财政部、中国人民银行颁布的《关于切实提高住房公积金使用效率的通知》（建金〔2015〕150号），住建部、财政部、中国人民银行颁布的《关于健全住房公积金信息披露制度的通知》（建金〔2015〕26号），住建部办公厅颁布的《关于保持住房公积金业务平稳运行有关问题的通知》（建办金〔2017〕47号），住建部办公厅颁布的《关于对住房公积金廉政风险防控抽查情况的通报》（建办金函〔2017〕189号），住建部办公厅颁布的《关于进一步加快住房公积金基础数据标准贯彻落实和结算应用系统接入工作的通知》（建办金〔2017〕74号），住建部办公厅颁布的《关于全面开展住房公积金电子稽查工作的通知》（建办金函〔2019〕297号），住建部、财政部、中国人民银行、公安部颁布的《关于开展治理违规提取住房公积金工作的通知》（建金〔2018〕46号），住建部办公厅颁布的《关于开展住房公积金政策执行情况检查及风险隐患排查的通知》（建办金函〔2018〕284号），住建部办公厅颁布的《关于印发〈住房公积金统计调查制度〉的通知》（建办金函〔2022〕268号），住建部颁布的《关于加快住房公积金数字化发展的指导意见》（建金〔2022〕82号）。同时，住建部先后颁布了住房公积金国家或行业标准（规范）10个，包括《住房公积金支持保障性住房建设贷款业务规范》《住房公积金管理业务用房建设标准》《住房公积金基础数据标准》《住房公积金信息系统技术规范》《住房公积金管理人员职业标准》《住房公积金个人住房贷款业务规范》《住房公积金归集业务标准》《住房公积金提取业务标准》《住房公积金资金管理业务标准》《住房公积金业务档案管理标准》。

国家围绕住房公积金资金安全采取的系列重要行动，主要有：2006 年审计署制度建立和制度运行专项审计、2011 年加强住房公积金廉政风险防控工作、2011 年加强改进住房公积金服务工作、2012 年加强住房公积金监管工作、2018 年治理违规提取住房公积金、2018 年住房公积金政策执行情况检查及风险隐患排查、2019 年住房公积金电子稽查工作、2019 年审计署的业务管理和运行专项审计、2020 年试点 2021 年全面推行的住房公积金监管平台监管工作、2021 年加强住房公积金个人住房贷款逾期管理切实做好风险防控工作、2022 年加快住房公积金数字化发展指导意见。

三、住房公积金风险防控体系建设研究目标及主要内容

（一）住房公积金风险防控体系建设研究目标

（1）构建科学合理内控机制。建立健全“风险预警+机制防控+内审纠偏”的风险防控体制，确保住房公积金资金安全完整，会计信息真实可靠，各项政策、规章制度规范执行。

（2）实现全过程规范管理运作。将住房公积金的归集、提取、贷款、会计核算、资金管理业务全过程和办理流程等，全部纳入风险防控体系，实现住房公积金业务全过程规范化、标准化、可视化、可追溯管理。

（3）保障住房公积金资金安全。以资金管理为核心，实现对住房公积金的全面、严格、科学、高效管理，提高资金使用率，实现资金保值增值，确保资金绝对安全。

（4）突出重点领域安全防范与监督。切实加强对重点岗位、关键环节，特别是贷款领域的监督管理和权力制约，最大限度地控制、减少人为干预的可能性，把住不良贷款的准入关、强化贷款审批的控制关、注重贷后管理的治理、严防外部不廉洁行为侵蚀，确保权力阳光运行、资金安全运营、信贷良性发展。

（5）以信息化技术为风险防控的有力抓手。依托“互联网+”与信息技术手段，构建事前预警防控、事中自动控制、事后电子稽查的风险防控闭环体系，实现住房公积金风险防控管理由“人控”向“智控”全方位升级。

（6）健全完善住房公积金监督体系。构建上级监督、审计监督、内部监督、社会监督“四位一体”的监督体系，实现内部审计的电子化、外部审计的穿透性、专项督查的针对性、上级监督的全覆盖、社会监督的透明化，确保住房公积金制度平稳健康运行。

（二）住房公积金风险防控体系建设研究的主要内容

（1）分析当前我国住房公积金制度发展现状，归纳总结住房公积金理论与政策依据，系统化梳理当前住房公积金制度存在的风险点。主要关注：政策执行度及完整性，业务操作规范性、效度，住房公积金个人住房贷款逾期率及结构特征，资金完整性和效益，信息化控制程度、系统先进性和安全性，骗提骗贷率及治理度，内控制度的标准化和科学性，从业人员廉政指标等。

（2）分析住房公积金风险防控现状（包括成就、经验、存在的问题等），对住房公积金风险的种类进行分类研究，突出重点地对住房公积金贷款质量和逾期行为进行分析，掌握出现住房公积金逾期还款的原因。

（3）完善住房公积金风险防控政策设计与技术设计，构建住房公积金风险防控制度体系与技术体系，该体系包括住房公积金管理中心内部与外部风险防控制度体系。

（4）设计及开发住房公积金风险防控信息系统，借助计算机技术，从信息技术上提升住房公积金管理机构风险防控水平，同时满足上级监管部门的监管需求。

（5）根据当前形势与监管要求，基于行业发展方向和趋势，提出完善住房公积金风险防控体系的建议及保障措施。

（三）住房公积金风险防控体系建设研究的思路和方法

（1）制度与政策设计方面，按照收集资料、摸清现状、找出问题分析原因、借鉴经验、规划设计、提出对策的思路，运用调查研究、案例分析、比较分析、统计分析、数学模型模拟等方法进行研究论证，理论与实际相结合，提出符合国情、科学合理、有的放矢的对策建议。

（2）信息技术控制方面，按照构建“事前风险预警、事中常态监督、事后数据审计”防控闭环的思路，运用云计算、大数据、数据挖掘等信息化技术，结合住房公积金风险防控相关政策，设计先进适用、高水平的住房公积金智慧防控平台。建设集全国住房公积金监管服务平台、电子化稽查监测整改系统、审计稽核系统、风险防控系统、绩效考核系统等平台于一体的集成风险防控体系，确保住房公积金管理规范、资金安全、运行稳健，同时满足上级监管部门的监管需求。

四、住房公积金存在的主要风险

结合住房公积金本质属性，我们将住房公积金风险定义为：由于住房公积金管理运作结果上的不确定性和制度上的缺陷，从而造成住房公积金管理者或住房公积金所有者利益损害的可能性。

住房公积金存在多种风险，从目前情况看，这些风险主要集中在归集风险、提取风险、贷款风险、财务风险、信息系统风险和舆情风险上。

（一）住房公积金归集风险

1. 代扣代缴风险

国务院《住房公积金管理条例》（以下简称《条例》）明确规定，单位应当于每月发放工资之日起 5 日内，将单位缴存的和为职工代缴的住房公积金一并存入住房公积金管理中心在受托银行开设的住房公积金专户。这一缴存行为，会出现住房公积金扣与缴的不一致，即代扣代缴风险。具体表现有：一是本月扣下月缴。单位在发放工资时将职工个人部分代扣，跨月将代扣代缴部分一并存入住房公积金专户。这虽与《条例》精神不符，但在实际操作中得到了认可，被视为“正常缴存”，因而比较普遍，比重较大。它的危害是一旦单位发生财务危机，就有可能被挪用。二是扣了不缴。单位在代扣职工个人部分后，不进入住房公积金管理中心的住房公积金专户，由单位自行管理或交其他部门管理，甚至随意处理。它的危害是违反了《条例》规定，职工的合法权益得不到保障，若单位发生财务危机，很有可能被挪用。三是少扣少缴或多扣少缴。住房公积金缴存额由缴存基数和比例二者之积确定。部分单位不按照规定额度足额代扣，擅自降低缴存基数和比例。如有的缴存基数只限于岗位工资、津贴之和，没按国家统计局统计口径核定劳动报酬。有的单位足额扣取后少存入住房公积金专户。四是只缴不扣，即只缴单位补助部分，不扣职工个人部分。这一问题往往发生在经济效益较好的单位。五是只缴个人部分，拖欠单位部分。这主要是行政事业单位住房公积金补助部分没纳入财政预算，使单位补助部分不能到位，只扣取了职工个人部分缴存。

产生这些问题的主要原因：第一，缴存单位没有专门公积金管理机构，经办人员多为兼职，工作繁忙，无暇顾及。第二，经办人员责任心不强，对住房公积金缴存持无所谓的态度，甚至将本属于职工个人的住房公积金私存。第三，单位疏于管理，不及时检查和督促经办人员缴存住房公积金。第四，住房公积金管理中心没有加强对缴存行为的检查，造成单位放任自流的局面。

2. 委托收款风险

住房公积金委托收款风险是指住房公积金在委托收款过程中发生的风险。目前，在大中城市一般是委托银行或税务等相关部门代收住房公积金，从而使代收部门成为住房公积金归集主体，代收部门受各种因素的影响，将代收住房公积金不及时或跨月、跨年度存入住房公积金专户，从而形成委托收款风险。之所以产生住房公积金的委托收款风险，主要原因有：（1）代收部门缺乏专门的住房公积金操作机构和专职人员负责住房公积金缴存工作。代收住房公积金只是相关部门的附属业务，它不可能利用更多的资源、配备足够的人员专门从事这项工作。（2）住房公积金的缴存与代收部门工作人员没有直接的利益关系，缴存工作的好坏没有与工作人员工资、资金待遇挂钩。（3）受托银行受自身利益驱动，为了保存款余额，压票、不及时进入住房公积金专户。（4）住房公积金管理中心与代收部门业务联系不紧密，不及时与代收部门对账，无法及时了解、发现缴存中的问题。

3. 个人账户管理风险

住房公积金的个人账户管理风险是指住房公积金在记入个人账户时所发生的风险。《住房公积金归集业务标准》规定，单位在开始办理住房公积金登记手续时，应当在住房公积金管理中心或受托银行建立职工个人账户；单位将职工个人和单位补助部分住房公积金一并缴存后，住房公积金管理中心或受托银行应记入职工个人账户。但是，在实际操作过程中，会发生该记入个人账户的资金没有记入个人账户的情形。目前，职工个人账户管理有两种模式：大中城市一般由受托银行计入账，中小城市由住房公积金管理中心直接计入账。这两种方式可能会产生如下风险：（1）不在规定时间内上机，迟记入职工个人账户；（2）职工个人账户信息丢失，无法记入个人账户；（3）操作人员随意篡改个人账户信息；（4）操作人员工作疏忽或操作失误，上错、少上或“张冠李戴”，使个人账户信息与缴存清册不一致。造成以上问题的原因主要是操作人员责任心不强、操作技能不娴熟、业务监督不到位、系统控制有疏失等。

（二）住房公积金提取风险

住房公积金提取风险（以下简称“提取风险”）主要是指缴存人或中介机构违反住房公积金提取管理规定，利用不法手段提取本人或他人住房公积金账户资金，扰乱住房公积金正常管理秩序的违法行为。

1. 骗提套取的主要形式及其负面影响

（1）非法广告。在城区三轮车上喷涂和张贴住房公积金提取广告；在城区墙面、电线杆、住宅小区等公共区域喷涂和张贴小广告；在房产中介机构办公区喷涂或张贴有关代理住房公积金业务的广告；在城区、办公区等地流动发放小广告；通过网络、手机微信、短信等新媒体发布有关办理住房公积金业务的广告等。

（2）制假造假。伪造房屋产权证、不动产证、户口簿、身份证、购房合同、契税发票、购房发票等证明资料；通过假结婚、异地真购房，使用假结婚、假户口迁移证明材料，企图骗提住房公积金。

（3）假冒政府部门官网。假冒市内外房管、税务部门，提供仿造不动产登记部门官网信息，企图骗提套取住房公积金。

（4）真购房，短期再撤销备案套取住房公积金。中介机构通过非法手段帮助缴存职工在域外以真实购房形式，待缴存人提取住房公积金后，又在短期内撤销备案，实现套取住房公积金的目的。

（5）利用政策漏洞，频繁交易二手房套取住房公积金。利用住房公积金政策漏洞，正常利用房地产交易环节契税、营业税政策，以实际购房资料提取住房公积金，短期内再过户回原来的房屋产权人，从而实现套取住房公积金的目的。

骗提套取住房公积金造成的负面影响主要有：干扰和破坏了住房公积金的正常使用秩序；滋生和助长了中介机构和个人进行制假造假等违法乱纪行为；对政府公信力造成负面影响；参与骗提套取住房公积金的职工，因向中介机构缴纳较高额度的佣金而带来不应有的经济损失。

2. 惩治骗提套取行为的难点及原因

（1）缴存职工对住房公积金使用政策的错误认识。住房公积金的所有权是限制性所有权，缴存人的使用权限受到一定限制，只能按照政策规定有条件地提取使用。有的人错误认为，既然住房公积金账户里的钱都是自己的，就可以随意提取，对套取住房公积金的行为“理直气壮”，对其违法性质缺乏认识。有的骗提套取者怀有侥幸心理，鱼目混珠，试图以假乱真、蒙混过关，以达到骗提套取的目的。

（2）中介机构利益驱动。房地产中介机构为了获取更多的收益，帮助缴存人通过办理购房资料，甚至不惜制假造假提供必要的提取资料，骗提套取住房公积金，以收取高额佣金。特别是在房地产市场不景气、二手房交易清淡的情况下，不少房地产中介怀着侥幸心理，把骗提住房公积金作为新业务领域，取得不当收益。

（3）相关法律法规不配套、不完善。住房公积金管理机构处理骗提套取问题的依据主要是《住房公积金管理条例》，但《条例》对骗提套取的处理比较笼统，缺乏具体可操作的规定。处理此类行为，只能按照《中华人民共和国治安管理处罚法》第五十二条的规定进行处罚。而对利用真实购房短期“倒手”的套取行为，则缺乏权威的处理规定。

（4）行政执法上的困难。由于目前住房公积金执法体制不健全，力量薄弱，对治理和打击非法广告、骗提套取住房公积金缺乏配套的法律法规和政策，造成执法难、取证难、查处难。这也是全国各地都普遍存在的骗提套取住房公积金问题难以解决的主要原因。

（三）住房公积金贷款风险

住房公积金贷款风险（以下简称“贷款风险”），主要是指住房公积金贷款发放后收不回来形成损失的可能。

目前，住房公积金贷款风险主要表现为如下方面：（1）直接贷款和超标贷款。其主要表现为住房公积金管理机构直接发放住房公积金贷款，或者实际贷款金额超过规定的贷款标准金额，或者实际提供的保证标的物价值低于贷款总额。（2）重复贷款。主要表现为同一个贷款人，在不同地区或不同系统的住房公积金管理中心利用系统之间不联网、各系统之间信息不共享等漏洞，多次贷款的行为。（3）双方贷款。其主要表现为夫妻双方分别以各自的名义从不同的住房公积金管理中心取得贷款。（4）“无保”贷款。其主要表现为贷出款项没有保证手续或保证手续不完整。（5）坏账贷款。其主要表现为贷款已到期，贷款人也能够找到并且也承认贷款事项，但贷款人却没有偿还能力。此种现象较多出现在特困企业、破产企业职工以及下岗职工中，其中尤以生活比较困难的少数民族职工居多。（6）“无主”贷款。其主要表现为贷款已经到期，但却找不到借款人，当然贷款时的“保证标的物”也无从变卖。（7）“挪用”贷款。其主要表现为以购房、建房、大修房屋等名义取得贷款后，却将所贷之款挪作他用，如投资、炒股、转放高息贷款等。（8）无效抵押贷款。其主要表现为抵押物权属不明、抵押物的法律执行程度低、抵押物价值高估等，一旦贷款出现风险，使依法拍卖抵押物成为一纸空文。（9）逾期贷款。其主要表现为贷款到期后，贷款人有偿还能力却迟迟不还款或不按规定额度还款，从而导致贷款不能如期全额收回。

造成上述贷款风险的原因：一是住房公积金管理中心审贷疏漏。包括：工作人员责任心不强、业务素质偏低造成失误，内部监控机制不健全给个别贷款人以可乘之机等。二是委托贷款银行把关不严。三是借款人对还款能力估计失误。四是借款人有意骗贷。五是借款人与挂靠单位联手骗贷。六是政策、法规不健全，对逾期不还贷款人的处理缺乏必要的法律依据，造成追缴贷款不力。

（四）住房公积金财务风险

住房公积金财务风险是指在住房公积金管理活动中，由于财务管理不善、市场变化、自然灾害等原因而导致的财务损失风险。常见的财务风险主要由宏观环境复杂多变、员工风险意识不强、资金结构不合理、投资策略不当、财务体系不合理等原因造成。

1. 住房公积金资金流动性风险

住房公积金资金流动性风险是指管理机构无法及时获得或者无法以合理成本获得充足资金，以满足提取和贷款等使用的风险。具体到住房公积金管理，流动性风险包括流动性不足和流动性过剩两大类。其产生的主要原因是：一是由于公积金资金来源的单一性和管理的封闭性，由在职职工按照月工资收入的一定比例逐月缴存，不能通过金融形式对外融资。二是资金使用方向有限，仅能用于发放贷款和购买国债，而贷款发放回收期长，短期内流动性差。三是住房公积金属地化封闭分割管理体制，造成住房公积金整体低效配置，带来局部系统风险抵抗力低下。四是地方政府直接影响和控制住房公积金管理相关政策制定。近年来，住房公积金贷款逐渐成为贷款购房者的首选，贷款需求旺盛，住房公积金流动性风险较高，在经济发达地区表现得尤为明显。

2. 操作性风险

操作性风险主要是指由于操作失误造成经济损失的可能性。一是管理措施不到位，造成操作风险。由于缺乏对金融市场机制的理解和认识，未能掌握资金运用规律，很难控制潜在的资金风险。二是人员素质差，造成操作风险。操作人员专业技术水平低，不能严格落实相关规定和有关要求，出现工作差错造成损失。三是内控制度流于形式，造成操作风险。

3. 住房公积金国债风险

住房公积金国债风险是指住房公积金管理中心通过券商在交易所债券市场购买记账式国债，交予券商托管后被券商挪用质押，使得以住房公积金购买的国债不能按时兑现造成住房公积金损失。造成住房公积金国债风险主要有以下几方面的原因：

一是公积金从业人员缺乏国债管理方面的知识。对买卖国债认识不足、准备不足，是导致住房公积金管理中心决策失误、操作失误，从而形成买卖国债风险的重要原因。

二是一些住房公积金管理机构负责人思想素质差。这几年证券市场步入“熊”市，证券机构资金缺口很大，于是一些证券机构铤而走险。有的假借代理购买国债的名义，向住房公积金管理中心融资，甚至许以10%～15%的高额回报率，并暗中给住房公积金管理中心负责人许以好处来吸纳资金。少数住房公积金管理中心负责人思想素质差，抵挡不住金钱的诱惑，与证券公司联手作案，带来国债风险。

三是监督机制的缺失。《住房公积金管理条例》规定，利用住房公积金购买国债需经过住房公积金管理委员会批准。在实际中，管委会对住房公积金管理中心购买国债的监督，只停留在购买数量上，至于买什么品种的国债、购买方式如何，管委会也难以明确，通常都由住房公积金管理中心根据实际情况具体操作。有决策、有运作，唯独没有监督，这就是目前住房公积金购买国债的现状。没有监督或监督形同虚设，完全依赖住房公积金管理中心负责人的道德自律，难免出现问题。

（五）住房公积金信息系统风险

信息系统在规划、研发、建设、运行、维护、监控及退出过程中，由于技术和管理缺陷产生的操作、法律风险等，可造成重要业务数据丢失，使业务中断时间达到不能容忍的长度，导致业务主体丧失全部或部分业务处理能力，引发信誉降低、形象受损等一系列负面影响和风险。同时，住房公积金信息数据安全涉及千家万户的切身利益，而目前住房公积金信息管理系统容灾备份机制缺失，国家对住房公积金信息系统如何进行灾备管理以及对灾备的数据级、应用级也无具体要求和资金准备。目前，住房公积金信息系统主要存在以下风险：

一是数据隐私和泄露。住房公积金系统中存储了大量个人和企业的敏感信息，包括身份证号码、银行账号、联系方式等。如果该系统存在安全漏洞或者受到黑客攻击，导致数据泄露，将对个人和企业的隐私造成严重威胁。由于系统安全措施不足，缺乏完善的加密和访问控制机制，或者管理人员安全意识不够高，未及时采取必要的更新和维护措施，将导致安全漏洞产生。

二是网络攻击和黑客入侵。住房公积金系统可能存在过时的安全防护技术或软件，若没有及时修补已知的漏洞，或者没有进行足够的安全测试，将暴露易受攻击的漏洞。

三是系统漏洞。住房公积金信息化系统可能存在设计或开发阶段的缺陷和漏洞，使得系统易受攻击或者容易崩溃，在软件开发过程中缺乏严格的安全审查，或者开发人员缺乏安全意识，未能考虑和修复潜在的漏洞。

四是内部安全风险。信息化系统的安全问题不仅来自外部，还可能源于内部员工的操作不当。例如，意外泄露敏感信息、滥用权限或者进行未经授权的访问，可能由于缺乏严格的访问控制机制，员工权限管理不善，或者缺乏对员工进行安全意识培训和监督，导致内部安全风险增加。

五是缺乏及时更新和升级。软件和硬件设备需要定期更新和升级，以修补已知漏洞和提升系统的安全性。如果未能及时更新系统，将增加系统遭受攻击的风险，可能由于预算限制、管理层忽视安全的重要性，或者组织内部对信息安全的认识不足，导致未能给予足够的重视和投入。

（六）住房公积金舆情风险

住房公积金舆情风险，是指由于政策调整、政策执行或服务不当引起社会负面反应致使住房公积金行业形象受损带来的风险。具体指的是住房公积金在社会舆论中出现的负面情绪和声音，以及相关事件所引发的一系列负面影响。有些公积金管理机构缺乏政治敏锐性，对舆情发展规律缺乏应有认识，没有良好的监测和应对策略，对缴存人体验和社会反响反应迟钝、不以为然，对突发性舆情事件处置不及时、应对不力，更是加剧了舆情风险。

五、住房公积金风险防控体系建设的原则与对策

（一）住房公积金风险控制和防范的原则

坚持党的领导。越是面对风险挑战，就越要强调各地住房公积金中心党组（党委）的集中统一领导，就越要步调一致向前进、沉着应对，这是我们有效应对重大挑战、抵御重大风险、克服重大阻力、解决重大矛盾的根本保证。

坚持底线思维。即使处于发展的顺境，也要居安思危，增强对风险的预判，深入理解市场心态，关注市场曲线动向。特别是要在完善风险预警预判机制上下功夫，强化日常风险监测与评估，做好各类风险处置预案。

坚持系统观念。分出轻重缓急，先立后破、稳扎稳打，在多重目标中寻求动态平衡，避免因一些政策调整过快而影响预期。既要防止将长期目标短期化、系统目标碎片化，还要防止在处置其他业务风险过程中引发次生风险蔓延至整个行业乃至经济金融领域。

坚持在发展中防范化解风险。要在动态发展中把握稳增长与防风险的有效平衡，在确保经济金融稳定的同时持续巩固经济恢复向好势头，以经济高质量发展防范化解风险。既不能只顾往前冲不看脚下路，也不能以发展停滞为代价解决风险问题，造成经济发展失速的严重后果，甚至错失发展良机。

强化执行精准性。对威胁稳定的重点风险，要精准“拆弹”，绝不能让风险传染蔓延；对于暴露明显、短期化解会有阵痛但不会对全局“伤筋动骨”的风险，要果断出手，长痛不如短痛；对可

能持续存在的潜在风险，要主动化解；对于体制机制方面存在的问题，要坚持以改革弥补监管短板。

（二）住房公积金风险防控体系建设的对策

1. 住房公积金归集风险的控制与防范对策

（1）加强住房公积金缴存制度建设，做到有章可循。制度是基础，是保证。没有科学的制度和操作规程，管理就会失去方向。加强住房公积金缴存风险控制和管理，必须从建立健全科学规范的缴存制度抓起。要根据《住房公积金缴存业务标准》，对原有的缴存制度和操作规程进行清理、修改和完善。对住房公积金缴存基数必须有统一的计算口径。对确属经济困难的单位，建立缓缴和降比缴存制度，规范单位缴存行为。

（2）建立健全住房公积金内控机制，相互制约，保证安全。住房公积金缴存风险的主要因素之一就是住房公积金管理中心内部管理不善，没有制定科学的相互制约的内部管理体系。建立住房公积金内控机制，就是要保证缴存、上机、复核三项业务和相关科室之间相互制约。工作人员在收取住房公积金后，在规定时限内录入个人账户，并将缴存凭证传递给复核人员。一月一对账，年底对总账，保证住房公积金管理中心与银行、住房公积金管理中心与单位、单位与个人账户、账证、账实全部相符。住房公积金管理中心在内部管理的制度设计、管理理念上必须环环相扣，相互制约，保证资金安全。

（3）建立住房公积金协理员制度，规范单位缴存行为。住房公积金缴存离不开各单位的支持和经办人员的配合。为促进各单位正常缴存住房公积金，防范风险，可在月缴存额达 1 万元以上或缴存职工超过 500 人的单位，聘任 1～2 名住房公积金协理员，督促本单位按月足额缴存，负责本单位职工的住房公积金变更、基数调整、支取业务。住房公积金管理中心还可根据协理员工作业绩予以考核，并给予适当奖励，提高他们的工作积极性。

（4）加强检查和监督，保证资金安全。随着住房公积金制度的发展，住房公积金缴存范围不断扩大，缴存对象由公有制经济单位发展到公有制、股份制、私营经济、灵活就业人员等多种形式并存，住房公积金管理工作更加复杂多变。为防范住房公积金缴存风险，必须加强检查监督，除了各级财政、审计部门要按照《住房公积金管理条例》和国家有关规定加强对住房公积金的监督外，住房公积金管理中心可联合工会、国资委、税务、劳动保障、商务、工商联等部门，定期和不定期对各类单位开展住房公积金专项检查，规范缴存行为，纠正存在问题，维护职工的合法权益。另外，对于受托银行代收住房公积金的，要加强对受托银行履职尽责情况的考核，定期和不定期联合人民银行和银监局对住房公积金金融业务进行检查监督，以规范住房公积金金融业务行为，防范住房公积金代收风险。

2. 住房公积金提取风险的控制与防范对策

（1）增强防范意识，提高鉴别能力。住房公积金管理机构要加强专项业务培训，提高住房公积金业务柜面人员的业务能力，努力增强鉴别审核能力，及时发现虚假材料，防骗提套取行为于未然。

（2）规范提取制度，防范违规提取。制定窗口提取工作人员行为规范，建立完善台账、责任清单、流程清单和提取初审复核审批人员岗位职责，制发完善住房公积金提取使用政策、严肃查处骗提骗贷住房公积金行为具体办法，针对出现的问题，从政策上进行堵漏。对出现的新的骗提领域，出台有针对性的治理措施。对与非配偶、父母、子女关系形成共同产权关系购房，同一套住房短期内反复交易提取公积金，异地购房，期房签订购房合同后又短时间内撤销备案等问题，从政策上进行进一步完善和规范，建立离线专项核实审批制。对有骗提住房公积金行为的住房公积金缴存人，对参与骗提套取住房公积金的房地产企业、中介机构、缴存单位和相关个人明确处理办法，对涉及伪造虚假资料、印鉴的中介机构等单位和个人移送司法机关处理，同时纳入“黑名单”管理，上报征信部门惩戒。通过与房管、不动产登记部门协调，严格期房撤销备案管理，住房公积金缴存人购买期房撤销合同备案时，需住房公积金中心核实提供是否提取住房公积金的核查证明，防止虚假购房套取住房公积金。

（3）部门密切配合，开展联合整治。住房公积金管理部门协调当地政府和房管、不动产、税务、公安、工商、城管、宣传等部门专题研究部署整治骗提套取公积金工作，与市场监管、房管局、城管执法局、公安局有关部门联合制发开展住房公积金提取非法广告和骗提套取专项整治工作通知，不定期召开联席会，明确工作任务、职责分工和工作要求。市场监管部门重点加强对涉及住房公积金使用广告的监管；房管部门重点加强对期房撤销备案、二手房交易、房地产中介的监管；城管部门重点负责对城区违规张贴、喷涂广告的监管及对广告电话实行限制呼入；公安部门及时查处移送的涉嫌违法问题。对查实的骗取套取住房公积金的职工，向职工本人及其单位发函，责令退回全部骗提的住房公积金，对尚未退还的职工实行账户冻结并列入信用黑名单，自足额退款之日起五年内不予受理住房公积金提取和贷款申请，住房公积金系统中冻结账户并列入黑名单、公安机关可以行政拘留、房管局联合撤销购房备案等。配合公安等执法部门，严肃查处制假造假行为。对涉嫌伪造、变造或使用伪造、变造相关单位证明、印章的，公安机关要严厉打击，构成犯罪的依法追究刑事责任，并通过新闻媒体予以曝光。

（4）强化日常审核，提高甄别能力。一是联合房管、不动产登记、税务、公安等部门专业人员，对从业人员进行培训，提高对假备案、假发票、假印章、假不动产证等的甄别能力。二是变人控为机控，减少人为干预。在信息系统升级改造中把政策规定、办法细则、规程流程、依据标准等铸入新系统的开发研制中，每笔网上划拨资金均需经办人员、复核人员、部门负责人三级审核审批。三是对所有无法网上核查的提取资料均发函到当地房管局、商业银行及不动产局等部门核查提取资料的真实性。四是建立骗提套取住房公积金不良信用登记及查询系统，要求每笔违规提取处理情况均录入系统，做到存证可查。

（5）开展信息共享，建立核查机制。由政府统筹协调，尽快建立公共信息共享平台。住房公积金管理中心、人保、房管、工商、公安、民政、税务、人民银行等部门，尽快建立公共信息共享平台，精准甄别、预防和打击住房公积金骗提骗贷行为。一是办理商业贷款还贷时，通过人行征信系统核实商业贷款的真实性。二是办理租房提取时，与房管部门联网核查。三是与不动产局实现不动产信息共享。四是积极与商业银行、社保、医保及公安等部门衔接信息共享事宜。

（6）加强监督检查，强化风险防控。一是完善住房公积金中心内部审计实施方案，每年对所属单位进行内部审计并出具审计报告，对存在的问题立即整改。二是制定市住房公积金系统廉政风险防控工作的实施细则、职权廉政风险防控规则等，认真梳理每个岗位业务的风险点，制定相应防控措施。三是对因把关不严、失职渎职甚至徇私舞弊造成住房公积金被骗提套取的相关人员，严厉依纪依法追究其责任。

（7）加强组织纪律监督，严肃查处参与骗提骗贷住房公积金的干部和党员。各级纪检监察机关、组织人事和劳动就业部门，要会同相关部门加强监督，严厉查处住房公积金骗提骗贷行为，对参与骗提骗贷住房公积金的党员干部通报所在单位，进行组织和纪律处理，对负有责任的领导和相关人员严格责任追究，对构成犯罪的依法移送司法机关处理。

（8）加强舆论宣传，形成整治合力。在主要媒体加强住房公积金政策宣传，营造舆论环境，让缴存职工、有关机构和单位知晓政策。住房公积金、工商、房管、城管及公安部门发挥各自职能作用，密切关注并及时收集中介机构或其他人员通过互联网、报刊、短信、街头广告发布的住房公积金提现广告，并及时通过网站或电视、报刊进行披露曝光，提醒市民不要上当受骗，从源头上打击骗提行为。

3. 住房公积金贷款风险的控制与防范对策

（1）建立贷前面谈制度。由住房公积金贷款经办人与借款申请人面谈，严格执行面谈记录，贷款经办人和审批人应根据面谈记录等资料，对贷款申请人的购房意图、还款意愿、还款能力及提供资料的合法性、真实性进行审核，确定具体贷款额度、期限。

（2）建立并严格执行住房公积金贷款的比例管理等法律制度，一般住房公积金贷款余额占住房公积金缴存余额的比例即个贷率控制在不超过85%为宜，以避免出现支付风险。

（3）建立个人住房公积金贷款保险制度和住房产权抵押登记制度。抵押贷款保险期限自抵押登记之日起至还清贷款本息止，保险金额不低于贷款的本息余额，保险第一受益人为“住房公积金管理中心”和银行。以房地产作抵押的抵押人和抵押权人应签订书面抵押合同，并于放款前向县级以上地方人民政府规定的部门办理抵押登记手续。抵押合同自抵押物登记之日起生效。

（4）增强风险准备金制度核销的可执行性。针对目前住房公积金呆账、坏账核销制度的短板，急需改革完善住房公积金贷款风险准备金核销制度，一旦住房公积金管理中心贷款收不回，造成住房公积金管理中心经济损失，应及时按规定使用风险准备金进行冲销。

（5）建立贷后的催收责任制，贷后进行跟踪管理，还款催收责任落实到人，对经催收逾期不还的借款人依据合同进行法律程序，及时处置抵押物，以追偿余下的贷款本息。

（6）建立和落实住房公积金贷款终身负责制，是降低贷款风险的有力措施。

（7）对住房公积金贷款实行标准化管理。通过对当前个人住房公积金贷款的岗位设置、业务流程和业务考核等的分析和诊断，运用科学的方法设计和制定各环节的贷款标准体系，编制标准体系文件，对各环节业务人员进行系统培训，在深入论证的基础上修订标准体系文件，并最终通过审定，形成标准文件并组织实施标准。

4. 住房公积金财务风险的控制与防范对策

（1）住房公积金流动性风险的控制与防范对策

一是建立健全符合住房公积金业务特点的流动性风险管理治理机制。建立组织架构，明确管理层以及相关部门在流动性风险管理中的职责和报告路线，建立适当的考核和问责机制。建立有效的财务风险预警系统。建立实时、全面、动态的财务预警系统，对经营管理活动中的潜在风险进行实时监控。财务预警系统贯穿于经营活动的全过程，利用财会、金融、管理、市场营销等理论，采用比例分析、数学模型等方法，对财务管理实施全过程监控，一旦发现某种异常征兆及时采取应变措施。

二是完善住房公积金流动性风险管理策略、政策和程序。①制定书面的流动性风险管理策略、政策和程序，内容涵盖各项业务及所有可能对流动性风险产生重大影响的业务部门、分支机构和附属机构，并包括正常和压力情景下的流动性风险管理。②形成内部流动性管理机制，包括管理规章、指标体系和监督、决策机制等。③建立流动性风险应急处置机制，包括以适当方式筹集资金、调整使用政策、使用贷款流动性风险准备金、开展保值增值业务等。对流动性不足风险，选择与现行政策、成本、风险期长短和技术手段相适配的融资工具，以适当方式筹集资金。控制流动性不足风险的工具包括：发行住房公积金个人贷款资产支持证券及其他法律法规允许的外部融资，及时调整防范流动性风险的公积金使用政策，合法合规地使用贷款流动性风险准备金等。对流动性过剩风险，开展法律法规允许的公积金贷款以外的保值增值业务，例如购买国债、转存大额存单等。④应当综合考虑业务发展、技术更新及住房市场变化等因素，至少每年对流动性风险管理策略、政策和程序进行一次评估，必要时进行修订。审慎评估信用风险、市场风险、操作风险和声誉风险等其他类别风险对流动性风险的影响。

三是有效的流动性风险识别、计量、监测和控制。借鉴商业银行通用方法，引入现金流模型开展资金流动性监测与预测，合理安排资金头寸，防控资金流动性风险。建立现金流测算与分析框架，有效计量、监测和控制正常和压力情景下未来不同时间段的现金流缺口。建立资金流量分析表，通过分析资金流入、流出、资金净流量，评估流动性风险水平。建立流动性监测机制，监测可能引发流动性风险的特定情景或事件，采用适当的预警指标，前瞻性地分析其对流动性风险的影响，确保现金流量平衡和资产负债结构比例均衡，在满足提取业务所需资金的前提下，将个贷率保持在合理区间。

四是完备的管理信息系统。采取必要的人机系统监控方式，准确、及时、全面计量、监测和报告流动性风险状况，支持流动性风险限额的监测和控制，支持对大额资金流动的实时监控。建立规范的流动性风险报告制度，明确流动性风险报告的内容、形式、频率和报送范围。

五是建立全国住房公积金系统资金拆借、调剂机制，实现资金全国流动。

六是探索建立与金融机构之间的短期拆借应急机制，以更好地应对住房公积金资金流动性风险。

（2）住房公积金操作性风险的控制与防范对策

一是建立完善廉政风险考核与责任追究制度。以全面从严治党为主线，以压实主体责任为抓手，以建设清廉单位为载体，以强化系统治理为方略，以“一把手”监督为重点，研究制定专门的廉政风险防控考核与责任追究办法，印发廉政责任清单，明确工作任务，细化具体责任，各牵头部门、责任部门认真对照责任清单，认领任务，狠抓落实。

二是建立完善重大事项报备制度。加强对领导干部的管理和监督，促进党风廉政建设和领导干部思想作风建设，把重大事项报备作为考核干部的一项内容，提升领导干部廉洁自律的自觉性，使人人明确责任，确保安全、和谐、健康地发展。

三是建立完善关键岗位定期轮换与交流制度。进一步深化干部人事制度改革，加强领导班子和干部队伍建设，建立关键岗位定期轮换与交流制度，既按规定年限轮岗交流，又考虑工作的连续性和稳定性，构筑预防腐败的长效机制。

（3）住房公积金国债风险的控制与防范对策

一是严格执行住房公积金国债业务的有关规定。严禁在证券交易所债券市场（指在中国证券登记结算有限责任公司开立托管账户）的国债回购、国债购买业务和现券交易活动。严禁以任何变相的方式与证券公司或其他机构合作进行国债委托理财业务，包括进行国债买卖、选择券种、决定买卖数量或价格的全权委托，接受任何方式的对国债买卖收益或损失补偿的承诺等。严禁以协议国债、融券、虚假国债回购、虚假代保管和购买股票等形式进行投资。严格控制购买品种和期限，除国债和与国债类似的政策性银行金融债、中央银行票据外，一律不得购买其他债券。严禁购买债券基金、信托计划等非国债投资产品。购买国债一般以中短期为主，不得购买10年期以上的长期债券，保证资金运用的流动性、安全性、保值和增值。办理住房公积金国债业务，必须以住房公积金管理中心为单位统一进行，委托具有结算代理业务资格的商业银行在中央国债登记结算有限责任公司以实名方式开立丙类债券托管账户，通过全国银行间债券市场进行。严禁住房公积金管理中心进入证券交易所债券市场办理国债业务，办理住房公积金国债业务必须严格遵守《全国银行间债券市场债券交易管理办法》等相关法律、法规及业务规则，坚决杜绝住房公积金流入股市。

住房公积金管理中心要控制好购买国债的额度，住房公积金中心办理住房公积金国债业务，必须在确保缴存人支取、贷款等备付资金的前提下，根据可用资金量等因素，决策确定国债的购买额度，并向省住房公积金监管机构备案。住房公积金购买国债实行比例控制的办法。在目前人民银行规定沉淀资金利率与支付缴存人利息形成倒挂的情况下，购买的国债余额按成本价格计算原则上不得超过本住房公积金管理中心年末归集余额的20%。同时，建立购买国债事前风险收益评估制度，并进行集体决策。

二是严格规范住房公积金国债业务程序。为了防范住房公积金国债风险，住房公积金管理中心在从事国债业务活动时，必须遵守以下程序。

①开立账户。根据中央结算公司制定的《债券托管账户开销户规程》，开立账户时，必须取得中央结算公司出具的“债券托管丙类账户开户通知书”。

②选择结算代理人。按照中国人民银行《关于中国工商银行等39家商业银行开办债券结算代理业务有关问题的通知》的规定，在目前的情况下，暂定在中国工商银行、中国农业银行等国有商业银行，选择一家作为国债结算代理人。不得超范围选择国债结算代理人。

③指定资金账户。在选定的结算代理人的当地分支机构以实名方式开立资金结算账户，用以办理债券交易结算及还本付息等资金收付业务。

④国债现券业务。住房公积金管理中心原则上只能在国债一级市场购买财政部通过银行间债券市场发行的国债。

⑤取得合法凭证。凭证式国债必须取得由商业银行基层营业网点填制的“中华人民共和国凭证式国债收款凭证”。凭证式国债（电子记账）品种和记账式国债必须取得结算代理人根据中央结算公司《债券结算代理业务操作规程》出具的通过簿记系统提取打印的加盖结算代理业务专用章和经办人员名章的债券结算交割单或其他结算结果的有关单证。

⑥索取对账单。定期向结算代理人查询自身账户的债券托管、债券结算、本息兑付和账务情况，并索取对账单。同时，定期于营业时间内通过中央结算公司的中央债券语音传真查询系统直接查询自身账户的余额及发生额情况。

三是切实加强对住房公积金国债业务的监管。住房公积金管理中心要完善议事和决策程序，建立健全国债业务决策、运作、监督相互制约的内部控制机制。各有关监管部门应加强对住房公积金国债业务的监督检查，对内部控制制度松懈、违规操作的，要严肃查处。财政部门要重点加强对住房公积金国债业务财务管理工作的监督。经办银行对住房公积金管理中心违规办理国债业务的行为要坚决抵制，并及时向管委会、省住房公积金监管机关报告。对履职不力的经办银行，省住房公积金监管机关要取消其参与住房公积金国债结算代理业务的资格。

5. 住房公积金信息系统风险的控制与防范对策

（1）重视信息系统安全建设。全面贯彻落实《住房和城乡建设部关于加快住房公积金数字化发展的指导意见》（建金〔2022〕82 号），切实抓好健全共享利用的数据资源体系、健全整体协同的平台支撑体系、建立数据赋能的数字化管理新机制、构建便捷高效的数字化服务新模式、开创协同联动的数字化监管新局面、筑牢稳定可靠的数字化安全新防线。

（2）加强信息系统安全制度建设。住房公积金管理机构应根据《住房公积金信息化建设导则》《住房公积金基础数据标准》《住房公积金信息系统技术规范》等规定，加强信息系统安全建设，建立并完善日常设备、外包数据、应急机制等方面的规定。从外部来讲，应建立全国性的公积金业务计算机灾备系统，以提高抗风险能力。

（3）加强信息系统的控制活动。一是建立可靠完备的灾难备份计划和应急处理机制，对业务数据采取多介质备份与异地备份相结合的方式，确保业务数据的安全完整。建立应急响应计划，制订完善的应急响应计划，以应对可能发生的安全事件，并迅速有效地应对和恢复。二是强化访问控制，建立严格的权限管理机制，确保只有授权人员可以访问特定的敏感信息和系统功能。三是引入多层防御，采用多层次的安全防护措施，包括防火墙、入侵检测系统（IDS）和入侵防御系统（IPS）等，以增加系统的安全性。四是及时更新和升级，保持系统软件和硬件设备的及时更新和升级，以修复已知漏洞和提升系统的安全性。五是加强监督和审计，对系统的操作和访问进行定期审计，确保员工的合法使用，发现潜在的安全问题。六是完善电子档案管理和交接制度，对住房公积金缴存人资料、贷款合同、抵押权证、凭证账册以及各类法规、文件等进行分类管理、安全调用。应统一住房公积金业务管理信息系统，实现数据集中管理，并建立公积金监管数据库。

（4）加强安全意识培训。定期安全检查，定期对系统进行安全检查和漏洞扫描，及时修补已知的漏洞，确保系统的安全性。对员工进行定期的安全意识培训，使其了解信息安全的重要性，并知悉常见的安全威胁和防范措施。

6. 住房公积金舆情风险的控制与防范对策

（1）舆情把握机制。在住房公积金中心党组（党委）的统一领导下，成立专门机构负责网络舆情日常监测和突发事件监测，通过实时巡查的方式随时掌握舆情动态，与舆情涉及的部门和单位保持及时沟通，按照规定程序进行办理和回复。

（2）分析研判机制。由专人负责对涉检网络舆情进行汇总、登记和总结，通过跟踪分析和研判，掌握网络舆情的发展走向、舆论热点和媒体关注焦点，并分析判断突发及重大舆情的级别和程度，提出处置意见，做到早发现、早报告、早处置。

（3）应急预警机制。按照涉检网络舆情的性质、危害程度、涉及范围，将涉检网络舆情分为特大、重大、较大和一般四个等级，并建立相应的应急预警机制，做到及早发现舆情危机苗头，及早对可能产生的现实危机的走向、规模进行判断，及早通知各有关部门和单位做好应对准备。

（4）应对处置机制。坚持以积极回应、主动引导为主的处置原则，在第一时间将涉检网络舆情上报，并快速建立起与相关部门和单位稳定、顺畅、高效的联动机制，适时、规范地发布权威信息，掌握权威信息发布的主导权，并最大程度地争取媒体的认同和支持，采用积极的方式应对和化解网情舆情危机。

（5）总结评估机制。在网情舆情趋于平稳后，根据舆情的发生、传播和处置情况进行总结、梳理、反思，形成书面报告和建议，建立有效的舆情处置评估机制。

（三）住房公积金风险防控的体制机制建设

1. 改革管理体制，为风险防控提供组织保证

要发挥中国特色住房公积金制度的优越性，就要积极改革现行的住房公积金管理体制，加快推进住房公积金机构的统一垂直管理，并将其纳入人民银行的监管范围。

设立垂直管理机构后，可以在全国范围内统一各项管理政策，对归集、提取、贷款等业务出台统一的管理办法和操作规范。重大事项报上级管理部门进行科学决策，权责明晰，决策权利对等。同时，建立全国统一的信息管理系统，解决决策控制不利的问题。

2. 建立完善住房公积金管理中心内部动态管理系统

基于金融信息技术构建住房公积金管理中心内部动态管理系统。首先是银行账户的动态管理。管理部在银行开设有公积金账户及经费账户，可通过网上银行进行动态管理。由住房公积金管理中心公积金会计及经费会计定时将管理部公积金及经费的银行账户情况通过网上银行查询并制作住房公积金银行账户表，经费银行账户表报住房公积金管理中心总会计师。其次是管理部公积金业务及经费支出的动态管理。采用 VPN（全称为 Virtual Private Network，一般称为虚拟专用网络）建立住房公积金管理中心与各管理部之间的住房公积金管理业务专网。由住房公积金管理中心公积金会计及经费会计定时通过管理中心业务专网采集管理部公积金及经费的业务情况并制作住房公积金业务表，经费支出情况表报总会计师。最后是管理部业务情况的动态分析。由

总会计师对上述报表进行分析比对，制作分析报告。

3. 健全住房公积金管理中心内部控制的具体措施

（1）实行人员准入和动态管理。严格执行《住房公积金管理人员职业标准》，制定员工行为规范并按照此标准对人员素质进行控制。一是实行人员“准入”制度。建议参照银行高管人员的准入制度，在住房公积金系统建立并推行住房公积金管理中心一把手和主要业务部门高管人员资格准入制度。二是实行竞聘制。按工作需要，聘用政治和业务素质好的人员，及时罢免不称职或者有问题的人员。三是实行考评制。要不定期地进行专项检查。每年进行一次业务考核，根据检查和考核结果，该表彰的要表彰，该通报批评的要通报批评，该处理的要坚决处理。四是建立关键岗位人员轮岗制度，杜绝住房公积金管理中心中层干部、业务员、资金会计等重要岗位人员以权谋私或串通作案。五是建立住房公积金首席风险防控官制度。

（2）实行“不相容职务”分离控制。一是不相容职务应在组织机构之间分离，如公积金贷款的受理审批与核算记录等部门分别管理；二是不相容职务应在组织结构内部分离，如公积金贷款部门内受理与审批职权的分离；三是制定合理分权、相互制约的工作流程和操作规范，使每一个人的工作能自动地相互检查另一个人或更多人的工作。

（3）进行授权批准控制。授权批准是指各级工作人员只有经过授权批准，才能办理有关住房公积金业务。授权有一般授权与特殊授权两种。一般授权是单位内部授予可按住房公积金业务经办正常范围内的权限。一般授权一旦下达，其授权效力能保持较长时间。特殊授权是授予在岗人员的特殊权限。特殊授权是暂时的，一旦被授权的业务办理结束，其效力也随之消失。大额资金调度应采取集体审批制度，以避免权力集中带来的“寻租”问题。

4. 强化对住房公积金管理中心的监督管理

（1）充分发挥管委会职能，完善监督体系，进行实时监督。住房公积金管理委员会应会同财政、审计等监管部门，做好对住房公积金管理中心的监管，实现从违规个案的局部监管向整体监管的转变、从合规性监管向风险性监管的转变、从“结果监管”到“过程监管”并重的转变，将现场检查与非现场监管统一起来，以持续性监管的方式给予住房公积金管理中心强化内部控制管理的压力和动力，定期或不定期地进行内部控制的审计，及时对控制运行体制和运行信息进行纠偏和反馈，促使住房公积金管理中心按规范运作。

（2）强化对住房公积金管理中心的审计监督。一是加强内部控制制度的调查了解。包括询问被审计住房公积金管理中心的有关人员，并查阅有关内控控制文件；检查内部控制生成的文件和记录；观察被审计住房公积金管理中心正在进行的业务活动和内部控制运行情况，以便了解和确定业务授权、文件记录、程序和步骤是否与内部控制的规定相符。必要时延伸到委托银行。二是强化内部控制记录，并测试有效性。测试包括按公积金业务循环来测试、按会计报表项目来分别测试。审计部门测试内部控制制度以后，要根据自己的判断对测试的结果作出评价。然后将被审计住房公积金管理中心内部控制和管理中存在的问题向其管理层上报，指明控制的弱点和可能产生的风险，以文字的形式提出改进意见。

（3）部门协调配合形成监管合力。各级住建、财政、人民银行、银监、纪检监察、审计、纠风等部门和单位密切配合，完善工作协调机制，开展住房公积金专项审计与专项治理，加大住房公积金管理监管力度，查处和纠正违法违纪行为，各负其责、齐抓共管，形成合力。住房公积金管理中心和监管部门加强信息披露工作，畅通投诉举报渠道，全方位接受社会监督。

5. 加强队伍素质建设

加强队伍素质建设，提高业务技能和服务水平人员综合素质，是防范风险的有效手段。要根据《住房公积金管理人员职业标准》制定培训规划，定期开展业务知识和计算机培训，尤其是经济和金融知识、信息系统和安全知识的培训，组织职工学习业务政策和相关法规，提高职工理论水平和操作技能。加强思想政治工作，开展职业道德教育。突出党性教育和廉政教育重点，常态化开展廉政警示教育，廉洁从政、廉洁用权、廉洁修身、廉洁齐家。

住房公积金贷款操作风险防控研究

河北石家庄　何树民

银行业的风险管理一般理论认为，商业银行个人住房贷款主要存在信用风险、操作风险和法律风险三种风险类型。住房公积金个人住房贷款（以下简称住房公积金贷款）作为承担政策性住房信贷职能、现阶段仅有的政策性个人住房信贷业务形式，同商业银行个人住房贷款具有共同的一般规律。影响其资产质量的风险也主要集中在以上三个风险类型。信用风险主要是借款人还款能力和还款意愿风险的反映，对长期贷款来说，是不可预测的变量，而且从贷款人角度对信用风险的管控是被动的，本文不作重点研究。而操作风险一般是指因内部业务流程设置不科学、管理人员素质不高、违规操作等带来的系统性风险，也包含了法律风险。住房公积金管理机构对自身或与外部协作完成住房公积金贷款的全过程、人员素质和操作等风险，有着天然的主动性和控制性。有效识别住房公积金贷款业务中的风险点，并设计科学、完善的业务操作流程，实施风险防控管理，有助于降低信用风险的不确定性及法律风险的发生概率。基于以上原因，本文主要从操作风险管理入手，对住房公积金贷款业务环节的操作风险点加以识别，分析其形成的原因，制定控制解决方案。在此基础上，提出住房公积金行业实施全面风险防控的系统性改进建议。

一、住房公积金贷款操作风险点

住房公积金贷款操作风险点，主要发生在管理机构内部贷款业务流程以及与外部机构合作完成贷款业务过程两个方面。

（一）管理机构内部贷款流程中的操作风险点

1. 贷前受理环节的风险点。一是借款申请人未满足政策规定的缴存住房公积金最低期限要求。二是借款申请人的主体资格不符合所申请贷款政策的规定，包括：不具有完全民事行为能力，不具备建、购、大修个人住房条件，还款能力有问题等。三是借款申请人提交的资料不真实、不齐全，原件和复印件之间不一致，格式不符合规定要求，有效性存在缺陷等。

2. 贷前调查环节的风险点。主要是对项目调查和对借款人调查两个方面。

（1）项目调查中的风险点。对开发商资质及其项目建设证件合法性、项目建设形象进度未进行现场调查；对提交材料是否存在瑕疵、是否真实有效缺少认真鉴别；对房产开发商法人资格、财务状况、承担阶段性担保责任的保证能力是否充足等关注不够，致使项目准入调查流于形式。

（2）借款人调查环节中的风险点。①对借款申请人所提交资料未按规定核实是否真实、合法、合规。包括：借款人、保证人、抵押人的身份证件是否真实、有效；申贷所购住房的项目，未按规定上报审批，或在尚未完成审批的情况下开展业务；经批准开展购房贷款业务的是期房，未与房产商签订阶段性担保协议或签订的协议无效；抵押物的权属证明材料是否真实，有无涂改现象；借款申请人指定、提供的收款账户，是否是借款人本人所有或符合规定的收款人账户。②对借款申请人第一还款来源未按规定核实。包括：借款人家庭月收入不真实、不稳定；资产、负债情况未核实真实性；借款人家庭可计入还贷能力的收入与月还贷额是否控制在规定的比率内；借款人收入实现的时间与本次贷款期限、按期还款金额以及其他负债还款期限、还款金额是否匹配等。③对借款申请人的担保措施未按规定核实是否足额、有效。包括：抵押物所有权未核实合法、真实、有效性，未核实是否设立居住权；对抵押物共有人或所有人是否授权情况未核实；贷款额度是否在政策规定的抵押物价值比率内；抵押物价值是否存在争议、是否需评估机构评估等；未确认第三方保证人是否具备担保资格和保证能力等。

3. 贷款复核和审批环节的操作风险点。主要业务风险点为：

（1）未按独立、公正原则开展审核、审批；

（2）不按权限审批贷款，超授权审批；

（3）对本岗位应审查的内容审查不严，导致向不符合条件的借款人发放贷款。

4. 贷款合同签约环节的操作风险点。合同签订是个人住房贷款风险控制的又一个重要环节，主要有以下风险点：

（1）未签订合同或是签订无效合同。例如：出现“先放款、后签约”或是公积金中心、受托银行单方面先签署合同后由借款人签约的情况，以及由非授权工作人员代为签约等。

（2）合同文本中的不规范行为。例如：数字书写不规范、签字（签章）不齐全、签字（签章）使用不规范简体字等。

（3）未对合同签署人身份及签字（签章）进行核实。例如借款相关人员（借款人、共同还款人）及其配偶必须到场而未实际到场，或是伪造授权书等。

5. 贷款资金划拨中的操作风险点。贷款发放是资金划拨的过程，从贷款发放的条件审查与贷款资金划拨两个方面看，主要风险点如下：

（1）在发放条件不全的情况下放款。例如：贷款未经审批或是审批手续不全，各级签字（签章）不全；借款人未在借款凭证上签字（签章）；未按规定办妥相关评估、公证等事宜。

（2）贷款担保手续是否齐备、有效，抵押物是否办理抵押登记手续。

（3）在资金划拨中会计凭证填制不符合要求、未对会计凭证进行审核等。

（4）未按规定的贷款金额、贷款期限、担保方式等发放贷款，贷款核算错误，发放金额、期限与审批表不一致，造成错误发放贷款。

（5）未按规定将贷款发放至规定的售房人或符合规定的售房人指定账户。

（6）在未收到借款人支付申请、支付委托的情况下，直接将贷款资金支付出去。

6. 贷后管理环节的操作风险点。贷后管理是指贷款机构在贷款发放以后开展的所有信贷风险管理工作。贷后管理中的操作风险主要风险点包括：

（1）逾期贷款催收不及时、不良贷款处置不力；

（2）阶段性保证人对不动产抵押登记办理不及时，阶段性保证长期没有转化为抵押权，保证人保证能力可能会发生变化；

（3）《民法典》实施后，期房贷款抵押预告登记与抵押权登记责任划分不清晰，导致抵押权登记超期，抵押权落空；

（4）他项权利证书未按规定进行保管，造成他项权证遗失，他项权利灭失；

（5）抵押人擅自对抵押物作出转让、再抵押、设定居住权或其他任何方式的处分，导致抵押权受限；

（6）未按规定保管借款合同、担保合同、抵押合同等重要贷款资料，造成合同损毁、遗失等；

（7）只关注借款人按月还款情况，未对其工作、收入情况及抵押物价值等变动情况进行持续跟踪监测等。

7. 档案管理环节风险点

（1）是否按照要求收集整理贷款档案资料，按要求立卷归档；

（2）是否对每笔贷款单独立卷并按规定的贷款种类、业务发生时间等立卷规则编序，并逐一核对“个人贷款档案清单”；

（3）重要单证是否已经纳入档案保管；

（4）档案资料的使用是否建立了保管、借阅、调用审批制度；

（5）档案保管期间，借阅、复制是否经过审批，有无记录；借阅后还回档案有无查验、有无记录等。

（二）贷款外部合作中的操作风险点

住房公积金管理中心的外部合作机构包括受委托发放贷款的商业银行、提供阶段性连带保证责任的开发商、贷款存续期间提供连带责任担保的专业担保公司等，以及部分房产中介、二手房估价机构、律师事务所等。

1. 与受委托贷款银行机构合作中的风险点。由于合作银行机构受到银监部门的监管，制度相对严密，一般来说系统性的风险较小。但是由于公积金管理机构同受委托银行的委托合同很难事无巨细地全部精准划定，双方的委托事项有时很难划清界限，比如，即使签订了《贷款业务委托协议》，约定由受托贷款银行催收逾期贷款，但贷款风险由公积金中心承担，期望银行催收人员认真履行催收责任，往往很难如愿。另外，受托贷款银行工作人员的职业操守、能力和品行，都有可能在履行受委托业务职责中产生风险因素。

2. 与房产开发商、中介机构合作的风险点。房产开发商、中介机构因在个人住房贷款流程中提供阶段性保证而成为业务的重要一环；但又因其营利的本质，成为风险的重要来源。

（1）欺诈风险，即“假个贷”风险。所谓“假个贷”一般是指并不具有真实的房产交易，套取住房公积金贷款资金的行为。主要是指房产开发商滥用销售方和阶段性保证人身份，网罗、串通不法人员，许以高额利差，虚构楼栋、房号、买卖合同，进而由不法人员申请办理住房公积金贷款，待贷款资金到位后，开发商以借款人名义还贷，也就是“假按揭”。此外，还有“虚假首付”（含“零首付”“购房贷款后退房”）等表现形式。

（2）阶段性担保能力风险。一些房产开发商一个项目设立一个项目公司，有的开发项目公司的注册资本金仅 1000 万元，但立项、开发总投资达几十亿元的住房建设项目，负债率过高、杠杆敞口过大，过分依赖融资和预售资金的支撑。当住房市场火爆时，顺利建设、销售、办证尚可，一旦市场萎靡，销售不畅，潜在的经营风险可能影响房产开发商的阶段性担保能力。

3. 与专业置业担保公司合作的风险点。《置业担保公司管理办法》第三十三条规定：担保公司担保贷款余额的总额，不得超过其实有资本的三十倍；超过三十倍的，应当追加实有资本。专业担保公司的担保风险，主要表现为担保公司为各类金融机构、银行或住房公积金个人住房贷款提供的担保“放大倍数”过大，超出了其实际担保能力，过度担保而导致最终无力清偿。有的是一旦选定专业担保公司，往往形成严重的路径依赖，很难再更换贷款担保方式。

4. 同估价、公证、律师机构合作的风险点。主要是二手房评估价值认定失实或公证书、律师见证文件造假失实。

二、住房公积金贷款操作风险的成因分析

风险事件是发生风险的外在表现，是其背后多种风险因素相互作用的结果。造成住房公积金贷款管理过程中存在操作风险点的原因，主要包括以下几个方面。

（一）全面的风险防控制度建设薄弱

《住房公积金管理条例》规定：国务院建设行政主管部门会同国务院财政部门、中国人民银行拟定住房公积金政策，并监督执行。2003 年国务院机构改革后，人民银行专司货币政策职能，对银行业信贷的监管职能相继由银行业监督管理会、银行保险监督管理委员会和金融监管局负责，原本《住房公积金管理条例》规定的人民银行会同住建部、财政部拟定住房公积金管理政策的职能，仅主要表现为中国人民银行拟订调整住房公积金的存贷款利率；财政部对住房公积金制度的监管，主要的也就是制定了《住房公积金会计核算法》和《住房公积金财务管理办法》，相关制度都已近 20 年未修改，住房公积金贷款业务会计科目和核算规则已不能满足记载核算贷款实务问题的需要。关于住房公积金贷款方面的政策依据，也就是各城市公积金中心参考借鉴人民银行颁布的《个人住房贷款办法》而制定的城市《住房公积金个人住房贷款管理办法》，其法律地位和层级低，效力广被质疑。

（二）信贷业务管理制度存在缺陷

住房公积金管理中心是隶属城市人民政府的事业单位，习惯于用行政思维方式去管理信贷业务。受编制影响，金融、法律专业的业务人员较少，信贷业务风险管理专业能力相对缺乏。业务过程偏重流水作业，层级制约环环相扣机制不够，管理制度还存在一些漏洞和不够完善的地方。比如：对不法控制人恶意操控开发企业套取信贷资金的故意估计不足；对已办理公积金贷款项目的建设进度及贷款资金使用的监管不够有力；对已办理贷款项目的工程停工、预售停售、房产延期交付等风险隐患缺乏有效的干预、检查和监督手段；对哪些情形可以暂停业务合作或终止准入，往往存在空白或授权不明；等等，导致一线管理人员风险意识不够或缺乏必要的监督手段和授权依据。

（三）廉政风险意识不强

个别员工法律意识淡薄，受人情、利益干扰，玩忽职守；有的与不法开发商、不法分子合谋，为规避政策出谋划策，使一些人和机构骗取公积金贷款；有的对贷款政策规定、操作规程不求甚

解，机械操作；有的工作责任心不强，业务过程中粗枝大叶，不认真核对、审核。

（四）相关的政策衔接配套不够

主要是对住房公积金委托贷款的法律属性、内在机理、信贷风险因素的不确定性认识不够，识别能力不高；归集、提取、贷款管理措施之间不够协调，相互的配套衔接还有薄弱环节；参照执行的具体制度过于原则、粗放，针对性不强，一些具体情形缺乏统一、标准的操作规范，导致自由裁量度过大；还有的拟制的文件或合同存在缺陷，形成风险敞口，而被有意识地非法利用，形成风险。

（五）担保和抵押物依赖意识

一些地方的管理机构和管理人员存在“抵押物本位”的思想，在房价上涨的时期，过分依赖阶段性保证、抵押物的设定，对房产价格的下滑没有预见性；对阶段性保证人因经营风险对保证能力的影响缺乏预案准备；没有严格执行对第一还款来源即借款人个人和家庭还款能力的审核，降低了审批门槛，加大了住房公积金个人住房贷款的逾期风险。

三、住房公积金贷款操作风险的防控对策和政策性建议

（一）住房公积金贷款内部业务流程操作风险防控对策

住房公积金个人贷款业务的操作风险因素，产生和潜伏于贷款业务管理的各个环节，往往暴露于回收贷款、逾期贷款催收、办理抵押登记等贷后管理环节中。为了着眼于事前防范，堵塞业务流程中的漏洞，完善业务操作管理制度，可采取如下对策：

1. 提高贷款经办人员的业务水平和廉政意识。人员因素引起的操作风险包括操作失误、违法行为等情况。随着业务流程不断完善、内控制度不断健全，人员因素引起的操作风险就成为住房公积金贷款业务面临的首要操作风险。因此，防范人员导致的操作风险，一是需要加强从业人员的职业道德教育，使其遵纪守法；二是要加强法制教育，把廉洁从政的规矩和纪律摆在前面，加大对违规、违纪行为的惩处力度；三是加强并完善住房公积金管理机构内控制度建设，健全以岗位为点、程序为线、制度为面的住房公积金风险防控机制。

2. 完善、落实住房公积金贷款规章制度。及时加强对《民法典》《民事诉讼法》及金融信贷监管和住房公积金贷款政策等新旧法律、法规、规章已发生变化内容的比对，并持续不断修改、完善相应的业务操作规程，促进《住房公积金贷款业务操作规范》的贯彻落实，使之成为必须遵循和熟练运用的业务操作标准；住房公积金管理机构应针对本身的贷款业务工作实际，科学设计涵盖每项业务环节的业务流程，制定完善的业务操作规程；一线贷款工作人员应当经过系统的上岗前业务培训，经考核合格，方能上岗；鼓励所有的一线人员不仅要掌握住房公积金贷款方面的政策和法律法规，还要广泛学习和掌握包括信贷、合同、保证、抵押、商品房开发、房产销售、二手房交易、估价、公证、诉讼与执行等在内的法律常识，避免无意识的违法违规操作。

3. 严格落实贷前调查。住房公积金贷款经办人员应负责任地进行实地调查和资料收集，获取真实、全面的信息资料，独立地对借款人信用和经济收入作出评价和判断。调查和检查的工作重点如下：

（1）建立并严格执行贷款面谈制度。面谈前，业务人员应做好充分准备，拟定详细的面谈工作提纲，确保客户交易信息的真实性。

（2）加大贷前调查力度。贷前调查必须遵循真实、准确、完整、有效的原则，初审和调查人员要按照贷款项目准入办法勤勉尽责地履行调查义务。已准入的项目楼盘、楼栋、楼号办理贷款之前，要全面查看合作机构的准入文件、审批批复的合作机构保证金额、住房公积金机构与合作机构签订的合作协议，以及楼盘、楼栋的相关土地、工程规划、预售许可等文件。

对申请借款人的贷前调查，应尽可能对主借款人、共同借款人、抵押人、共同还款人的资格、信用、还款能力等进行全面的了解，掌握各方面情况，包括借款人工作或经营情况、真实财务状况及抵押物情况、评估偿债能力等，揭示分析潜在的风险因素。

4. 加强对贷款用途的审查。严格审查贷款所购住房交易是否真实，购房合同是否真实、有效，并与房产交易、不动产登记机关进行联网核查。

5. 合理确定贷款额度、期限、利率。贷款额度不能简单按照抵押物评估价值和贷款最高成数来确定，要对借款人及家庭名下住房套数信息、过往个人住房贷款使用情况进行调查，并结合家庭收入水平，合理地综合核定贷款额度、期限、利率。

6. 加强抵押物管理。进一步完善抵押物审查、评估、抵押登记等环节的管理，客观公正地估值，合法、有效落实抵押登记手续。借款人以自有或第三人的财产进行抵押，抵押物应当产权明晰、价值稳定、变现能力强、易于处置。在实际操作中要注意抵押文件资料的真实有效性、抵押物的合法性、抵押物权属的完整性、抵押物存续状况的完好性等。及时针对《民法典》修订后的关于居住权、抵押权登记等重大原则变化，修改阶段性保证、抵押预告登记和抵押登记操作管理各环节责任人之间的责、权、利等操作环节的工作衔接。

7. 完善职责授权管理。住房公积金管理机构应按照职责权限，借鉴学习银行业的审慎性原则，完善各岗位的授权管理制度，规范审批操作流程，明确贷款审批权限，实行审贷分离和授权审批，确保贷款审批人员按照授权独立审批贷款；探索合规审批责任终身制和尽职免责等制度。

8. 加强对贷款合同的文本管理、签订管理和支付管理。不断根据业务中发现的条款理解争议，完善合同条款的文字表述；严格贷款合同专用章等印章管理，不得在空白贷款合同上盖章；遵循审贷与放贷分离的原则，设立独立的放款部门或岗位，负责核实《住房公积金个人贷款合同》借款签字人身份，确保合同签字、手印的真实并加盖贷款合同签订的经手人名章；审核其他关于会计、票据、收款人、收款账户等方面的支付放款条件，对贷款资金的支付进行严格管理。

9. 强化贷后管理。制定详尽、明确的贷后管理、逾期贷款、风险贷款处置操作规程等制度，明确贷后管理岗位人员职责和工作内容，做好催收和贷后检查工作记录。以逾期情况为关注点，利用信息科技手段，及时预警，及时延伸贷后催收、管理工作内容，将借款人工作、家庭、婚姻变化状况及抵押房产的价值变化情况等设定为警示因素，根据成因及实际风险状况，尽快采取相应的催收、诉讼、抵押物处置等资产保全措施。

10. 加强贷款档案管理。建立健全贷款项目准入档案和个人贷款档案的各项管理制度，加强贷款档案规范性审查管理，严格做好立档、归档、借阅、补充等贷后管理工作。

（二）住房公积金贷款外部合作中的操作风险防控对策

防范公积金个人贷款合作机构风险就要深入了解合作机构的业务程序和运作规律。在开展合作、推动业务发展的同时，采取多种措施有效控制风险。

1. 同受托银行合作的操作风险防控对策

（1）进一步完善贷款业务委托合同。把受托贷款银行的职责具体细化，进一步细化委托贷款人、受托贷款人双方在贷前资信调查、贷款资金结算、贷款合同签订、贷款贷后管理、抵押物管理、他项权利证书管理、逾期贷款清收等衔接环节中的职责分工和职责界限，明确因受托银行履责不力应承担的风险责任。

（2）进一步细化受托贷款银行履责的考核内容，把日常业务合作的考核结果切实同委托手续费挂钩。

2. 同住房开发企业合作的操作风险防控对策

（1）进一步完善商品住房项目开展公积金贷款的准入、暂停、退出制度。完善项目准入管理办法，把开发商的资产、负债和保证能力等列入考察楼盘项目是否准入的合作条件；联合住建部门对合作楼盘项目使用贷款资金进行必要的监督；加大对已合作项目工程建设进度、非正常停工停售、负面网络舆情、交付情况等可能形成贷款风险的因素进行实地调查和排查；定期对开发公司履行阶段性保证能力进行复核、再评估；对已经或可能出现风险苗头的项目，制定必要的风险危机处置预案，视情况采取暂停放贷和撤销项目合作等措施。

（2）加强“假个贷”风险特征的识别。设立“假个贷”风险特征库，把已出现过或一般的特征菜单式列示，供审贷人员参考甄别，如：借款人对所购住房位置、房型、坐落语焉不详；或一人集中代多个借款人偿还贷款等。

（3）运用法律手段追究相应法律责任。“假个贷”的情况之所以屡禁不止，很大一部分原因是当事人承责较轻，处理不严，使当事人无所顾忌。而在住房公积金“假个贷”中，如已经造成了住房公积金资金损失，则房地产开发商的行为涉嫌违反相关法律，构成“诈骗罪”。在发现“假个贷”情况后，要积极向司法机关报案，注意收集相关证据，使犯罪分子受到法律制裁。

3. 完善住房公积金贷款风险赔偿制度。借鉴商业银行风险赔偿制度，在合作协议中明确约定受托银行与房地产开发企业等合作机构的责、权、利；一旦出现风险损失，根据损失的大小、责任的判定等作出具体约定，避免出现问题后互相推责。

4. 业务合作中不过分依赖合作机构。对专业担保机构的担保资格、担保能力进行定期复核；对二手房价值评估、涉嫌虚增交易价格的备案合同、公证书、律师见证文件的真实性、有效性进行抽样核查，保持对合作机构利用合法文件、程序掩盖虚假事实等异常行为的合理警惕；有效利用保证金制度或部门间的行政协作、信息共享机制防止骗贷行为的发生。

（三）关于加强住房公积金贷款风险防范制度建设的建议

1. 制定高层级的住房公积金贷款规章和风控规则

《住房公积金管理条例》中关于住房公积金贷款，仅有四个条款的原则性规定。各地市在住房公积金贷款业务的制度建设上，存在重实体性制度的制定，而程序性制度、操作性规则建设相对薄弱的情况；风险防控重贷前、贷中防控，贷后管理疲于被动应付，贷款风险管理体系还不够完善。在城市公积金贷款政策决策层面，行使决策职权的“公积金管委会”是非常设的决策机构，社会上对其法律地位的认知度不高，其通过的相关政策的法律层级低，无法有效防止骗贷、贷后停缴等问题。因而，从国家部委层面制定高层级的相关制度十分必要，建议尽快出台部委规章《住房公积金贷款管理办法》；持续补充完善《住房公积金个人住房贷款业务规范》；对暂时不具备统一规范条件的事项，宜由国家层面给予城市公积金管委会明确授权，使公积金管委会制定的城市《住房公积金贷款管理办法》具有相应的上位法和政策依据。

2. 树立全面风险管理意识，加强制度建设

事物都是发展联系的，不是孤立静止的。银行业对风险的管理经历了从单纯信用风险管理到信用风险、操作风险管理，再到实施全面风险管理的过程。另外，按照财政部关于《住房公积金呆账核销管理暂行办法》（财综〔2006〕10 号）第十条第四项的规定：公积金中心因工作疏忽造成重大损失，没有对有关责任人进行追究的债权，不得作为呆账核销。第十七条规定：公积金中心必须建立住房公积金呆账责任认定和追究制度。住房公积金个人贷款是中长期贷款，超长的贷款期跨度使得风险因素变数成倍放大，一旦发生损失，究竟是信用因素还是操作风险因素导致，有时很难区分。有必要加强《住房公积金个人住房贷款业务规范》实施督导；制定城市中心同受托银行、专业担保机构、房产开发商等贷款合作机构的合作协议示范文本，最大限度地明确双方的权利义务；成立国家层面的住房公积金政策咨询机构，对住房公积金贷款开展理论和工作研究；发挥高校研究机构和协会、研究会的参谋和助手作用，对住房公积金贷款中发现的新问题、新情况进行研究和提出建设性意见和建议。建立重大风险报告制度，加强沟通、通报；通过制度建设明确风险控制职责，划清各层级、各岗位的职责界线和履职尽责标准，完善责任追究制度，降低住房公积金资金的管理、运行风险。同时也要建立容错纠错和履职免责机制，保护从事信贷工作人员的积极性。

3. 完善贷款质量分类和风险预警指标体系

住房公积金贷款资产质量主要考核贷款逾期率一个指标，就是在考核时点，把约定到期 1 个月（不含）以上、6 个月（含）以内的应还未还的贷款本金和 6 个月（含）以上的全部贷款未还本金之和与贷款余额相比，得出贷款逾期率。这样做，抓住了风险的核心、简单易行。但是，贷款逾期率是个期末时点指标，存在人为操作、突击压缩降低逾期期数的可能性；该指标反应相对滞后，预防作用稍弱，不利于尽早发现借款人信用风险的苗头，存在明显不足，容易形成潜在的“灰犀牛”。因此，建议尽早优化住房公积金贷款资产质量和风险预警指标体系。全面借鉴学习银行业贷款资产“五级分类法”，对到期三期以上未还贷款的全部本金额计入贷款逾期率，争取早预警；列入次级贷进行重点关注，做到早干预，以管理工作的主动作为化解信用风险的被动和不确定性。另外增加一些风险分布预警指标，如：对风险贷款的累计逾期期数、连续逾期期数分布等指标分别进行细化、分析；存量贷款资产担保质量方面按保证、抵押状态纳入统计；将风险贷款的处置、诉讼状态率等纳入统计。通过更科学的贷款质量分类和不同角度对风险资产的分析、预警指标，全面提高对贷款风险的防控能力。

4. 发展新质生产力，为风险防控提供科技支撑

进一步增强信息科技手段的应用，通过发展新质生产力，更多地利用大数据、人工智能、互联网科技、区块链技术等把申请住房公积金贷款的政策条件、审批中应关注的风险因素、政策红线按业务情境细分、固化、数字化，编程分解到住房公积金信息管理系统中，同住建、不动产、市场监管、税务等部门的政务信息、人民银行征信系统、商业银行信息系统互联互通，加强贷前审查环节信息的比对，努力做好事前防范。摆脱传统的人工审核的路径依赖，实行“不见面审批”，减少人工审批过程中的主观判断带来的风险；另外，通过贷后管理风险预警指标，加强事中监控感知，利用数字技术快速精准地感知风险触点，并发出预警提示，便于管理人员和管理部门根据风险触点的流量日志回溯分析、定位风险事件，提示业务部门进行处置，争取对风险隐患、风险事件早发现、早处置。

5. 持续加强住房公积金贷款廉政风险防控建设

“法不足以自行。”无论多么严密的制度设计也无法包罗所有现实情况。各项贷款政策制度和业务流程、业务操作以及风险防控机制，都需要具体的工作人员来实施。因而，有待进一步加强贷款工作的内部控制制度建设，分解落实廉政责任，更有赖于各级领导和负责人对业务工作和廉政责任的“一岗双责”；明确业务流程中的各个风险点，落实岗位责任和责任人员，把廉政责任落实落细；严格审批权分配和管理，建立关键岗位不相容和任职回避制度；在部、省电子稽查和城市公积金中心内部控制的基础上，可以委托专业机构进行现场检查或城市公积金中心交叉互查；开展定期培训，加强住房公积金从业人员廉洁从政意识和职业道德教育，全面落实住房公积金贷款廉政防控机制要求。

强化内控管理　提高贷款风险防范水平

广西河池　韦菡丹

随着我国房地产市场的不断发展，城镇缴存职工的刚性住房和改善性住房需求日益增大，越来越多的缴存人使用公积金贷款买房，同时贷款违约、资金流失等相应的贷款风险也开始逐渐突显出来，这对于住房公积金贷款管理提出了更高的要求。

一、住房公积金贷款逾期情形及原因

在逾期贷款管理的具体操作实践中，常见的逾期情形主要有以下几种。

1. 管理风险产生的逾期。这里的管理风险主要是内部管理风险，是由内部制度不健全，或者业务监督不严格导致的。住房公积金贷款的管理是一项综合性工作，包括贷前管理、贷中管理、贷后管理环节，如果贷款管理缺乏合理的流程，或者岗位分工不明确、监督管理不严格，都可能会引发相应的贷款风险。

2. 借款人原因产生的逾期。一是家庭变故。主要是借款人的配偶、父母、子女大病住院且需要长期治疗，家庭支出大幅增加，借款人入不敷出，无力偿还每月的贷款本息。还有一种比较常见的情形是借款人离婚或配偶去世，家庭负担过重而不能按时偿还贷款本息。二是过度负债。借款人取得住房公积金贷款后，因投资失败陷入经济债务纠纷，导致负债累累，仅依靠工资收入无力偿还所负债务，只能有多少还多少，甚至长期不还款。三是健康问题。主要是借款人大病，需长期住院或吃药治疗，无法正常上班而被迫辞职，由于没有了经济来源，又有大额治疗费用开支，因而无力偿还贷款本息。还有一种比较常见的情形就是借款人死亡，家庭成员无力偿还剩余贷款本息，或合法继承人不愿意继承该房产和偿还剩余贷款本息。四是违法犯罪。借款人因违法犯罪被开除公职、判刑入狱，没有了经济收入来源，无法偿还贷款本息。五是收入下降。借款人失业，重新就业又找不到更好的工作，家庭经济收入下降，扣除基本生活开支后，不能偿还剩余贷款本息。六是不守信用。借款人因夫妻闹离婚、私下出售抵押房产等原因，虽然有经济能力，但不愿意偿还剩余贷款本息。部分借款人缺乏信用意识，对逾期还款的重要性认识不足，不重视逾期带来的负面影响，逾期成本低。此外，借款人还存在扣款账户被冻结、遗忘等原因未能及时还款导致贷款逾期。

3. 开发商原因产生的逾期。一是不按时交房。借款人觉得交房无望或不想要该套住房，将起诉开发商，要求解除购房合同和借款合同，并要求开发商偿还剩余贷款本息。由于开发商违约在先，法院均支持借款人诉讼请求，在诉讼未判决期间，借款人、开发商均不愿意还款，从而造成贷款逾期。如果开发商有偿债能力，可以申请强制执行；如果开发商没有偿债能力，那么该楼盘后续工程可能就无法完工，造成楼盘“烂尾”，大量房产将不能按期交付，此时开发商所有资产要么已经抵押出去，要么已经出售出去，无可供执行的财产，阶段性担保风险隐患很大。二是不按时办证。开发商虽然按期交房，但是因各种原因不能按时办理不动产证书，借款人发生逾期时，由于尚未办证，公积金中心没有优先受偿权。在申请法院强制执行时，由于未办证，有的地方法院担心纠纷而不同意拍卖处置房产；有的地方法院虽然同意拍卖处置，因未办证，经常出现流拍，或者拍卖成交的价格太低，不能全部偿还剩余贷款本息。三是造假骗贷。开发商为了房产销售，将赠送车位价格、装修价格等摊入总房价，或者购房人首付款达不到规定比例，开发商通过虚抬房价提高购房人的贷款额度，导致发放的贷款金额占比过高。出现贷款逾期时，申请法院拍卖抵押物所得款项不能覆盖剩余贷款本息。

4. 市场原因产生的风险。主要是房地产过热与需求不振交替产生的风险。新冠疫情前，有的地方房地产市场过热，职工购房需求高涨，房价飙升，导致用于抵押的房产价格虚高，造成后期处置抵押房产的隐患。近年来，受新冠疫情和经济下行影响，房地产市场“暴雷”不断，房地产市场需求不振，房价大幅下降，在申请法院强制拍卖抵押物时，频频出现流拍，无法处置逾期贷款。

二、应对贷款逾期的举措

（一）实行贷款全周期管理

贷款全周期管理是指从贷款的申请开始到贷款的结清为止，每个环节都有项目管理和借款人管理。

1. 加强贷前管理，杜绝起步就“埋雷”的现象

（1）严格审查项目准入。各房地产开发企业提交项目申请时，必须通过工商、不动产登记等部门或者企查查、天眼查、国家企业信用信息公示系统查询企业基本信息情况，同时，通过实地调查等方式核查相关信息，撰写调查报告并做到“五严格”：一是严格审核准入项目的资质，开发商的资质证件齐全，项目开发各种手续合法合规；二是严格调查项目法人及股东历年开发项目历史情况，即有无“烂尾”或者不按时给业主办理产权证的现象；三是严格审核准入项目的资产负债情况，包括项目法人及股东的个人征信情况；四是严格审查准入项目的工程进度，商品房必须达到封顶条件才能准入；五是严格审查开发商阶段性担保的资质，了解开发商的运转、资金流动性等是否正常。当开发商出现以下情形应禁止准入：已查知有金融欺诈、逃废、拖欠债务等不良记录的；有组织或协助他人制造虚假贷款，引导、暗示、串通借款人编造、包装贷款资料、虚构交易等行为的；企业法定代表人、股东有不良信用记录，被纳入法院被执行人名单且不能履行相关债务的；企业存在重大经济纠纷、重大违法违规行为，存在被政府主管部门、监管部门取消经营资格或被公告纳入相关行业“黑名单”的；企业及股东过往房地产项目存在楼盘“烂尾”不按时给职工办理不动产权证，不配合受托银行办理正式抵押登记手续的。

（2）严格审查借款人及共同借款人的综合信息。包括家庭负担情况、负债情况、收入情况、信用情况、首付款的真实性、抵押房产情况等。家庭负担情况通过贷前面谈面签获取，以了解借款人日常支出方向和压力；家庭负债情况和信用情况是通过中国人民银行个人征信系统查征信报告，重点审查借款人是否有大额负债，是否存在过度担保行为，是否存在不良负债，是否有恶意拖欠的逾期现象，是否有网络贷款、频繁套刷信用卡等行为。信用情况主要是查借款人有没有恶

意拖欠的历史记录。借款人或其配偶及其他共同借款人贷款、信用卡记录有恶意拖欠记录的，或被列入商业银行黑名单内的，或借款人存在骗提骗贷行为尚未处理清楚的，贷款委托人应拒绝其贷款申请。收入情况主要通过住房公积金信息系统和面谈、收入银行流水确认。但是，核定贷款额度只以住房公积金缴存基数为准，原则上不认可其他收入。首付款真实性是通过审核付款凭证、银行付款交易记录，查首付款金额真实性，查首付款是否进入住建部门认可的监管银行账户，确保首付比例达到规定的最低首付比例，确保预售房款得到有效监督。抵押房产情况主要是核实用于抵押的房产是否已设定多次抵押，是否已设定居住权，是否物有所值。核实是否物有所值的做法有两种：第一，对于购买二手房、已取得不动产权证后申请住房公积金贷款的，应扣除装修部分价格后，再按照规定比例核定贷款额度，对于房屋交易价格不能真实反映房屋价格的二手房，贷款额度不应超过房屋交易价格的 60%，确保抵押物足值，杜绝借款人虚高房价、套取贷款。第二，为规避出现抵押物价值虚高风险，对新建住房的，要与周边同类、同档次住房比较分析，对价格明显高于周边同类同档次住房的，要以周边同类、同档次住房价格认定房屋总价。同时，安排工作人员进行暗访，调查了解楼盘在房屋销售时是否把装修价格、赠送车位、赠送家电家具价格等计入房屋总价。

2. 做实贷中管理，减少贷后潜在风险。贷中管理时间段是从审批后到贷款发放这个环节，包括审查贷款项目进度，抵押手续办理情况，贷款发放信息的完整性、准确性等。审查贷款项目进度主要是核实抵押物所在楼栋是否封顶，该项目是否已经出现超过约定时间交房现象，如果出现不封顶或违约交房的，暂停放款。抵押手续办理情况是要核查抵押登记权证中借款人姓名、贷款金额、年限等关键信息，是否与审批的贷款信息一致；借款合同、抵押登记权证的抵押物地址是否与购房地址一致，抵押登记权证的权利人、义务人、担保方式、担保债权数额、债权起止时间、权利面积等信息是否与实际贷款审批的信息相吻合，附记栏是否记录有其他影响债权实现的信息，即是否已经有抵押记录。贷款发放信息的完整性、准确性是要审查办理委托贷款通知书、贷款资金划扣申请通知书、借款合同、借款人姓名、贷款金额、年限等关键信息，是否与审批的贷款信息一致；属于购买商品房期房申请贷款的，还要审查借款合同约定的贷款发放银行账户是否是监管账户。材料审核无误，才能办理贷款资金划拨手续。

3. 紧盯贷后动态，严防逾期风险。贷前、贷中管理只是控制逾期贷款管理的基础性工作，而贷后管理才是防范贷款风险、控制贷款逾期的重要环节或者说关键环节。贷后管理是指贷款发放后到还清这个环节，包括预抵押转正式抵押、还款情况动态监测、逾期催收、诉讼、申请法院执行等。预抵押转正式抵押是要建立预抵押转正式抵押登记台账，记录购房合同约定的办理不动产权证时间，要求受托银行跟踪督促开发商是否按时办证，开发商办证后立即办理正式抵押，开发商不按时办证的，暂停受理开发商所有开发楼盘项目的住房公积金贷款，并发函要求开发商限期办证，逾期不办理的，将追究开发商的阶段性担保责任。还款情况动态监测主要是建立逾期监测机制，每天查看当天的回收情况，发现扣款不成功或不足额扣款的，除短信通知借款人之外，还要电话通知借款人 7 日内按时足额还款，逾期不还款，将转入逾期管理并进行分类登记。逾期催收主要是根据借款人逾期期次和分类，采取不同的逾期催收措施，包括电话督促、书面通知、上门催收、发律师函、督促担保人履行担保责任等。诉讼主要是对恶意拖欠贷款以及其他经过多次催收后仍不履行还款义务、连续逾期超过 3 期或累计逾期超过 5 期的借款人向法院提起诉讼。申请法院执行时借款人、担保人在规定期限内均不执行法院判决的，申请法院采取强制扣划银行账户资金、拍卖抵押房产等措施来偿还逾期贷款本息。

（二）压实部门责任，确保管理成效

1. 压实公积金中心的责任。一是完善机制，使管理制度规范化。为加强个人住房公积金贷款管理，防范与化解贷款风险，降低贷款逾期率，确保信贷资产安全，制定规范的《逾期贷款管理办法》，明确业务科室、管理部和受托银行的工作分工及责任，以及各个环节的催收程序和方式方法等，并严格贯彻落实。二是严格考核，通过绩效考评促落实。以实现“零逾期”为目标，将逾期贷款催收工作纳入业务科室和管理部的内部绩效考评。三是执行“日跟踪月分析”的常态化管理模式。“日跟踪”是指业务科室、管理部、受托银行按照各自职责对每天贷后回收情况进行跟踪和反馈。“月分析”是指业务科室、管理部、受托银行根据上个月逾期贷款的情况进行统计分析，报告催收进度，并提出下一步的催收措施。四是严格执行贷款三级审批和会审制度。贷款业务全部授权各管理部审批，由初审人、复核员和审批员三级审批，公积金中心明确各岗位职责，业务系统对审批操作过程均有留痕。贷款发放后，组织抽调各部门工作人员对每笔贷款档案进行集中会审，交叉检查贷款档案，检查确定为问题后，相关管理部或者受托银行要限时完成整改，并且要严格执行问责机制，对办理该笔业务的相应管理部、责任人或者受托银行进行扣分处理。

2. 压实受委托银行的责任。受委托银行的责任是自公积金中心审批后，从与借款人签订借款合同开始，除与公积金中心一起负有贷中、贷后管理共同责任外，还承担借款合同和担保合同签订、抵押登记办理、贷款发放、预抵押登记转正式抵押登记、权证管理、逾期催收、诉讼、抵押物处置和担保责任落实等。这些责任应在住房公积金金融业务委托协议中明确，并制定考核方式，考核结果与支付委托贷款手续费比例挂钩。对于借款合同和担保合同签订、抵押登记办理、贷款发放、预抵押登记转正式抵押登记等工作都制定明确的流程和要求，主要是强调准确性和时效性。权证管理是要求受委托银行负责抵押物的抵押登记权证、保单等重要凭证的真实性审核，并按照人民银行、银监会以及本行对抵押权证管理规定，视同本行自营信贷业务保管住房公积金委托贷款抵押权证。逾期催收是指受委托银行按本行自营贷款的逾期贷款管理要求进行催收，并建立逾期催收登记簿，完善催收手续，并于每月的前 3 个工作日内以书面形式向公积金中心反馈上一个月的住房公积金贷款逾期催收情况。诉讼是受委托银行对达到诉讼条件的借款人向法院提起诉讼，提起诉讼的相关工作和费用由银行负责。处置抵押物和落实担保责任是压实受委托银行要履行的三种情况的责任：第一，对法院已经判决的案件，由受委托银行督促借款人和担保人履行还款义务，逾期不履行的，申请法院强制执行；第二，预告抵押期间，借款人未按时偿还贷款本息导致逾期的，由银行通知售房单位和保证人对借款人进行催收，催收后仍不按时偿还贷款本息的，追究售房单位和保证人的阶段性担保责任；第三，住房公积金贷款的抵押物因借款人债务纠纷或其他原因被法院拍卖的，由受委托银行向法院提出优先受偿申请。

三、当前贷款风险防控的困境

（一）担保制度的缺陷

在预售制度下，销售的房屋属于期房，只能办理预抵押登记，公积金中心对抵押物没有优先受偿权。虽然开发商提供阶段性担保，但是担保能力有限，目前又不允许收取保证金、购买保险等辅助担保，开发商出现资金链“断裂”、楼盘“烂尾”、破产等情形时，公积金中心将承担风险。

（二）不利的法律地位

最高人民法院《关于审理商品房买卖合同纠纷案件适用法律若干问题的解释》规定，支持借款人在开发商不按期交房或楼盘“烂尾”时解除购房合同、借款合同，由开发商来偿还剩余贷款本息，此时开发商已经没有偿还能力，公积金中心将无法收回贷款本息。同时，《最高人民法院关于商品房消费者权利保护问题的批复》（2023 年 2 月 14 日最高人民法院审判委员会第 1879 次会议通过，自 2023 年 4 月 20 日起施行）规定，对于通过贷款购房的借款人，支持借款人拥有优先受偿权。虽然法院判决是由开发商来偿还，但实际上形成了公积金中心贷款权益悬空风险。

（三）动用风险准备金困难

虽然财政部《住房公积金财务管理办法》《住房公积金财务管理补充规定》明确了提取贷款风险准备金的比例，公积金中心也按照规定提取了贷款风险准备金，《住房公积金呆账核销管理办法》也明确了职工个人住房公积金贷款呆账的认定、呆账的核销等有关程序，但是，要核销住房公积金呆账需要报设区城市财政部门审核，并报住房公积金管理委员会同意后，再报自治区财政部门批准才能核销。住房公积金呆账的认定、核销流程烦琐，难以操作。

（四）缺乏灵活的处置机制

目前经济形势下，房地产市场销售低迷，通过法院拍卖抵押物出现流拍的情况非常普遍。出现拍卖抵押物流拍时，法院只能中止执行。由于住房公积金政策没有以物抵债相关规定和机制，公积金只能等具备条件时才能重新申请拍卖。在这么长的期间内，由于无法处置抵押物，不能收回贷款本息，逾期率将不断上升。

（五）异地协作机制不完善

根据《住房城乡建设部关于住房公积金异地个人住房贷款有关操作问题的通知》（建金〔2015〕135 号）规定：“异地贷款出现逾期时，缴存城市公积金中心应配合贷款城市公积金中心开展贷款催收等工作，根据贷款合同可扣划贷款职工公积金账户余额用于归还贷款。”在实际操作中，异地贷款出现逾期时，由于各中心之间信息沟通、配合力度不够，不能有效划扣个人住房公积金冲抵逾期贷款本息。

四、解决当前困境的对策建议

（一）健全风险防控制度

住房公积金制度实行 30 多年来，积累了不少贷款风险防控经验，对贷款受理、审核、审批以及贷后管理、逾期处置都有一套比较完整的制度体系。但是，随着经济社会的发展，遇到的新情况、新问题不断增多，住房公积金制度也面临着很多不适应的地方，依靠过去的经验不足以应对当前的许多新问题，这就要求我们根据时代变化和遇到的问题及时作出相应调整和改变，对可能造成贷款风险的问题加强研究分析，提高对事物演进的预见性和前瞻性，不断健全贷款风险防控制度，压实工作责任，强化监督检查，进一步提高住房公积金贷款风险防控水平。

（二）强化部门协作联动

在目前的房地产形势下，公积金中心对房地产市场信息、开发商资质能力、借款人申请人的还款能力和信用信息的掌握不全面，对贷款风险评估也不够全面，这就必然影响到后期的贷款管理。这就需要强化公积金中心与房产、不动产、市场监管、银行、法院、民政等部门的协助联动和数据信息共享，及时掌握相关数据信息以便应对可能存在的各种风险隐患。同时，无论是贷款申请受理和审核审批，还是贷后的预抵押转正式抵押、逾期贷款处置等，都需要部门之间的协作配合，强化对可能存在的风险因素的监测和评估，提高对风险隐患的应对和处置能力。特别是住房公积金系统内部之间，更应完善相关协作机制，落实国家异地贷款政策，积极配合异地划扣个人住房公积金冲抵逾期贷款本息。

（三）研究更科学的担保方式

在目前房地产形势、担保制度和不利的法律环境下，公积金中心对抵押物没有优先受偿权，只要开发商不按时交房，借款人可以随时解除购房合同和借款合同，开发商担保能力有限，可能随时“跑路”，住房公积金贷款存在的潜在风险很大。虽然公积金中心可以引入第三方担保机构，但是第三方担保机构收费高，有的只担保职工购买二手房的贷款，由于购买商品房贷款的占比大，如果出现大范围的逾期风险，第三方担保机构也可能无力承担风险。因此，需要进一步研究当前担保制度存在的问题，出台相关政策措施，在一定条件下，允许收取保证金、购买保险、未结清贷款前质押一定的个人住房公积金账户余额等辅助担保的方式，进一步增强公积金中心抵御风险的能力。

（四）研究易操作的逾期处置机制

虽然《住房公积金呆账核销管理办法》第七条第（六）款规定，“由于本条（一）至（五）原因，借款人不能偿还到期贷款，公积金中心依法取得抵债资产，抵债资产被依法拍卖、变卖或抵债之后的所得金额扣除抵债资产接收费用，小于贷款本息的差额，经依法追偿后仍无法收回的贷款余额”可认定为呆账，但是，在法院拍卖抵押物流拍时，公积金中心在什么条件下可以实行以物抵债没有规定；拍卖的抵押物价格超过贷款余额的时候，超过贷款余额部分从哪里支出没有规定；公积金中心取得抵债资产后如何管理使用没有规定，因此，需要在确保资产安全、风险可控的情况下，研究更易操作的呆账处置机制和贷款风险准备金使用机制，出台相关抵债房产和贷款风险准备金相互转换、抵押房产与廉租住房补充资金相互衔接交换等政策，授予公积金中心更加灵活的处置权力，以便控制贷款逾期率，防范贷款风险。比如：在法院拍卖抵押物流拍的情形下，经过认真评估，允许公积金中心以物抵债，标的物价格超过贷款剩余本息的，可以动用风险准备金支出差额部分，待抵债资产依法拍卖后，再补充贷款风险准备金。再如：公积金中心依法取得抵押房产后，经合理评估，折抵廉租住房补充资金，将抵债资产交给财政部门或当地政府转入廉租住房管理。

住房公积金个贷逾期催收策略研究

河北邢台　王利英 王　栋

在住房公积金个人住房贷款业务中，逾期现象时有发生，给资金安全和正常运营带来了挑战。深入研究个贷逾期催收策略，对于提升住房公积金管理水平、维护缴存职工权益至关重要。

一、住房公积金个贷逾期现状分析

（一）逾期规模与趋势

通过对近年数据的统计分析，发现住房公积金个贷逾期金额呈逐年上升趋势，逾期户数也有所增加。特别是在经济形势不稳定和房地产市场调控的背景下，逾期问题更为突出。

（二）逾期贷款的分布特征

1. 地域分布

不同地区逾期情况存在差异，经济发展相对滞后、房地产市场活跃度较低的地区逾期率相对较高。这些地区的居民收入水平普遍较低，就业机会相对较少，个人的偿债能力相对较弱，应对突发经济困难时的缓冲能力较弱，一旦遭遇失业、疾病等突发情况，就很容易出现无法按时偿还贷款的情况。

2. 贷款类型分布

纯公积金贷款的逾期率相对较低，而组合贷款由于其独特的性质，逾期风险相对较大。组合贷要求借款人同时面对两种贷款的还款要求，而且商业贷款利率通常较高，这使得借款人整体还款负担较重，一旦出现资金周转困难，借款人很容易陷入还款难的困境。

3. 借款人特征分布

从年龄层次看，年轻借款人由于初入职场，工作经验有限，职业稳定性相对较差，收入水平往往也处于较低层次且波动较大，逾期比例相对较高。从职业类别看，自由职业者和个体经营者往往缺乏稳定的收入来源，经营风险较高，财务状况容易受到市场波动和行业竞争的影响，从而导致逾期风险较大。从婚姻状况看，未婚借款人通常缺乏家庭的经济支持和共同分担风险机制，经济压力集中在一个人身上；而离异借款人可能因财产分割、家庭经济结构变化等原因导致财务状况不稳定，从而增加逾期风险。

二、住房公积金个贷逾期成因探究

（一）宏观经济环境影响

1. 经济增长放缓

在当前复杂多变的经济环境中，整体经济增长速度减缓，部分企业正面临着一系列严峻挑战。企业经营困难直接导致职工收入下降，这一连锁反应严重削弱了借款人按时足额还款的能力，为住房公积金个贷逾期问题埋下了隐患。

2. 就业形势严峻

当前的就业市场竞争激烈程度超乎想象，失业率呈现出令人担忧的上升趋势。众多企业为了降低成本，纷纷采取裁员措施，导致大量人员失业。与此同时，新的就业机会增长缓慢，远远无法满足求职者的需求。在这样的形势下，部分借款人失去了稳定的收入来源，经济状况急剧恶化。他们在失去工作后，不仅面临着生活的压力，还要应对各种贷款还款。由于没有稳定的收入，按时偿还贷款变得异常艰难，从而导致住房公积金个贷逾期问题愈发严重。

（二）借款人自身因素

1. 信用意识淡薄

在部分借款人中，存在着对信用重视程度不足的现象。他们对信用的价值和逾期还款可能带来的严重后果缺乏清晰认识，没有意识到良好的信用记录对于个人未来金融活动的重要性。这种对信用的漠视，导致一些借款人在面对还款困难时，不是积极寻求解决方案，而是选择故意拖欠或者恶意逃债。

2. 财务状况恶化

生活中充满了不确定性，突发的疾病、意外事故或投资失败等意外情况，都有可能给借款人的财务状况带来沉重打击。疾病可能导致高额的医疗费用支出，意外事故可能造成财产损失和收入中断，而投资失败则可能使个人资产大幅缩水。这些突发情况往往超出了借款人的预期和承受能力，导致他们的财务状况急剧恶化，原本稳定的经济状况瞬间陷入困境，无力偿还贷款。

3. 还款能力评估偏差

在贷款申请过程中，部分借款人对自身未来的还款能力估计过于乐观，他们没有充分考虑到经济环境的变化、职业发展的不确定性以及可能出现的各种风险因素。例如，他们可能高估了未来的收入增长幅度，或者忽视了潜在的失业风险、利率上升等因素对还款能力的影响。这种对还款能力的错误评估，使得他们在实际还款过程中面临巨大压力，一旦出现不利情况，很容易导致无法按时偿还贷款。

（三）房地产市场波动

1. 房价下跌

房地产市场波动是影响住房公积金个贷逾期的重要因素之一。在市场调整期间，房价可能出现下跌趋势。对于部分借款人来说，他们所购买的房产价值可能已经低于未偿还的贷款余额。在这种情况下，借款人可能会认为继续还款不再具有经济合理性，从而降低了还款意愿。他们可能会选择放弃还款，甚至主动违约。

2. 房产交易困难

在房地产市场低迷时期，房产变现难度显著加大。市场需求减少，购房者观望情绪浓厚，房产交易周期延长，价格也受到压制。对于那些需要通过出售房产来偿还贷款的借款人来说，这无疑是一个巨大的障碍。即使他们愿意出售房产，也可能难以找到合适的买家，或者不得不以低于预期的价格出售，从而导致资金缺口无法填补，进而影响贷款的偿还。

（四）管理与政策因素

1. 风险评估体系不完善

现行的风险评估模型在对借款人的信用状况和还款能力进行评估时，存在一定的局限性和不准确性。传统的评估方法往往过于依赖借款人的财务数据和信用记录，而忽视了一些非传统但同样重要的因素，如借款人的社交信用数据、消费行为数据等。此外，评估模型可能没有充分考虑到经济环境变化和市场波动对借款人还款能力的潜在影响，导致无法有效识别和预测潜在的逾期风险。

2. 政策调整的影响

住房公积金贷款政策的变化，如贷款利率的调整、贷款额度的限制等，可能对借款人的还款负担产生直接影响。贷款利率的上升会增加借款人的还款成本，使得原本还款压力就较大的借款人更加难以承受。贷款额度的限制可能导致借款人无法获得足够的资金来应对突发的经济困难，从而影响还款能力。此外，政策的频繁调整也可能让借款人在规划还款时感到困惑和无所适从，增加了逾期的风险。

3. 催收机制不健全

目前的催收手段相对单一，主要依赖电话催收和上门催收等传统方式，缺乏创新和多样性。对于一些顽固的逾期借款人，这些手段往往效果不佳。同时，催收力度也不足，对逾期借款人缺乏有效的约束和威慑机制。在法律法规的执行方面，可能存在不够严格和规范的情况，使得逾期借款人没有充分认识到自身行为的严重性和后果。

三、个贷逾期产生的影响

（一）资金安全与流动性风险

逾期贷款的持续增加对住房公积金资金的安全和正常回笼构成了直接威胁。大量逾期未还贷款导致资金沉淀在不良资产中，无法及时回流，降低了资金的流动性和可支配性。这可能引发一系列连锁反应，如资金链紧张、调配困难等，进而影响住房公积金业务的正常开展，包括新贷款的发放、提取业务的办理等，严重时甚至可能影响住房公积金制度的可持续性和稳定性。

（二）运营成本与管理压力

为了应对逾期贷款问题，需要投入大量的人力、物力和财力资源进行催收。这包括增加催收人员、建立和维护催收系统、进行法律诉讼等，显著增加了住房公积金管理的运营成本。同时，逾期贷款的处理也给管理部门带来了巨大的工作压力和管理难度，需要耗费大量的时间和精力来协调各方资源、制定催收策略、处理客户投诉等，影响了工作效率和服务质量。

（三）社会信用体系冲击

住房公积金个贷逾期问题的蔓延对社会信用环境造成了严重破坏。它削弱了公众对信用价值的尊重和信任，影响了住房公积金制度的公信力。这种不良现象可能导致其他借款人产生效仿心理，进一步恶化社会信用状况，增加金融交易的风险和成本，对整个社会的信用体系建设产生长期的负面效应。

（四）影响房地产市场稳定

大量的逾期贷款可能引发金融风险，进而对房地产市场的稳定发展造成不利影响。当众多借款人无法按时偿还贷款时，可能导致金融机构收紧房贷政策，减少对房地产市场的资金支持。这会抑制购房需求，影响房地产开发商的新项目投资，从而对房地产市场的供需关系和价格走势产生冲击，破坏市场的平衡和稳定。

四、住房公积金个贷逾期催收策略

（一）完善风险评估与预警机制

1. 优化风险评估模型

引入更多维度的数据对于构建精准的风险评估模型至关重要。除了传统的财务数据外，借款人的社交信用数据能够反映其社交关系和信用行为，消费行为数据可以展现其消费习惯和消费能力，这些数据都能为评估借款人的信用状况和还款能力提供有价值的参考。通过整合这些多维度的数据，并运用先进的数据分析技术和算法，能够更全面、准确地刻画借款人的风险特征，从而提高风险评估的精度和可靠性。

2. 建立动态预警系统

实时监测借款人的还款行为、财务状况和信用变化是建立有效预警系统的关键。通过与银行、征信机构等相关部门的数据对接，实现对借款人信息的实时获取和更新。设置科学合理的预警指标，如还款逾期天数、负债比率变化、信用评分下降幅度等，能够及时捕捉到潜在的风险信号。一旦触发预警指标，系统应自动发出警报，并为管理人员提供详细的风险分析报告，以便及时采取相应的预防措施，如提前催收、调整还款计划等。

（二）创新催收手段与方法

1. 多元化催收渠道

除了传统的电话催收和上门催收方式外，充分利用现代通信手段进行催收具有重要意义。短信催收可以及时传达还款提醒和逾期通知，电子邮件催收能够提供详细的还款信息和逾期后果说明，社交媒体催收则可以借助社交网络的传播力和影响力对借款人形成一定的舆论压力。通过整合这些多元化的催收渠道，能够提高催收信息的传递效率和覆盖面，增加与借款人的沟通频率和效果，从而提高催收的成功率。

2. 个性化催收方案

根据借款人的逾期原因、还款能力和信用状况制定个性化的催收方案是提高催收效果的关键。对于暂时有困难但有还款意愿的借款人，给予一定的还款宽限期或者合理安排分期还款计划，能够帮助他们缓解还款压力，逐步恢复正常还款。对于恶意拖欠的借款人，应采取强有力的法律手段进行追讨，包括起诉、申请财产保全等，以维护公积金中心的合法权益。通过这种差异化的处理方式，能够更好地平衡催收效果和借款人的实际情况，提高催收工作的合理性和有效性。

3. 引入第三方催收机构

在合法合规的前提下，与专业的第三方催收机构合作能够充分发挥其专业优势和经验。第三方催收机构通常拥有丰富的催收经验、先进的催收技术和专业团队，能够针对不同类型的逾期借款人采取有效的催收策略。同时，与第三方催收机构合作还可以减轻公积金中心催收团队的工作压力，提高催收工作的效率和质量。但在合作过程中，必须严格遵守相关法律法规，加强对第三方催收机构的监督和管理，确保催收行为合法、规范、文明。

（三）加强部门协作与信息共享

1. 内部协同

加强公积金中心内部各部门之间的协作是提高工作效率和管理水平的重要举措。贷款管理部门应与财务部门密切合作，及时掌握资金流动情况和逾期贷款的财务影响。法律事务部门则为逾期催收提供法律支持和保障，确保催收工作在法律框架内进行。通过各部门之间的信息共享和工作协同，能够形成一个紧密的工作链条，提高对逾期贷款的处理能力和效率。

2. 外部合作

与银行、房产管理部门、法院等外部机构建立信息共享和联动机制对于加强对逾期借款人的监管和约束具有重要意义。与银行共享借款人的资金流水信息，能够更全面地了解借款人的财务状况和资金流动情况，为催收工作提供依据。掌握借款人的房产交易情况，可以及时发现借款人通过房产交易逃避还款责任的行为。通过法院依法对恶意拖欠贷款的借款人进行制裁，能够维护金融秩序和法律权威，对逾期借款人形成有效的威慑。通过这种跨部门、跨机构的合作，能够构建一个全方位、多层次的监管网络，有效遏制住房公积金个贷逾期问题的蔓延。

基于风险管理视角下住房公积金内部控制策略研究

陕西宝鸡　李存斌

住房公积金内部控制是保障组织规范有序、科学高效运行的重要手段，可以保证资源有效配置、业务合规运作、风险合理控制、会计信息真实反映，从而实现组织经营和管理目标。由于住房公积金的政策属性和金融属性，公积金中心区别于其他行政事业单位，其风险也具有特殊性。因此，基于风险管理视角，深入研究住房公积金内部控制问题，提出有效的应对策略，具有十分重要的现实意义。

一、住房公积金管理面临的主要风险

住房公积金管理面临的主要风险有政策风险、资金安全风险、资金流动性风险、业务合规性风险、欺诈风险、信用风险、数据安全风险和廉政风险。

（1）政策风险是指住房公积金管理机构在制定和调整相关政策时，因与上位法不符或依据不充分导致决策不当而引发的风险。具体表现有：一是突破住房公积金缴存基数上下限；二是突破住房公积金缴存比例限制；三是扩大住房公积金提取事项或人员范围；四是突破住房公积金贷款房屋套数或贷款次数限制。

（2）资金安全风险是指住房公积金资金在运作过程中偏离正常计划或用途而引发的风险。具体表现有：一是未经审批违规开设银行账户；二是未经授权或审核把关不严，违规调配资金；三是大额资金管理制度不完善、监管不到位，导致资金被违规挪用、侵占等；四是大额存单保管不善，被违规利用；五是空白支票和印鉴管理使用不规范，导致被滥用。

（3）资金流动性风险包括资金流动性不足风险和资金流动性过剩风险。其中，资金流动性不足风险是指住房公积金不能及时满足缴存职工提取或发放贷款等资金需求的风险；资金流动性过剩风险是指资金不能充分运用导致资金闲置、收益低下的风险。在当前房地产市场不及预期的形势下，公积金中心面临的主要是资金流动性过剩风险。

（4）业务合规性风险是指在政策执行过程中，违反政策规定办理住房公积金业务而引发的风险。具体表现有：一是违规设立“一人多户”；二是违规办理单位缓缴或降低缴存比例业务；三是违规办理住房公积金汇（补）缴业务；四是违规操作，为不符合条件的申请人办理提取业务或超额度办理提取业务；五是审核把关不严，违规为不符合条件的申请人办理贷款业务。

（5）欺诈风险是指申请人以虚假材料或虚构购房行为恶意取得住房公积金而引发的风险。具体表现有：一是持伪造的商品房买卖合同、不动产权证书或婚姻关系证件等虚假材料，恶意骗取住房公积金；二是通过中介机构虚构购房行为，非法套取住房公积金。

（6）信用风险是指当事人违约未能履行合同约定义务而引发的风险。具体表现有：一是借款人因收入减少、婚姻变化、家庭变故、意外伤亡等原因，未按期偿还个人住房公积金贷款，导致贷款逾期；二是项目贷款借款人受项目经营状况、资金流等影响未按约定还本付息。

（7）数据管理风险是指在住房公积金系统数据收集、存储、处理、使用和共享过程中，由于数据管理不当或数据安全措施不到位而引发的风险。具体表现有：一是由于硬件故障、软件缺陷或人为错误，导致数据丢失或损坏；二是因网络安全防护措施不到位，导致系统遭受黑客攻击或数据泄露等；三是未能有效备份数据或数据备份不可靠，导致数据无法恢复；四是因共享信息管理未落实数据“可用不可见”要求，导致个人信息泄露。

（8）廉政风险是指住房公积金管理人员在日常工作中违反廉政规定而引发的风险。具体表现有：一是违规挪用或侵占住房公积金，导致资产流失或受损；二是串通中介机构或他人通过骗取套取住房公积金而收受“手续费”；三是私自篡改系统信息，非法套取住房公积金；四是违规审批并发放住房公积金贷款，造成经济损失。

二、住房公积金风险管理存在的问题

（一）缺乏完善的内控制度和管理体系

一是制度机制不够健全。有的公积金中心内控制度建设尚未形成统一规范、科学有效的内部控制制度体系，导致风险隐患增加，甚至引发问题发生。从公开曝光的案例看，公积金中心工作人员违规办理住房公积金业务，利用业务管理系统漏洞违规挪用资金，伙同中介机构或他人违规套取住房公积金等问题偶有发生。

二是管控措施不够有力。有的公积金中心没有结合风险隐患统一制定风险防控预案，没有明确各类风险偏好和风险承受度具体指标，缺乏风险识别、风险评估、风险预警、风险控制和风险评价机制。有的公积金中心针对逾期贷款管理引发的信用风险措施不够有力，导致贷款逾期率长期在高位运行。有的公积金中心因数据共享链路未打通或协查渠道不通畅，不能及时核验申请人材料的真实性，导致骗取骗贷住房公积金的问题无法从根本上杜绝。

（二）缺乏强烈的风险管理意识

一是风险认识不够全面。片面地认为风险都是纯粹的、负面的，未正确认识和识别机会风险。在当前房地产市场不及预期、市场利率不断下调的形势下，利用住房公积金沉淀资金购买国债是应对资金流动性过剩风险、提高增值收益率的有效手段。但大部分公积金中心没有动用沉淀资金购买国债，而是以转存定期存款的方式获得收益，从而失去了有效提高增值收益率的机会。

二是风险管控意识不强。有人认为住房公积金有别于企业，加之有业务管理信息系统的技防手段，引发风险的概率较低，管不管都不会出事。特别是在政策出台、系统升级、业务流程优化等方面，缺少正式的风险评估环节和程序，没有深入评估潜在风险，导致事前风险管理不够到位。

（三）缺乏有效的监督管理

一是内部监督不够有效。有的公积金中心内部监督形同虚设，职责不够明晰，程序不够规范，开展事前、事中、事后监督不够到位，监督结果反馈机制不够健全，跟进督促问题整改不够到位。有的公积金中心对于业务合规性监督，缺少技术监督等创新手段，导致内部监督存在盲区，发现问题不够及时。

二是外部监督不够严格。在监督执行中，有的地方财政、审计、人民银行等部门履行监督职责不够严格，监督作用发挥不够充分，联动监督机制不够健全，外部监督整体合力尚未形成。

三是上级监督不够及时。有的省级住房公积金监管部门事前监督不够到位。最为典型的是2022年，湖北、安徽、云南、广东、河北、四川、天津、江西、湖南、福建等地30多个城市先后发布新政，实行“一人购房全家帮”的住房公积金政策，因违反《住房公积金管理条例》而被叫停。

（四）缺乏专门的风控机构和人员

受制于机构编制设置等原因，有的公积金中心未设立专门的稽核内审职能部门，或未成立稽核内审工作领导小组，稽核内审工作职责由其他业务部门根据自身职能分工承担，责任部门也未指定专人负责稽核内审工作，而是由其他岗位人员兼职负责，导致稽核内审工作的独立性不够。同时，大部分稽核内审工作人员未经过专业培训，缺乏稽核内审专业知识能力，不能胜任稽核内审工作岗位。

三、住房公积金内部控制策略优化路径

（一）加强控制环境建设

一是设立风险防控机构。建立健全稽核内审工作领导小组，理顺管理机制，明确职责权限，实施监督评价。积极向编制部门申请增加稽核内审职能部门和人员编制。二是健全议事决策机制。对“三重一大”事项应当严格履行集体决策程序，确保科学决策、民主决策、依法决策。三是加强人员队伍建设。选调专职稽核内审人员，加强风险防控专业化培训，不断提升稽核内审人员的职业道德修养和专业胜任能力。同时，实行内部控制关键岗位轮岗制度，明确轮岗周期。四是强化风险管理意识。定期举办风险管理专题讲座或开展理论研讨，增强全员参与风险管理的意识，纠正对风险管理的片面认识。五是积极培育廉洁文化。结合住房公积金服务管理工作实际，有针对性地开展廉政教育和法纪教育，加强对干部职工的全方位管理和经常性监督，确保廉洁从政、廉洁用权、廉洁办事。

（二）加强风险评估管理

一是健全完善评估机制。公积金中心至少每年组织一次风险评估，并形成书面风险评估报告。有条件的公积金中心，可以聘请具有胜任能力的第三方机构开展风险评估工作。二是合理设置控制目标。根据行业管理有关要求和自身实际，全面系统梳理住房公积金管理各类风险，科学合理确定风险偏好和风险承受度，对于影响资金流动性、资产安全性、业务合规性等的重大风险，必须设定具体的控制目标。三是认真开展风险评估。采取定性与定量相结合的方式，全过程做好事前、事中、事后风险评估，并按照风险发生的可能性及其影响程度，对各类风险进行分析和排序，确定重点关注和优先控制的风险。四是运用风险应对策略。动态管理与风险变化相关的信息，深入进行风险识别和风险分析，并结合相关风险承受度，权衡风险与收益，综合运用风险规避、风险降低、风险分担和风险承受等应对策略，实现对风险的有效控制。

（三）加强控制活动管控

一是加强不相容职务分离控制。严格按照不相容职务相分离的原则，合理设置岗位和业务流

程，同时运用技术手段强化制衡管理，形成各司其职、各负其责、相互制衡的工作机制。二是加强授权审批控制。明确各岗位办理业务和事项的权限范围、审核流程和相应责任，严格业务管理系统登录账户和密码授权管理，要求工作人员未经许可不得随意授权他人使用自己的账户信息。三是加强财务管理控制。建立健全银行账户管理、大额资金调拨备案制度，妥善保管大额存单，规范管理使用空白支票和印鉴，强化对资金归集入账、提取支付、贷款发放、贷款回收、利息计提等全过程核算与监督，确保资金安全。同时，制定完善《资金流动性风险防控预案》，动态监测并有效应对资金流动性风险。四是加强业务运行控制。通过因素分析、对比分析、趋势分析等方法，定期分析业务和资金运作情况，及时发现问题、查明原因并加以改进。五是加强风险预警管理。建立重大风险预警机制和突发事件应急处理机制，明确风险预警标准、责任人员、处置程序，妥善处理重大风险和突发事件。

（四）加强内部控制信息化建设

一是加强系统嵌入融合。将岗位职责、业务标准、制度流程、控制措施以及数据需求嵌入住房公积金业务管理信息系统，确保各项业务活动可控制、可追溯，有效减少人为违规操纵。二是加强信息共享接入。全面提升跨层级、跨地域、跨部门、跨行业数据共享水平，在提升线上服务能力的同时，尽可能通过数据核验杜绝持虚假材料骗取骗贷住房公积金的风险。三是加强共享数据管控。按照数据“可用不可见”的管理要求，加快开发完善数据共享管控平台，加强数据留痕管理，规范开展数据共享与融合应用，保证共享数据使用合规、范围可控，有效保护数据隐私安全。四是加强系统安全防护。高度重视住房公积金网络安全与数据安全建设，加强网络系统压力测试，建立数据备份和恢复机制以及数据分类分级保护制度，保障网络信息的存储安全以及数据产生、传输和使用过程中的安全。

（五）加强监督管理和制度建设

一是强化内部监督。稽核内审职能部门应当充分利用信息技术手段，加强各项内部控制有效性的监督检查，对监督检查中发现的内部控制缺陷，按稽核内审工作程序进行报告和处置。同时，根据阶段性任务特点和关键岗位、重点事项，做好专项监督。二是强化外部监督。住房公积金管委会应当会同财政、审计、人民银行等部门，加强对住房公积金管理和使用的全过程监督以及对受托银行办理的住房公积金金融业务的监管，必要时委托会计师事务所等第三方机构开展专项监督审计。公积金中心应当按照工作程序和要求，及时向社会披露年度报告信息，公开住房公积金归集和使用情况，自觉接受社会监督。三是强化上级监督。各省级住房公积金监管部门应当突出政策制定、调整和执行，加大对各地市公积金中心的监督力度，尽可能消除政策风险。四是强化整改落实。及时研究制定内部控制缺陷认定标准，从缺陷的性质和产生的原因两个方面，对监督过程中发现的内部控制缺陷进行认定，提出整改方案，跟踪抓好整改，视情况追究相关部门或责任人的责任。五是强化制度建设。根据监督结果和整改情况，及时做好信息反馈工作，并督促相关职能部门加强制度建设，完善制度体系，配套操作规程，堵塞管理漏洞。

浅谈住房公积金管理风险与防控

广西河池　韦荣祥 祝　栋

住房公积金作为我国重要的社会保障制度，是解决人民群众住房问题的重要制度支撑，在保障职工刚性和改善性住房、推动房地产市场经济健康稳定发展方面发挥了重要作用。截至2023年年末，全国住房公积金实缴职工17454.68万人，累计缴存总额291623.52亿元，累计发放个人住房贷款4768.54万笔、151858.01亿元。随着住房公积金资金规模的不断扩大，住房公积金资金风险日益凸显，如何科学有效规范、控制、化解风险，成为住房公积金管理的巨大挑战。

一、住房公积金存在的主要风险

（一）管理体制风险

一是决策机构方面。我国现行的住房公积金管理，实行的是住房公积金管理委员会决策、住房公积金管理中心运作、银行专户存储、财政监督的管理原则。省一级的建设行政主管部门是所在省住房公积金管理的监管部门，各城市设立市住房公积金管理中心，所属的县设立公积金管理部或者是分中心。在住房公积金管理委员会的成员中，人民政府负责人和建设、财政、人民银行等有关部门负责人以及有关专家占1/3，工会代表和职工代表占1/3，单位代表占1/3。但是实际工作中，绝大部分成员不了解住房公积金政策，住房公积金重大事项决策均是以住房公积金管理中心意见建议为主，住房公积金管理委员会形同虚设，住房公积金重大事项决策缺乏专业性和科学性。

二是政策执行方面。近年来，住房和城乡建设部研究出台了缴存、提取和贷款等各项业务标准和相关政策，但是在具体业务操作中，各城市公积金中心对政策的解读不尽相同，导致执行的尺度不一。比如异地贷款业务方面，有的城市中心从本地利益出发选择性执行或不执行，严重影响政策的权威性。

三是信息化建设方面。近几年来，住房和城乡建设部积极推进公积金数字化建设，先后完成了住房公积金“双贯标”、综合服务平台等验收工作，出台了信息化建设导则、信息系统技术规范等一系列信息系统建设有关文件，但是各城市均是研发适合自己业务流程的管理软件，重复投入人力、物力、财力，造成公共资源浪费。同时，因各地技术力量、资金投入存在较大差异，经济欠发达城市信息化建设较为滞后。

四是资金使用方面。总体来看，我国住房公积金沉淀较多，使用不平衡。如东部沿海地区资金使用率高达80%以上，而中西部地区资金使用率低、沉淀量大，闲置资金较多。此外，在一些使用率较高的城市已出现资金链紧张、流动性较差的问题，存在一定的金融安全风险。

（二）业务工作风险

一是柜台操作方面。个别业务人员责任心不强，风险意识不够，不能严格按规定、业务流程办理业务，导致业务资料不足、系统录入不齐全等风险隐患。同时因学习不深入、不系统，对政策、规定理解出现偏差，导致出现违规办理现象。此外，业务人员不遵守职业道德，违反规章制度，内外串通、弄虚作假、吃拿卡要，牟取个人私利，违规办理业务，加大了风险发生的概率。

二是防骗提方面。当前，不法分子的材料造假手段越来越高明、越来越隐蔽，要件纸质材料越来越逼真，导致综合柜员对骗提骗贷违规行为的甄别能力不足，骗提违规行为时有发生，同时在退还骗提住房公积金方面，虽然住建部、财政部、公安部、中国人民银行联合下发了《关于开展治理违规提取住房公积金工作的通知》（建金〔2018〕46 号），对骗提住房公积金违规失信行为进行联合惩戒，但在实际工作中，个别部门以不足立案条件、影响不好等原因，使得联合惩戒机制未得到有效落实，虽然对将提取人纳入公积金黑名单和实行禁提禁贷期限进行了规定，但对提取人未形成足够的惩戒压力，导致个别提取人拒不退回资金。

三是逾期贷款方面。近年来，房地产市场风险开始大量出现，楼盘“烂尾”、抵押物流拍的情况频出，贷款逾期率不断提升。虽然公积金中心提取了大量贷款风险准备金，但根据现行《住房公积金呆账核销管理暂行办法》，需要层层审批，程序过于复杂，难以动用贷款风险准备金。同时，对于申请法院拍卖抵押物出现流拍情形，对如何在合理评估情况下以物抵债以及取得抵押资产后的管理使用没有相关规定，导致贷款逾期率难以控制。同时，随着异地贷款政策和灵活就业人员缴存政策的持续推进，外地务工人员和进城务工人员购房申请住房公积金贷款的越来越多，由于这部分缴存人员流动性较大、收入不够稳定，经常出现逾期时联系不到人等问题，催收困难。

四是缴存扩面方面。在扩面建制中，企业普遍会索要相关执行建制缴存文书、政策精神等依据，而各公积金中心所能提供的仅为《住房公积金管理条例》（以下简称《条例》）。《条例》中虽有违缴、不缴处罚的规定，但是住房公积金系统从上到下没有形成良好的行政执法环境，执法手段单一、执法力度不大，《条例》威慑力远不足以约束企业自主、自觉为职工建制缴存住房公积金。同时，在改革营商大环境过程中，缴存扩面难以获得企管部门的支持，不少人觉得社会养老保险是“硬规定”，住房公积金属于“软指标”，甚至认为强势推进住房公积金的归集会影响营商环境及企业投资运营，导致企业在住房公积金建制中不作为。

二、住房公积金风险防控的建议

（一）完善管理体制

住房公积金是涉及千家万户的保障性资金，对其管理应该系统、规范、高度集中统一，建议理顺住房公积金管理体制，建立由省（自治区、直辖市）一级统筹管理的工作机制，实现自上而下垂直统一管理和运作的组织构架，制定统一的住房公积金行业标准、信息系统和管理模式，这样既可促使各公积金中心将全部精力投入业务工作和服务管理工作上，也可使公积金中心在业务系统升级、维护及信息共享方面得到彻底解放，提升公共服务水平。

（二）加强队伍建设

一是抓思想建设，提高干部职工思想政治素质和工作能力。加强理论学习教育，把学习习近平新时代中国特色社会主义思想作为首要政治任务，用党的创新理论武装头脑，不断提高干部职工的政策理论水平。二是加强业务培训，提升综合素质。不断提高工作人员的业务技能和综合素质，结合业务工作实际，针对存在的薄弱环节，对缴存、提取、贷款的业务管理实施细则、操作规程及各项规章制度进行深入系统学习，真正达到入脑入心的目的，做到正确宣传政策、正确解读政策、严格落实政策。建立不同层次人员学习培训制度，选派优秀年轻干部、关键岗位人员、业务骨干外出学习培训，打造一支政治坚定、业务精湛、作风过硬、纪律严明的公积金管理团队。

（三）构建内控制度体系

构建制度控制体系，促进业务规范新提升。建设岗位权责一致、职责分明、流程清晰、相互制约的内控工作机制。梳理查找岗位风险点，加大对重点岗位、重要环节的监督力度。根据“业务不兼容”的原则设置归集、支取、贷款、稽核等业务流程，做到分工合理、职责明确、审贷分离、业务与资金划转分离，促进公积金业务规范运行。对每个岗位都要制定规范的标准、规范的业务办理流程，每个工作人员都按标准和流程开展工作，确保岗位权力和责任高度统一，并把各项业务工作置于阳光之下，业务工作中涉及的办理时限、申请条件等标准公开，接受社会各界全方位的监督。

（四）加强制度建设

坚持不懈抓好业务规范提升，以《住房公积金管理条例》为准绳，制定各省（自治区、直辖市）住房公积金管理实施细则和操作规程，严格抓贯彻、抓执行，严格按照管理实施细则和业务规程开展工作，做到业务及时办结、资金业务日清日结，不断提高内部规范化管理水平。

（五）构建科学防控体系

依托信息化和数字化建设，在公积金管理系统中，设立风险预警提示，做到自动用相应数据参数来控制相应政策、业务界线和提示存在的风险，通过预置计算机系统控制红线，使业务经办人员在业务办理过程中无法逾越信息化管理系统控制，从而降低业务差错率。

（六）发挥内审稽核作用

继续抓好内审稽核工作，将内部审计作为风险防控机制建设的重要内容和风险管理的重要手段，不断提高业务规范化管理水平。建立日常业务稽核、阶段性稽核、专项稽核的内审机制，严防各类操作风险，建立健全“事前严审、事中规范、事后跟进”的风险防控机制。借助信息系统和电子化检查工具对各项业务流程进行实时监控和定期风险排查。内审对象要涵盖归集、提取、贷款、贷后管理等各个环节，注重内审结果的运用，从制度层面对工作人员操作行为实施有效监督与约束。

（七）加强清廉公积金建设

坚持把廉政风险防控贯穿于公积金管理的全过程，通过加强组织领导、制度建设、监督管理和日常教育，形成“分险设防、分岗制衡、分级预警、分层追责”的“四分”防控模式，确保干部职工依法行政、规范操作、高效服务、廉洁干事，为住房公积金事业科学发展提供有力保障。将廉政工作融入管理全过程，严格落实“一岗双责”，以学习贯彻落实《中国共产党纪律处分条例》《公职人员政务处分法》《廉洁自律准则》为重点，积极开展岗位风险教育，突出抓好干部思想道德教育、岗位廉政行为规范教育、廉政风险防控教育和法纪教育，筑牢全体干部职工廉洁从业的思想基础，通过开展多形式的廉政宣教活动，让廉洁自律由“被动管”转为“主动做”。

（八）强化作风建设

通过加强纪律作风建设，提升公积金服务质量和服务水平，争创优质服务品牌、群众满意窗口，大力推动“互联网+公积金”便民服务，使群众真切感受到“放管服”改革带来的高效便捷服务。持续巩固和拓展“惠民公积金 服务暖人心”服务提升行动，全面规范窗口服务标准，强化窗口服务管理，构建优质服务环境，使服务质量、服务效能不断提高，充分展示公积金高效为民的优质服务形象。

（九）在逾期催收上攻坚克难

一是压实工作责任。充分认识逾期贷款催收工作的重要性，始终将逾期贷款催收工作作为重要事项重点开展。将排查出的逾期贷款问题进行分解，明确各部门及受托银行催收责任，建立催收台账，因人施策，精准发力，采取短信催收、上门催收、法律诉讼等多种措施，重点突破，形成常态化催收态势，确保资金回收安全。二是强化业务管理。强化贷前管理，对开发预售的楼盘严格执行资料审查和现场调查相结合的方式，结合项目的销售前期、合规性、资金回笼等情况作出科学合理的判断。突出对借款人还贷能力、信用状况等的重点审查，从源头防范逾期风险。同时，加大内部稽核检查力度，及时堵塞各项业务办理过程中出现的风险隐患漏洞，确保各项业务安全运行。三是强化协作联动。加强与受托银行、人民法院、不动产管理中心等部门的协作联动，提高催收和法律诉讼工作效率。同时，运用多种形式和渠道向借款人宣传逾期行为可能导致的严重后果，提高借款人按时还款、珍爱信用的意识，降低贷款逾期率。

住房公积金呆账核销问题研究

天津　王志权

近几年房地产市场呈整体下行态势，地产企业违约风险持续延伸，个人住房贷款逾期压力骤增，成为困扰住房公积金管理运行的难点之一。作为维护业务正常运转和弥补损失的专项资金，贷款风险准备金是住房公积金管理机构抵御风险最有效、最根本的屏障。但是这道屏障发挥的实际效用如何呢？本课题从纵向、横向两个维度，对贷款风险准备金及核销问题进行分析研究，并提出优化改进意见。

一、纵向——提用不匹配

（一）计提

按照财政部《关于住房公积金财务管理补充规定的通知》（财综字〔1999〕149 号）第三条的规定：建立住房公积金贷款风险准备金的比例，按不低于住房公积金增值收益的 60%核定，或按不低于年度住房公积金贷款余额的 1%核定。

如表 1 所示，通过对全国四大直辖市贷款风险准备金的计提情况的对比发现，上海公积金中心贷款风险准备金增量和余额均处在高位，其他三个直辖市公积金中心贷款风险准备金余额占贷款余额的比率保持在 2%，低于全国 4.30%的平均水平，但均满足监管要求。

表 1　直辖市贷款风险准备金计提情况（2023 年年底）

项目	北京	上海	天津	重庆	全国
本年增值收益/亿元	116.05	125.82	21.86	22.57	1440.60
贷款余额/亿元	5108.40	6022.29	1692.53	1634.74	78060.74
本年计提风险准备金/亿元	－1.59	98.94	1.16	1.83	276.90
风险准备金余额/亿元	109.86	769.61	38.51	37.37	3356.90
风险准备金余额占贷款余额比	2.15%	12.78%	2.28%	2.29%	4.30%

（二）使用

贷款风险准备金是为应对可能发生的贷款违约、资金亏损等风险而存储的资金，专项用于核销住房公积金呆坏账。按照《住房公积金财务管理办法》的要求，核销后又收回的住房公积金贷款本金和利息收入，应增加住房公积金贷款风险准备金。

但从实际情况看，贷款风险准备金使用却非常罕见。近 5 年，全国范围内核销贷款金额仅 160.28 万元，2023 年未发生过核销，贷款风险准备金的提取、使用“不匹配”的特征表现突出。具体如表 2 所示。

表 2 全国贷款风险准备金使用情况（2019—2023 年）

年份	贷款余额/亿元	核销金额/万元
2019	55883.11	29.37
2020	62313.53	7.99
2021	68931.12	40.07
2022	72984.33	82.85
2023	78060.74	0
合计	—	160.28

二、横向——适用不平衡

寻根溯源，造成贷款风险准备金“提多、用少”、核销困难的主要原因还是在体制机制方面。财政部于 2006 年颁布实施的《住房公积金呆账核销管理暂行办法》是关于核销现行有效的基础文件，对个人住房公积金贷款呆账的认定标准、核销流程等作了明确规定。随着经济社会发展形势的深入推进，个人住房贷款业务已发生重大变化，业务管理和服务更加规范标准，上述办法的“责任追究”“从严从紧”导向逐渐与政策制定初衷相背离，甚至成为防范住房公积金风险、确保资金安全过程中难以逾越的一道“藩篱”。

对比财政部《金融企业呆账核销管理办法》，商业银行等金融企业的呆账核销无论是在条件认定等实质内容，还是在核销手续等程序要求方面，较住房公积金贷款都显而易见地呈现出两个特点：易、简。具体对比情况如表 3 所示。

表 3 住房公积金与金融企业呆账核销比较

	金融企业	住房公积金
实质内容	工作原则：符合认定条件、提供有效证据、账销案存、权在力催。 列举核销情形多：个人住房贷款不少于 8 类。 核销认定条件较宽： ①借款人死亡，依法追偿后仍未能回收的； ②遭受重大自然灾害或意外事故，损失不能获得足额赔偿的； ③贷款余额在 30 万元以下，无抵押物或抵押物已处置完毕的，经追索 180 天以上仍未能回收的； ④形成不良资产超过 8 年，经尽职追索后仍未能回收的	工作原则：从严认定、证据确凿、责任追究、逐级审批、对外保密、账销案存。 列举核销情形少：6 种情形+7 种限制。 核销认定条件偏严： ①借款人死亡，要求依法追偿，且无继承人承担债务； ②遭受重大自然灾害或意外事故，不仅要求损失不能获得足额赔偿，且要求“损失巨大”； 住房公积金无金融企业③、④适用情形

（续表）

	金融企业	住房公积金
程序要求	内部审核审批：根据机构职能和分工，一般商业银行一级或二级分行有核销权限。 财政监督报告制：核销流程无须财政部门审批，每个会计年度终了后6个月内向同级财政部门报送上年度呆账核销情况以及专项审计报告	财政监管批准制：城市中心向设区市财政部门提出申请，经其审核并报住房公积金管理委员会审议同意后，报省级财政部门批准核销。并需要将经省级财政部门审批核销的呆账情况如实报送设区市财政部门、住房公积金管理委员会和上级监管部门报备

商业银行在处置不良资产时，除采取司法清收外，还可以进行资产重组、不良资产证券化，呆账核销也属于常见的资产处置手段。但住房公积金不良贷款的处置手段相对单一，缺乏必要的风险对冲工具，各城市公积金中心目前对不良贷款大都按照逾期天数（或期数）进行催收，主要催收方式包括短信、电话、上门、诉讼等。除担保代偿外，不良贷款处置模式基本固化为“电话上门+诉讼执行”。在已开展住房公积金组合贷款业务的城市，因商业银行按揭部分与住房公积金部分适用核销的不平衡，导致不良贷款管理上“两条腿”走路，势必影响贷款资产管理质效。

三、路径探索及发展建议

在当前传统手段无法满足不良资产化解要求的背景下，不良贷款核销渠道亟须进一步畅通，也非常有必要研究储备更多可能的贷款风险对冲机制，多措并举保障贷款资产安全。

（一）路径一：适当放宽住房公积金呆账核销标准

建议住建部、财政部等相关部门，结合当前房地产发展新形势、新任务、新要求，修改完善《住房公积金呆账核销管理暂行办法》，参照金融企业标准，将住房公积金贷款核销条件适当放宽，如不再在借款人死亡、遭受重大自然灾害等情形下额外保留“无继承人承担其债务”“损失巨大”等限制要求；丰富可申请呆账核销的适用情形，增加“由于借款人和担保人不能偿还到期债务诉诸法律的，借款人和担保人虽有财产，但对借款人和担保人强制执行超过180天以上仍未能收回的剩余债权或进入执行后由于执行困难等原因，经法院裁定终结（中止）执行或者终结本次执行程序的债权”，“形成不良资产超过8年，经尽职追索后仍未能收回的剩余债权”等相关内容。

另外，可进一步优化住房公积金呆账核销流程，通过关键环节控制、加强事前介入和事后监督等，尽量缩短审核审批链条，提高不良贷款处置标准和效率。

（二）路径二：丰富贷款风险准备金使用用途

建议增加贷款风险准备金的使用用途。贷款风险准备金除用于核销住房公积金呆账外，使用范围可进行延伸，如可用作强制执行阶段“流拍”的房产购置费用，支付阶段性担保或全程担保的担保费、信用保险费等。支持住房公积金贷款风险对冲措施的丰富拓展，切实发挥贷款风险准备金的屏障保护作用。

2023年7月，中央政治局会议作出我国房地产市场供求关系发生重大变化的新判断。2024

年 4 月，中央政治局会议再次指出，“要统筹研究消化存量房产和优化增量住房的政策措施，抓紧构建房地产发展新模式”。2024 年 5 月，全国保交房工作视频会议召开，提出“商品房库存较多城市，政府可以需定购，酌情以合理价格收购部分商品房用作保障性住房”。消化存量房产是中央结合房地产市场供求关系的新变化、新任务作出的重大决策部署。那在这一进程中，住房公积金是否可以发挥作用呢？

笔者认为还是有一定可为空间的，如上所述，贷款风险准备金用途如能拓宽，可用于支持强制执行阶段“流拍”的房产购置费用，在一定程度上可为推进住建工作高质量发展贡献一份力量。据相关数据统计，2022 年全国法拍房共挂拍 60.6 万套，同比增长 36.7%，全年共成交 11.85 万套，同比下降 14.9%，成交率降至不足 20%，房产流拍成常态。按照法律规定，流拍后无人愿意以保留价买受该财产且申请执行人、其他执行债权人不表示接受该财产抵债的，法院将会解除房产查封并将财产退还给被执行人。接受抵债资产也成为目前不少城市公积金中心不良资产司法处置面临的现实问题。那么购置抵债资产的资金从何而来呢？贷款风险准备金可以成为一种有效补充。城市公积金中心收购后的房产，可通过公开拍卖等方式回笼资金，或可将房产上交相关部门，纳入配售型或配租型保障性住房统一管理，不失为住房公积金在构建房地产发展新模式中有所作为的新尝试、新探索。

商业银行风险控制管理体系建设与借鉴

——以建设银行为例

河北秦皇岛　牛　蕊

一、建设银行风险控制管理体系建设

（一）概况

建设银行作为国有大型股份制商业银行，历来重视风险防控工作，目前已经建立起一套全面主动智能的现代化风险管理体系。建设银行的风险管理体系以风险控制为核心，研判市场先机和信贷规律，加快信贷结构调整步伐，以行之有效的措施和工具，加强优良信贷文化和风险文化建设。建设银行的风险防控工作的主要内容是“五个到位”，即责任到位、管理到位、监督到位、考核到位、人员到位。通过“五个到位”的实施，达到收益、风险、资本的平衡和匹配，实现资产质量管控的“标”和风险基础管理的“本”互促进、同提升。

（二）将风险管理纳入党委重要职责

一是风险责任清晰。强化风险管理职责落实，细化党委的高层设计和引领职责，明确各经营管理层级重点加强信贷风险和资产质量管控的责任，加强全面风险管理。

二是主体责任细化。主要负责人履行第一责任，党委班子成员根据分工承担领导责任，各职能部门负责人对所辖业务风险承担管理责任，直接参与经营和决策的经办岗位承担直接责任，构建责任明确、环环相扣的风险管理“责任链”。

三是设置风险管理委员会。各类委员会既要统筹业务发展，又要发挥风险控制的主体作用，及时传达风险管控要求，落实党委的决策部署。

四是监督责任明确。党委成员包行督导资产质量管控，靠前指挥，加大不良贷款化解、处置力度，按照序时进度将关键指标控制在计划之内。

（三）严控资产质量

一是按照层级划分经营管理职责。明确各级主要负责人，领导班子成员，经营主责任人和经营条线，风险部门，客户经理和风险经理等5个层次的经营管理职责，将各项管理要求、规定动作层层落实，发挥风险识别、预警和风险管控的效应。

二是制定精准的风险化解方案。依托风控委会议、跟踪管理例会、分级诊断会议，对区域、行业、产品、客户风险进行分析、研判，对风险突出领域和重点客户制定风险化解方案，并持续跟踪督导执行情况和效果。

三是信贷结构调整力度较大。主要围绕住房租赁、绿色信贷、普惠贷款、个贷（含优质房地产开发贷款）、消费信贷5个方面做好营销拓展工作，同时将信用评级低于15级（含）的客户、再融资客户、风险预警级别高于橙色的观察名单客户以及高经济资本占用客户等4类客户纳入主动调整退出客户名单。

四是科学研判潜在风险状态。对发现的潜在风险，审慎判断客户风险状态，一户一策制定化解方案。对于具有持续经营能力的客户，合理运用处置化解政策工具，明确风险化解、处置的责任人，细化执行程序，完善后续督导措施，保证方案落地实施；对于不具备持续经营能力的客户，严禁简单采用再融资、增额周转等化解手段，错失风险处置时机。

五是风险监测体系信息化程度较高。依托各类风险监测系统加强大数据分析，逐月对将到期贷款、分期还款客户、评级到期客户、分类债项进行风险提示，有效降低人为疏漏造成的风险隐患，提升机控管理水平。

（四）加强监督，严肃问责

信贷检查方面，将现场检查和自查有机结合，抓住“四个关键”，即关键风险、关键领域、关键环节和关键岗位，进行信贷业务检查，对检查发现的问题边查边改、跟踪督导，确保整改落实到位，着力解决信贷管理中的屡查屡犯问题。

押品管理方面，明晰界定条线管理职责，严格落实押品关键环节集中管理，实现押品管理人员配备到位、集中管理职责落实到位，有效改善和解决押品管理中存在的“一手清”和价值虚估、高估等问题。

责任认定方面，做到“违规必究、尽职免责”，对于主观故意违规操作的行为在上级行严肃问责的基础上，二级行将追加处罚。

（五）强化精细化管理和价值贡献考核

一是通过高质量发展和风险控制，调整KPI考核办法和权重，突出管理不足和薄弱环节，增大优化信贷结构、优化质量结构、优化缓释结构、提高资产质量真实性、主动预警及提高经济资本使用效率的加减分项，奖优罚劣，引导基层行强化提升风险管理水平的意识。

二是加大拨备计提、经济资本管理的考核力度，针对各行自身短板和不足进行帮扶，具体指导改进路径和措施，深植全员资本节约理念，提升精细化管理水平。

三是用硬措施、硬办法，倒逼责任落实，对不良贷款率增幅、新暴露不良贷款率、纯新发放不良贷款率等关键指标触及问责底线的，及时启动对领导班子成员及信贷经营、管理部门负责人的问责程序。

四是加大不良贷款额、逾期贷款额、不良新暴露等风险管控指标的考核权重，对于没有完成资产质量控制计划的机构，在班子绩效、评先评优方面给予惩戒。

（六）加强队伍建设，提升条线战斗力

一是保障前台经营和中后台风控人力资源的配置，确保人员配备与业务增量和管理需求相匹配；同时通过强化培训和上岗考试，有效提升信贷人员的综合素质。

二是落实“一带头、两反思、三必讲”要求，通过培训教育必修课、典型案例宣讲和信贷风险防控讲座等多种形式，促进全员加强问题整改与反思，增强合规理念和责任意识。

三是加大党建工作力度，按照“传导、规范、融入”的党建工作思路，抓实政治建设，通过党建引领，提高凝聚力和战斗力，实现党建与业务工作双提升。

（七）实行稳健经营的策略

稳健即平稳健康，稳健是可持续发展的前提，是商业银行经营的一个基本原则，在任何历史阶段和制度背景条件下都必须遵循。稳健经营就是在识别风险、分析风险、控制风险的前提下进行业务拓展，注重速度更注重适度，注重效率更注重效果，注重量的增长，更注重质的提高。稳健经营不是不经营、不是消极经营、保守经营、静态经营，而是稳与健相结合的经营，是依靠科学的经营，注重可持续发展的经营，包括财务上的稳健、业务拓展上的稳健、内部控制管理上的稳健、人力资源流动上的稳健等方面，如果经营不稳健，就会出现问题。稳健要求实现均衡发展，兼顾资产负债均衡，安全性、流动性、效益性均衡，收益、风险、资本均衡；实现健康发展，经营发展符合经济、金融和商业银行运行规律，符合自身经营管理能力，符合监管要求；实现可持续发展，以服务社会为初心，以价值创造为根本，以风险管理能力为边界，行稳致远，保持基业长青。

（八）提倡审慎严谨的经营作风

审慎即审查慎重，内容包括风险管理、内部控制、资本充足率、资产质量、损失准备金、风险集中、关联交易、资产流动性等方面，其实质就是使所从事业务的性质、规模及所承担的风险水平与其风险管理能力相匹配，从而将业务活动所涉及的风险控制在可以承受的范围内。审慎的理念和要求贯穿于贷前、贷中、贷后各个经营管理环节。审慎要求认清市场走势，认清同业竞争态势，认清自身优势和劣势；了解客户，了解业务，了解风险；不盲目跟风，不冒进妄动，不追逐短期利益；坚持底线思维，坚持合规经营，坚持专业专注；严格贯彻铁账本、铁算盘、铁规章精神，严格实施事前、事中、事后全流程管理，严格遵守员工行为规范，培育良好的职业操守，养成审慎严谨的经营作风。

（九）全员全流程抓风险管理

以责任到位、管理到位、监督到位、人员到位、考核到位为抓手，对所有业务、所有员工、所有经营管理流程承担的所有风险进行有效的识别、评估、计量、监测、控制、报告的持续过程。要求在统一风险偏好框架下，对九大类风险（主要包括信用风险、流动性风险、操作风险、市场风险、法律风险、案防风险、安保风险、信息科技风险、声誉风险等）及其他风险实施差别化、精细化管理，加强数据、审计、合规、安保等工作成果在风险管理中的应用，提升风险整体管控和协同防控能力。全面风险管理是一项复杂的系统工程，要求不断优化完善运行机制，进一步提升精细化水平，实现对所有机构、员工、业务、经营管理流程中所承担的各类风险既“看得清”又“管得住”。风险管理要站在全局角度，机构间、层级间、部门间注重协同联动，做到偏好一致、行动一致，实现对风险的穿透管理，避免“此退彼进”；风险管理要“全员参与”，即自上而下，前中后台三道防线，每一名员工都有风险管理的责任，都有风险管理的具体动作。

（十）构建全面主动智能的风险防控体系

主动是指提前谋划行动，是一种事前的安排，有选择地进行取舍，具有前瞻性，而被动是事后不得不为之的行为，具有一定的滞后性。主动比被动具有更大的管理价值，提升经营风险防控能力，这既是当前管理的需要，也是今后发展的趋势。主动要求是主动担当大行责任，解决社会痛点，破解相关业务发展和风险防控难题；主动服务战略发展，服务前台业务拓展，积极适应新经济、新金融、新业态，构建全面主动智能的风险预防、监测和管理体系；主动创新，加大金融科技应用力度，打造智慧风控，提升数字化风控水平；主动设定风险偏好，健全管理框架，做好传达、传导和落实；主动调整业务结构，提升客户选择和风险经营能力，推进资产质量、减值准备、经济资本的精细化管理；主动强化预期管理，前移风险管理关口，及时发现、报告和解决风险问题，增强风险管理的前瞻性、专业性和有效性。

二、建设银行个人住房贷款业务风险防控机制

近年来，受经济低速增长和房地产下行影响，个贷不良压力明显增大，部分房地产开发商和个私业主经营困局未见明显改观，个私业主相关贷款的风险暴露仍较多。为积极适应经济金融形势的新变化，推进“事前防范、事中控制、事后纠正”的全流程风险管理，防范信贷风险，建设银行健全完善了个人住房贷款业务风险管理防控机制。

（一）严格执行与客户“面谈”制度

一是保证个人身份信息的真实性，通过查询公民身份证信息核查系统，对借款人本人与其身份信息进行核对，防止借款人冒用他人信息或伪造信息骗取贷款。

二是通过与借款人面谈，对借款人贷款材料中显示的联系电话、家庭住址、工作单位、收入情况和购房交易的真实性进行验证；对面谈过程中发现的异常情况和疑点，通过借款人所在单位、税务部门、工商管理部门等独立第三方进行调查。

（二）严格执行与客户“面签”制度

在受理贷款申请时，客户预签合同的，受理人员必须当面见证贷款申请人在合同上签字。客户未预签的合同，贷款审批通过后，通知借款人到个贷中心，由个贷中心签约岗位人员核验身份后当面见证其在合同文本上签字；贷款放行岗人员应该审核借款申请人在借款申请书、借款合同等贷款材料上签字的一致性；如借款人委托他人代签的，签字人必须出具借款人委托签字的有效授权书。

（三）加强交易行为真实性核查

通过面谈了解购房人意愿和对交易行为的关心程度和了解情况，防范虚假交易；对同一楼盘购房客户具有集中性特点、开发企业或其关联企业员工购房申请贷款的，应重点关注，认真开展贷款真实性调查；严格审查购房人与开发企业的资金往来记录，发现潜在风险应暂停合作，采取风险控制措施。

（四）加强贷款申请材料真实性核查

对借款申请人提供的证明材料中职业、收入、家庭状况等信息，应通过面谈和电话访问调查核实。对新建住房项目的房屋销售合同，重点审查是否由当地房管部门登记备案。再交易住房的审查要重点关注卖房人身份与房屋权属的真实性，调查房屋是否真实存在、是否权证一致，如有疑问应实地调查房屋存续和使用状态，并向房管部门核实情况。

（五）加强交易价格真实性核实

要了解和掌握所在地区各类型楼盘的价位，熟知贷款楼盘的销售价格，并通过对同一地区、

相同类型楼盘价格的比对，有效判断借款人所购住房交易价格的合理性；对二手房贷款，在评估机构评估价格基础上，充分利用重点合作二手房中介机构资源及存量个人住房贷款信息，对交易价格或评估价格进行再次确认，防止价值高估。

（六）明确贷前关键岗位职责，将个贷业务防范落实到主要岗位环节

楼盘营销人员要负责查验楼盘是否具备“四证”，确保楼盘开发和销售的合法性；贷前调查岗位人员要通过与借款申请人面谈、实地调查、查询人行征信报告等，对借款人身份信息、交易标的、交易主体的真实性和交易价格的合理性进行全面核实；签约岗位人员要仔细核实借款人身份后，当面见证借款人在合同上签字，确保客户签字的真实性；对预签的合同，要在贷款审批通过后以电话告知客户的方式进一步核实其向银行申请贷款的真实性；抵押登记岗位人员要认真查验抵押物权属证明文件所登记的信息与实际信息是否一致，并按有关制度规定及时办理和落实抵押登记手续，确保贷款抵押真实、有效。

（七）梳理“假个贷”特征，加强风险防范

梳理总结个人住房贷款业务中遇到的“假个贷”情形，重点关注并加强风险防范。

房地产开发商方面风险一般有如下情形：开发商自身资质较差，自有项目开发资金不足且难以获取银行开发类贷款；开发商存在民间融资情况；开发商存在他行贷款、信托、理财等资金到期未偿付，或即将到期且还款来源无着落情况；“假个贷”获得资金，不作销售收入处理，进行账外核算。

借款人方面风险一般有如下情形：借款人来自异地同一地区，身份状况趋同，在银行留下的联系方式和地址也大多相同，往往是开发商销售或财务人员的联系方式；收入证明中借款人的收入虚高，且部分收入证明由同一单位开具；向借款申请人工作单位调查其情况时，所提供工作单位不存在或者查无此人；“假个贷”首付款大多来源于同一账户；申请人对所购房产的价格、结构、户型、交房日期等了解很少；多个申请人在某一或几个时段内同时办理按揭贷款，每月于同一账户划款还贷，或同一日入账还贷；在某一或几个时段内同一楼盘多个客户同时逾期；逾期后在银行催收时表示自身并未购房，或对所购买房屋情况不了解；所购的房屋迟迟不能办理抵押登记。

楼盘项目及按揭房产方面风险一般有如下情形：按揭房产所在项目尚未完工，且销售欠佳，但于某时段出现异常热销情况；楼盘销售后期接近清仓的时候，位置、结构、户型不好的剩余房屋，销售比较困难；对于价格较高的商用房和高档商住公寓，在房地产市场普遍低迷的情况下，这些产品容易出现滞销；按揭房产价格与该地区同类楼盘价格相比异常，相对市场价格有较大幅度的上浮；已办理按揭房产大面积空置；经到房地产管理部门调查，房产项目并没有商品房预售许可证明，或存在重复抵押的情况。

（八）加强贷后风险预警和排查工作

一是积极运用个贷风险预警系统、非现场审计等系统，重点关注多笔贷款首付款来源于同一账户、同一账户向多笔委扣账户转账、不同借款人的扣款账号相同等具有虚假贷款特征的情况，指定专人对系统发现的问题进行逐一核查，如有疑点应将审查范围扩大至相应楼盘和开发企业，经核实存在虚假贷款行为或风险隐患的，应暂停合作。

二是开展存量贷款风险排查，对同一楼盘出现集中逾期、借款人具有集中性特点等情况，应对借款人购房行为真实性和还款能力进行重新核实，对楼盘项目进度和资金使用情况进行评估，发现风险隐患应及时采取处置措施。开展存量贷款抵押登记办理情况筛查，重点关注同一楼盘项目贷款发放超过一定期限未办妥抵押登记的情况，分清原因专项督导落实。

（九）落实抵押登记相关工作

一是新发放个人住房贷款和个人商用房贷款必须严格执行先预告抵押登记或合同备案（登记）再发放贷款的流程。严禁对当地具备办理预告抵押登记条件而未办理、具备办理交易合同备案条件而未办理的借款人，发放个人住房贷款和个人商用房贷款。确保购房行为的真实性，防止开发商一房多卖或利用一套房屋多次套取银行贷款，从源头上杜绝“假个贷”的发生。

二是关注预告（备案）登记后续工作的落实。对于办理了“预告抵押登记”和“合同备案登记”的，要密切跟进借款人所购房屋产权办理情况，督促开发商和借款人及时落实正式抵押登记手续，并及时从房管部门取得他项权证。

三是对个人住房贷款和个人商用房贷款的抵押登记情况进行摸底排查。当地具备办理交易合同备案条件而未办理、具备办理预告抵押登记条件而未办理、具备办理正式抵押登记条件而未办理的，均须完成整改。

三、住房公积金运营管理中面临的金融风险

住房公积金制度自 1999 年《住房公积金管理条例》颁布以来，在推进住房制度改革、帮助职工家庭解决基本住房需求、解决和改善城镇居民的住房问题的同时，住房公积金管理水平也得到了较快的提升。截至 2022 年年底，全国设有住房公积金管理中心 341 个，全国住房公积金从业人员 4.48 万人，累计缴存总额 256927.26 亿元，缴存余额 92454.82 亿元，累计提取总额 164472.44 亿元，累计发放住房公积金个人住房贷款 4482.46 万笔、137144.66 亿元，个人住房贷款余额 72984.33 亿元，个人住房贷款率 78.94%。住房公积金归集余额以每年 10%以上的速度增长，个人贷款余额每年增长 5%以上，发展速度较快。

近年来，随着住房公积金制度的不断发展，住房公积金覆盖面越来越大，公积金资金存量和使用规模迅速增长，住房公积金业务发展过程中也面临着各种风险，若管理不慎，风险就会变成现实，不仅会造成资金损失，直接影响缴存住房公积金职工的切身利益，而且将失信于民，影响社会的稳定。如何管好、用好老百姓的“住房钱”，又使其保值增值，这在风险防范上给住房公积金管理部门提出了严峻的课题。

只要进行经营活动，就会有风险存在，特别是从事资金的经营和管理活动，出现风险的概率会更大。住房公积金运营和管理，从归集角度看带有政策性，从运用、核算、管理角度讲就是种金融活动，因此住房公积金行业是一个“准”金融行业，如此大的业务规模和资金规模，风险不比商业银行小。事实上，住房公积金运营风险的控制和管理，是公积金行业过去、现在乃至将来都需面对的重要现实问题。商业银行面临的很多业务风险，在公积金中心一样会存在，各类金融风险也会在住房公积金运营管理过程中不断显现。

（一）流动性风险

流动性风险是指商业银行虽然有清偿能力，但无法及时获得充足资金或无法以合理本钱及时获得资金以应对资产增长或支付到期债务的风险。很多人可能认为住房公积金由在职职工定期缴纳，而且是作为强制手段，不存在资金流动性问题。但是，事实上这个强制性的优势也是劣势，因为住房公积金的来源渠道过于单一，而个人住房贷款的需求无限增长，这就造成了在住房消费旺盛时贷款需求的激增。同时，近几年房价持续增长，各地住房公积金贷款额度相应大幅提高，在近几年住房公积金缴存相对稳定的情况下，资金使用率、存贷比持续走高，造成很多地方住房公积金入不敷出，存量资金枯竭。例如京、津、沪三地近几年资金使用率都在90%左右，有的地市甚至达到100%，职工申请贷款只能排队等候。

（二）信用风险

信用风险即违约风险，是借款人未能履行约定还款义务而给商业银行造成经济损失的风险。信用风险是商业银行经营管理所面临的最广泛的风险。住房公积金主要用于个人住房贷款，当然面临着借款人违约风险。公积金中心必须通过建立适时、合理、有效的信用风险管理机制，实现对信用风险的识别、计量、监测和控制，确保公积金中心无论在正常环境下还是在压力状态下，都将信用风险控制在可以承受的范围之内，以推动贷款业务的持续、稳健运行。

（三）操作风险

参考商业银行操作风险管理，住房公积金操作风险即住房公积金管理中心在开展住房公积金业务、履行行政管理职能以及内部管理工作中，由于不完善或有问题的内部程序、员工、科技信息系统及外部事件等因素造成损失的风险。操作风险事件是指由不完善或有问题的内部程序、员工、科技信息系统及外部事件等因素造成财务损失或影响中心声誉、客户和员工的操作事件。

（四）声誉风险

商业银行声誉风险是指由商业银行经营、管理及其他行为或外部事件导致利益相关方对商业银行负面评价的风险。公积金中心是地方政府的管理部门，因中心管理不善或外部事件导致媒体或公众对中心进行负面评价的风险极大。多年来，社会对住房公积金运营管理一直比较关注，也先后出现了很多重大声誉事件，造成社会舆论对住房公积金的负面评价。

（五）资产负债风险

住房公积金资产负债风险是指对于住房公积金资产负债总量、结构变化、相互之间的组合、支配和控制不当所带来的风险。住房公积金资产负债风险包含住房公积金资产负债规模不匹配的风险、住房公积金资产负债结构不合理的风险、住房公积金盈利能力及抵补资金缺乏的风险。具体来说，规模类风险是指资产总额、负债总额变化严重背离公积金中心战略规划，要求管理者充分且动态地研究并规划合理的资金使用规模；结构类风险是指住房公积金资产时间结构与负债时间结构不匹配，长期资产与长期负债严重不对称；盈利能力及抵补类风险是指由于资产负债规模严重偏离规划或资产负债结构不匹配，导致无法实现预期增值收益、无法足额计提风险准备金等。

影响住房公积金资产负债风险的内部因素包括：资产负债业务政策与公积金中心整体规划不一致，导致资产负债规模、结构失调；资产负债业务管理、推动不力致使资产负债规模、结构不平衡；资产负债业务规划偏离实际，导致实际归集、使用资金严重脱离资金规划。外部因素包括：利率调整后如缩小存贷利差，造成提前还款金额下降，贷款发放金额减少；如扩大存贷利差，提前还款金额激增，贷款发放金额增加。国家出台控制贷款首付比例、限贷、限购等政策，导致贷款减少。房地产市场萎靡，贷款减少；或房地产市场活泼，贷款增加。国家宏观经济环境繁荣，贷款增加或归集金额增加；宏观经济环境恶劣，贷款减少、归集金额减少。等等。

四、借鉴建设银行经验加强住房公积金风险管理

（一）树立全面风险管理意识

当前世界百年变局和新冠疫情相互叠加，我国经济发展环境的复杂性、严峻性、不确定性上升，当前房地产行业正经历深度调整，常住人口城镇化进度放缓，增量市场规模下降，各项业务经营环境和市场形势已发生巨大变化。作为住房公积金管理机构，必须增强全面风险管理意识，提升全面风险管理能力与水平，才能实现稳健快速发展。

当前，在住房公积金风险管理工作中还存在“以习惯代替制度、以信任代替制度”的合规意识淡薄，前中后台风险管理职能发挥不足，风险管控机制不畅，个别业务风险管理流程缺失以及风险管理手段较为单一、落后的问题。住房公积金管理人员应增强全面风险管理意识，摒弃三种观念，一是“重业务经营、轻风险管理”的错误观念，二是“全面风险管理等于单个风险种类”的片面观念，三是“全面风险管理只是风险管理部门工作职责”的片面观念，对信用风险、市场风险、流动性风险、操作风险、资金账户利率风险、声誉风险、信息科技风险以及其他风险进行有效管理和防控，把全面风险管理按机构类别、业务类型、操作流程、管理需求以及风险种类，细化覆盖到各个业务部门、所有分支机构、所有风险种类，将风险防范融合到业务办理、流程管控及岗位操作中，巩固既有的业绩成果，保证住房公积金业务健康、持续、快速发展。

（二）构建完善的风险管理体系

构建完善的住房公积金风险管理体系，必须做到以下几点：

一是制定明晰的住房公积金风险管理战略，搭建风险管理组织架构，引导风险管理工作有序开展。随着住房公积金管理资金规模的不断增长，业务规模上升的背后隐藏着较大的风险，风险管理工作必须被提到重要地位。完善住房公积金内部控制系统，建立科学的风险管理组织架构，明确各个业务部门风险控制的岗位分工以及相互制衡关系。

二是制定完善的风险管理流程和规章制度，推进内部风险评级管理。建立严密的授权审批制度，尤其是在信贷系统中，要建立将贷款的审查和批准职能分开的制度，使其相互制衡，形成贷款质量的保证系统。建立有效的内部稽核制度，保证稽核部门的权威性和独立性，使其能够对各项业务进行监督，并及时把相关信息报告给决策层。在人员管理的绩效评价和激励制度中适当加入风险控制和管理的因素，把业务发展与风险管理有机衔接起来。

三是打造风险管理的核心工具，完善住房公积金风险管理信息系统。目前住房公积金风险管理的流程还不健全，尤其是在风险识别和评价环节，这主要是由信息系统的不完整所造成的。由于建立风险管理信息系统所需要的大量业务信息的缺失，所以要完善住房公积金的风险管理系

统，首先需要收集完整的业务信息，建立相关的数据库；另外，还应利用信息技术在各部门之间、上下级之间建立高效的数据交换平台和沟通渠道，为各种信息的及时传达和交流提供制度性保障，使风险管理信息能够及时在全国范围内传递。

（三）履行风险管理主体责任

住房公积金管理中心党委（党组）要承担起全面风险管理工作的主体责任，不断深化对新形势下风险演化规律的认识，加强对风险的识别、预判、监控、预警、处置，明确管理和价值导向要求。重大风险事件的化解与处置应列入党委（党组）“三重一大”议事日程。年初根据党中央和省、市委决策部署及上级主管部门要求，分析研判本地区、本机构风险管理形势和重点，制订年度工作计划，明确责任分工和完成时限。研究本机构风险管理机制、业务风险管控、资金结构调整、重大风险及逾期贷款处置、审计和监管检查要求落实和问题整改、风险管理机构和队伍建设等重大事项，结合实际切实解决风险管理存在的突出问题。住房公积金管理中心主要负责同志作为本机构风险管理的第一责任人，对资金安全等重要事项必须亲自安排落实，亲自督导检查。尤其对重大违规事件、重大法律诉讼案件和监管处罚事项，必须亲自组织推进。分管领导和部门主要负责人要扛起风险管理的主体责任，抓好制度落实，盯住问题整改，加强员工教育和行为管理，强化案例警示教育，做好重点区域、重点岗位、重点时段、重点环节的风险防控。内控稽查人员要发挥主导力量，各负其责，紧密配合，对风险防控的具体工作负责，要建立科学的评价机制，对各级业务部门的工作进行量化管理和评价。纪检部门要严格执规执纪，对各类违规违纪行为“零容忍”，凡发生违纪违规案件的，严肃问责追究。

（四）健全风险防控机制

完善的风险管理机制是住房公积金稳健、安全发展的根本保障。

一是健全住房公积金管理中心的内部稽核制度，充实稽核人员。要完善住房公积金风险管理机制，风险管理专业人才是其中重要的环节之一。要培养风险管理的专业人才，一方面应在实际工作中加强对员工的指导和培训，使其可以在工作过程中掌握风险管理的方法；另一方面，还需要完善员工管理中的招聘、激励等制度，把风险管理提升到一定的高度，拓宽风险管理人才的上升通道。

二是要通过定期或不定期召开风险防控专题会议及时传达上级风险管控会议精神，落实上级决策部署和领导班子的工作要求，做好各项政策的贯彻执行。定期召开贷前诊断、贷后跟踪会议，严把贷前准入关口，提升信用分析能力，分析存量客户贷后变化情况，对缴存职工的工作调整、公积金缴纳连续性、收入水平等进行会商诊断，提前判断并采取措施处置。

三是建立健全完善的监督机制。发挥好住房公积金管委会、财政部门的日常监督作用，坚持每年一次的审计监督，自觉接受上级监管部门的监督。定期公布住房公积金运行情况，接受缴存人、媒体、舆论和社会监督。

四是建立完善各项风险防控制度，包括风险评估制度、内审稽核制度、责任追究制度等。健全风险管理责任考核和评价机制，将风险管理情况纳入选人用人、业务考核、优秀等次推荐等评定体系。

（五）建立风险预警体系

一是结合建设银行的运行经验，住房公积金也应当建立相关的流动性风险核心指标预警机制，将流动性比例、核心负债比例、资金流入流出比例、流动性缺口率、备付率指标纳入预警指标管理。同时，应当做好资金流量分析及预测，通过研究、比较资金的流入、流出，了解公积金中心业务状况，并适时预测未来的资金状况及资金流量，计算期限错配净额，为存贷政策的调整提供参考。

二是针对信用风险，也应该建立符合住房公积金特点的预警指标体系，首先应该建立住房公积金贷款资产的五级分类制度，并参考商业银行的做法，对五级分类进行细分，尤其对优良资产〔正常、次级类〕进行细分，因为优良资产占绝大多数，而优良资产的构成也是不同的。我们可将正常类分为正常一级、二级、三级、四级，次级类分为次级一级、二级等。其次，建立指标预警机制，可将不良率、贷款迁徙率、不良贷款拨备覆盖率、贷款损失准备充足率纳入常规指标预警管理，同时将违约率、违约风险暴露、违约损失率、预期损失率等有关资本计量的指标纳入住房公积金信用风险的决策管理中。

三是设立相关预警指标检测资产负债风险。其中：规模类指标包括缴存额增长率、提取金额增长率、个人贷款发放金额增长率、个人贷款回收金额增长率等；结构类指标包括贷款使用率、缴存率、个贷长期贷款比例、封存率；盈利能力及抵补类指标包括资产利润率、增值收益率、全部贷款风险抵补资金充足率等。

四是设立操作风险偏好和风险容忍度指标。公积金中心操作风险偏好应当强调业务规模、效劳效率与风险承受度的匹配，在确保资金特定用途、住房融资效果的同时注重操作风险的管理，持续强化和完善内部管理制度。通过政策设计、流程设计、软件开发、指标管理、业务监督等手段将各条线操作风险偏好落到实处，以实现风险控制与业务开展的平衡。根据风险偏好，公积金中心设定的操作风险容忍度包括风险可接受区域、风险可管理区域、风险不可忍受区域。

（六）防范重大风险发生

防范化解重大风险，首先要正确认识风险，风险在哪儿、现状如何、趋势怎样，各类风险中的主要风险是什么，在主要风险中哪些矛盾是主要的。对诸如此类问题要做到心中有数，才能做到未雨绸缪、应对有方，防患于未然。要进一步提高战略思维、历史思维、辩证思维、创新思维、法治思维、底线思维能力，从纷繁复杂的业务中把握规律，不断积累经验，全面提升防范化解重大风险的能力。

一是加强信息化系统建设以及优化升级，在业务发生的同时，系统同步完成自动匹配、自动记账，做到业务发生、资金变化、会计反应、统计数据的系统全程监控管理，使资金运行全程杜绝人为干预因素，封闭运行，保障资金和人员的“双安全”。

二是对缴存单位、房地产开发企业及楼盘进行全面清晰的了解，对未来资金需求进行准确的预判，进一步防范化解资金风险。住房公积金各分支机构、各部门负责人要肩负起防范重大风险的责任，加强对各类风险的识别、预判、监控、预警、处置，明确管理和价值导向要求。特别是在住房公积金信贷方面，要深入现场查看楼盘建设进度，询问楼盘规划、销售情况；查看开发企业财务状况，分析企业资金充裕度；了解已准入住房公积金的楼盘办理公积金贷款情况及近期申请住房公积金贷款的需求情况。向相关企业负责人强调要落实防范化解重大金融风险，维护房地产市场平稳健康发展。

三是建立重大风险应急处置机制。一旦发生重大风险或风险领域重大突发事件，各分支机构、各部门负责人应立即向上级汇报，综合研判风险形势，依规及时开展应急处置，避免风险扩大或引发其他问题。为防微杜渐，公积金中心必须建立一般声誉事件和重大声誉事件的危机化解机制，建立危机事件应急预案，以化解风险或减小风险发生后带来的损失，保持良好的社会形象。

（七）推动风险协同管理

住房公积金管理部门和人员应做好层级之间、条线之间风险管控的协调联动，及时交流共享风险信息，做好跨机构、跨部门的风险应对。借鉴建设银行经验，可成立风险管理委员会，负责风险管理与内部控制的研究、议事和协调，研究风险管理形势，剖析风险管理问题，对薄弱环节研究强化措施等。每季度至少召开一次重点业务开展与风险管控联席会议，集中研究风险管理重大事项，通过现场或非现场调研方式持续开展督导，研判风险形势，识别潜在问题，研究防控策略，推动重点领域风险化解处置，针对风险管控短板和薄弱环节提出整改要求。

（八）运用数字技术强化风险防控

一是建立线上线下相结合的住房公积金监管系统，运用数字化技术完善电子稽查工具和监管服务平台，建立风险智能评级模型，动态检测研判政策执行、贷款管理、资金运作等重点事项的风险状况，及时发现问题，督促分类处置，形成整改闭环。

二是完善住房公积金内审稽核系统，建立健全数字化监管指标体系，多维度评估住房公积金管理运行情况，推动对住房公积金管理中心实现分级监管。借鉴建设银行经验，坚持科技创新战略，秉承数字化思维，从服务对象视角出发，构建智能风控平台，研究自动化机器人在信贷催收、押品管理等环节的高频复用。

三是探索区块链、卫星定位等手段在贷后检查等领域的落实运用，开发建设智能催收贷款平台，提升贷款催收效率。开发建设风险预警模型，根据历史数据和风险形势，优化趋势型、组合型风险预警规则，持续提升预警监测的前瞻性和精准性。

（九）培育风险控制文化

借鉴建设银行风险管理的成功经验，必须不断强化对风险认识的文化，使其成为全体员工统一的风险管理理念和价值标准，并渗透到所有部门、人员以及操作环节中。

一是将风险文化建设列入单位工作的重要议事日程，在人力、物力、财力上给予高度重视和有力支持。抓好党员教育和岗位教育，以培育廉洁价值观念为根本，发挥党员先锋模范作用，提高全体职工的综合素质和风险管控能力，打造爱岗敬业、廉洁奉公的干部队伍。

二是将廉洁文化建设与风险管理紧密结合，督促各分支机构、各部门、各岗位落实风险管理各项要求，营造“重风控、守廉洁”的良好氛围，培育风清气正的廉洁文化。领导班子成员应每年开展至少一次的风险文化宣讲，用住房公积金行业的典型案例开展警示教育，加强对党员干部的监督检查，持之以恒正风肃纪。

（十）做好党委（党组）领导的廉政建设

党委（党组）领导班子是本地区住房公积金全面风险管理的主要责任人。领导班子成员要带头践行稳健、审慎、全面、主动的风险文化，牢固树立底线思维和合规意识，认真学习党中央金融风险防控的重大方针政策，研究传达上级主管部门工作部署，对重要事项作出具体批示、提出落实要求。党委（党组）至少每半年听取一次各分支机构或科室、管理部风险管理情况汇报，重点研究资金运营、重大风险处置、内外部监管要求落实、风险评估和管理情况等事项。将党委（党组）及班子成员落实风险管理职责情况，作为党员领导干部民主生活会和述责述廉的重要内容，接受广大职工评议。

法制建设篇

对住房公积金行政执法问题的几点思考

甘肃兰州　马庆琳

根据《全国住房公积金2022年年度报告》，全国公积金缴存人数达到1.7亿人，其中国家机关、事业单位和国有企业的平均缴存比例为21.26%。不同地区的缴存比例存在显著差异，陕西、甘肃、宁夏、青海、新疆五省（区）的国家机关和事业单位以及国有企业的平均缴存比例高达73.91%，而浙江、广东、福建三省的相应比例仅为33.59%。根据国家统计局发布的2022年国民经济和社会发展统计公报，2022年我国城镇就业人员数量为4.59亿人。全国公积金缴存人数占城镇就业人数的比例为37%，反映出住房公积金制度覆盖面还有较大提升空间，说明全国许多单位存在未缴或欠缴问题。

为了更好地实施住房公积金制度，国务院于1999年发布了《住房公积金管理条例》（以下简称《条例》），规定了住房公积金管理中心（以下简称“管理中心”）为住房公积金的行政管理和执法主体。随着国家治理体系和治理能力的现代化进程不断推进，管理中心需要进一步提升自身的执法能力、精细化管理能力和服务效能，从而更有效地维护职工的权益。

一、住房公积金的强制缴存及法规依据

《条例》是我国住房公积金管理的主要法律依据。住房公积金制度的强制性主要体现在以下几个方面：（1）广泛覆盖。国家机关、国有企业、城镇集体企业、外商投资企业、城镇私营企业及其他城镇企业、事业单位、民办非企业单位、社会团体及其在职职工都需要缴存住房公积金。（2）保障权益。职工个人缴存的住房公积金和职工所在单位为职工缴存的住房公积金，属于职工个人所有。（3）专款专用。住房公积金用于职工购买、建造、翻建、大修自住住房和偿还贷款及房屋相关费用支出，任何单位和个人不得挪作他用。

缴存单位有两个义务：一是办理住房公积金缴存登记。“第十四条，新设立的单位应当自设立之日起30日内向住房公积金管理中心办理住房公积金缴存登记，并自登记之日起20日内，为本单位职工办理住房公积金账户设立手续；第三十七条，单位不办理住房公积金缴存登记或者不为本单位职工办理住房公积金账户设立手续的，由住房公积金管理中心责令限期办理；逾期不办理的，处1万元以上5万元以下的罚款。”二是按时足额缴存。“第十五条，单位录用职工的，应当自录用之日起30日内向住房公积金管理中心办理缴存登记，并办理职工住房公积金账户的设立或者转移手续；第二十条，单位应当按时、足额缴存住房公积金，不得逾期缴存或者少缴。第三十八条，单位逾期不缴或者少缴住房公积金的，由住房公积金管理中心责令限期缴存；逾期

仍不缴存的，可以申请人民法院强制执行。”

个人义务体现在：“第十七条，新参加工作的职工从参加工作的第二个月开始缴存住房公积金，月缴存额为职工本人当月工资乘以职工住房公积金缴存比例；单位新调入的职工从调入单位发放工资之日起缴存住房公积金，月缴存额为职工本人当月工资乘以职工住房公积金缴存比例。”职工和单位住房公积金的缴存比例均为上一年度月平均工资的5%～12%。由缴存单位每月从工资中代扣代缴，不需要职工自行操作。

二、住房公积金行政执法的必要性

（一）法治国家、法治政府、法治社会一体建设的必然要求

党的二十大报告提出了新时代全面依法治国的总体要求，十八届三中全会提出“健全符合国情的住房保障和供应体系，建立公开规范的住房公积金制度，改进住房公积金提取、使用、监管机制”，国家“十四五”规划也提出“改革完善住房公积金制度，健全缴存、使用、管理和运行机制”。住房公积金制度是一项基于政府公信力的公共政策，住房公积金是由单位和职工共同缴存的长期住房储金，属于个人所有。管理中心作为《条例》的执行机构，其执法行为既是维护《条例》权威，也是保护人民群众权益的关键手段。管理中心需要提高行政执法的水平，维护《条例》的法律权威，提高行政执法的质量，助力法治政府建设和法治建设的进步，推动住房公积金事业高质量发展。

（二）新时代住房公积金管理工作的内在需求

党的二十大报告提出，“坚持房子是用来住的、不是用来炒的定位，加快建立多主体供给、多渠道保障、租购并举的住房制度”，这些明确的要求，为住房公积金在新时代住房保障工作的发展指明了方向。住房公积金制度扩大覆盖面，是根本性和基础性工作，关系到制度的长远可持续发展，也是住房公积金资金的基本来源。《条例》要求，实现对单位和职工的全覆盖，应建尽建、应缴尽缴，行政执法工作是制度扩面的有力保障。住房公积金制度长远发展的目标是支持城乡居民，更好地解决居住问题，推动形成新型城乡、工农关系，助力城镇建设和乡村振兴，促进城乡经济社会持续健康协调发展，实现新时代城乡高质量融合发展。以高质量的新型城镇化带动高质量的乡村振兴，也是建立“全覆盖、普惠型”住房公积金制度的必由之路。

（三）维护职工权益，建立和谐社会的重要手段

住房公积金制度是我国政府为解决职工住房需求，进一步保障和改善民生的重要政策。住房公积金制度的实施，一是为缴存职工提供专项住房保障资金。无论职工收入高低，都可以享受到专项住房资金的保障，这有助于缩小社会的贫富差距，促进社会公平发展。二是住房公积金增值收益中对城市廉租房补充资金的规定，为低收入职工、困难职工等特殊群体提供了特定性住房保障帮助。三是有助于增强职工的安全感和稳定性，通过资金的积累和互助，帮助缴存职工实现安居乐业的目标，有助于提高其工作积极性，减少负面抵触，促进劳动关系和谐发展，提高工作效率和质量。

（四）依法行政履行职责的必然要求

住房公积金依法行政是贯彻《条例》的重要体现，也是管理中心为人民服务的切实保障，保

证《条例》在法律规定的范围内良好运行，符合国家对住房保障的要求。需要提高依法行政水平，防止行政权力的缺失和滥用，保障缴存职工的合法权益，积极回应广大人民群众对政策的新要求和期待。对于个别单位不遵守《条例》、漠视群众权益的行为，应采用刚性制度约束，必须严格履行法定职责，加大行政执法力度，维护广大人民群众的住房权益。

三、制度覆盖面不足的几个原因

（一）对《条例》的认识不到位

在当前社会组织多元化和市场经济条件下，不同行业和企业的经营情况千差万别，一些企业缺乏按规定缴存住房公积金的动力和能力。尽管政府已经出台了缓缴等政策并加以执行，但对于经营状况一般的单位，缺乏引导和激励的有效机制。部分单位没有将缴存住房公积金视为维护职工合法权益、解决职工住有所居和维护社会稳定的重要举措，对政策理解不透彻、法律意识淡薄，逃避社会责任。

（二）履行义务不到位

单位方面存在以下问题：部分单位有抵触心理，不想履行缴存义务；从众心理，即其他单位没有缴存，自己也不缴存；不良舆论导向，认为政策准备取消，不用缴存。根据2022年甘肃城镇单位就业人员年平均工资数据，城镇私营企业月均工资为4009元，按最低缴存比例5%计算，企业每年需要为每名职工缴纳约2405元的住房公积金。由于部分企业经营不良，无力为职工缴纳。同时，企业改制、股权纠纷等问题也会导致企业处于停产或半停产状态，无法缴存住房公积金。此外，一些企业经营者往往从个人利益出发，不施行全员缴存，选择性地为骨干人员缴存公积金。

职工方面存在以下问题：一是劳动用工的主动权主要在用人单位手中，职工为了接受工作岗位，只能被动接受，部分单位只顾眼前利益，满足当前需要而不愿缴存公积金。二是部分职工因认为公积金专款专用、使用面较为狭窄，购房意愿不强，加之就业流动性大等原因，愿意以工资补贴等形式从单位获得资金。三是单位只讲权利不讲义务，将单位缴存部分转嫁到职工个人身上，加重了职工的负担，导致缴存职工产生抵触情绪。同时，存在一些职工对政策不了解、不知晓强制范围和缴存比例等问题。

（三）强制手段较单一

由于《条例》对一些执法细节规定不够明确，管理中心在部分行业、单位和公众中的社会影响力较弱，权威性不足，遇到执法有阻碍时，无法有效解决。强制缴存工作一般由管理中心个别部门推动，工作力度较小，强制性手段较少。管理中心不能像审计、税务等部门那样对单位的财务账簿和银行账户进行查阅，无法清晰准确地掌握单位运营的具体数据，导致处罚措施较为粗放。有些地方政府制定了部分规范性文件，作为公积金强制缴存工作的依据，但由于法规层次和刚性不强等原因，影响了住房公积金制度覆盖面的扩大。

（四）处罚力度不够

根据《条例》，单位只有在未按规定缴纳公积金时才会受到处罚，而对于欠缴或补缴的情况，并没有明确的处罚要求。此外，经过查证后，补缴公积金并不需要支付滞纳金，其他强制手段也相对较少，刚性不强，特别是在遇到拒缴、少缴或拖欠的情况时，由于相关依据和规范不够明确，威慑作用不足，执法难以有效进行。缺少《社会保险费征缴监督检查办法》等监督检查办法，对直接负责的主管人员和其他直接责任人员的处置没有明确的规定。

四、当前住房公积金行政执法遇到的难点

（一）法规权威及程序规范的程序困境

由于《条例》和配套法规的不完善，容易导致执法效果不佳。一是尽管法规赋予了管理中心处理以及行政处罚的权力，但对于具体何种情况、如何处置却缺少规范和解读，可能导致执法存在模糊地带，降低了执法的公正性和权威性。二是执法流程与方法存在缺陷。在行政监察及处置工作中，尽管相关法规有原则性的规范要求，但证据收集环节过于模糊，增加了实际执法过程中的难度，容易出现随意收集证据或取证不充分的现象，这损害了司法权威性。三是针对如何确立罚款数额、执行罚则等细节问题，尽管《条例》有明确金额，但违法行为在处罚标准上缺乏明确规定，导致行政主管部门在裁定罚金金额时显得无所适从，难以做到合理公允。四是执法力量所能运用的手段相对有限，处罚力度不够，处理违规行为时显得力不从心，无法有效地震慑违法行为，影响执法效果。

（二）违规金额认定难，违规主体落实难

当单位违法时间较长、劳动关系发生变动时，对违规事宜、数额评估和责任主体的明确较为困难。在进行深入调查和核实过程中，由于缴存单位隶属关系调整、机构改革和单位性质变更等情况，当所涉金额已经历经多年未予追究时，需要审核多种历史资料，确定当事人获得的劳动报酬的具体数值较为困难。由于年代久远，即使单位方面积极配合，但由于原始文件、档案和人员更替等因素，无疑加大了认定每笔金额的难度。当使用劳务派遣用工模式时，同一单位签订派遣协议的过程中，有时会间隔一至两年就变更一次合作方。在申请追偿公积金或者其他权益的过程中，需要面对处于相同岗位却来自不同派遣公司的情况，也加大了维护权益的难度。还有部分单位改制后，与职工签订承包合同，职工上缴相关费用，用于社保等费用缴存，职工投诉单位未缴住房公积金，由于对在职劳动关系的认定较为复杂，因此处理此类问题也有难度。

（三）执法能力有待提高

一是部分管理中心的职责不清晰，内部管理和协调机制不健全，影响到执法的效率和公正性。二是执法人员欠缺，住房公积金追缴工作涉及金融、信息、行政、法律等诸多领域的专业知识，其复杂性要求执行人员具备过硬的综合素质，不仅需要了解并适应现阶段特定的社会经济背景，还应具备一定的司法实践经验才能够胜任此工作。三是执法资源有限，比如组织机构的限制，具有丰富综合业务知识人员的缺乏，还有保证追缴侦查取证、相关信息平台搭建以及第三方专项服务经费缺少等，进一步限制了追缴工作的实际效能。四是公众对《条例》认识不足，公众监督参与度不足。

（四）执法服务满意度有待提升

一是信息传导不够。尽管根据住建部工作要求，每年国家、省、设区城市公积金管理中心都会公布上年住房公积金年报和年报解读，但是一些单位和个人还是存在对制度了解不够、对权益保护缺乏必要的知识储备、对行政执法配合不积极的问题。二是参与渠道不足。在现行的管理体

系中，单位和个人对住房公积金的使用和管理的意见和建议，无法及时有效地反馈，降低了参与度。三是权益保护机制不健全。缴存职工在公积金的使用和管理中的权益受到侵害，缺乏及时的权益保护机制。四是对行政执法的理解和接受程度不高。一些单位存在抵制现象，部分职工因其他原因不愿意积极参与监督和改进工作，甚至还怀疑执法公正性和公平性。

五、提高住房公积金行政执法效果的几点建议

（一）完善法规体系，补齐制度短板

面对当代飞速发展的经济社会环境，规范住房公积金管理的首要任务是法规体系的修正与完善。一是建议我国立法机构出台关于住房公积金的法律，提高立法层级，强化立法权威性。二是借鉴社保等法律，优化住房公积金的制度设计。针对当前存在的问题与难点，制定切实可行的实施细则，确保授权具体、执行顺畅且可操作性强。三是在省级层面出台相关行政执法的细则，将缴存住房公积金纳入劳动合同示范文本。四是结合社会信用体系建设，将失信单位和个人信息依法列入“信用中国”等失信名单，坚持联合惩戒，形成合力。五是管理中心需要根据经济发展形式，对公积金提取与使用规定进行适当调整，以更好地契合大众的实际需求。

（二）增强法治意识，落实履职责任

继续增强社会公众对《条例》的认识。一是深入普及和宣传相关法律知识，为行政执法创造一个更为适宜的环境。二是通过针对性宣传，让单位充分认识并自觉承担起维护职工权益的重任，建立起自我管理和内部监督机制，从根源上有效防止和遏制违规行为的发生。针对查明的欠缴、少缴行为，多措并举，督促单位依据《条例》及时履行义务。当单位以种种理由推诿履行义务时，执法部门应当果断采取相应措施，给予有力打击，以此彰显法律的尊严和权威。尤其是那些屡教不改的侵权单位，应给予严厉惩罚，进一步提高《条例》的公信力。

（三）加强自身建设，提升执法能力

一是加强对共享信息的利用，借助数字政府建设的东风，为精准执法提供数字保障。二是继续加强培养高素质、专业化的执法人员，通过系统化的培训和持续的学习，引领执法人员始终保持对行业前沿执法动态的敏锐洞察，深刻理解相关法律法规的变革和沿袭。三是对于行政执法工作的推进和实施，应该联合税务、人社、财政、社会保障等多部门，形成信息互通、联合检查、共享监管的职工维权联动机制，充分发挥外部力量对行政执法工作的支持推动力，共同推进住房公积金的管理和执法工作。四是为确保执法过程的规范性和公正性，进一步提高执法效率和效果，应配备相应的现代化执法设备。

（四）严格执法程序，规范执法行为

厘清执行原则，统一执行规范，界定可执行范围，明确执行方式，是规范住房公积金执法的重要措施。实行案件调查、立案、催缴、限期整改、行政复议、申请强制执行等全流程规范执法。通过有效的监督机制，督促整改与从严惩处相结合，对规模以上单位和细分行业加大督促整改的力度，对有缴存能力但迟迟不缴存的单位，严格按照行政执法流程开展执法工作。鼓励公众参与住房公积金的监督，通过举报和投诉机制，揭露和打击违法行为，共同维护良好的执法环境。

住房公积金行政管理职能与民商事法律关系研究

山东淄博　王爱国

住房公积金作为具有社会保障性质的公共资金，涉及千家万户老百姓的切实利益，资金规模越来越大，社会关注度和影响力日益增强，成为社会保障体系的重要组成部分，为经济社会发展作出了贡献。为保证住房公积金事业安全、持续、长久发展，推动管理向科学、精细、规范、合法方向转变，现从推进住房公积金合规化、合法化建设的视角，以理性分析住房公积金行政管理职能与普通民商事关系为切入点，以期为事业长期发展提供理论支持和借鉴。

一、厘清住房公积金行政管理性质与住房公积金业务民商事法律关系的必要性

目前，人民法院要求各地公积金中心对缴存人的住房公积金按照司法程序提供司法协助，进行查询、冻结、执行提取。同时，很多职工个人投诉其供职单位（或以前供职单位）没有为其缴存住房公积金。如何应对目前住房公积金管理中遇到的这些问题，是各地住房公积金管理工作的新课题。事实上，这些问题涉及住房公积金行政管理职能与业务民商事法律关系区分的问题。从住房公积金事业的长远发展看，正确厘清住房公积金管理工作中的行政性质与民商事性质，区分两者在住房公积金缴存、提取、使用、监督、管理等微观层面下的关系，有利于实现规范化、合规化、法制化管理。

二、住房公积金行政管理职能和民商事法律关系的区别

（一）行政管理职能

根据有关法律规定，行政管理职能是指行政主体按照行政法律规范进行行政管理而形成的各种权利义务关系。按照《住房公积金管理条例》（以下简称《条例》）的规定，住房公积金管理，是指各地公积金中心对管辖范围内的住房公积金的缴存、提取、使用、监督履行行政管理职能。公积金中心做出的住房公积金缴存、提取、使用、监督等管理行为都是行政行为，各地公积金中心是行政行为的执行主体。

（二）民商事法律关系

根据有关法律规定，民商事法律关系是指民商事主体根据民商事法律规范进行民商事法律行为而形成的各种权利义务关系。根据《条例》规定，住房公积金所有权人是职工个人，其在住房公积金管理行为中的身份是具体行政行为相对人（行政主体具体行政行为的相对方），由于职工个人是民事主体而不是行政主体，使得住房公积金的管理具有了民商事法律关系的性质。特别是在住房公积金所有权人使用住房公积金（贷款申请人按照借款协议约定提供担保、偿还借款、承担责任等事项）的过程中，民商事法律关系的性质体现得更为明确。

三、行政管理职能与民商事法律关系在住房公积金业务层面的区分与适用

（一）缴存

缴存是住房公积金缴存义务主体按照一定程序和条件为权利人缴存的长期住房储金。在缴存环节，公积金中心与缴存义务主体间是行政法律关系（即行政主体与具体行政行为相对人之间的关系）。公积金中心依据《条例》，对具体行政行为相对人实行法律规范的管理和调整。公积金中心可按照《行政处罚法》等行政法律规范对具体行政行为相对人做出具体行政行为。同时，对不缴存住房公积金行为的举报进行处理的行为也是行政行为。各地公积金中心的催缴制度是行政法律规范，行政行为相对人可以对公积金中心依据《条例》及其他规范性法律文件所做出的催缴行政行为提出行政复议和行政诉讼。从根本上讲，住房公积金缴存是行政法律关系，公积金中心按照《条例》的要求，可以以行政委托的方式委托授权给银行办理。

（二）提取

《条例》规定了住房公积金的所有权归缴存职工个人所有，所有权的归属是明确的。从法律关系的角度分析，实际上是对债权的享有，但债权的处分是受到限制的，即职工提取使用住房公积金是有条件的，必须符合《条例》对该储金适用对象的限制，即只适用于住房事项。因此，将住房公积金用于大病救助、求学救助等方面，在一定程度上不符合《条例》的规定，存在不合规性。同时，住房公积金所有人（债权人）对住房公积金的民事处分必须经过公积金中心的审批，以期能实现住房公积金使用的合法性审查。公积金中心的审批，在性质上是具体的行政行为。因此，在提取这个环节上，公积金中心与提取人之间是行政法律关系，故应适用行政法律规范。

（三）使用

在《条例》规范下，缴存职工（缴存权利人）对住房公积金的使用，除住房提取外，另一个使用用途就是个人住房贷款。《条例》将贷款的条件和细则授权给各地住房公积金管理中心自行研究制定，以地方性规范性文件的方式向社会公布。从住房公积金管理中心存在的法律基础、部门性质、履行职能、授权依据等角度来看，住房公积金贷款是在《条例》和其他行政法律规范的共同授权和调整下开展的，其实质是符合贷款条件的缴存人与公积金中心之间的行政申请和审批关系，即住房公积金贷款具有行政特性，在本质属性上与银行商业性贷款是截然不同的。

需要注意的是，住房公积金贷款和商业贷款之间也存在一定的关联相似性。住房公积金贷款也具有一定的民商事性质，体现在贷款的具体办理上。在完全实现“管营分离”的运作模式下，贷款申请人向公积金中心提供符合受理条件的贷款申请书、担保，公积金中心对申请人的申请资料、信用状况、担保情况进行调查和落实，在符合贷款的条件下进行审批，由银行进行具体办理。分析这个流程我们可以看到：贷款申请人提出贷款申请和公积金中心批准发放住房公积金贷款这两个环节是行政法律关系，是行政主体与具体行政相对人之间的关系；但担保措施的实现和落实是民事法律关系，担保责任的依据和法律责任完全依靠民商事法律关系体系的《民法典》规范。所以，正是因为在住房公积金贷款这个环节中既有行政关系又有民商事关系，使住房公积金贷款业务具体办理必须授权给银行办理，以期实现行政管理职能与民商事法律关系的分离，住房公积

金管理中心作为行政管理部门只负责具体行政管理，而不能从事民商事业务的经营。

对于贷款环节的行政管理职能与民商事法律关系的分离问题，公积金中心只要按照《条例》的规定做好住房公积金贷款的最终审批即可，其他的贷款环节完全可以授权给银行且必须授权给银行进行办理，这是《条例》的立法目的。公积金中心按照行政管理职能转变的要求，做好行政审批工作，将贷款环节的具体实施以行政委托的方式委托给银行办理，银行按照行政授权委托协议进行住房公积金的归集和贷款，按照行政委托协议履行受托职责，公积金中心承担委托后果。在具体的法律文书设计上，借款合同、担保函、担保措施落实等按照民商事法律关系认定，其中可以约定民事法律责任。

（四）监督和管理

公积金中心的监督管理职能是《条例》直接赋予的，既包括公积金中心内部的监督管理，如管理制度的建立、行政职能的履行、业务指标的确定、运营风险的防控等，也包括对相对关系方的监督管理，如对行政授权受托方、中介评估机构、按揭合作协议方等的监督管理。毫无疑问，该职权是法规授权的行政职权，公积金中心对相对方的行政行为属于行政法律关系范畴。

住房公积金缴存、提取、使用、监督、管理中两项法律关系的认定，是我们处理不同问题的法律基础。对于属于行政法律关系的行政事项，应依据现有的行政法律规范加以调整，尤其是在制度设计和完善上要遵守行政法律规范；对于具体业务上属于民商事法律关系的事项，只能依据民商事法律规范进行规范，这是进行制度完善的根本准则。

关于职工住房公积金缴存权益维护的几点思考

山东淄博　孙文娟

住房公积金制度在我国建立已有30余年，住房公积金运行逐步规范化。在实际运行过程中，明显感到住房公积金的提取和使用政策更细致、更规范，各地对提取和使用政策均逐步制定了操作性比较强的实施细则，但维护职工缴存权益的政策细则相对较少，可操作性也比较差，各地住房公积金管理中心普遍存在执法难的问题，职工缴存权益类的投诉逐渐增多正体现了这一点。同时，社会上对住房公积金缴存具有法律强制性的认识普遍不足，仍然有相当一部分企业认为住房公积金与社会保险不同，不具有法律强制性。《住房公积金管理条例》（以下简称《条例》）颁布已有二十几年的时间，有些条款已不太适应现实的需要或欠缺某些具体规定，亟须进一步规范完善住房公积金管理制度。

一、住房公积金缴存权益维护中存在的问题及分析

（一）关于住房公积金是否为强制缴存的问题

在催建催缴时用人单位经常会提出："住房公积金只是一项社会福利，单位可以多缴也可以少缴，甚至不缴"，"该职工在职期间从未要求过缴住房公积金，应视为其放弃了住房公积金缴存权利"，"某某职工是农民工，住房公积金应该是针对城镇人口的，农村户口可缴可不缴"，"职工曾签订过放弃缴存住房公积金的承诺，公司给其发放了相应的补贴，所以公司没有义务再为其补缴"。以上问题充分表明住房公积金缴存的法律强制性尚未深入人心，很多企业尤其是私营企业仍然认为住房公积金的缴存不具有法律强制性，住房公积金是可缴可不缴的。

根据《条例》规定，"单位应当向住房公积金管理中心办理住房公积金缴存登记，并为本单位职工办理住房公积金账户设立手续"，因此，为职工缴存住房公积金是用人单位的法定义务，具有强制性、义务性、专项性，不是单位和职工个人可以擅自处分的一般权利义务，所以单位与职工私自约定不缴或少缴的行为无效，也不能因职工在职期间从未提出需要缴存住房公积金和未对未缴存住房公积金提出异议而免除单位的缴存义务。单位与职工约定不缴住房公积金而发放补贴代替的做法也不符合《条例》的规定。

《条例》中规定的缴存对象为单位及其在职职工，并未对职工户籍加以限制。根据《关于住房公积金管理几个具体问题的通知》（建金管〔2006〕52号）对"在职职工"的规定，在职工与工作单位发生劳动关系期间，单位为职工支付工资，那么职工就属于单位的在职职工，单位就应该为职工缴存住房公积金，并不区分其是城镇户籍还是农村户籍。

（二）关于追缴住房公积金是否有时效限制的问题

追缴住房公积金的时效限制问题集中体现在以下两个方面：一是在处理投诉有关单位不缴、少缴、欠缴住房公积金的过程中，职工经常提出追缴住房公积金是否有时效限制的问题，而企业

也经常以追缴期超过了时效限制为由，提出不需要为职工补缴住房公积金。二是有些历史比较悠久的老企业，之前因各种原因未开设公积金账户，现在随着住房公积金制度的宣传、归集扩面工作的开展，企业认识到了缴存住房公积金的必要性，但是这些意向缴存企业由于历史比较悠久，担心若现在开始设立账户缴存住房公积金，由于历史欠缴太多，若职工追缴住房公积金没有时效限制，从企业建立之初开始补缴的话，企业将无法负担历史欠账。基于上述顾虑，老企业失去了开设账户缴存住房公积金的积极性，并对追缴期的时效限制提出比较迫切的要求。那么目前追缴住房公积金是否有时效限制呢？

通过查阅相关法律规定及有关判例资料，将该问题阐述如下：

根据《条例》的规定，住房公积金是用人单位及其职工必须依法缴存的长期住房储金。用人单位对其录用的职工负有按时、足额缴存住房公积金的法定义务，违反《条例》的规定，单位逾期不缴或者少缴住房公积金的，由住房公积金管理中心责令限期缴存；逾期仍不缴存的，可以申请人民法院强制执行。追溯时效必须有法律法规明确规定，而《条例》对住房公积金的投诉及追缴时效并没有限制规定。因此，目前来说职工向住房公积金管理中心投诉单位欠缴或少缴住房公积金及执法部门追缴住房公积金不受时效限制。

《关于住房公积金管理若干具体问题的指导意见》（建金管〔2005〕5 号）第六条规定，单位从未缴存住房公积金的，原则上应当补缴自《条例》（国务院令第 262 号）发布之月起欠缴职工的住房公积金。单位未按照规定的职工范围和标准缴存住房公积金的，应当为职工补缴。

综上，职工向住房公积金管理中心投诉单位不缴、少缴、欠缴住房公积金，住房公积金管理中心向用人单位追缴住房公积金，均不应受时效限制，且补缴时间最长可追溯至《条例》（国务院令第 262 号）发布之月。

（三）关于住房公积金缴存基数的确定问题

按照《条例》第十六条的规定，职工缴存基数应为职工本人上一年度月平均工资。对于新入职的员工，没有上一年度月平均工资，按照第十七条的规定执行，即从第二个月开始缴存住房公积金，缴存基数为本人当月工资。但对于曾经在其他单位工作，后又经公开招聘入职新单位的情况，是应该按照新参加工作职工执行还是按照单位新调入的职工执行，在职工首月工资与第二个月工资差异较大时，往往存在较大争议。

工作中遇到的一个案例情况如下：职工小王于 2012 年 12 月 7 日经公开招聘入职 A 单位，之前小王曾在 B 单位工作至 2012 年 5 月，A 单位于 2012 年 12 月当月为其发放工资并缴纳社会保险。职工小王 2012 年 12 月当月发放工资 1900 元。2013 年 1 月发放工资 13000 元左右。2013 年全年平均月工资在 1 万元左右。A 单位认为，该职工曾经有过工作经历，不应属于新参加工作，故按单位新调入员工为其缴存住房公积金，从其入职第一个月开始缴存住房公积金，按 2012 年 12 月工资（1900 元）确定缴存基数，到 2013 年 7 月，调整缴存基数，按照上一年度月平均工资，因上一年度只有 12 月这 1 个月，该职工的缴存基数仍然为 2012 年 12 月工资，那么该职工在 2012 年 12 月—2014 年 6 月期间的缴存基数均为 2012 年 12 月的工资，只有 1900 元。职工则认为自己并不是从其他部门调入的，而是通过公开招聘新入职 A 单位的，因此，自己并不属于单位新调入职工，故应属于A单位新参加工作的职工，应从参加工作的第二个月开始缴存住房公积金，按2013年1月的工资（13000元）定缴存基数。另外，职工小王认为其从第二个月开始月平均工资在1万元以上，19个月都以1900元为缴存基数，不公平。A单位则表示单位还存在与职工小王工资情况相反的职工，这些职工与小王一样，也是从其他单位离职后，通过公开招聘到A单位就职的职工，他们第一个月工资较第二个月高很多。若这种情况按新参加工作的职工处理，从第二个月开始缴存住房公积金，并以第二个月的工资定缴存基数，将损害这些职工的利益。

对于曾经在其他单位工作，后又经公开招聘入职新单位的情况，界定为新参加工作职工还是单位新调入的职工，尚缺乏权威的标准规定。从上述案例来看，在职工第一个月和第二个月工资差异相当大的情况，无论如何界定，对某些职工都缺乏公平性。因此，这种离职再就业的情况，在入职后，尚未工作完整自然年度的，调整基数时可采取以其新参加工作以来或调入后实际发放的月平均工资作为其住房公积金缴存基数，或以其每月的实际工资作为其当月的住房公积金缴存基数，这样可在遵循《条例》原则的基础上，同时兼顾各种情况，对于单位和职工也更为公平。

二、几点建议

（一）进一步提高住房公积金法制建设水平

1. 增强住房公积金法制宣传力度

近年来，住房公积金宣传力度逐年增强，这一点从住房公积金的覆盖面逐渐增大、职工维权案件增加较快可以体现出来。但是从对企业进行催建催缴的服务协调过程来看，仍然有相当一部分企业认为住房公积金是单位自愿缴存的行为，不具有法律强制性。因此，在宣传缴存住房公积金的好处的同时更应重点强调住房公积金的法律强制性，增强企业和职工的法律意识，让企业认识到住房公积金与社会保险一样都是法律强制要求的。

2. 提高住房公积金法律层次

我国现行的《住房公积金管理条例》是由国务院制定的，是一部专门对住房公积金制度作出规定的行政法规。住房公积金制度仅仅局限于“条例”这一层面上，并未形成“法律”层面的立法，法律位阶较低。同时缺乏完善的法律体系结构，使得住房公积金制度的很多细节问题无法可依。为了更有力地维护缴存职工的权益，应加快住房公积金的立法进度，提升住房公积金的立法层次，从“住房公积金管理条例”上升到“住房公积金管理法”，确保住房公积金制度的权威性，根除管理中的漏洞，同时针对实施细节，配套相关规章，形成健全的法律体系，从源头上进一步增强住房公积金缴存的法律强制性。

3. 增加住房公积金法制手段

一是将缴存住房公积金列入劳动合同的必备条款，这样住房公积金的缴存将与社会保险的缴纳一样，有劳动合同作为依据，有利于更好地维护职工权益，也能进一步增强住房公积金缴存的法律强制性。二是赋予住房公积金管理中心执法检查权。明确住房公积金管理中心可以通过调查单位在岗职工人员、工资报表等获取相关证据，拥有对不符合缴存规定的单位的账簿进行检查等调查取证权力。目前，住房公积金管理中心除了申请法院强制执行外，无其他任何手段，导致执法效能较低，执法成本较高。建议根据实际工作需要探讨住房公积金管理中心与税务、社保等部门联合办公的方式，深入开展执法活动。三是应尽快通过法律规范，完善相关立法，将单位与职工之间的住房公积金纠纷纳入劳动仲裁和人民法院的受理范围，增加职工的维权途径，让职工的合法权益能得到更有力的维护。

（二）进一步增强住房公积金的执法力度

1. 制定统一的住房公积金执法操作性细则制度规定

在处理职工投诉的过程中，发现有 72.4%的投诉事件属于欠缴或少缴住房公积金的投诉，而该类投诉事项的处理由于缺乏操作性较强的细则性规定，且情况复杂多样，涉及职工和单位双方的权益，服务协调以及执法难度较大。目前住房公积金执法的法律依据只有《条例》第三十七条和三十八条的规定，执法条款没有细化，没有赋予住房公积金管理中心强制执法权，可操作性不强。按照规定，单位不办理住房公积金缴存登记或账户设立手续的，住房公积金管理中心首先责令其限期办理，单位逾期仍不办理的，处以罚款，但在罚款后职工的缴存权益如何维护并未进一步明确相应的处理措施，导致在实际操作中，若单位拒不开设住房公积金账户，按照《条例》的规定，只能处以罚款，但职工自身的缴存权益并未得到有效维护。因此，亟须根据住房公积金执法工作的实际需要，制定有法律效力的专门的住房公积金执法制度细则性规定，进一步明确相关部门的职责和执法细节性规定，增强住房公积金的执法力度，以便更好地维护职工缴存权益。

2. 提高单位不按规定缴存住房公积金的违法成本

根据《条例》规定，用人单位未依法为职工缴存住房公积金，不办理住房公积金缴存登记或不开设住房公积金账户时，用人单位并不会立即受到相应处罚，而是先由住房公积金管理中心责令其限期办理，用人单位逾期不办理的情况下，才可能受到罚款的处罚，罚款数额为 1 万元以上 5 万元以下，违法成本较低。依据行政处罚中“一事不再罚”的原则，住房公积金管理中心在一次处罚后，如果用人单位不进行整改，住房公积金管理中心也无更有力的措施。单位逾期不缴或少缴住房公积金的，只需要补缴相应数额，相当于没有违法成本。因此，应通过提高罚款额度、加收滞纳金等方式提高不按规定缴存住房公积金的违法成本，以便增强单位对依法缴存住房公积金的重视程度。

3. 加强执法人员队伍建设

现实中，执法人员存在相关法律知识欠缺、执法不够专业等问题，导致执法力度不够，效果欠缺。因此，为提升执法力度、增强执法效果，应加强住房公积金执法的相关法律知识培训，成立专业的住房公积金执法队伍，增强执法的专业性。住房公积金执法过程中不仅仅涉及住房公积金相关知识，还涉及行政法、公司法、企业破产法、劳动合同法、民法等各种相关法律知识，因此，定期开展执法知识培训，吸收专业的法律人士充实执法队伍专业人员非常必要。

（三）进一步规范住房公积金缴存制度规定

《住房公积金管理条例》最初制定于 1999 年，后虽经 2002 和 2019 年两次修订，但仍然有些条款不太适合现实情况。

1. 进一步明确住房公积金缴存基数的确定规则

前文提到，目前《条例》规定的缴存基数确定标准，在工资相对固定或人员流动性小的情况下，这样规定用人单位与职工不会有太大争议，但是在工资形式多样化、有些单位每月工资差异较大（尤其是首月和第二月工资差异较大时）、人员流动性相当大的情况下则不再适用。《条例》第十七条只规定了新参加工作的职工和单位新调入职工两种情况，对于曾经参加过工作，后离职通过公开招聘并非工作调动入职另一家公司的情况，归于《条例》中规定的两种情况中的任一种都可能引发企业与职工的争议，尤其是在没有权威文件明确规定的情况下。《条例》制定之初，人员流动性小，《条例》中规定的两种情况可以满足工作需要，但《条例》发布至今，经过 20 多年的发展，现实情况已经发生了很大的变化，亟须对这种类似条款进行更符合实际情况的修改。因此，应尽快根据实际工作的发展变化制定新的住房公积金管理制度规定，比如第十七条可修改为从职工入职后发放工资之日起缴存住房公积金，月缴存额为职工本人第一个全月工资乘以职工住房公积金缴存比例。对于第一个月工资不是全月工资的，按照第一个月的实际工资补缴住房公积金。在新的制度规定出台之前，可根据有关缴存条款制定细则性补充规定，增强实际操作性。比如对于《条例》第十七条可出台细则补充规定，在入职后其工作时间尚不满一个完整自然年度的，调整基数时可采取以其新参加工作以来或调入后实际发放的月平均工资作为其住房公积金缴存基数，或以其每月的实际工资作为其当月的住房公积金缴存基数，这样在不违反现行《条例》原则的情况下可同时兼顾各种情况，对于单位和职工也更为公平。

2. 明确住房公积金追缴时效限制

建议制定新的住房公积金管理制度，进一步明确住房公积金追缴时效的规定。《条例》发布至今已有 20 多年，随着时间的推进，明确住房公积金追缴时效非常有必要，一方面有些成立时间比较长的企业，若没有追缴时效的规定，历史欠缴的住房公积金全部由现在来买单，将无形中成倍增大企业现在的成本，若强制执行，可能导致企业无力承担而破产，无异于杀鸡取卵，不利于企业发展，职工利益也损失更大。另一方面若职工追缴住房公积金没有时效限制，也不利于归集扩面工作的开展，有些老企业现在有开设住房公积金账户缴存住房公积金的意向，但因顾虑追缴住房公积金没有时效限制，而丧失了开户缴存住房公积金的积极性。明确住房公积金的追缴时效，可解除一直未缴存住房公积金的老企业现在开户缴存住房公积金对于历史欠账的后顾之忧，调动他们缴存的积极性，更好地兼顾单位和职工双方的利益。从这一角度来说，明确住房公积金的追缴时效，可以更好地维护职工缴存权益。

三、结论

住房公积金缴存权益关系到职工的切身利益，是职工住房公积金提取和使用权益得以实现的基石，而住房公积金缴存权益的维护建立在住房公积金管理制度规定完善的基础之上。因此，提升住房公积金法制力度，规范缴存制度规定，增强执法力度，对于更好地维护职工的住房公积金缴存权益非常必要。

浅析住房公积金贷款贷后有关证据固定问题

湖南郴州　曹国华　杨　宇

2019年2月12日，湖南省住房和城乡建设厅、省发改委、省财政厅联合下发《关于规范全省住房公积金贷款担保业务的通知》（湘建金〔2019〕28号），取消了住房公积金贷款全过程担保，采用阶段性保证担保+贷后资产管理模式。规范性文件的有效性原则上是5年，2024年2月后何去何从有待观望。作为公积金人，无论政策如何变化，都有必要认真学习一些公积金贷款风险防范知识，以便从容应对当前包括问题楼盘在内的较为复杂严峻的房地产形势。面对公积金贷款纠纷，有时会不得不诉诸法院和仲裁机构。俗话说，打官司就是打证据。那么我们应该如何做好公积金贷款贷后证据固定工作呢？笔者结合有关法律规定和公积金工作实际进行了有益的分析研究。

一、法律规定“谁主张，谁举证”

举证就是当事人对自己提出的主张提供证据并加以证明。《民事诉讼法》第六十七条规定：“当事人对自己提出的主张，有责任提供证据。”根据此条的规定，当事人在民事官司中对自己所主张的事实，有提供证据加以证明的责任，即“谁主张，谁举证”。首先，原告对自己的主张负有提供证据的责任。原告起诉必然提出诉讼请求、事实和理由，并且需要对其主张和维护主张的根据提出相应的证据加以证明。其次，被告对自己的主张负有提供证据的责任。被告在应诉、答辩过程中，可能对原告的主张进行承认或反驳，或者提出反诉。被告应当以提出一定的事实情况为依据，使反驳、反诉成立，所以应负举证责任。再次，共同诉讼人在诉讼中无论是居于共同原告的地位还是居于共同被告的地位，他们对自己的主张与反驳均负有举证责任。根据《最高人民法院关于民事诉讼证据若干问题的规定》的规定：“当事人对自己提出的诉讼请求所依据的事实或者反驳对方诉讼请求所依据的事实有责任提供证据加以证明。没有证据或者证据不足以证明当事人的事实主张的，由负有举证责任的当事人承担不利后果。”

虽然举证责任是当事人应尽的义务，但我国《民事诉讼法》同时又规定，在某些情形下，对某些证据，人民法院应当强调收集。这些情形主要包括：一是当事人及其诉讼代理人因客观原因不能自行收集证据。二是人民法院认为审理案件需要的证据。三是人民法院认为需要鉴定、勘验的证据。四是当事人提供的证据互相有矛盾，无法认定的证据。另外，还有举证责任倒置责任，就是把按照举证责任分担的一般原则本属于一方当事人应负的举证责任，因某种原因而转移给另一方当事人承担。如在侵权纠纷中，环境污染侵权中证明侵权行为与损害结果之间的因果关系要件，需要由污染环境方承担证明责任；如在行政诉讼中，实行举证责任倒置的原则，由被告对做出的行政行为承担举证责任，应当提供做出该行政行为的证据和所依据的规范性文件。

二、证据的法定分类及三个特性

（一）证据的法定分类

证据的法定分类分为八种。《民事诉讼法》第六十六条规定：证据包括当事人的陈述、书证、物证、视听资料、电子数据、证人证言、鉴定意见、勘验笔录。证据必须查证属实，才能作为认定事实的根据。鉴于公积金中心的涉猎范围，主要就书证、视听材料、电子数据、鉴定结论、证人证言简要说明。

书证是指以文字、符号等所记载的内容或者表达的思想证明待证事实的证据材料，常见于各种书面材料，如书信、文件、票据、合同等，但不限于书面材料。只要是以所载内容证明事实，载体并无限制。如广告牌、墙上的标语符合条件都可以作为书证。书证是民事诉讼中普遍并大量应用的一种证据。

视听资料是指用录音、录像的方法记录下来的有关案件事实的材料。比如，用录音机录制的当事人的谈话，用录像机录制的人物形象及其活动。视听资料是随着科学技术的发展进入证据领域的。

《最高人民法院关于民事诉讼证据的若干规定》第十四条规定：电子数据包括网页、博客、微博客等网络平台发布的信息；手机短信、电子邮件、即时通信、通讯群组等网络应用服务的通信信息；用户注册信息、身份认证信息、电子交易记录、通信记录、登录日志等信息；文档、图片、音频、视频、数字证书、计算机程序等电子文件和其他以数字化形式存储、处理、传输的能够证明案件事实的信息；其他以数字化形式存储、处理、传输的能够证明案件事实的信息。

鉴定结论是指人民法院指定的专门机关对民事案件中出现的专门性问题，通过技术鉴定作出的结论。比如医学鉴定、指纹鉴定、产品质量鉴定、文书鉴定、会计鉴定等。鉴定结论是应用专门知识所作出的鉴别和判断，具有科学性和较强的证明力，往往成为审查和鉴别其他证据的重要手段。

证人证言是以知晓待证事实且能正确表达的人做出的证词。无民事行为能力人、限制民事行为能力人做出的，与年龄、心智水平、精神状态不相符的证人证言以及与当事人一方存在利害关系的证人做出的证人证言不能单独定案，需要其他证据补强效力。

（二）证据的三个特性

无论是何种证据，必须满足三个特性方有证据能力，即证据的“三性”：证据的合法性、客观真实性、关联性。证据的合法性是指证据必须由当事人按照法定程序提供，或由法定机关、法定人员按照法定的程序调查、收集和审查。证据的客观真实性是指诉讼证据必须是能证明案件真实的、不依赖于主观意识而存在的客观事实。证据的关联性是指作为证据的事实不仅是一种客观存在，而且必须与案件所要查明的事实存在逻辑上的联系，从而能够说明案件事实。

当证据符合“三性”要求，则说明具备了证据能力，但不一定能够证明待证事实。《最高人民法院关于适用〈中华人民共和国民事诉讼法〉的解释》第一百零五条规定，人民法院应当按照法定程序，全面、客观地审核证据，依照法律规定，运用逻辑推理和日常生活经验法则，对证据有无证明力和证明力大小进行判断，并公开判断的理由和结果。所以认定待证事实成立，需要达到一定的证明标准，使得法官内心产生确认。结合《最高人民法院关于适用〈中华人民共和国民事诉讼法〉的解释》第一百零八条、一百零九条以及《最高人民法院关于民事诉讼证据的若干规定》第八十六条，认定待证事实存在三种证明标准：其一是排除合理怀疑，涉及欺诈、胁迫、恶意串通以及口头遗嘱或遗赠事项；其二是较大可能性，涉及诉讼保全、回避等程序性事项；其三是高度可能性标准，大概是75%以上的可能性。这就要求我们在证据固定的过程中，将自己放置在客观第三人的视角，审视我们的证据能否产生事实存在的确信。

三、收集固定公积金贷款证据的注意事项

在民事法律活动中，当事人的权利义务主要来自法律规定和双方约定。在很多具体的民事法律活动特别是典型合同中，根据民法意思自治的原则，民事法律活动各方有约定从其约定，若没有约定的，则按照法律规定执行。收集固定证据的主要目的除了证明一些基础性事实的存在外，一方面是要证明自己按照法律法规和有关合同条款履行了自己的义务；另一方面还要证明对方没有按法律法规和有关合同条款履行自己的义务。

具体到公积金贷款和担保业务中，应该首先在合同中明确各方权利和义务。诸如贷款方资金及时足额打到借款方的个人账户或指定的开发商账户，在借款方结清贷款后及时解除抵押登记；借款方按时偿还贷款本金及利息，配合贷款方及时办理预抵押登记和预抵押转现抵押登记手续；违约时的违约条款和纠纷解决渠道；等等。

其次，在公积金贷款面签过程中应当注意，一要保证签订主体的真实性，签订合同时要验证身份，要确定签字和按手印的真实性。在公积金贷款诉讼中也曾出现过担保方不承认是其亲笔签名的情形，幸好最后通过法院组织笔迹鉴定还原了事实真相。二要注意贷款合同作为格式合同的特殊性，对于免除、限制对方权利，减轻免除我方责任的重大利益的异常条款，提供格式合同方需要有提醒说明义务，否则对方可以主张该条款不成为合同的内容。并且实践中也有客户投诉，认为存在相关事宜未说明清楚的情况。所以，建议在签订合同后让客户就标黑字体（此类通常是格式合同制作者认为涉及重大利益的条款）进行浏览，并在合同上书写“我已了解涉及我方的重大利益的异常条款，无异议”的字样，并署名。

再次，一定要抓住预抵押转现抵押、逾期贷款催收等贷后管理两个重要节点。《民法典》第二百二十一条规定：“当事人签订买卖房屋的协议或者签订其他不动产物权的协议，为保障将来实现物权，按照约定可以向登记机构申请预告登记。预告登记后，未经预告登记的权利人同意，处分该不动产的，不发生物权效力。预告登记后，债权消灭或者自能够进行不动产登记之日起九十日内未申请登记的，预告登记失效。”即要求在贷款房屋能够进行不动产登记之日起九十日内申请不动产抵押登记，如公积金管理部门怠于行使该项权利，期间经过则丧失实现抵押物权的可能，作为普通债权仅可以与其他债权人等比例受偿。《民法典》第一百八十八条规定：“向人民法院请求保护民事权利的诉讼时效期间为三年。”即如果自借款方借款期届满或虽未届满但实际停止偿还本息的3年期间，贷款方没有在此期间主张债权的，则超出了诉讼时效。若借款方主张

诉讼时效已经经过，则该债权丧失了胜诉权。

四、四类常见证据的收集固定举例

目前，公积金贷款预抵押转现抵押、逾期贷款催收的任务较重，特别是在公积金贷款没有担保或原来的担保公司停止担保合作的大背景下，倘若不做好这两项工作，恐将导致大量公积金贷款维权失败，逾期率居高不下。原则上要求尽量形成证据链，避免因孤证被质疑偶发性、不确定性而难以成立。收集固定的纸质证据应该及时归档保存，电子数据上传相应业务影像库规范存储，方便诉讼或仲裁时随时举证。下面我们结合公积金贷款工作实际，主要从电子数据、视听资料、书证、证人证言四个方面探讨如何固定证据。

1. 电子数据。在督促预抵押转现抵押、逾期贷款催收过程中，第一是打电话、发短信、发微信，若效果不佳还会上门催收。根据《最高人民法院关于民事诉讼证据的若干规定》第十四条规定，通信记录、手机短信、即时通信、图片都属于电子数据。即便我们用纸张将通信记录、手机短信、即时通信内容打印出来，它们仍然是电子数据，不过是以纸张为载体表现的电子数据，最终由法院或仲裁机构以依我们提供的线索到相应通信公司或即时通信公司查证的电子数据为准。

在上述操作中，收集的证据中一是要清楚显示借款方的手机（电话）号码。现在要求手机（电话）实名登记，法院或仲裁机构通过通信公司能快速查证借款方。二是要清楚显示打电话、发短信、发微信的具体日期。部分手机只显示月、日，而不显示年份，可以手动补上。前面已讲，我们自己截屏打印的内容并非真正的电子数据，只是电子数据的纸质载体。三是手机短信或即时通信内容要简要概括公积金贷款事项，以及在法定期限内预抵押转现抵押或逾期贷款催收的要求，证明我们已经积极主张权利，谨慎、负责地提醒借款方履行其必要的责任义务。四是保证通知到位，要求对方收到通知后回复，若有条件可以设置即时工具类似企业微信，有已读留痕效果。五是上门催收时，能达成还款协议当然最好，退而求其次将上门催收场景拍照取证，拍照时应摄入公积金工作人员和逾期借款方的头像。如逾期借款方不配合或不在家，取证时至少要照包括小区大门口、楼栋号、房间号在内的三张相片，方可有力地形成证据链。个别工作人员取证时只照了一张逾期借款方门口的照片，甚至没有显示房间号，恐导致举证效力不佳。

2. 视听资料。主要是指用录音、录像的方法记录，以胶卷、录音带、录像带为存储介质的有关案件事实的材料。录音对象必须是借款方，录音内容必须完整、准确，没有作技术处理，没有篡改、剪辑、伪造。录音体现的内容参照上文发短信、发微信的内容。要注重如下细节：一是必须明确对方的身份，有案例中对方否定录音对象是自己使得举证陷入被动；二是说清楚时间，法律上的期间经过可能产生各种法律效果，如诉讼时间经过，除斥期间经过；三是讲清楚基本案情，通过双方对话的形式把核心事实固定下来，可以表明我们已经履行了提醒职责，对方系个人原因不办理。哪怕是今后其他证据缺失，该录音的证明力也极强。这点也能适用于微信、短信等即时通信交流中。四是注意交流语气平和，不要发生争吵，确保反映被录音对象的真实意思表示，而不是在逼迫、胁迫的情况下取得的。这是为了防止对方以情绪激动、说话不理智为由进行抗辩。录像操作难度较大，公安、交警、城管等执法部门一般通过在制服肩上佩戴执法记录仪来对执法活动实时录像。因在隐私场所进行的偷录属侵犯当事人或其他人合法权益的行为，《最高人民法院关于适用〈中华人民共和国民事诉讼法〉的解释》第一百零六条规定："对以严重侵害他人合法权益、违反法律禁止性规定或者严重违背公序良俗的方法形成或者获取的证据，不得作为认定案件事实的根据。"但是一般情况下的偷拍和偷录可作为证据使用。

3. 书证。主要指以文字、符号等内容与思想证明待证事实的证据材料。具体在公积金贷款逾期催收过程中，一般是要求借款方制订分期还款计划，或书写还款承诺书，或经人民调解组织调解后签订调解协议书，或由公积金管理部门向借款方发送催告书、律师函。上述操作过程中，要简要概括借款方公积金贷款事项，督促其拿出诚意积极偿还贷款本息，最后要求借款方在分期还款计划或承诺书或调解协议书上签名按手印，并注明有关日期。倘若公积金管理部门在送达催告书、律师函时借款方不在家中或拒绝签收，只能将催告书、律师函张贴于借款方门口，拍照取证留存。书证最能直接体现我们的权利与借款方的义务，证明基本事实以及我们积极主张了自己的权利的事实。由于最佳证据规则要求书证通常提供原件，所以要注意保管好书证原件。

4. 证人证言。证据固定工作是一项社会活动，必然会涉及各类主体的参与与见证，这些主体可以向法官陈述其观察与体验证明待证事实。如屡次上门催告"期转现"或催收逾期贷款业务无果，尤其是上门找不到人时，可以与其邻居、物业、社区进行沟通了解，届时这些人可作为证人发挥作用。此外，还有其他主体如开发商工作人员也能够证明"期转现"程序具备但借款人不配合。需要注意证人证言作为证据的特点，原则上证人必须出庭做证，证人非正当理由不出庭仅出具书面证明的，不能作为案件裁判的依据。

住房公积金纠纷多元化解机制研究

浙江杭州　王　引

在习近平总书记指示坚持和发展“枫桥经验”60周年之际，建立公积金纠纷多元化解机制，缓解公积金行政执法压力，更好地维护企业和职工权益，迫在眉睫。本文直面住房公积金历史追缴的难点、分析近年来公积金纠纷化解的特点，就如何发挥调解的优点，探索建立住房公积金纠纷多元化解的机制，为破解住房公积金历史追缴难题提供一些参考。

一、研究住房公积金纠纷多元化解机制的必要性和意义

（一）住房公积金纠纷多元化解机制的必要性

一是职工维权意识增强。住房公积金作为住房保障体系的重要组成部分，有效推动了我国住房市场的改革和进步，不仅提高了广大职工的住房消费水平，也促进了城市保障住房的建设。随着住房公积金法律以及政策不断普及，越来越多的职工开始重视自身的住房公积金权益。二是历史欠缴问题突出。由于住房公积金缴存覆盖面长期处于低水平状态，历史欠缴的问题日渐突出，一旦大面积爆发，必然给企业造成重大的经济影响，甚至动摇社会的稳定。三是纠纷解决方式单一。目前主要解决方式为依靠住房公积金行政执法帮助职工向单位进行追缴。但行政执法受制于严格的程序和规范，容易增加行政执法的成本和时间；相关执法部门缺乏足够的经费和人力，容易影响行政执法的质量和效果；行政执法的强制性更容易激化单位和职工的矛盾，引起一系列社会问题。

（二）历史追缴难题在公积金管理中的普遍性

这种普遍性表现为公积金管理中心在追缴公积金时，往往会遇到各种历史原因导致追缴困难的情况。这些历史原因包括：一是政策不健全。在公积金制度建立初期，存在政策不健全、制度不完善的情况，导致一些单位和职工没有及时缴纳公积金或者未足额缴纳。二是推进不到位。由于住房公积金早期强制性政策推进不到位，单位和职工没有及时了解相关住房公积金政策规定，导致没有及时缴纳公积金。三是查处不主动。目前公积金中心多以处理职工投诉举报为主，未积极主动去查处单位存在的历史未缴、少缴公积金的问题，这就导致职工投诉历史欠缴不断出现。四是惩戒力度不够。现行住房公积金管理条例中，对未缴、少缴只是责令限期改正，至多是法院强制执行，缺乏法律赋予的强制执行手段和必要的检查审计权，如查封、冻结、划拨等，导致单位存在侥幸心理，历史欠缴问题不断。

（三）研究的目的和意义

通过深入研究和探讨住房公积金纠纷多元化解机制，旨在推动相关制度的完善和发展，为实际解决单位和职工的历史追缴问题提供理论支持，以实现公正、高效、低成本地解决公积金纠纷。建立健全的住房公积金纠纷多元化解机制具有重要的现实意义和深远的社会影响。

二、住房公积金纠纷多元化解机制的现状分析

（一）住房公积金纠纷多元化解机制的种类

1. 行政调解

行政调解是国家行政机关处理平等主体之间民事争议的一种方式，国家行政机关对属于本机关职权管辖范围内的平等主体之间的民事纠纷，依照有关法律和程序主持协调，促使纠纷的双方当事人在自愿、平等协商的基础上达成一致协议，从而合理、高效地解决纠纷矛盾。在住房公积金领域则具体表现为在职工投诉举报单位未缴或者少缴住房公积金的查处过程中，以住房公积金管理中心作为中间人，按法定程序在单位和职工之间进行协调，使双方意见达成一致，从而化解矛盾，促进社会和谐。国务院在《关于加强法治政府建设的意见》中明确指出："健全社会矛盾纠纷调解机制。要把行政调解作为地方各级人民政府和有关部门的重要职责，建立由地方各级人民政府负总责、政府法制机构牵头、各职能部门为主体的行政调解工作体制，充分发挥行政机关在化解行政争议和民事纠纷中的作用。"国务院的文件传达了一个清晰的信号：政府在化解矛盾、解决纠纷上，要发挥政府所独有的优势，促进行政纠纷合理有效的解决。

2. 协商和解

单位和职工不通过行政执法等程序，双方自行经过友好协商的方式达成和解协议，解决住房公积金纠纷。

3. 第三方调解

在住房公积金行政执法程序外或执法程序内，通过委托第三方，包括但不限于律师、法院、街道办事处、人民调解组织、社会力量等参与调解，使得单位和职工达成一致意见，从而解决住房公积金纠纷。目前该方式没有相关法律法规支持。

（二）公积金纠纷化解机制存在的问题

1. 法律法规不健全

目前公积金纠纷化解机制的法律法规尚不完善，缺乏具体的操作规范和执行标准，公积金管理中心在处理纠纷调解时缺乏相应法律依据。以《劳动争议调解仲裁法》为例，其中第四条明确，发生劳动争议，劳动者可以与用人单位协商，也可以请工会或者第三方共同与用人单位协商，达成和解协议。第五条规定：发生劳动争议，当事人不愿协商、协商不成或者达成和解协议后不履行的，可以向调解组织申请调解；不愿调解、调解不成或者达成调解协议后不履行的，可以向劳动争议仲裁委员会申请仲裁；对仲裁裁决不服的，除本法另有规定的外，可以向人民法院提起诉讼。

2. 缺乏专业的纠纷化解机构

根据目前各地住房公积金的纠纷化解方式，大多通过法院、律师、人民调解组织等第三方进行调解，相关机构对于住房公积金的政策法规掌握的程度不一，调解效果不佳。《劳动争议调解仲裁法》规定，发生劳动争议，当事人可以到下列调解组织申请调解：（1）企业劳动争议调解委员会；（2）依法设立的基层人民调解组织；（3）在乡镇、街道设立的具有劳动争议调解职能的组织。然后再是到劳动仲裁部门进行调解和仲裁。

3. 纠纷化解的警示性有待增强

很多调解只是单纯为解决某一职工的纠纷问题，无法对整个单位形成良好的教育意义，对历史欠缴及未来可能发生的投诉无警示作用。

三、公积金管理中历史追缴难题的原因分析

（一）历史追缴政策不完善

在现有住房公积金法律法规及政策条件下，历史追缴单方面认定单位违规，单位将面临追缴年份长、基数无法调整、比例偏高等政策问题。

1. 追缴期限长，且无追诉期

根据《关于住房公积金管理若干具体问题的指导意见》（建金管〔2005〕5 号）第六条规定，单位从未缴存住房公积金的，原则上应当补缴自《住房公积金管理条例》（以下简称《条例》）发布之月起欠缴职工的住房公积金。另外，《条例》未就住房公积金权益的追诉设置期限，只规定单位未缴或少缴职工住房公积金的，由住房公积金管理中心责令限期缴存，逾期不缴存的，可以申请人民法院强制执行。《条例》于 1999 年 4 月颁布，《条例》未就公积金的追溯期作出相关规定，若单位开办时间较早且未给职工缴纳住房公积金的，追缴期限可以长达 20 余年。

2. 缴存基数明确，无可协调性

根据《条例》第十六条规定：住房公积金的月缴存额为职工本人上一年度的月平均工资乘以职工住房公积金缴存比例。第十七条规定：新参加工作的职工从参加工作的第二个月开始缴存住房公积金，月缴存额为职工本人当月工资乘以职工住房公积金缴存比例。单位新调入的职工从调入单位发放工资之日起缴存住房公积金，月缴存额为职工本人当月工资乘以职工住房公积金缴存比例。综上规定，住房公积金的缴存基数为职工的工资标准。历史追缴中对于缴存基数有确定性规定，无法按照其他标准进行核算。

3. 历史比例较高，追缴压力大

职工补缴期间单位已建缴的，按补缴月份所对应的单位年度缴存比例确定补缴期间的缴存比例；未建缴的，由单位按不低于中心每年公布的最低缴存比例确定相应年度补缴比例。在 20 多年的历史欠缴中，计算补缴的缴存比例基本维持在 10%～12%。目前也未有新政策对历史欠缴的比例进行调整，在基数确定的情况下，无法调和的高缴存比例势必给单位带来极大的经济压力。

（二）制度覆盖面较低，欠缴人数多

目前全国职工的住房公积金缴存在 46%左右，还有五成以上的职工并未缴纳住房公积金，住房公积金制度覆盖面较低，造成历史欠缴问题积累更加严重，历史追缴投诉不断，如“灰犀牛”般对今后的住房公积金管理工作提出考验。

（三）管理部门“困难重重”

一是信息共享机制不完善。公积金管理中心必须通过单位和职工的双向调查才能确认单位违法事实，无法通过相关部门获取单位现在和历史的职工的相关信息，难以主动对单位在职员工未缴和历史欠缴进行查处，造成历史欠缴问题加剧。二是执法重心不靠前。目前多以职工投诉举报

为主，公积金管理中心虽开展专项执法行动，但往往针对企业未建立住房公积金制度或未给在职职工缴纳进行查处，未对单位历史欠缴问题进行处理，造成历史追缴问题不断出现。三是联合查处机制缺乏。公积金中心单独对单位未缴、少缴问题进行查处，无法联合其他部门形成合力，迫使企业彻底解决历史公积金欠账问题。四是行政执法经费、人员不足。面对越来越多的投诉案件，公积金管理中心专项执法人员欠缺，委托调解、行政复议和行政诉讼等需要的经费严重不足。

（四）职工追缴信息的收集困难

1. 职工法律意识不足，无法及时维护权益

很多职工仍停留在住房公积金是单位福利的认识阶段，认为住房公积金可缴可不缴。发现当时单位未缴纳住房公积金时，很多单位已关停或注销，无法及时维护权益。

2. 投诉具有滞后性

表现为大多数投诉案例都是职工离开单位后前来投诉，要求的均是补缴历史欠缴的住房公积金，很少有在职时主动维权，要求单位给自己足额缴存住房公积金的，欠缴问题不断累计。

3. 职工证据准备不充分

因为投诉具有滞后性，很多职工在劳动关系存续期间并没有意识到需要维护自己的合法权益，因此没有很好地保留证据材料，到后来需要投诉时拿不出劳动关系或者工资关系方面的证据。而根据住房公积金行政执法办法规定，必须提供相关证据材料才能受理和调查处理，职工又得通过劳动和司法部门确认劳动关系及工资情况，大大增加了维权时间和成本，加深了职工与单位和行政部门的矛盾，不利于营造和谐的社会环境。

（五）个案具有群发性

历史追缴投诉往往刚开始时是由一个单位的某一个职工提出，经行政执法或纠纷化解处理得到补偿后，该单位其他未缴、欠缴的职工就群起响应，造成群体追缴历史问题，且往往具有人数多、来势快、需要解决时间短、单位经济压力大等多方不利因素。

四、建立公积金纠纷多元化解的积极作用

（一）维护单位和职工合法权益、促进企业健康发展

公积金纠纷多元化解一定程度上可以减轻单位的历史追缴成本，更快更好地维护职工的权益，提高职工对单位的信任度和满意度，加强单位与职工之间的沟通和交流，增强单位与职工之间的信任和理解，从而为企业的发展创造更加稳定和谐的环境。

（二）方式灵活多样

解决单一依靠行政执法的手段应对历史追缴的问题。通过行政调解、协商和解、第三方委托调解（包括但不限于律师、法院、属地街道、人民调解组织、社会力量等）等多种方式，根据单位、职工的不同特点进行调解，以提高公积金纠纷化解成功率。

（三）办事效率得到提高

解决职工因投诉资料准备难、行政执法程序时间长等诸多问题，较快地帮助职工解决住房公积金纠纷，极大地提高了公积金管理部门的办事效率。

（四）促进社会和谐稳定

公积金纠纷一旦得不到及时解决，容易导致职工的利益受损，从而引发一系列的社会问题，如上访、罢工等。通过多元化解，可以及时解决纠纷，维护社会稳定。

（五）节省行政执法成本

通过公积金多元纠纷化解，相对减少行政执法程序的产生，缓解行政执法人员和经费的短缺，进一步节省行政执法成本。

五、建立公积金纠纷多元化解机制破解历史追缴难题的对策建议

住房公积金多元纠纷化解机制是指住房公积金管理中心联合多方社会力量，通过多种方式和手段来解决住房公积金纠纷，包括但不限于调解、协商、和解等非行政执法及诉讼方式。该机制旨在避免将纠纷单纯地依赖行政执法程序解决，而是重视多元化、多途径的纠纷解决方式。

（一）完善历史追缴的纠纷化解政策及操作细则

制定和完善相关法律法规，明确化解历史追缴纠纷的适用范围、处理程序、执行标准等，使处理过程有法可依、有章可循。一是要注意纠纷化解的政策引导作用。在解决过程中达到惩前毖后的作用，帮助企业建立和完善住房公积金制度，逐步解决历史欠缴的问题。二是要深入发挥各种调解手段的互补作用。深入研究行政调解、第三方调解（律师、法院、街道办事处、人民调解组织、社会力量等）、单位自行协商的互补作用，以解决纠纷为最终目的，深入实际情况选择调解手段。三是要重视推动和谐的用工环境。在纠纷化解过程中积极营造和谐氛围，减轻单位和职工的背对关系，促进良好用工关系的健康发展。

（二）加强部门协调，建立跨部门沟通处理机制

一是联合人社、工商、工会、税务等多部门，建立职工劳动关系确认和工资收入证明信息的共享机制，加强数据沟通，打破数据壁垒，形成数据一张网，为处理住房公积金历史欠缴问题提供数据信息基础，使多元纠纷化解进展更加便捷顺利。二是加强与劳动监察、劳动仲裁、人民法院等部门协调沟通，建立联合调处机制，促使住房公积金矛盾纠纷靠前解决。

（三）建立专业的纠纷化解机构和队伍

无论是行政调解还是第三方调解，都需要专业的机构和队伍人员作为保障，要加强调解员队伍建设，提高调解员的素质和能力，使住房公积金纠纷调解员不仅具备完善的住房公积金政策知识，也具备法律、心理学、社会工作等专业知识，以便更好地调和单位与职工之间的矛盾，切实解决住房公积金纠纷。

（四）加大对住房公积金纠纷化解的经费支持

各级各部门要充分考虑到住房公积金历史欠缴问题在保障职工权益、企业稳定发展、社会和谐稳定等方面的重大影响，加大对住房公积金纠纷化解工作的经费支持，保障住房公积金纠纷化解工作的健康有序开展。

（五）开展“源头治理”，进一步加大对住房公积金政策的宣传

历史欠缴问题的产生来源于单位和职工对住房公积金法律法规和政策的不熟悉、不重视、执

行不到位，必须开展“源头治理”，持续加强政策宣传和普法，让单位和职工认识到住房公积金缴存制度的强制性和必要性，及时建立公积金制度并足额缴纳，减少历史欠缴问题的产生。

（六）持续发挥行政执法的坚强后盾作用

多元纠纷化解是解决住房公积金历史追缴问题的首要选择，但也要确保行政执法程序的正常开展，以行政执法的“高压”反推纠纷化解的顺利进行，以切实保障单位和职工的正常权益，维护经济和社会的稳定。

住房公积金制度法制化建设初论

山东烟台　赵　伟

党的十八大以来，习近平总书记的依法治国理念在国家发展的各个方面得到了深入贯彻和落实。住房公积金制度作为我国惠及人口最多的一项政策性住房制度，自然也应在依法治国的法制大背景下管理、运行、实施。如何加快住房公积金制度的法制化进程，通过立法进一步明确住房公积金制度的定位，让住房公积金管理部门和管理人员达到更高水平的依法管理、依法行政的行为状态，更好地履行社会职能，是加强和改进住房公积金制度进程中不可回避的一个重要问题。

一、住房公积金制度立法之由

住房公积金制度的法制化建设具有一定的必要性和紧迫性，这是由依法治国宏观背景和制度本身发展要求等多个方面因素决定的。

（一）依法治国和国家法制化建设的时代要求

党的二十大报告中强调，坚持全面依法治国，推进法治中国建设。习近平总书记指出，全面依法治国是国家治理的一场深刻革命，关系党执政兴国，关系人民幸福安康，关系党和国家长治久安。必须更好发挥法治固根本、稳预期、利长远的保障作用，在法治轨道上全面建设社会主义现代化国家。在这个时代背景下，行政行为的依法化和规范化是国家法制化进程中的重要组成部分，对国家其他各个方面的法制化建设起到了举足轻重的示范作用，对我国法制化进程的加速推进具有重要意义。住房公积金管理作为一项涉及亿万群众的政府管理行为，也应该加强法制化建设，提升依法行政的水平，保证管理过程中有法可依、执法必严、依法管理。

（二）住房公积金缴存需要法律法规的有效保障

住房公积金的缴存具有强制性和普遍性。截至 2023 年年底，住房公积金实际缴存职工达到了 1.74 亿人，随着灵活就业人员参加住房公积金制度的更广泛铺开，未来可能涉及城镇全体居民。如此大规模的强制性缴存行为，必须建立相应的法律法规进行支撑，否则无法保证住房公积金缴存的强制性和缴存行为的合规性。这也是多年来住房公积金管理机构归集扩面工作无法有效推进，住房公积金缴存职工数与社保缴存人数存在差距的主要原因。

（三）住房公积金的使用需要强而有力的约束

住房公积金资金数额巨大，截至 2023 年年底，住房公积金累计缴存总额 29.16 万亿元，缴存余额 10.06 万亿元。如此庞大的资金量如何科学、合理、规范地使用，真正发挥其经济社会效益是一个需要认真研究的重大问题。在住房公积金行业过去的几十年发展历程中，挪用、占用、乱用住房公积金资金的现象多次出现，有的案例金额巨大，与住房公积金制度法制化建设滞后不无关系。为了确保住房公积金真正为解决广大群众的住房问题提供支持、为房地产行业健康平稳发展贡献力量、为完善住房长效机制发挥制度作用，就必须通过强有力的法律法规对其使用途径、使用方式、使用范围等进行明确规范，杜绝违规使用情况的发生。

二、住房公积金制度立法之难

对住房公积金制度进行立法规范的呼声由来已久，但是却一直未能发生任何实质性的进展。究其原因，笔者认为之所以住房公积金制度法制化建设步履艰难，主要是因为制度定位不明确，且面临着以下三个悬而未决的问题。

（一）住房公积金是什么

住房公积金制度建立之初的目的是解决住房市场化过程中的资金矛盾，因而住房公积金具有住房储金的性质属性。但是时过境迁，此定位逐渐失去其历史背景支撑，如何重新定位住房公积金就变成了一个根本性问题。近年来制度属性问题讨论越发激烈，到目前仍然处于讨论阶段，没有定论。

（二）住房公积金制度为了谁

在住房公积金实际管理执行过程中，出现了行业间缴存基数差距较大、旱涝不均、一人多次贷款的问题，也受到了很多质疑，甚至社会上还存在住房公积金制度拉大了贫富差距的言论。那么就出现了第二个问题：住房公积金制度到底为谁服务？以提高谁的生活质量和住房条件为目标？

（三）住房公积金归谁管

住房公积金制度建立以来，住房公积金管理机构和部门先是自上而下设为住建、财政等部门的二级机构，后地市一级单独设立住房公积金管理中心，省级在住建部门下设立监管部门，近几年又有一些省份监管部门不再单独设立，而是和其他处室合并。这部分职能究竟是什么性质，应该属于什么职能范畴，该是谁管，到目前也不是很明晰。

通过以上三个问题可以发现，经过了多年的发展，随着时代的变化，住房公积金制度当前的处境很尴尬，一个制度当面临是什么、为了谁、该谁管的问题时就不得不进行一些深入的思考和改变了，这也正是为什么近年来住房公积金制度改革的呼声越来越高的根本原因。

三、住房公积金制度立法之路

住房公积金制度的法制化道路虽然艰难，但是笔者认为并不是无法完成的，只需要抽丝剥茧，一步步认真细致地思考推进就有可能顺利完成。住房公积金制度立法之路可以分为三个阶段。

（一）第一阶段：认真研究上述问题，明确住房公积金的定位

1. 认清住房公积金是什么。住房公积金通俗说就是大家为了解决自身住房问题而进行的集资，有种互助的性质，是一种长期性的专项资金。随着社会的不断发展，职工的存款数额在逐年增加，面对商业住房贷款发展的日趋完善和便利，住房公积金作为专项资金的职能和互助方式也要随之改变和进步。如何更有效地解决青年人、新市民和低收入人群的住房问题，实现全体人民住有所居成为住房公积金经济社会效益发挥的新的主战场。

2. 明确住房公积金为了谁。应该说现在住房公积金制度的实际发展方向是突出其社会保障职

能，其建立之初就是为了解决住房市场化中收入无法满足购买住房需要职工的买房难问题，而这部分职工现阶段主要人群就是青年人、新市民、低收入职工，中高收入职工经过多年的改革开放和经济发展，早已具备独立购房住房的能力。所以，保障民生、实现人人住有所居是住房公积金制度当前需要解决的主要问题。而且，从全国范围来看，住房公积金已经达到了万亿级别的资金存量，是政府最大的住房资金池，通过合理的制度设计完全可以作为政府收储、建设政策性住房和保障性住房的资金来源，实现政府服务经济发展和保障住有所居的职能。

3. 清晰住房公积金谁来管。既然确定了住房公积金住房保障的性质，同时考虑到住房是根本性民生问题的定位，为了加强住房保障工作，提升住房保障工作效率，真正实现广大人民群众住有所居的工作目标，可以研究以住房公积金行业和机构体系为基础建立自上而下垂直管理的住房保障局，将各地住房城乡建设部门的住房保障行政职能归并纳入新成立的住房保障局。

（二）第二阶段：确定住房公积金立法的目标和原则

明确了以上这三个问题，确定了住房公积金住房保障的制度定位，就解决了住房公积金法制化进程中最大的难点，住房公积金制度法制化工作可以进入第二阶段：研究确定涵盖住房公积金和住房保障相关内容的法律的目标和原则。

1. 明确住房公积金制度为我国住房保障制度的主体，改进和完善住房公积金制度，构建理顺以现有住房公积金制度为基础的住房保障制度体系。

2. 解决目前市场化商品房制度无法满足中低收入家庭的住房需求的问题，保障城镇居民基本居住权利，完善城镇基本住房保障制度，凭借法律的强制性帮助推动住房保障相关工作，实现住有所居目标。

3. 坚持政府主导、基本保障、社会监督、公平公正、可持续发展的原则。

（三）第三阶段：明确相关重要内容，按程序开展立法工作

经过前两个阶段的准备，可以正式进入立法程序，这个阶段最重要的工作是住房公积金相关主要内容的确定。笔者认为应主要包括以下几部分内容：

1. 住房公积金是住房保障的主要资金来源。明确住房公积金制度是我国主要的住房保障制度，住房公积金是住房保障资金的主要来源。同时，进一步明确和强化住房公积金缴存的强制性，对强制缴存的范围、额度、流程、主管部门、处罚条款等一系列问题以法律条文的形式进行明确和规范。

2. 住房公积金的使用途径。住房公积金主要用途包括：政府租赁保障房、共有产权保障房等保障性住房的收储和项目建设；为符合条件的个人提供政策性和保障性低息住房贷款。住房公积金增值收益主要用于发放保障性住房租赁补贴等。

3. 住房保障局是行政管理机构。以住房公积金现有机构体系为基础建立自上而下垂直管理的住房保障机构，负责住房保障行政管理工作，建立健全统一的城镇基本住房保障信息管理系统，进行动态管理。

随着新时期依法治国这一战略部署的贯彻落实，国家法制化进程必然加快。住房公积金制度作为一项长期性的住房保障制度，仅靠一部《住房公积金管理条例》的支撑远远不够，必须通过

立法保障才能确保其职能作用的发挥。尽快按照程序研究出台相关法律是促进住房公积金制度良性发展、构建完善的住房长效机制、保障人民群众基本住房需求、加快推进我国法制化建设进程的必选项，迫在眉睫。

数字化篇

住房公积金的数字化、智能化、便捷化变革

河北保定　杨正一　李依楠　李　曼

在数字化时代，利用先进的信息技术来提升住房公积金管理和服务水平已成为必然趋势。数字化、智能化、便捷化不仅能够提高工作效率，还能更好地满足职工需求，进一步发挥公积金的积极作用。其一，提升办事效率，让缴存者能快速办理业务，节省时间精力。其二，优化服务体验，使人们随时随地享受便捷服务。其三，增强管理精度，利于数据统计和风险防控。其四，推动政务创新，适应现代社会发展需求。

一、住房公积金数字化、智能化、便捷化发展现状

在数字化浪潮推动下，住房公积金领域的数字基础设施正逐步完善，为广大缴存职工带来了更便捷、高效、安全的服务体验。过去，办理住房公积金业务往往需要烦琐的手续和漫长的等待时间，缴存职工需要亲自前往办事大厅，提交大量的纸质材料，这不仅耗费了时间和精力，也容易出现人为失误。而如今，随着数字基础设施的不断优化，这一局面得到了极大的改善。住房公积金管理部门加大了对信息化建设的投入，构建了功能强大的信息系统。通过统一的数据标准和规范，实现了公积金缴存、提取、贷款等业务的数字化办理。职工只需轻点鼠标或操作手机，就能在线完成各类业务申请，大大减少了办事成本。同时，数据共享和互联互通的实现，让住房公积金与其他相关部门的信息得以顺畅交互。例如，与房产、税务、民政等部门的数据对接，使得审核流程更加精准高效，避免了信息不对称带来的问题。这不仅提高了业务办理的准确性，也有效防范了风险。安全保障体系的加强也是数字基础设施完善的重要成果。采用先进的加密技术、身份认证技术等，确保了公积金数据的安全性和完整性，让职工能够放心地享受数字化服务。此外，智能化的服务模式不断涌现。借助大数据分析和人工智能技术，为职工提供个性化的服务推荐和咨询，满足不同人群的需求。住房公积金数字基础设施的逐步完善，是提升公共服务水平、增进民生福祉的重要举措。它让住房公积金制度更好地发挥作用，为广大职工实现“住有所居”的梦想提供了有力支持，也为推动我国住房保障事业的发展注入了新的活力。

二、住房公积金数字化、智能化、便捷化的挑战

（一）数据安全与隐私保护方面

1. 数据泄露风险。住房公积金系统中包含大量敏感信息，如缴存人的个人身份信息、财务信息等，这些信息可能成为黑客、“内鬼”等不法分子的目标，存在数据泄露的风险。

2. 新应用场景的数据安全问题。随着住房公积金业务的发展，与外部单位和系统的数据交互日益频繁，如与银行、房产登记等部门的信息共享，这可能导致敏感数据在处理和交换过程中被批量泄露。

3. 数据库安全威胁。住房公积金信息系统的数据库可能面临来自内部和外部的安全威胁，如SQL注入攻击、恶意软件感染等，这些威胁可能导致数据被篡改、删除或窃取。

4. 数据共享与隐私保护的平衡。在实现数据共享的同时，如何确保个人隐私得到充分保护，是一个需要解决的问题。需要在数据共享的过程中采取合适的脱敏、加密等技术手段，防止敏感信息的泄露。

5. 技术更新与安全防护。随着技术的不断发展，新的安全威胁也不断涌现。住房公积金管理中心需要及时更新安全防护技术，以应对不断变化的安全风险。

（二）技术更新换代快

快速的技术更新意味着需要不断投入大量资金用于硬件和软件的升级，以维持系统的正常运行和安全性。这对于一些资金有限的住房公积金管理机构来说是不小的负担。同时，新技术的引入需要相关人员迅速掌握新的知识和技能。然而，培训和人员适应新技术的过程可能较为缓慢，导致在技术应用初期出现操作失误或效率低下的情况。

此外，技术更新换代快也使得住房公积金管理系统的稳定性面临挑战。新的技术在应用过程中可能存在一些未被发现的漏洞或兼容性问题，从而影响系统的正常运行，甚至可能导致数据丢失或错误。

（三）区域发展不平衡

区域发展不平衡的状况，在一定程度上影响了住房公积金制度的公平性和有效性。主要体现在以下几个方面：

1. 缴存覆盖率。经济发达地区的企业规范性较强，职工缴存住房公积金的比例较高；而在经济相对落后的地区，尤其是一些小微企业和私营企业，缴存覆盖率较低。

2. 缴存基数和缴存额度。发达地区职工的平均工资水平较高，缴存基数和缴存额度往往也较大；而欠发达地区的职工收入相对较低，缴存基数和额度相应较小。

3. 政策差异。不同地区在住房公积金的提取政策、贷款政策等方面存在差异，一些地区政策较为宽松，而一些地区则相对严格。

4. 管理水平和服务质量。发达地区在信息化建设、管理流程优化、服务便捷性等方面往往表现更好；欠发达地区可能在这些方面存在不足。

（四）职工数字素养参差不齐

职工数字素养参差不齐也是当前公积金发展中面临的一个现实问题。造成这种现象的原因是多方面的。一方面，职工年龄存在差异会导致数字素养不同。年轻职工通常在成长过程中接触到更多的数字技术，因而能更熟练地运用；而年长职工可能在接受新事物和新技术上相对较慢。另一方面，教育背景和工作经历的差异也会产生影响。拥有相关专业背景或从事过数字化程度较高工作的职工，数字素养往往较高；反之则可能较低。

职工数字素养参差不齐可能带来一系列的问题。例如，在团队协作中，可能会因部分职工数字素养低而影响整体工作进度和效率；在数字化转型过程中，可能会由于部分职工无法适应新的数字工作模式，导致转型受阻。

三、应对策略

针对我们目前面临的挑战，可以采取以下应对措施。

（一）强化安全防护体系

1. 数据治理机制。强化各级住房公积金管理机构数据管理职责，建立健全多主体协同的数据治理机制，提升数据治理水平和管理能力。同时，加强数据全生命周期质量管理，确保数据真实、准确、完整。

2. 数据共享管理。建立标准统一、动态管理的全国住房公积金政务数据目录，实行“一数一源一标准”，实现数据资源清单化管理。按照履职需要，依法建立数据共享机制，以应用场景为牵引，拓展共享数据范围，动态更新数据共享接口标准，做好系统对接。此外，还可以加强数据共享授权管理，鼓励有条件的地方推进数据共享“可用不可见”。

3. 数据安全技术。采取数据加密、数据脱敏、访问控制等技术手段，保障数据在采集、传输、存储和使用过程中的安全。同时，建立健全住房公积金数据安全风险评估、报告、信息共享、监测预警机制和应急处置机制，强化住房公积金数据安全管理，严格落实等级保护和分级保护制度，避免数据被违规截留和商业化使用。

4. 数据安全意识。通过强化网络安全宣传教育、组织网络安全知识学习等方式，提高职工对数据安全的认识和重视程度。同时，明确业务系统数据使用权限和适用范围，全程跟踪和记录业务操作，加强技术防控，切实保障数据安全。

（二）建立持续更新机制

1. 制定科学的技术规划与预算。进行全面的技术需求评估，结合业务发展战略，制定中短期的技术发展规划。可以设立专项预算，确保有足够的资金用于技术升级和维护，同时合理分配资源，优先保障关键系统和安全防护的投入。

2. 加强人员培训与能力提升。可以定期组织内部培训课程，邀请专家讲解新技术的原理和应用；鼓励员工参加外部技术培训和认证，提升专业技能水平；建立学习交流平台，促进员工之间分享技术经验和心得。

3. 优化技术选型与评估机制。成立技术选型评估小组，由技术专家和业务骨干组成；在选择新技术时，充分考虑技术的成熟度、稳定性、可扩展性以及与现有系统的兼容性；也可以进行小规模试点和测试，评估技术的实际效果和适用性。

4. 建立技术监测与预警机制。持续监测技术发展动态和行业趋势，及时发现潜在的技术风险和机遇；设立预警指标，当技术更新可能对现有系统产生重大影响时，提前发出警报，以便做好应对准备。

5. 建立灾备与恢复体系。构建完善的灾难备份和恢复系统，确保在技术故障或突发事件发生时能够快速恢复业务运行；定期进行灾备演练，检验和优化恢复流程。

（三）加大对落后地区的支持力度

1. 政策统筹与协调。建立全国性的住房公积金政策协调机制，加强中央对地方政策的指导和监督，确保政策的一致性和公平性；鼓励经济发达地区与欠发达地区之间开展政策交流与合作，互相借鉴经验。

2. 强化执法监督。加大对企业缴存住房公积金的执法力度，尤其是在欠发达地区，确保企业依法履行缴存义务，提高缴存覆盖率。

3. 优化缴存机制。建立与地区经济发展水平和职工收入相适应的缴存基数和比例调整机制，避免地区间差距过大；对于经济欠发达地区，给予一定的政策倾斜和财政补贴，鼓励职工缴存。

4. 资金统筹调配。建立住房公积金区域间的资金调剂机制，将资金从沉淀较多的地区调配到需求较大的地区，提高资金使用效率。

5. 提升管理与服务水平。加强对欠发达地区住房公积金管理机构的培训和支持，推广先进的管理经验和信息技术应用；建立统一的服务标准和规范，促进各地区服务质量的均衡提升。

6. 加强宣传教育。在全国范围内广泛开展住房公积金制度的宣传，提高职工和企业的认识和参与度，尤其要加强在欠发达地区的宣传工作。

（四）开展职工培训和宣传

1. 培训与教育。定期组织相关的培训课程，包括数字化技术、智能化应用、便捷化服务理念等方面的内容，邀请行业专家进行授课和指导。

2. 案例分享与交流。举办内部或行业间的经验分享会，让管理人员了解其他地区或机构的成功实践案例，促进相互学习和交流。

3. 设立目标与考核。明确数字化、智能化、便捷化工作目标，并将其纳入管理人员的绩效考核体系，以激励他们积极提升相关能力。

4. 鼓励创新尝试。营造鼓励创新的氛围，支持管理人员在工作中探索新的数字化、智能化手段和便捷化服务方式。

5. 开展专题研讨会，组织参观学习。开展针对数字化等主题的研讨会，深入探讨相关问题和发展趋势，增强管理人员的认识。组织到先进的公积金管理机构或数字化企业参观学习，亲身感受数字化带来的变革和优势。

6. 更新知识体系，进行实践锻炼。及时为管理人员提供最新的行业动态和技术信息，促使他们不断更新知识体系。给予管理人员实际操作和项目实践的机会，在实践中提升数字化、智能化、便捷化应用能力。

四、未来展望

（一）深度融合人工智能、大数据等技术

住房公积金正深度融合人工智能、大数据等前沿技术，迈向更加智能化的服务与管理新阶段。借助大数据，公积金管理部门能精准分析缴存职工的需求和行为模式，优化政策制定。人工智能则在客服领域大显身手，为职工提供高效准确的咨询服务。智能化的审批系统，依据大数据和算法，快速处理业务申请，可大大缩短办理时间。同时，通过对数据的深度挖掘，还能有效防范风险，保障资金安全。住房公积金与新兴技术的融合，为广大职工带来更便捷、更可靠的服务体验。

（二）跨部门、跨地区的数据共享与协同

通过与房产、税务等部门的数据共享，缴存职工办理相关业务时无须重复提交资料，流程更加简捷高效。跨地区的数据协同，让异地缴存和使用公积金变得更加顺畅。这种数据共享与协同打破了信息壁垒，实现了资源整合。管理部门能更精准地掌握信息，优化服务策略，为广大缴存职工提供更贴心、更优质的服务，推动住房公积金事业迈向新的发展高度。

（三）以用户为中心的服务理念不断深化

住房公积金领域，以用户为中心的服务理念不断深化。为满足用户多样化需求，积极探索个性化服务，根据缴存职工的不同情况，提供定制化的缴存和贷款方案。在服务过程中，注重人性化关怀，工作人员耐心解答疑问，给予专业建议。线上服务平台不断优化，操作简单易懂。线下服务环境舒适温馨，让用户感受到尊重与关爱。以用户为中心的理念，打造出更贴心、更温暖的服务体验，使住房公积金成为广大职工的可靠保障和贴心伙伴。

（四）助力住房保障体系的可持续发展

住房公积金在住房保障体系中发挥着重要作用，有力地推动了其可持续发展。它为职工购房、建房、租房等提供了资金支持，减轻了职工的住房负担。通过长期稳定的缴存和积累，使职工在需要时能够获得充足的资金保障。同时，住房公积金的规范管理和合理运作，确保了资金的安全和有效利用。不断完善的政策和服务，也使其更好地适应市场变化和职工需求。住房公积金持续为职工的住房需求提供更有力的支持，促进了住房保障体系的健康、可持续发展。

以高质量发展为核心推动住房公积金数字化、智能化、便捷化

广西河池　陈潇文

随着时代发展，人们对住房的需求日益增加，住房公积金为人们提供的住房购买、住房保障、住房优惠等优势也日益突出。据统计，2022 年全国公积金实缴职工 16979.57 万人，提取人数 6782.63 万人，发放住房公积金个人住房贷款 4482.46 万笔。在互联网时代，住房公积金中心对群众的服务也要跟上时代的脚步，才能更好地服务群众，解决群众的实际问题，满足群众的需求。

一、住房公积金数字化、智能化、便捷化现状及存在的问题

（一）数据资源方面

1. 数据质量不高。当前公积金数据在数字化、智能化发展过程中，存量数据质量不高，数据不规范，数据真实性、准确性、完整性缺失，各种历史问题层出不穷，历史遗留问题多，甚至影响到后续职工的业务办理。

2. 数据共享效率低。数据共享资源标准不统一，与其他相关部门的数据共享机制存在不足，缺乏明确的数据共享标准和流程。技术系统不兼容，共享数据范围、数据共享接口标准不明确，不同机构或部门使用不同的技术系统和数据格式，制约了智能化服务的拓展。

3. 数据分析和挖掘不足。公积金中心拥有大量的职工缴存、提取、贷款等数据，这些数据蕴含着丰富的信息和潜在价值。然而，如果缺乏有效的数据分析和挖掘手段，这些数据就只能沉睡在数据库中，无法为决策支持、服务优化等方面提供有力支撑。

（二）管理机制方面

1. 缺乏大数据整合与分析能力。公积金中心虽然拥有庞大的数据资源，但如果没有有效的大数据技术对这些数据进行整合、挖掘和分析，这些数据就无法转化为有价值的决策支持信息，导致决策层在制定政策、优化服务等方面可能缺乏数据驱动的科学依据。

2. 管理运行效能低。申请公积金贷款或提取公积金时，可能需要提交多份材料，填写复杂的表格，以及经历较长的审批周期。在系统升级、档案迁移的过程中，容易出现历史数据报表核对不上、历史数据缺失等问题。这些都增加了公积金数据化、智能化的难度和时间成本。

3. 风险防控水平不足。智能化系统的有效运行依赖于高水平的风险防控。目前，公积金中心数据面临历史数据散乱、数据内容不标准等问题，无法对识别出的风险进行科学合理的评估，难以对各类风险进行实时跟踪和监控，导致智能化系统无法充分发挥作用。

（三）服务模式方面

1. 用户操作便捷性问题。数字化服务旨在提升便捷性，但对于部分不熟悉数字技术的用户来说，系统界面不够友好，操作不够便捷，界面加载时间过长，流程烦琐，缺乏智能化的服务引导等，直接影响到他们的使用体验，无法满足现代高效服务的需求。如何优化用户界面和操作流程，

使之更加符合不同用户群体的使用习惯，是数字化服务需要关注的问题。

2. 业务协同机制不完善。公积金中心的业务办理虽然以本地居多，但是要提高服务质量，在跨地域、跨部门协同上也要下功夫，而目前存在线上服务渠道的开发和利用不充分、异地业务办理方面稍有欠缺、跨部门协同办理机制不完善等问题，这些都降低了数字化服务的便捷性。特别是在互联网高度发达的今天，数据多跑、人少跑才是便捷服务的根本宗旨。

3. 数字化服务场景固化。公积金账户的变动是常态，但部分公积金中心的信息更新可能不够及时，导致用户查询到的信息存在滞后性。同时，用户反馈的问题和建议可能没有得到及时有效的回应和处理，这也影响了服务的便捷性和用户满意度。

二、住房公积金数字化、智能化、便捷化的对策

住房公积金数字化、智能化、便捷化的对策包括健全共享利用的数据资源体系、建立数据赋能的数字化管理新机制、构建便捷高效的数字化服务新模式等。

（一）建立健全共享共用的数据资源体系

1. 要加强数据治理。数据治理职责要明确，明确住房公积金管理中心数据的管理职责，提高数据管理责任意识。建立健全多主体多方位协同的数据治理机制，提升数据治理水平和管理能力。对于新产生数据要规范采集，对于存量数据要加强数据校核纠错能力，运用现代信息技术手段，提高存量数据质量，同时要做好规范数据语义、补全数据缺项、纠正错误数据等。强化数据全生命周期质量管理，确保数据的真实性、准确性、完整性。

2. 要数据高效共享。要做到数据资源清单化管理，通过统一数据、统一数源、统一标准原则，建立住房公积金数据目录。以应用场景为导向，拓展共享数据范围，根据数字化发展情况更新数据共享接口标准，建立数据共享机制。依据履行职务需要，细化数据共享权限管理，做到按需共享、精准共享。

3. 要数据有序利用。采集住房公积金管理服务所涉及的相关对象、业务等数据，聚集多元数据。要对数据资源价值进行深度挖掘，通过标签化，可以将数据进行分类、归纳和标准化，从而使得数据更加结构化、易于理解和处理，运用数据建模、数据可视化等技术，建设主题数据库和相关专题库，探索建设多维数据仓库，提升综合分析和应用数据的能力。

（二）建立健全数字化管理机制

1. 利用数据辅助决策。运用大数据科学辅助决策，让经验决策转向数据决策，为公积金数字化、智能化、便捷化发展提供支撑。充分挖掘大数据信息资源，增强数据分析能力，为研究判断公积金发展趋势、根据实际情况灵活调整政策、强化风险防控等提供支撑。积极运用现代信息技术手段掌握群众需求，并以此为导向运用数据科学辅助决策，及时回应群众关切。

2. 强化管理运行效能。加强信息化技术应用，通过强化数字化、智能化，优化住房公积金全方位管理运行体系，运用数字技术推动业务流程再造，提高业务审核准确性、高效性、资金结算安全性。通过数据共享创新业务办理方式，深化与有关职能部门、机构的业务合作，提高管理运行效能。

3. 提高风险防控水平。要提高风险防控意识，通过多维度获取风险相关信息，掌握潜在风险点，加强数字化风险预警，强化风险管理的前瞻和预见能力。将数字化风险防控融入业务流程中，确保业务办理合法合规。加大力度开展风险隐患的排查工作，积极总结风险特征和发生规律，深化电子稽查工具运用。确保资金安全，加强与相关部门和银行机构的数据对接，对贷款风险进行分类管理，掌握贷款风险状况，制定预警处置措施。

（三）创新数字化服务新模式

1. 服务要规范化便利化。对同一服务事项受理条件、服务对象、办理流程、申请材料、法定办结时限、办理结果等要素要明确标准、规范统一。要优化公积金线上服务功能，让更多服务事项能够做到全程网办，满足群众线上服务需求，做到 24 小时线上服务办事。要根据群众的办事需求和使用习惯，优化页面设计，简化办事操作流程，确保群众一看就能懂、一点就能办。

2. 服务要跨地域、跨部门协同。加强数字化，提高部门之间信息协查、业务联办效能，不断完善异地业务协同办理机制。要推进公积金业务系统与各相关部门的系统、平台的对接融合，优化异地业务办理流程，提高跨省办、跨域办的协同效率。要推进跨部门服务事项一事一办，做到多个相关联事项集成办理，实现告知、申请、材料、受理、办理等一次性、一标准、一流程、一网办。

3. 服务要拓展数字化场景。推进智能推送政策和服务，对缴存人和缴存单位要通过多源数据主动发现服务对象需求，打破渠道壁垒，拓展服务场景，深化服务触点，实现政策精准推送、对象精准服务，通过智能移动设备将服务主动送达缴存人身边，积极推动智能服务发展。运用数值化提高服务质量，通过数据及时了解群众办事情况，深入分析数据，发现群众办事的堵点难点，提高群众满意度，持续优化和创新服务模式。

三、结语

住房公积金数字化、智能化、便捷化的发展，要以高质量发展为核心，用数字化解决住房公积金业务办事的堵点难点，以智能化满足缴存人住房需求，以便捷化提升住房公积金服务效能。加强数据运用，通过数据汇聚、共享和利用发挥其基础资源作用，深化公积金数字化、智能化应用场景，提高住房公积金管理服务效率。要形成集成意识系统观念，加强住房公积金信息系统集约化建设，推进系统技术、业务、数据的融合，提升跨地域、跨部门的协同办理和服务水平。实现服务事项“网上办、掌上办、就近办、一次办”，业务更加好办易办，推进住房公积金事业高质量发展。

数字赋能公积金助力京津冀一体化发展

河北廊坊　徐　勇　李亚美

“十四五”时期是我国经济社会发展的重要阶段，《国务院关于加强数字政府建设的指导意见》明确提出，要在当前形势下，继续努力，不断创新突破，助推经济发展。作为基础性、普惠性、兜底性住房保障制度，住房公积金管理加速推进数字化转型，将对促进流程再造与模式优化升级具有重要价值和作用，能够提高各个系统之间的协同效果，努力解决目前在管理及服务上所面临的一系列实际问题。

京津冀地区作为我国经济发展的重要引擎，近年来在一体化发展方面取得了显著成果。2024年是京津冀协同发展上升为国家战略十周年，十年来三地加强公共服务共建共享，取得了不小成绩。但在公共服务领域，尤其是住房公积金服务方面，仍面临诸多挑战。传统的公积金管理模式已难以满足区域一体化发展的需求，数字赋能公积金成为推动京津冀一体化发展的新途径。

一、数字赋能公积金的必然性

数字赋能公积金是指运用信息技术手段，对公积金业务进行数字化改造和升级，实现业务流程的自动化、智能化和便捷化。这一过程不仅提高了公积金管理的效率和准确性，还促进了公积金服务的普惠性和便捷性。

数字赋能公积金是适应时代发展趋势、提升风险防控能力、提高服务效率、促进管理模式创新和提高用户体验的必然选择。

第一，数字化转型是“中国数字”建设的重要基础。随着数字技术的迅猛发展，数字化已经成为各行各业发展的新平台。公积金作为一项重要的社会服务，也必须紧跟这一趋势，以数字化技术提升服务水平和效率。

第二，数字化转型能够提升公积金的风险防控能力。通过数字化技术，可以对公积金的缴存、提取、贷款等各个环节进行全方位的数据监控和分析，及时发现和解决潜在风险，还可以对异常交易进行快速响应和处置，有效防范资金风险。

第三，数字化转型能够提高服务效率，满足公众对服务的高效便捷的需求。通过数字化技术，可以实现公积金服务的自助化、自动化和智能化，让公众可以更加方便快捷地办理各项业务。同时，数字化技术还可以对服务流程进行优化，减少不必要的环节和等待时间，提高服务效率和质量。通过数字化手段，打破地域限制，实现公积金业务的跨区域办理，降低办事成本，提高服务效率。

第四，数字化转型可以促进管理模式创新。数字化技术打破了传统的管理模式，使得管理部门可以更加深入地了解业务运行情况，帮助管理部门进行数据分析和预测，为决策提供更加科学和准确的数据支持。通过数据分析，了解公积金使用情况和需求，为政策制定提供科学依据，实现公积金资源的合理配置和高效利用。

第五，数字化转型助力京津冀一体化发展。通过数字赋能公积金，推动京津冀地区公共服务水平的提升，增强区域整体竞争力，为一体化发展提供有力支撑。

二、数字赋能公积金的困境

（一）技术实施难度大，升级成本高

公积金数字化转型需要引进先进的技术和系统，如人工智能、云计算等，但这些技术的应用和实施难度较大，需要专业的技术人才和团队，以及大量的人力物力支持。此外，升级成本也是一个重要的问题。数字化转型需要购买新的硬件设备和软件系统，这些费用可能会很高，对于一些资金紧张的公积金机构来说是一个较大的挑战。

（二）数据安全风险和隐私保护问题

公积金数字化转型需要处理大量的数据，包括个人信息、交易信息等，数据的安全性至关重要。但与此同时，数据安全风险也不断增加，需要采取更加严格的措施来保障数据的安全性和完整性。例如，对于公积金用户个人信息和交易数据的收集、存储和使用，行业目前还没有一个完整的法律规制，一旦出现信息泄露问题，无法进行追溯，将导致用户数据滥用。

（三）组织架构调整和业务流程变化

公积金数字化转型需要改变传统的组织架构和业务流程，以便更好地适应发展需求。但这也需要克服一系列困难，包括部门之间的协调、利益关系的理顺等，这需要打破传统的部门壁垒，实现跨部门的信息共享和交流。同时，业务流程的变化也需要重新设计、规划和调整，时间和精力消耗不断攀升。

（四）人才短缺和培训问题

公积金数字化转型离不开技术人才和管理人才，但公积金领域既懂技术又会管理的复合型人才相对短缺。人才的流失也是不可忽视的因素，如何确保人才服务于机构发展，是管理人员需要重点思考的问题。

三、数字赋能公积金的策略

（一）公积金数字化转型实践经验

首先，建立数字化转型团队。公积金数字化转型需要有一个专业的团队来负责实施。团队应该具备数字化转型所需的技能和经验，包括数据分析、系统设计、业务流程优化等。团队成员应该具备跨部门的协调能力，能够与各个部门密切合作，共同推进数字化转型的进程。

其次，推进数据治理。公积金数字化转型需要重视数据治理，包括数据标准制定、数据质量监控、数据安全保障等。只有建立完善的数据治理机制，才能保证数字化转型的数据质量和使用效果。

最后，建立数字化服务体系。公积金数字化转型需要建立数字化服务体系，包括网上查询、网上办理、移动终端等服务渠道。这个服务体系应能够满足用户的需求和期望，提高用户的满意度和忠诚度。

（二）公积金数字化转型深化策略

首先，优化组织架构和业务流程。公积金数字化转型需要优化组织架构和业务流程，包括精简机构设置、优化业务流程、提高工作效率等。这有助于提高数字化转型的效率和效果，同时也有利于提高用户满意度和忠诚度。

其次，加强数据安全和隐私保护。公积金数字化转型需要强化数字化风控能力，保障资金的安全和稳定，建立完善的数字化风控体系，包括风险识别、风险评估、风险预警、风险处置等环节。要积极引进和创新数字化风控技术，例如，采用人工智能技术进行智能风控，采用大数据技术进行全面风险评估等。此外，也要加强数据安全和隐私保护，包括加强数据加密、数据备份、访问控制等措施。这有助于保障用户的信息安全和隐私权益，同时也有利于提高用户对数字化服务的信任度和使用率。

再次，注重数字化培训和人才培养。数字化转型需要加强员工的数字化素养和技能水平的培训，可以通过开展数字化培训、组织技术竞赛、邀请专家讲座等方式实现。同时，也需要不断引进和创新数字化人才，建立完善的人才培养和管理体系，以提高数字化转型的水平和成效。

最后，强化用户服务和体验。数字化转型需要关注用户服务和体验，以满足用户不断变化的需求、提高用户的满意度和忠诚度。这可以通过提供个性化、便捷、高效的服务，建立完善的用户反馈机制等方式实现。同时，也需要不断关注用户的反馈和需求，及时改进和优化服务，以提高用户的满意度和忠诚度。

四、数字赋能公积金的实践与探索

近年来，京津冀地区在数字赋能公积金方面进行了积极的实践与探索。一方面，加强公积金信息化建设，完善业务办理平台，实现线上线下服务的有机融合；另一方面，推动公积金数据的互联互通和共享，打破信息孤岛，提升数据利用效率。

（一）北京市相关举措

2024 年 3 月 6 日，京津冀住房公积金协同发展联席会在北京住房公积金管理中心召开。会议明确，以廊坊“北三县”（三河市、香河县、大厂县）为试点推进公积金归集提取政策协同，构建更加紧密的购房异地贷款合作模式，研究制定异地冲还贷政策措施，强化风险防控联动机制，进一步做好支持雄安新区建设服务保障，逐步建立行政执法异地协同办案机制。这一举措旨在推进公积金归集提取政策的协同，以及构建更加紧密的购房异地贷款合作模式。

具体政策内容主要为：改进公积金的归集和使用流程，使得职工在区域内调动工作时，公积金账户的管理和提取更加便捷。建立更紧密的异地贷款合作机制，允许在北三县试点地区的职工能够在京津冀任何一地申请公积金贷款用于购房。增强区域内公积金管理的监管合作，共同打击欺诈骗提、违规操作等违法行为。针对以往服务中的堵点和难点，如异地贷款不便、提取流程复杂等问题，通过试点改革寻找解决之道。

（二）天津市相关举措

在天津购房的外地缴存职工大多为京冀地区城市职工，为解决外地职工来津购房置业堵点问题，发挥住房公积金在京津冀协同发展中的作用，天津市调整了外地缴存职工贷款政策，取消了需所在单位派驻到本市工作一年以上且购买职工家庭首套住房等条件限制，外地缴存职工与本市缴存职工适用相同的公积金贷款政策。

服务优化升级方面，天津市大力推广网上自助服务，缴存职工通过网络平台即可完成提取、还贷等操作，大大提升了业务处理效率和职工满意度。公积金中心通过优化数据共享系统实现数据共享互通，减少了办理时间和环节，使8项高频业务得以实现“跨省通办”，解决了异地办理问题。

（三）河北省相关举措

河北省推动异地转移接续、购房租房提取等13项业务实现马上办、就近办、一地办，免去了群众折返跑、异地跑等困扰，降低了交通、时间等成本，企业、人才等要素在京津冀之间流动更轻松、交流更顺畅。

一网通办，一个系统办结所有事项。针对营业网点少、群众多窗跑等难点堵点问题，河北省加快推进“互联网+住房公积金”建设，打造手机App、网上服务大厅、微信小程序“三位一体”线上办事终端，31个事项实现网上可办，27个事项实现全程网办。通过与银行、房产等部门的数据共享，实现公积金业务的跨部门协同办理，提升了服务效率和质量。

作为北京非首都功能疏解集中承载地，雄安新区是推动京津冀协同发展的关键区域。如何更好地满足随单位从北京疏解到雄安新区人员的住房需求，是两地住房公积金管理部门关心并着力解决的问题。在提取方面，疏解人员在雄安新区租房，向北京公积金中心申请租房提取的，以实际月租金作为每月提取限额，不受月缴存额限制。疏解人员在雄安新区购房，向北京公积金中心申请购房提取的，不受有无京内购房提取记录的限制。在贷款方面，疏解人员在雄安新区购房时，可以向北京公积金中心申请住房公积金个人住房贷款，由北京公积金中心发放贷款，首套住房最高贷款额度120万元，二套住房最高贷款额度60万元。雄安新区也加快推进疏解人员住房公积金政策对标北京，疏解人员住房缴存上限已按北京标准执行，住房公积金使用场景从购房贷款拓宽至租房提取，政策逐步与北京“同城化”。

三地依托全国一体化政务服务平台建设“京津冀‘一网通办’服务专区”，联合印发《京津冀政务服务“跨省通办”专区工作规则》，可提供多种住房公积金服务。三地住房公积金管理部门还充分利用全国住房公积金监管服务平台，通过全程网办、代收代办、两地联办等方式，实现更多高频服务事项跨区域通办。

京津冀住房公积金协同发展，逐步破除了区域内住房公积金缴存使用壁垒，利好租房和购房者，对住房消费起到促进作用；有助于区域内形成更优的人口布局，助力区域人口、产业的融合，对于促进区域协同化发展有重要意义。

随着三地住房公积金管理部门签署京津冀住房公积金区域协同发展合作备忘录，发展的总体要求、合作内容更加明确，行动步伐更加协调，将助力更多百姓通过更加实惠的政策和优质的服务实现安居。

数字化赋能下的张家口住房公积金服务质量提升策略研究

河北张家口　李　欣

一、张家口住房公积金服务现状分析

（一）服务概况

1. 服务范围与流程

张家口市住房公积金管理中心多方面保障每位缴存用户的权益。在办理流程方面，实施了“一站式窗口”审批流程、“一窗综办”政务服务模式以及“跨省通办”两地协同业务。

住房公积金支取业务，包括租赁住宅支取、购房提取、住房贷款提取、离职提取、偿还住房贷款提取、非清户提取（含低保、大病、法院扣划情况）、清户提取（包含退休、离职、出境、参军上学、被判刑等）等不同的支取选项，缴存职工可以依据个人实际情况办理支取业务。

个人住房贷款业务。管理中心向缴存职工提出了一系列贷款方案，包括个人住房公积金贷款和住房公积金贷款置换商业银行个人住房贷款业务等，以满足缴存职工对于住房置业的需求。

此外，管理中心积极拓展信息化建设，通过网厅服务平台，缴存职工可以利用官方网厅门户、手机 App 等一系列网上途径来查询和办理相关业务，这极大地简化了缴存职工的咨询办理流程。

2. 线上线下双服务渠道与方式

在服务渠道和方式上不断创新和完善，力图打造 7×24 小时“全覆盖、无死角、不间断”服务。目前主要办理方式是线下服务窗口、线上网厅、手机 App 等服务渠道，缴存职工可根据自身情况选择最适合自己办理业务的服务方式。线下服务窗口是传统的服务渠道，营业大厅设置了多个综合受理窗口，由工作人员为缴存职工提供面对面的服务。网上办理业务网厅则为缴存职工提供了更多的服务方式，缴存职工只需登录网上办事大厅，即可进行业务查询、办理等操作，实现了“不见面”即可办理业务。

（二）存在的问题与挑战

1. 服务流程烦琐，办理效率低

尽管张家口市住房公积金采用了“一窗综合受理”模式，但在实际操作中仍存在着服务流程不够便捷化、多元化，办理效率低的问题。一方面，由于公积金业务种类繁多、政策复杂多变，导致业务办理流程相对烦琐；另一方面，政策的更迭出台，初审、复审、三审的审批结构也应随着办理事项的更新不断调整。

2. 信息共享不畅，数据壁垒不通

在公积金服务的过程中，由于各个相关单位之间缺乏有效的信息共享机制和数据交换平台，信息共享不畅通已经成为一个目前亟须解决的问题。这直接导致了缴存职工在办理公积金业务时，需要重复提交各种材料，并且查验相关材料信息传输也不够及时，难以形成互联互通的合力，联动机制有待强化，亟待实现大数据共享平台功能。

3. 异地办事待优化，群众体验需提升

尽管目前已经实施了“跨省通办”业务，包括“全程网办”“两地联办”“代收代办”，但由于地域限制，办理各类公积金业务时常会面对各种困难和诸多不便。住房公积金信息化平台一般都由省级或市级层面自行建设，建设标准不一致、数据接口不统一、建设水平差异大，造成各地公积金数据共享程度低。由于各地公积金政策差异大、业务办理流程也不完全相同，资金归集使用尚未统筹调节，跨省业务资金结转流程烦琐，结算手续不及时，导致异地缴存职工在实际操作中需要耗费大量时间和精力，不仅影响了缴存职工日常办事体验和整体生活质量，也无形中增加了他们的经济负担。

二、数字化背景下住房公积金服务提升的理论基础

（一）公积金服务数字化转型理念

行政服务数字化改革理念着重以人为本、关注大众所需，提供效率高且品质上乘的服务。在住房公积金服务改善过程中，这意味着需要专注于缴存人员的要求，提供便捷高效的服务，增进大众满足感，挖掘数据潜力，增强决策合理性，使数据驱动协助管理机构更精准地把握缴存职工的需求，改良服务程序，提升服务质量。在住房公积金服务优化过程中，革新的动力能激励管理机构积极寻求创新的服务方式，促使政府机关与网络科技公司携手，达成资源互补，增强服务能力。在住房公积金服务质量提高的过程中，持续性增长代表着在提升办事效能的同时，也更需注重节能、智能与可持续性发展。

（二）公积金服务数字化发展趋势

我国数字经济保持快速增长态势，规模持续扩大，国家陆续出台了相关政策支持产业数字化转型工作。住房公积金逐步开展数字化改革，充分发挥海量数据和丰富应用场景优势，促进数字技术和实体经济深度融合。随着全国统一大市场建立，以及人口跨地区流动和异地办事需求的日益增加，缴存职工对住房公积金数字化、智能化服务提出了更高的要求。利用政府门户网站、手机应用等途径，居民能够在任何时间和任何地点进行住房公积金的查询、缴存、支取、贷款等相关业务。落实“房地产管理+税收+社会保障”各机构间的数据共享与交流，缴存职工在办理住房公积金相关手续时得以做到资料单次输入、反复利用，从而降低了缴存职工处理业务的次数。

未来，以数字赋能社会行政属性，会让人们新生更多的期待，随着善政成效的不断扩大，将为人口流动、营商环境、政务服务提供更大的助力，为创造高品质生活汇聚更澎湃的力量。我们应积极探索民生实际需求，在保证数据安全和节时省力中寻求平衡，拓展服务模式的深度和广度，为社会主义市场经济持续释放效能。

三、数字化背景下张家口公积金服务质量提升策略

（一）数字赋能推动住房公积金信息化建设

1. 打通信息壁垒，建立社会共享大数据平台

以“智慧+”场景为触角，以数字化能力为输出，充分利用信息化、大数据等手段，搭建基层社会治理一体化平台，集中数据交换枢纽。政府牵头，依托公安、税务、司法、住建、产权交易、不动产登记、医保、公积金、民政、公证、银行、房地产企业、中介等社会各职能部门，完善社会数据化共享平台，整合吸纳更多合作伙伴及政府资源，打通更多线上渠道，获得产业数据，实现平台整合，从而更好地为百姓服务。利用此系统预期将促成住房公积金业务信息与其他行政机构信息的相互连通，预测该系统的开发有望至少增进数据共享的效能一半以上，降低信息重复输入的频率，并且将提高系统的安全防护措施及完成信息备份任务水平，以保障信息的安全性。

2. 强化投入，将信息化建设列入财政预算

信息化项目建设预算定额是对信息化项目建设所需费用的合理预估和安排。根据《财政部信息化建设管理办法》，应增加信息化建设预算投资，采取招投标方式进行政府采购。加大信息化建设的投入力度，加强信息技术管理，在程序开发、维护方面，在国际、国内的数字化领域中寻找研发团队合作伙伴，以期实现更高效、精准的系统管理。

3. 人才为本，数字化队伍建设加速

随着业务功能结构调整，人才培养是关键一环，数字化管理人才的匮乏、标准的不统一、人才培养体系化不够是目前面临的挑战。要在加大培训交流、引进人才、与高校合作等方面强化人才队伍建设，培养具备数字化素养的复合型人才，为发展核心驱动力、为数字化建设提供源源不断的智力支持。

4. 完善数据标准，统一数据接口

为了确保数据的准确性和一致性，要改进数据标准和融合数据端口衔接。通过构建统一的数据标准和接口规范，推动不同系统间数据的无缝交换与共享。预估这一方案可能会减少 40%的信息框架转型和系统互联的工作量，进而提升数据共享的效率和质量。

5. 数字化手段优化办事流程，实现从“减证便民”到“无证利民”

为了极大地增强工作效能，优化办事流程，简化办理资料，计划对目前的住房公积金业务流程实施彻底的审查和改进，目的是简化事务程序并剔除多余的审批步骤，估计将至少减少 1/5 的事务处理时长。在处理住房公积金提取手续资料时将废除非必要的纸本申请文件，转而利用网络平台进行资料填报和上传，同时精简审批流转程序，保障民众能够迅速且轻松地提取公积金。

大力推广电子证照证明、电子印章等数字化方案，将各领域的如电子火化证、婚姻登记证、契税票、不动产权证、商品房买卖备案合同等相关资料数据端口嵌入系统内部，直接从数据库中提取缴存人相关资料，实现“无证明”办理业务，推动由“减证便民”向“无证利民”迭代升级，档案电子化管理，无纸化办公，让缴存人切实感受到数字化转型带来的便捷、高效的服务体验。

（二）拓展服务渠道，提升群众体验

1. 加强服务渠道建设打造线上“直通车”

增强网络服务平台的功能完善性，确保更多常用业务能够通过网络完成；不断优化住房公积金 App 的用户界面以及使用步骤，增进使用者的便捷体验；扩充自助服务设备的分布，尤其是在高人流量地带，使民众能够随时进行业务查询处理。

2. 强化宣传，持续更迭宣传方式

加大和丰富公积金社会普及面的宣传力度和方式，着力打造品牌效应，提升社会知晓度。特别是在公积金 App、官方网厅业务方面的宣传方面，应持续提高缴存人的使用率，增强民众对网上业务的了解和应用频次，在提升缴存人使用感受的同时，更能够通过大数据的反馈了解民众所需，不断改进、提升程序。

3. 提供多元化、个性化服务

为满足不同缴存职工的需求，在线下营业厅设置“志愿党员”服务窗口，开通对现役、退役军人，残障人士，老年人及法院执行方优先办理业务的“绿色通道”，提供无障碍服务设施，推行“上门服务”“延时服务”“窗口五否决权”的服务机制。对市内引进的人才设置“燕赵英才卡”专窗，全流程陪同服务。针对异地缴存职工，提供“亮码可办”“跨省通办”业务。管理中心还将加强与银行、开发商等单位的合作，推出更多优惠政策，提升缴存职工的获得感。

（三）强化风险管理，确保资金安全

1. 建立完善的风险防控体系

拟定精细化的风险控制体系和执行流程，界定每个职位的风险管理职能；构建风险审视和跟踪系统，对不同种类的风险实施周期性的审查和跟踪；强化内部监察和审计活动，迅速侦测并纠正不合规操作。不断增强与公安、司法等相关部门的紧密合作，共享信息数据，增强协同执法力度，通过大数据筛查强化监管，严厉打击欺诈提取、诈骗贷款等非法行为，确保资金安全。

2. 利用数字化手段加强监管和预警

将“安全为先”作为核心原则，不断强化数字化防护体系，大数据分析、云计算、人工智能等先进网络安全技术能够实现对风险点的分层监控，对风险行为实施监测、定期检测，通过制定严格的政策规范，提高员工安全操作意识和技能，确保系统稳定运行。监测平台通过采用数据分析、智能算法等技术对交易信息进行即时审查与追踪，迅速识别可能的隐患并主动进行通告，对风险点进行审计和筛查，确保操作流程的规范性、执行标准的统一性，切实维护广大缴存职工的权益。

广西构建数字智能化框架住房公积金体系的创新与发展

广西河池　韦菲菲

在数字化、智能化和便捷化的时代背景下，数字技术的迅猛发展为住房公积金管理带来了新的思路和可能性，智能化的管理模式和便捷化的服务方式正日益受到关注。为推动住房公积金制度的创新与发展，提升服务水平，满足人民群众日益增长的住房需求，构建住房公积金数字智能化框架正变得越来越重要。

一、数字化视角下的住房公积金制度

随着信息技术的飞速发展，数字化已成为推动各行业转型升级的重要趋势。在住房公积金制度中，数字化转型扮演着十分重要的角色，为住房公积金制度提供了更加高效、安全和便捷的管理和服务方式，提升了住房公积金制度的管理效率。传统的手工操作和纸质文件管理方式存在着信息不对称、审核烦琐等问题，容易导致管理效率低下和延误。而数字化转型后则可以实现信息的实时录入、自动化处理和快速检索，大大提高了管理效率，为缴存人和缴存单位提供了更加便捷的服务。

数字化转型还增强了住房公积金制度的数据安全性和透明度。随着大数据时代的到来，信息安全和隐私保护问题日益凸显。传统的纸质文件管理容易出现文件丢失、信息泄露等问题，给公积金管理带来了诸多隐患。而数字化转型通过建立安全的数据存储和传输机制，实现了数据的加密存储和权限管理，保障了缴存人和缴存单位的信息安全，提升了制度的透明度和可信度。此外，数字化转型拓展了住房公积金制度的服务范围和形式。随着互联网技术的广泛应用，越来越多的公积金管理服务可以通过网上办理，使得缴存人和缴存单位可以随时随地方便快捷地办理公积金相关业务，极大地提升了服务的便捷性和用户体验。通过提升管理效率、增强数据安全性和透明度、拓展服务形式等，数字化转型为住房公积金制度带来了全新的发展机遇，为其实现更加健康、可持续的发展奠定了坚实基础。

二、广西智能化住房公积金管理模式探索

当前，广西在住房公积金管理模式智能化探索方面取得了一定成效。广西建成了住房公积金数据共享和监管服务一体化平台，成为全国首个集数据共享、业务监管、数据稽查、业务协同等9个模块于一体的省级监管平台。通过这一平台，广西实现了对全区15个公积金中心的归集、提取、贷款、资金管理等业务的实时监管，确保了资金的安全和合规运行。

同时，广西在征信信息共享接入工作方面取得了重要进展，首批参加住房和城乡建设部与中国人民银行“总对总”征信信息共享的9个公积金中心于2023年10月底完成接入验收工作，实现了征信信息查询、新增贷款信息纳入征信系统和缴存信息共享。指导其余6个公积金中心完成

了一二代征信信息数据报送的切换工作，进一步提升了全区住房公积金数据的质量，这一举措提高了广西住房公积金的信用度，为缴存人提供了更加智能、高效的服务。

广西在住房公积金管理模式上的智能化探索，使得广西住房公积金业务实现了马上办、一次办、掌上办的目标。据统计，2023 年全区共提取住房公积金 527.84 亿元，同比增长 21.44%，增速同比增加 15.27%，这充分说明了广西智能化住房公积金管理模式对住房公积金业务的积极作用。此外，广西还致力于实现公积金、婚姻、不动产登记、养老、医保等数据的交互共享，这一举措为提升政府服务水平、优化群众办事体验提供了重要保障。探索智能化的住房公积金管理模式对广西具有重要意义和价值，通过应用智能化技术、建设数字化平台、推动智能化管理、实现便捷化服务等措施，广西住房公积金制度实现了更高水平的发展，为广大缴存人提供了更加智能、高效的服务。然而，当前广西智能化管理模式的实现仍然面临一些挑战，如技术应用的成本、用户隐私保护等问题，需要进一步探讨和解决。

三、广西住房公积金便捷化服务的实现与挑战

广西在便捷化服务的实现上取得了显著进展。广西通过出台《广西住房公积金服务“高效办成一件事”实施方案》，明确了推进住房公积金业务标准化、建设服务一体化信息平台等任务，有效推动了住房公积金服务的便捷化。2023 年，广西从 53 项住房公积金服务事项中梳理出 24 项高频服务事项，形成“一件事一次办”事项办理清单，推动了住房公积金“全链通办”服务事项进驻政务服务平台。指导部分公积金中心开展住房公积金贷款业务“不见面”审批试点，采用数字化技术实现了住房公积金贷款业务的高效办理。

此外，广西及时响应住房公积金“亮码可办”工作部署，通过精简整合证明材料、调整证明开具方式等措施，推动了全区 15 个公积金中心在全国住房公积金小程序和监管服务平台上实现了住房公积金个人证明事项“亮码可办”，提升了群众办理住房公积金异地业务的效率。广西还积极推动住房公积金业务“跨省通办”，提前完成了租赁住房提取和提前退休提取等服务事项的“跨省通办”，2023 年两项“跨省通办”业务分别为 80.79 万、1.04 万人次提供服务。

然而，虽然广西在实现住房公积金便捷化服务方面取得了一定成就，但是广西便捷化服务的实现依然面临着一些挑战。随着线上服务的普及，用户的个人信息可能会存在受到网络攻击和泄露的风险，因此如何保障用户的信息安全和隐私保护成为便捷化服务面临的首要问题。尽管便捷化服务提供了更加灵活和便利的服务方式，但并不是所有用户都能够适应和接受线上服务，特别是老年人和一些不太会线上操作的群体。因此，如何提升用户对线上服务的接受度，增加用户的使用频率，成为便捷化服务实现的关键问题之一。此外，便捷化服务的应用还需要充分考虑用户体验和服务质量问题。尽管线上服务提供了更加便捷的操作方式，但如果用户体验不好或者服务质量不佳，很容易引起用户的抵触和不满，影响服务的推广和普及。

便捷化服务的实现与挑战是数字化、智能化时代下住房公积金管理的重要议题。通过克服信息安全问题、提升用户接受度和服务质量等方面的努力，便捷化服务有望为广西公积金用户带来更加便利和高效的服务体验，实现住房公积金管理的现代化和智能化发展。

四、构建广西公积金数字智能化框架的策略与路径

（一）着力打造公积金管理服务平台

着力打造公积金管理服务平台是数字智能化框架的核心任务。该平台应当综合运用业务管理、综合服务和分析决策等模块，积极对接各类政务平台，拓展住房公积金服务渠道，以全国住房公积金云平台、共性应用、小程序和监管服务平台组成综合枢纽，实现公积金管理的全面智能化和便捷化。在业务管理模块方面，用户可以通过平台进行公积金缴存、提取、贷款等各项业务的在线办理和管理，从而避免了烦琐的线下手续和等待时间。在综合服务模块中，用户可以享受到公积金政策解读、贷款咨询和预约服务等全方位的掌上服务，提高了用户对公积金制度的了解和信任。而在分析决策模块中，利用大数据和人工智能技术对公积金数据进行深度挖掘和分析，可以为相关决策提供科学依据，进一步提升了管理效率和决策水平。构建公积金管理服务平台有助于实现公积金管理的智能化和便捷化，为公积金制度的创新与发展提供了重要支撑。

（二）构建数字化与智能化的公积金管理系统

构建数字化与智能化的公积金管理系统是实现数字智能化框架的重要举措。完成数据中心的搭建至关重要，这将确保公积金数据的安全存储和高效管理，为后续的业务运营提供可靠支撑。同时，必须做好数字智能化公积金网站的维护工作，以提供便捷的在线服务，并加快与银行管理体系的对接，确保业务办理的高效率和顺畅。此外，融入大数据等现代化技术能够实现对公积金数据的智能化分析和应用，为管理决策提供更为科学的依据，从而进一步提升公积金管理系统的智能化水平和服务质量。这些举措将为广西公积金管理体系的现代化发展奠定坚实基础，推动公积金制度的创新与发展。

（三）积极拓展数字化与智能化公积金管理的渠道

积极拓展数字化与智能化公积金管理的渠道是构建数字智能化框架的重要策略之一。面对如此庞大的住房公积金团队，需要对公积金工作人员进行综合素质的提升培训，使其充分了解不同渠道的优势和管理方式，从而能够灵活应对不同情况，提高服务效率和用户体验。还要加强员工职业生涯规划和培训，这有助于提升员工的专业素养和服务意识，使其能够更好地适应数字智能化时代的工作要求。同时，建立和完善现代化的管理制度和方式是推动公积金管理体系不断优化和提升的关键，通过不断建立完善管理制度，可以提高公积金管理水平和效率。积极拓展智慧公积金管理的渠道需要综合利用人才培养、管理制度建设等多种手段，以实现公积金管理体系的现代化和智能化发展。

五、结语

在数字化、智能化、便捷化的时代背景下，构建数字智能化框架对住房公积金管理体系的现代化发展至关重要。通过着力打造公积金管理服务平台、构建数字化与智能化的公积金管理系统、积极拓展数字化与智能化公积金管理的渠道等措施，能够为公积金制度的创新与发展提供坚实支撑。要充分利用现代科技手段，提升管理效率和服务水平，同时注重员工综合能力素质的培养，以推动公积金管理体系的不断优化和提升。

住房公积金数字化转型的实践与思考

——以Z市为例

四川自贡　林　莉　吴春林

近年来，为让住房公积金更好地适应新时代发展需要，各地住房公积金管理中心紧跟国家信息化建设步伐，推进住房公积金信息化建设。聚焦数据质量提升和系统开发建设，先后完成“双贯标”、综合服务平台建设，并依托全国住房公积金监管服务平台和全国住房公积金小程序等推动住房公积金实现从信息化到数字化的逐步过渡，住房公积金俨然成为政务服务数字化转型发展的先驱。为进一步适应数字化转型需要，提升住房公积金数字化转型成效，Z市住房公积金管理中心推进基础数据治理、持续提高数据质量，推进服务标准化、规范化、便利化，实现数字技术与住房公积金深度融合，实现业务流程优化、要件精简、服务提速，逐步实现管理服务信息化到数字化转型。

一、住房公积金数字化发展现状

（一）全国住房公积金数字化发展现状

在数字化政府建设背景下，各地住房公积金中心都在推进住房公积金数字化发展，探究依托数字化发展解决缴存职工办理住房公积金的难点堵点，用数字化发展推动住房公积金制度普惠性提升，惠及更多人民群众。各地陆续实现了住房公积金缴存、提取、贷款等相关信息依托联网共享完成数据获取和信息核验，通过数据赋能实现服务提速、职工减负。住房公积金数字化推动“网上办、掌上办、就近办、一次办”取得明显进展，全国住房公积金数字化发展取得显著成效。

然而，各地住房公积金中心都面临历史数据遗留问题，往往存在历史信息采集覆盖不齐全、要素不完整等问题，导致基础数据无法得到充分应用。而各地存贷规模、收益及收益分配存在较大差别，用于数字化发展的资金规模和比例差别巨大，信息化队伍、数字化人才也差别明显、各有特色，导致数字化发展存在较大差异。由于各地住房公积金管理中心信息化建设能力各有不同，导致住房公积金信息系统的系统功能差异巨大，信息化、智能化水平参差不齐。

1. 全国范围推进“双贯标”

2014年以来，住房和城乡建设部先后出台了《住房公积金基础数据标准》《住房公积金银行结算数据应用系统与公积金中心接口标准》等标准，并下发了《关于贯彻落实住房公积金基础数据标准的通知》《关于加快建设住房公积金综合服务平台的通知》等通知，全国范围内住房公积金基础数据标准化扎实推进，各地住房公积金中心和合作银行接入全国统一的住房公积金银行结算数据应用系统，完成“双贯标”（指贯彻落实《住房公积金基础数据标准》和《接入住房公积金银行结算数据应用系统接口标准》）。住房公积金基础数据的标准化取得了明显成效，住房公积金基础数据的可靠性、可用性和扩展性得到强化。业务系统接口开发和对接拓展得到优化完善，行业信息化水平和管理服务水平明显提升，支撑住房公积金管理服务实现从传统管理服务模式向信息化服务模式的跨越。

2. 构建住房公积金一体化枢纽平台

截至目前，基于全国住房公积金监管服务平台、全国住房公积金小程序等全国性服务平台的全国住房公积金一体化信息化综合服务总枢纽初步建成，为住房公积金一体化发展提供了坚实支撑。基于这个总枢纽，住房公积金服务跨区部署协同全面推进，住房公积金服务事项“跨省通办”落地扩容。截至2022年年底，全国已设立线下住房公积金“跨省通办”专窗3423个、线上“跨省通办”专区1043个，依托“全程网办”“代收代办”“两地联办”等方式保障了住房公积金“跨省通办”业务落地见效。

3. 全国各地建成综合服务平台

为确保住房公积金综合服务平台建设顺利推进，住房和城乡建设部印发了《关于建立健全住房公积金综合服务平台的通知》。住房公积金综合服务平台的建成，推动了住房公积金流程优化和服务提升。各地住房公积金综合服务平台依托银行结算渠道，实现了资金实时结算和实时监控，在提高资金业务匹配精准度和效率的同时，大部分中心已实现提取资金秒到账。

4. 因地制宜推进“互联网+公积金”

近年来，在“互联网+公积金”的支撑下，各地住房公积金管理中心持续深化联网共享，通过跨部门、跨行业的数据共享，实现住房公积金服务逐步向网上申请、网上预约、网上办结迁移延伸，推进住房公积金业务“网上办”“零材料”“智能审”，初步构建足不出户的住房公积金便捷高效服务体系。

5. 聚焦服务“三化”出台系列标准规范

在政务服务标准化规范化便利化建设的大背景下，2012年至2022年，住房和城乡建设部发布了《住房公积金管理业务用房建设标准》《住房公积金信息系统技术规范》《住房公积金个人住房贷款业务规范》《住房公积金管理人员职业标准》《住房公积金归集业务标准》《住房公积金提取业务标准》《住房公积金资金管理业务标准》《住房公积金业务档案管理标准》，为住房公积金标准化、规范化、便利化提供了制度支撑。

（二）Z市住房公积金数字化发展现状

近年来，Z市相继完成住房公积金“双贯标”，建成综合服务平台，完成信息化阶段性工作。同时多点发力推进数据联网共享，依托信息联网共享不断深化拓展数字化。

1. 基于原有系统完成“双贯标”

从2012年开始，Z市推进住房公积金业务信息系统开发建设，并同步完成硬件升级改造，在全面完成基础数据治理、信息系统改造、运行测试上线任务后，成为2015年全国第一家在现有业务信息系统中进行基础数据贯标的中心。

2. 建成综合服务平台

Z市根据住房和城乡建设部《关于建立健全住房公积金综合服务平台的通知》的要求，全面完成综合服务平台建设工作并通过验收，彻底改变了过去单一渠道提供服务的传统方式，实现了服务模式的全面重构，构建了多渠道、立体化的住房公积金服务体系。综合服务平台建成后，支持职工线下就近获取住房公积金服务、线上不见面获取住房公积金服务，满足缴存职工多层次、个性化需求。Z 市还在此基础上，完成档案数字化系统建设，实现前置资料采集后的业务零材料。

3. 推进“互联网+公积金”

Z 市围绕“互联网+公积金”深化联网共享，聚焦住房公积金服务改进和服务质量提升，依托综合服务平台推进功能拓展，深化与合作单位和公共服务部门的信息联网共享，实现与银行、不动产登记中心等的互联互通，业务智能化不断拓展。

4. 推进服务标准化、规范化、便利化

近年来，Z 市根据国家、省、市有关规定，完成住房公积金缴存、提取、贷款三个基础办法的编制，出台了对应的实施细则，推进住房公积金服务标准化、规范化、便利化。

二、住房公积金数字化发展需求与重点

1. 发展需求

（1）满足国家数字政府建设需要，信息技术发展推动数字化发展，数字政务建设要求住房公积金管理服务数字化转型。

（2）推进管理服务转型升级需要，数字化转型支撑住房公积金业务模式和服务模式创新，实现住房公积金服务能力和服务水平提升。

（3）满足人民群众需要，数字化发展是住房公积金服务标准化、规范化、便利化的需要，是满足缴存单位职工跨区域、跨部门办事的需要，是实现住房公积金服务场景智慧化应用的需要。

（4）自身发展需要，数字化转型能够满足住房公积金巨量数据管理和数据挖掘应用的需要，提高管理服务精准性，是提升住房公积金服务的可靠性、保证性、及时性的需要。

2. 发展重点

（1）业务标准化、规范化、便利化。各地缴存提取等事项存在巨大差异，服务事项细分从几项到几十项不等。像北京市提取有 14 个子项，缴存有 5 个子项。成都提取有 16 个子项，缴存有 17 个子项。而 Z 市提取有 14 个子项，缴存有 12 个子项。可见，住房公积金标准化、规范化、便利化势在必行。

（2）基础数据的可靠性增强。住房公积金制度建立初期，业务制度规范不健全，业务数据标准缺失，各地住房公积金原始缴存数据采集完整性标准不一致，加之经办人专业和精力不济，基础数据可靠性不高。近年来，各地推进住房公积金基础数据治理，增强基础数据可靠性，支撑数字化发展。

（3）业务一体化提升。当前全国各地住房公积金系统尤其是综合服务平台以自建为主，信息化水平和能力存在差异。应依托综合服务平台、政务服务一体化平台，重点探索如何实现窗口和网上、不同地区业务和系统的深度融合，推进业务一体化发展。

（4）数据联网共享及应用拓展。各地住房公积金管理中心陆续推进信息系统开发和应用，不断推进跨部门的数据联网共享。然而跨部门、跨区域的数据共享存在协同困难、效率低下、共享程度不高的问题，“信息孤岛”现象在不同地方不同程度存在。

（5）资金运营及风险防控能力强化。近年来，住房公积金存贷规模持续快速增长，资金管

理运营压力巨大。既要做到避免出现住房公积金流动性风险，又要提高住房公积金管理运营效率，需要对归集、提取、贷款发放回收情况等进行科学预测。随着住房公积金缴存覆盖面的进一步扩大，尤其是自由缴存的试点扩大，要依托数字化才能实现庞大资金的运营和复杂风险的防控。

（6）培养数字化人才队伍。数字化人才队伍是住房公积金数字化转型的重要保障，要建设数字化专业和住房公积金业务复合型人才队伍，通过人才引进和持续培养保障住房公积金数字化转型人才供给，支撑数字化转型。

三、住房公积金数字化发展对策和路径

（一）注重发展规划

注重数字化发展过程中面临的系统性和长远性问题，做好统筹规划，确保紧随数字化发展方向，做到数字化规划与业务发展充分适应、适度超前。

（二）深入调查研究

各地住房公积金数字化发展存在差异，需要深入调查研究，充分结合本地数字化发展实际分区域、分阶段协调推进数字化。

（三）强化资源保障

强化资源投入保障，确保住房公积金数字化转型所需的人力和物力得到充分保障，还需推进人才队伍数字化能力和住房公积金专业化能力的提升，以满足数字化转型对资源的需求。

（四）加大数据治理力度

按照数据治理要求，借助内部历史档案和外部数据通道，建立数据治理全生命周期治理机制，持续提升数据质量。

（五）推进规范化、标准化、便利化

鉴于《住房公积金管理条例》出台时间已较为久远，各地住房公积金政策和服务存在较大的差异，亟须通过法规完善推进住房公积金规范化、标准化、便利化工作。

（六）提升数字化水平

需要立足本地住房公积金信息化实际，实现数字化与公积金发展需求的有效衔接，推动业务数字化水平提升。

（七）提升异地办事能力

随着全国统一大市场的加速推进，跨区域、跨部门的异地业务协同需求亟须响应，依托数字化转型实现服务创新和制度完善，提升跨区域公积金服务水平，推动住房公积金服务一体化。

（八）提升“一网通办”能力

数字化发展需要围绕提升“一网通办”能力发力，构建住房公积金业务系统跨部门、跨区域的互联互通、协同联动，通过数字化实现企业群众通过“一网通办”畅享住房公积金服务。

（九）强化协同联动

围绕提高协同联动效能完善业务协同办理机制，依托住房公积金监管服务平台等实现深化跨部门、跨行业合作协同。

浅谈住房公积金电子档案管理存在的问题和对策

广西河池　林玉业

住房公积金档案是住房公积金办理过程中所有资料的真实、原始记录，是我国档案信息资源中的一个重要部分，具有十分重要的资政、参考作用。随着住房公积金规模的迅速扩大和作用发挥得越来越明显，缴存人、缴存单位和社会对其关注度越来越高。2020年6月，国家第三次修订了《中华人民共和国档案法》，提出了档案工作要适应国家治理体系和治理能力现代化的要求，其中特别提到要提高档案信息化建设水平的问题；2022年6月，国务院发布了《关于加强数字政府建设的指导意见》，明确指出完善身份认证体系、健全电子印章服务体系、建设数字档案资源体系，提升电子文件（档案）管理和应用水平；2023年1月，住房和城乡建设部印发《关于加快住房公积金数字化发展的指导意见》，提出要落实《住房公积金业务档案管理标准》，提高业务档案的数字化管理水平；2024年3月，《中华人民共和国档案法实施条例》正式施行，提出机关、团体、企业事业单位和其他组织应当加强档案信息化建设，积极推进电子档案管理信息系统建设，与业务系统无缝衔接，实现对电子档案的全过程管理。因此，提升电子档案管理水平是住房公积金事业高质量发展的必然选择。

一、住房公积金电子档案的特点

（一）节省存储空间

电子档案是以数字的形式存储，相对于传统的纸质档案来说，所占据的空间较少。住房公积金电子档案借助住房公积金综合服务平台办理业务，所需留存的纸质档案数量较少，其主要数据存储在电子档案系统的数据库以及存储器件中，如计算机硬盘、光盘、移动U盘、固态硬盘等，因此，能够在很大程度上节省实体库房存储空间，降低存储成本，解决业务档案存放难的问题。

（二）提升查阅效率

纸质的公积金业务档案查阅工作一直停留在手工操作阶段，通过电子目录进行检索后，需要档案管理人员进入实体档案库房翻阅查找，查阅过程费时费力，对档案本身损害也较大，尤其是一些历史年代比较久远的档案，查阅起来更加麻烦。而电子档案的查阅可以借助计算机快速实现，不受时空限制，减少了人力查找，提高了档案利用率。

（三）改进管理方式

电子档案管理主要指对电子文件的管理，它利用电子档案系统对档案进行组卷（件）移交、归档及统计利用等，将档案管理业务流程固化在电子档案系统中，实现档案收、管、存、用全生命周期信息化、合规化管理，管理方式新颖、管理程序简便、管理效率较高。

二、住房公积金电子档案管理原则

（一）真实性原则

电子档案的真实性包括档案记录的内容是真实、准确的，没有虚假或伪造的内容，以及在档案形成之后不被篡改或滥用，保持电子档案的原始性记录，详细记录公积金业务活动的历史痕迹。

（二）完整性原则

住房公积金电子档案包含个人基本信息、缴存信息、贷款记录、购房信息等关键内容，这些信息涵盖职工在使用住房公积金过程中的所有重要信息，通过在住房公积金业务系统建立严格的数据校验机制，确保在数据录入、传输和存储过程中不发生信息缺失或错误，确保档案内容的全面性和完整性。

（三）可用性原则

可用性原则要求住房公积金业务系统所产生的档案数据可以无缝衔接至电子档案系统，并能够被方便、快捷地检索、查询和利用。同时电子档案系统还应支持多种数据格式和接口，方便与其他系统的数据交换和共享。

（四）安全性原则

电子档案存储依赖计算机和各种存储介质，硬件设备要选择性能好、存储量大的计算机，存储介质要优先考虑性价比高的载体材料，耐磨、耐酸、耐腐蚀、耐高温。电子档案系统应采用多层次的安全防护措施，包括数据加密、防火墙、入侵检测等，还应该建立严格的用户权限管理机制和审计日志记录功能，确保只有授权人员才能访问和操作档案数据，并记录下所有档案数据的方位和对其操作行为。

三、住房公积金电子档案管理存在的问题

（一）电子档案管理系统不统一

电子档案系统的来源不一致，系统平台结构设计不统一，既造成重复投入，又无法实现统一管理和联网、信息共享，不利于节约建设成本和资源。

（二）电子档案管理存在安全隐患

住房公积金电子档案的安全隐患主要是受病毒感染和网络攻击。病毒感染是文档损害最常见的问题。其次是网络攻击问题，档案管理系统一旦被网络黑客攻击，可能导致缴存人信息泄露，损害其利益。

（三）档案专业人员配备不足

随着公积金业务的快速发展，人员的实际配置与急剧快速增长的业务量不相适应。住房公积金电子档案一般由住房公积金前台人员直接发起，在业务繁忙时，前台办理人员可能对在线归档的档案质量难以保证，容易疏忽档案电子化的规范性。同时，一些档案管理人员缺乏现代信息技术专业知识和技能，对于电子档案的管理或者电子档案系统的升级改造不能有针对性地提出有效建议，导致升级后的系统功能无法在短期内得到使用，影响工作效率。

（四）电子档案备份存在安全隐患

与纸张等介质相比，电子档案存储所依赖的计算机硬盘、光盘、移动U盘、固态硬盘等载体均不同程度存在易老化、稳定性不足等问题，这些硬盘在常规使用情况下仅有数十年的使用寿命，相对于保存上百年的纸质档案来说，保存寿命极短，无法满足电子档案的长期或永久保存需求，存在极大的数据丢失风险。

四、提高住房公积金电子档案管理水平的有效措施

（一）建立统一电子化档案行业标准

建议建立统一的电子化档案行业标准，制定出台住房公积金电子档案管理细则和标准规范，明确归档范围、保管期限、归档流程、档号编制规则等，研发统一的电子档案管理系统，统一规划设计、统一技术标准、统一开发工具、统一存储方式，节约开发成本，实现数据共享，提高利用率。

（二）强化住房公积金电子档案信息安全建设

建立健全数据安全管理制度，明确数据使用权限、责任和义务，确保数据使用过程的合规性。采用加密、脱敏等技术手段，对敏感数据进行有效保护，防止数据的泄露和滥用。完善数据审计机制，定期检查数据使用情况，及时发现和处理数据安全问题。加强网络安全防护，预防网络攻击和病毒感染，确保数据存储和传输的安全性。

（三）培养和挖掘高素质档案管理人员

一方面加强教育和培训，坚持“缺什么，补什么”的原则，定期组织开展以档案数据的采集、存储、加工、备份、维护、挖掘与提供利用，以及档案管理系统的开发利用、档案实操等为重点的全员覆盖、常态化、多元化培训。另一方面是紧紧围绕“增强档案管理人员力量”的现实需求，大力推进人才引进，在公务员招录或者工作人员的招聘上，充分挖掘既懂档案管理又懂计算机专业知识的人才，以适应档案电子化管理对技能与知识不断更新的需求。同时，也鼓励内部员工提升自身素质，以更好地适应工作需求。

（四）妥善保存电子档案的存储器件

电子档案存储设备主要受温度和湿度的影响较大，因此在保存的时候应该选择一个合适的保存环境，要避免强光照射，避免尘土堵塞，避免强烈磁场的干扰，避免剧烈震动。考虑到电子档案易丢失的特性，因此要不断地进行检查，要在不同的电脑和储存器件上进行备份。同时，要注意这些存储介质的使用期限，定期进行检查，对于即将到达使用期限的介质，要及时进行更换。

服务提升篇

运用六大理论推进住房公积金服务建设研究

湖南岳阳　刘　彬

服务建设是住房公积金管理工作的永恒主题。住房公积金服务与其他行业服务一样，具有无形性、互动性、感知性、社会性等基本特点。随着社会经济和现代科技的快速发展，信息化、数字化浪潮给社会带来了重大变化，促使社会公众对住房公积金机构的服务提出了更高的要求。为了适应这一要求，住房公积金管理机构需要及时把握社会需求，融合时代变化，把创新服务管理、优化为民服务作为建设取向，运用六大管理理论，坚持以人为本原则，以提供公平、优质、高效的服务为目标，推进住房公积金服务转型，实现住房公积金事业的可持续健康发展。

一、引入行政伦理学理论，树立服务意识，塑造德范形象，解决服务导向问题

伦理是关于人与人的一种社会道德关系，这种关系表现为大家都应当遵循的道德规范。伦理学是关于道德现象的科学，行政伦理学就是研究和运用优良道德规范的内容、标准，在行政公共领域进行道德控制，以促进社会和谐发展，其核心之一就是公职人员要有良好的职业道德、良好的行政良心、良好的行政人格以及公正廉洁观，这四个方面都是住房公积金服务人员应该具有的，也是改进服务的思想基础。

1. 培养道德意识。19 世纪初，64 岁的康德在《实践理性批判》中说，有两样东西能够深深震撼人们的心灵：我们头顶的灿烂星空和我们心中崇高的道德准则。可见道德的高尚多么重要。道德，指衡量行为正当与否的观念标准。道德的最本质的作用是维护群体以及个人的利益权益最大化。一个社会一般有社会公认的道德规范。只涉及个人、个人之间、家庭等私人关系的道德，称私德；涉及社会公共部分的道德，称为社会公德。我国提出的以德治国很好地印证了这一点，它倡导的是优秀传统的回归与超越，要求以德修身、以德服众、以德润才、以德领才、德才兼备。对住房公积金从业人员来讲，必须强化品德领先、敬业为民的职业道德培养和自律，忠民之事，护民之利，站在维护全体缴存人最大利益的高度来对待工作，并将其融入具体的服务工作中。

2. 培养行政良心。行政良心是加强行政伦理建设的基本问题之一。行政良心是公务员对自己职业行为善恶性质的心理评价机制，其评价对象不仅仅是行政行为的实际效果，也包括行为的主观动机所体现的行政品德。行政良心具有促使公务员产生职业道德行为、形成行政道德人格的重要功能。韩国、美国的公职人员就任时都要进行保证行政良心的宣誓。住房公积金从业人员同样要有善、仁、爱的是非标准，时刻为民办事，时刻为民解难，尽应尽之责。作为一名执行住房公积金政策的服务人员，必须自觉自主地树立公共的价值观、行政观、政绩观；必须树立人民公仆

意识，回归到质朴的民本位中去，崇奉公共利益，忠于公共利益，为谋求公共福祉而忘我工作。

3. 培养行政人格。学者张康之认为，行政人格是“行政人员角色意识的内化和积淀”，它是国家公职人员尊严、价值和品质的总和。要求行政人员全心全意为公共利益服务。要摈弃官僚人格、依附人格、权谋人格、经济人格、腐败人格、双面人格等不健康人格，培养现代行政中的独立的行政人格，将公众看作服务的对象而非管理的对象，使自己成为人民的公仆。树立健全的行政人格，要求智仁勇统一，讲诚信，重公义，知荣辱。因此，住房公积金公职人员不仅须怀有深厚的知识底蕴和职业技能，更重要的是具有开放创新精神，思想活跃、胸襟宽广，具有强烈责任感、社会正义感和良好的人际关系，敢冒风险、勇担责任，贯彻克己利人原则，而不是损公肥私、以权谋私，要做住房公积金事业发展的促进者、为缴存人服务的贴心人。

4. 培养公廉观念。“公则生明，廉则生威”，住房公积金从业人员要公道正派，时刻做到权为民所用、情为民所系、利为民所谋，全心全意为人民服务，不损公肥私，不贪污受贿，秉公执法，廉洁正直，树立起自身的威信，这样既给单位带来发展，又造福于社会、造福于人民；要讲政治、讲正气，身正、行正、心正，不愧于己、不负于心，以浩然正气抵御歪风邪气，保持“利归天下”的淡泊情怀，真正做到“以德服人、以正服人”。要遵纪守法，加强自律意识，进行道德控制，进行文化引导，进行文明武装，实现服务道德化，做到心中有道德伦理规范，这样住房公积金事业才能走得宽广。

二、引入公共管理学理论，建立服务目标、监督机制，统一服务标准，解决服务评价问题

公共管理学理论是源于西方国家的一场“重塑政府”“再造公共部门”的“新公共管理运动”。它更重视从经济学视角来研究公共管理问题，其中最重要的论述就是公职人员通过依法运用公共权力，提供公共服务和产品，实现公共利益。其主要观点包括：顾客需求导向，企业化导向；转型变革，管、治分离，推行授权管理；讲求效率，实行绩效目标控制；引入竞争机制，推进公共服务；推行人力资源管理，创新用人机制；创建有预见的组织。这些观点完全可以为加强和改进住房公积金服务提供理论指导。

1. 确立服务目标。依据公共管理学理论的顾客需求导向原则，实施顾客满意战略，建立以缴存人为中心，以保障缴存人权益为出发点，满足住房公积金缴存人合理诉求和意愿基础，科学设计与缴存人密切相关的人、事、物三大要素关系，确立工作环境设备、工作流程、服务人员三大服务载体所要达到的基本标准和优化标准，达到亲和、公平、舒适、规范、优质、满意，实现服务层次的不断跨越和服务质量的不断提升，让缴存人的服务需求不断得到满足和实现，构建和谐的服务与被服务关系。

2. 建立服务制度。面向缴存人的住房公积金服务具有独立性、无偿性、客观性、专业性，所有的服务以业务服务为核心进行延展。服务制度就是一整套紧贴工作实际业务的规范和行为准则，服务制度使无形的服务变得有形，变得有尺度，这套制度细化到与业务相关的每一个节点的规范操作，并使整个流程紧密衔接，让缴存人感觉舒心顺畅。如一些中心推出的业务服务规范、

窗口十要、服务承诺制、首问负责制、预约办理制、一次告知制、限时办理制和“一站式”服务制等，使服务如春风化雨，受到群众好评。

3. 明确服务质量。服务质量是顾客对服务的预期与顾客接触到服务后实际感知到的服务之间的差距，没有差距说明达到预期，服务质量高，令人惊喜；差距在认可范围内，说明服务质量好，令人满意；差距过大，说明服务质量差，令人失望。影响服务质量的五个要素包括：服务可访问性，即服务获取的难易程度；服务的沟通多样性，就是能否对不同的人采取不同的沟通方式；服务的稳定性，就是同样效果的服务能否保持连续性；服务的安全性，就是服务是否保障隐私等私有信息安全；服务的保障性，即服务提供方的基础条件，包括服务人员是否优雅、专业、友好等以及服务环境设施设备是否人性化。这五个要素直接影响服务的感知，并由此形成服务质量。住房公积金服务要致力于把握五个质量要素，着力提升服务质量。

4. 推行服务考核。这与公共管理学理论中的绩效目标管理是一致的。运用绩效目标管理使服务的责任落到实处，能较好地满足服务对象的不同要求，体现了结果导向的精神，满足了评估组织绩效和个人绩效的双重要求。从实践的角度看，它建立了一种诱因机制，激发人的工作热情和动力。它提供了绩效评估的“四 E”指标，即经济、效率、效能、公平，据此进行指标量化，围绕服务质量全面考核评估，形成实际感知的形象和满意度。经济就是服务成本，就是投入服务的各类资源与产生的社会经济效益；效率就是指是否能够满足缴存人的不同偏好以及服务的响应时效；效能指服务符合政策目标的程度，就是差错、风险、岗位责任和目标；公平就是服务是否一视同仁、公正合规。这样的考核建立在服务提供者和被服务者两方基础上。

5. 加强服务监督。推进住房公积金服务监督是服务评价机制中重要的一环。服务监督可以分为自我监督、行业监督、社会监督、舆论监督、缴存人监督，既可以为服务考核提供有效补充，也可以实现服务自律，适时改进服务，提高服务效率，促进服务公平。

三、引入公共关系学理论，做“和”字文章，建亲和人际关系，解决服务基础问题

公共关系学是研究组织与公众之间传播沟通的行为、规律和方法的一门科学。它旨在利用有效的传播沟通手段，通过塑造良好的组织形象，达成公众对组织的了解、认可与合作。公共关系学的核心理论就是建树形象、协调关系，内求团结、外求发展的活动规律和策划艺术，把以“事”为中心的管理改变为以“人”为中心的管理。在现代市场经济发展进程中，它被广泛地运用于政府机构、工商企业以及各种事业单位和社会团体。

1. 和谐服务对象。从大的层面讲，住房公积金服务是该行业对整个社会的服务，小点讲就是一个中心或者某个人为完成住房公积金工作提供的服务。具体来讲，住房公积金服务的对象包括缴存职工、建制单位以及相关的人和单位三个层面。要在这三个层面架起住房公积金服务之桥，必须始终坚持和谐的原则，坚持情感上接受、思想上认知、工作中亲和，把自己作为服务者而不是管理者，平等而主动地提供工作服务，还可以采用走访、调研、座谈等形式加强沟通，以此获得服务对象的认同和配合，从而形成对等不对立、认同不隔阂的和谐氛围，融洽服务关系。

2. 把握服务心理。马斯洛的人类需求层次理论（生理、安全、情感和归属、尊重、自我实现）

强调把人的因素作为管理的首要因素，强调以人为中心的管理，重视职工多种需要的满足。实现人的需求要把握分析其心理。服务心理是基于需求的一种指向，满足心理需要的一般条件有物质条件和主观条件：物质条件主要是服务设施与工作环境；主观条件是优质服务操作过程规范化，使其受到重视、得到尊重，获得心理的满足感和认同感。特别是对老弱病残者的特殊服务，因其心理带有自卑感、自尊感，要特别注意提供个性化服务。当前一些人对城乡之间的待遇，不同地区、行业之间的待遇以及社会保障和财富分配等社会现实缺乏公平感，这样多元化的心理压力感最容易造成社会心态的浮躁性、不稳定性，以及极端化情绪的宣泄，很容易与服务人员发生冲突，产生投诉。其一般心理包括求尊重的心理、求发泄的心理、求补偿的心理。对于投诉，应诚恳耐心地倾听，并表示同情，争取在感情上、心理上与投诉者保持一致。若投诉合理，应用诚恳的态度向客户道歉。

服务者本身也要具备良好的心理素质，即良好情感品质，要求有正确的情感倾向，服务人员要明确本职工作的性质，热爱自己的本职工作，并能主动热情地为客户服务。明确自己的社会角色，有“客户即我”的胸怀，培养先客户之忧而忧、后客户之乐而乐的精神；要注重人文关怀和心理疏导，培育奋发进取、理性平和、开放包容的服务心态。

3. 注重服务礼仪。礼仪是一个人的思想道德水平、文化修养、交际能力的外在表现。对一个社会来说，礼仪是一个国家社会文明程序、道德风尚和生活习惯的反映。有了礼，则治大国如烹小鲜。住房公积金服务中要特别讲求礼仪规范，抓好礼仪教育。从内容上看有仪容、举止、表情、服饰、谈吐、待人接物等，从对象上看有个人礼仪、公共场所礼仪、待客与做客礼仪、餐桌礼仪、馈赠礼仪、文明交往等。在人际交往过程中的行为规范称为礼节，礼仪在言语动作上的表现称为礼貌。要使人们在“敬人、自律、适度、真诚”的原则上进行人际交往，告别不文明的言行。礼仪、礼节、礼貌内容丰富多样，但有自身的规律性。其基本的礼仪原则包括：一是敬人的原则；二是自律的原则，就是在交往过程中要克己、慎重、积极主动、自觉自愿、礼貌待人、表里如一、自我对照、自我反省、自我要求、自我检点、自我约束，不能妄自尊大、口是心非；三是适度的原则，适度得体，掌握分寸；四是真诚的原则，诚心诚意，以诚待人，不逢场作戏、言行不一。

4. 优化服务环境。住房公积金服务环境有软环境和硬环境之分，软环境是通过服务者本身的言行交流、情感沟通、风貌展示、工作效率来构建的一种共同认知。服务十点：微笑多一点、问好勤一点、脾气小一点、做事多一点、脑筋活一点、行动快一点、效率高一点、嘴巴甜一点、理由少一点、肚量大一点。硬环境则是开展服务的一系列有形载体，包括工作场地、工作设备、工作设施、行业标识等基础设施，要求工作场地交通方便，宽敞舒适，设施配套完善，功能分区规范，柜台设计亲和，人性化关怀到位。在细节上注重“八有”，即有业务标识、服务指引、茶水供应、温馨提示、政务公示、挂牌上岗、自助终端、服务热线，让人情不自禁形成默契，消除交流的障碍。

四、引入系统管理理论，推进统筹协调，解决服务优化问题

系统论认为，整体性、关联性、等级结构性、动态平衡性、时序性等是所有系统的共同的基

本特征。系统论的核心思想是系统的整体观念。系统管理理论是卡斯特、罗森茨威克和约翰逊等美国管理学家在贝塔朗菲一般系统论的基础上建立起来的，主要应用系统理论的范畴、原理，全面分析和研究企业和其他组织的管理活动和管理过程，重视对组织结构和模式的分析，并建立起系统模型以便于分析。系统管理理论向社会提出了整体优化、合理组合、规划库存等管理新概念和新方法，因而，系统管理理论被认为是20世纪最伟大的成就之一，是人类认识史上的一次飞跃。系统管理理论既注重组织内部的协调，也注重组织外部的联系，把企业内外作为一个相互联系的动态过程和有机整体；既关注组织结构，也关注管理的过程；既强调组织目标，又强调人的因素。这一理论其实践意义在于以下几个方面：

1. 注重服务整体性。一个住房公积金管理中心的服务是由若干服务个体来实现的，它要求每个个体子系统都要代表中心的系统服务形象，都要维护中心的系统形象，而不能把自己孤立化和单个化。因此，每个个体都要有整体意识，树立“我即代表中心，中心在我心中”的全局系统观念。要注重细节，点滴用心，把服务的感动留在不经意间。要培养团队协作精神，适时树立单个典型，发挥示范引领的导向作用。要结合业务突出专业操作特点，要结合实际推出个性化服务，使一个中心的服务工作精彩纷呈。

2. 注重服务开放性。住房公积金服务是公共服务的一部分，需要借鉴，需要不断丰富，需要全面提升，需要兼收并蓄。应吸收现代银行业、旅游业、酒店业、民航业中优秀的服务管理做法，借鉴国际国内相关先进的服务成果，总结当前住房公积金行业内的成败得失，加快科技信息技术的开发与运用，保证住房公积金服务工作与时俱进，获得前进发展的动力。

3. 注重服务结构性。了解住房公积金服务的结构性，有利于服务的整体优化设计。从服务的对象分析，具体接受服务者有缴存人、建制单位、其他关联个体及组织三个层面，因此服务工作设计要针对更大范围而不只是缴存职工，避免服务缺陷和空白。从服务工作来分析，主要有业务办理、政策解答、来访接待、执法维权、走访调研等方面，这要求每一项工作都要紧密衔接，有序顺畅，高效快捷，有条不紊，不能脱节。从服务方式看，包括情感服务、个性化服务、专业服务，要把带着情感贯穿服务始终；从服务提供方来分析有三个要素，即服务管理者、监督执行者、落实服务者，这三者共同构成了服务方，在服务的设计上必须分类指导，细分职责，各司其职，协同落实，避免出现顾此失彼，保证整体目标的顺利实现。

4. 注重服务协调性。服务是一个动态实现过程，也是一个信息交换过程。根据西蒙有限理性决策理论，人既不是理性的也不是非理性的，是有限理性的，其服务是不可能最好的，只能达到令人满意的优化目标。从系统来讲就是协调，子系统和系统、上和下、内和外都要协调，处理好相关问题，寻求令人满意的效果。因此，在住房公积金服务上，一是要建立服务投诉受理机制，保证服务系统中的正向和负向信息得到归口梳理，保证不满意感知情绪得到宣泄，变不利为有利。二是做好服务补救，尽可能避免服务失败，及时有针对性地修正工作、业务流程；认真做好服务的再教育和再培训；对突发的服务失败，可进行转移服务，事后再行补救。三是建立服务激励机制，保证服务质量不断令人满意，使服务者的成就感得到传递。四是建立服务信息公开机制，把服务内容、运营状况、特定项目、监督方式、政策规定等进行公开，实现阳光服务。

五、引入现代信息技术理论，创新服务手段方式，解决服务效率问题

在管理学中，信息技术管理理论是一门重要的学科，它探讨如何高效地利用信息技术来支持和改进组织的管理和运营。通过将信息技术（如通信技术，信息处理技术、控制技术等）运用到组织内，以社会的实际需要和组织的发展作为依据，进行规划、组织、实施和控制，充分发挥信息技术的巨大潜力，推动组织的发展和创新，提高组织的绩效和竞争力，这是应用信息技术的核心目的。习近平总书记强调，没有信息化就没有现代化。“十三五”以来，信息化进入加快数字化发展、建设数字中国的新阶段，互联网、大数据、云计算、人工智能、区块链等技术加速创新，日益融入经济社会发展各领域。因此全面推进信息技术在住房公积金服务中的广泛应用是必然选择。根据住建部2022年12月发布的《关于加快住房公积金数字化发展的指导意见》文件要求，必须以满足住房公积金缴存人基本住房需求为出发点和落脚点，用数字技术解决办事的堵点难点和急难愁盼事项，提升住房公积金普惠性公共服务效能，让数字化发展成果更多更公平地惠及广大群众。这是住房公积金讲政治和为民服务的根本要求。

1. 建立信息服务共享机制。全面打破信息孤岛，实现信息共享。争取政府及数据局等相关部门的重视，采用现代信息技术，打破信息孤岛单联，实现一岛多联、多岛共联，推动住房公积金与市场监管、公安、民政、不动产、银行等部门的政务数据共享交换、联网协查，实现数据共享授权管理，推进数据共享“可用不可见”；进一步完善异地业务协同办理机制，以数据共享驱动业务办理方式创新，持续拓展数据共享范围，推动服务跨地域、跨部门协同，运用数字技术提升信息协查、业务联办效能，实现跨省通办。同时对接全国住房公积金数据共享平台推动线上服务渠道互联互通，实现住房公积金业务办理“无感漫游”，打造全系统业务协同、全方位数据赋能、全业务线上服务、全链条智能办理的住房公积金数字化服务新模式，最终形成全国住房公积金“一个网一片云”，实现全国通办。

2. 全面创新服务方式。可借鉴神玥公司贝贝平台模式，以“云库链智”为基础，通过业务、技术、数据、风控四大平台，实现技术资源和业务资源作为数据资源进行统一管理，利用“数据+算法”赋能业务服务，以数据驱动服务，将互联网、大数据、云计算、人工智能、区块链等数字技术广泛应用于住房公积金管理服务，推进业务流程优化、模式创新和履职能力提升，实现线上线下无差别服务。推进服务清单管理。按照住房公积金服务事项基本目录和实施清单，推进服务标准化、规范化、便利化，推动所在地全域服务事项受理条件、服务对象、办理流程、申请材料、法定办结时限、办理结果等要素与要求统一，实现清单内事项在综合服务平台无差别受理、同标准办理，并逐步实现全业务一地全省甚至全国的统一。推进一窗通办服务。利用信息联网共享的优势，推进跨部门服务事项“一件事一次办”，主动将住房公积金的缴存、提取等业务与企业开办、员工录用、职工退休等多个相关联事项集成办理，实现“一次告知、一表申请、一套材料、一窗（端）受理、一柜办理”。持续优化业务审核环节、办理流程，推动中心服务事项统一入口、统一受理，为缴存人实时查询个人住房公积金缴存、提取、贷款信息提供支撑，实现住房公积金账户、资金跨城市转移“一键办”。推进最多跑一次服务。推进贷款最多跑一次服务系统建设，

开展贷款业务申请、申请授权、视频面签、贷款进度查询、待办业务处理、上链信息存证查询等，解决缴存人申请公积金贷款“多头跑”的问题，实现公积金贷款最多跑一次。推进“亮码可办”服务。向缴存人提供手机移动平台高效服务，如证明实时在线开具、后台自动查验等服务，以统一“电子码”代替职工缴存证明、异地贷款缴存使用证明、贷款结清证明等纸质证明，实现住房公积金个人证明事项“亮码可办”，将由缴存人多地跑转变为公积金机构间协同办。推进“跨省通办”。在已有租房提取、退休提取等 13 项“跨省通办”业务上，按照“应减尽减”的原则，梳理并精简服务事项的业务审核环节、办理流程、办理时限和要件；按照“应上尽上”的原则，落实《住房公积金服务“跨省通办”事项清单》要求，运用数字技术提升信息协查、业务联办效能，实现更多服务事项“两地联办”“代收代办”，切实提高“跨省通办”协同效率。推进掌上智能移动服务。根据数字化建设要求和智能化管理流程需要，推动业务流程再造，实现业务审核准确智慧高效、资金结算快速安全，全方位优化住房公积金管理运行体系。强化电子印章、身份认证、电子证照等模块的智能支撑作用，利用数字技术优化业务流程、办事要件，推动更多住房公积金服务事项全时空线上办、掌上办，实现业务办理“零要件、零跑腿、零审批”在线办结，提取资金“秒到账”。

3. 开拓全新服务渠道。统筹技术创新与流程再造，突破业务办理时空界限，如借鉴神玥公司的贝贝平台技术，将管理与业务的数据信息同体演化，做到横向拉通、纵向穿透，实现业务产生数据、数据驱动业务，输出数字化管理能力，持续优化综合服务平台功能，构建集门户网站、网上业务大厅、微信公众号、支付宝、手机 App、自助查询机、12329 服务热线等于一体的数字化智能综合服务体系，推动业务“一网通办”“全程网办”，实现智能服务的便捷和高效率。利用多源数据为缴存人和缴存单位精准“画像”，拓展智慧精准的数字化服务场景，延伸服务触角，利用智能移动设备打破渠道壁垒，主动发现服务对象需求，智能推送政策和服务，将服务主动送达缴存人身边。如依托部省两级平台实现提取住房公积金偿还异地贷款本息、异地月冲还贷、异地年冲还贷、异地购房提取房屋信息协查等异地业务协同联办等。推广应用智能应答、智能外呼等智能服务手段，智能推送政策和服务，变“人找服务”为“服务找人”。依托语音解读、视频服务、数据交互、信息共享等技术，不断完善政策咨询、业务引导、宣传推广和辅助办理等功能，为办事群众提供“一对一”“面对面”远程可视指导和语音操作智能服务。推动更多服务事项全程网办，推广 7×24 小时线上办事服务。优化页面设计，简化办事操作，实现“一看就能懂、一点就能办”。深入分析“好差评”、政策咨询、业务办理等数据，及时发现群众办事的堵点难点，持续优化和创新服务模式。

六、引入学习型组织理论，提升服务工作活力，解决服务品牌问题

学习型组织是一个能熟练地创造、获取和传递知识的组织，同时也要善于修正自身的行为，以适应新的知识和见解。彼得·圣吉是学习型组织理论的奠基人，1990 年完成其代表作《第五项修炼——学习型组织的艺术与实务》。《第五项修炼》提供了一套使传统企业转变成学习型企业的方法，使企业通过学习提升整体运作“群体智力”和持续的创新能力，成为不断创造未来的组

织。学习型组织的基础是团结、协调及和谐，核心是在组织内部建立完善的“自学习机制”，精神是学习、思考和创新，关键特征是系统思考。组织学习的基础是团队学习。学习型组织应包括五项要素：建立共同愿景、团队学习、改变心智模式、自我超越、系统思考。学习型组织的作用和意义在于：学习一方面是为了保证单位的生存，使单位具备不断改进的能力，提高单位的竞争力；另一方面学习更是为了实现个人与工作的真正融合，使人们在工作中找到生命的意义。

1. 挖掘服务潜力。在学习型组织中，每个人都要参与识别和解决问题，使组织能够进行不断的尝试，改善和提高能力。服务水平没有最好，只有更好。服务水平没有止境，要做到服务与时俱进，就必须通过学习来提升中心的整体创新能力和服务竞争力。要把个人学习融入团体学习中，使其在工作中学习，在学习中工作和思考。并通过集体思考和分析，找出个人弱点，强化团队向心力，同时要加强服务教育和服务培训，提高个体能力，提升整体实力，保证服务个体、服务团队和管理中心目标同向，形成组织共识，建立共同愿景。

2. 激发服务动力。学习是心灵的正向转换，一个单位如果能够顺利导入学习型组织，不只能够达致更高的组织绩效，更能够带动组织的生命力。系统的思考学习，可以达到立德、创新、补缺、明智、养廉，从而改变心智模式，完成自我超越，为服务提供源源不断的持久动力。组织的障碍，多来自个人的旧思维，例如固执己见、本位主义，唯有通过团队学习以及标杆学习，才能改变心智，有所创新，个人才有“创造性的张力”。通过学习型组织建设，广大公积金人能够充分发挥工作的潜能，创造出超乎寻常的服务成果，从而由真正的学习体悟出工作的意义，追求心灵的成长与自我实现，并与住房公积金事业产生一体感。

3. 展示服务魅力。引入这一理论并实践，就可以做到敏于学习、善于学习，培养全方位的思考创新能力，把握服务的本质，并努力掌握和运用一切优秀的新思想、新知识、新经验，实现个人（人格、仪表）魅力、群体（团队）魅力、工作魅力、单位魅力“四合一”，达到具有领先水平、富含创新精神的服务工作要求，不断追求完美，不断推进服务全面改进、整体提升，形成具有影响力、亲和力、凝聚力的服务价值品牌，展示公积金行业形象，焕发永久的服务魅力。

4. 构建服务文化。文化是一个组织成员共同认可的精神、价值的总和，它对组织目标的实现具有引领、激励、促进作用。服务文化是在服务实践和服务创新过程中不断累积沉淀，经过团队系统思考提炼形成的，又通过学习、培训、教育的方式进行传递和展示，推动服务上水平。服务文化的基本取向可以确定为，服务是一种责任，服务讲求公平，服务形成价值。要全面坚持党建引领，大力构建服务文化，坚持开展文明创建，活化形式，坚持开展“文明单位”“巾帼文明岗”“青年文明号”等文明创建及“成就自我、服务社会”主题实践活动，大力推广品牌服务经验，弘扬奉献社会的志愿精神，为形成和构建住房公积金特色服务文化提供丰富内涵及形式，建设一个服务缴存人、服务社会的学习型服务中心。

全面提升住房公积金政务服务浅论

河北石家庄　何树民

在各级党委和政府的领导下，各地住房公积金部门致力于转变管理和服务观念，在方式、质量、队伍建设等方面实现了从“管理型”“粗放型”，向“服务型”“精细化”的转变，成为服务群众、服务社会的重要“窗口”。

一、住房公积金政务服务的内涵

习近平总书记指出，坚持以人民为中心的发展思想，是马克思主义政治经济学的根本立场。二十大报告提出，“采取更多惠民生、暖民心举措，着力解决好人民群众急难愁盼问题”，增强人民群众获得感、幸福感、安全感。2022年5月住建部办公厅印发了《“惠民公积金 服务暖人心”全国住房公积金系统服务提升三年行动实施方案（2022—2024年）》，提出要坚持以人民为中心，推进住房公积金服务标准规范化、便利化，统筹推进文明行业创建工作，树立全系统为民服务良好形象，不断增强人民群众的获得感、幸福感、安全感。

如何全面提升住房公积金服务？归纳起来，就是坚持以人民为中心的发展思想，在依法落实住房公积金制度相关事务的过程中，实现服务举措、整体形象和精神内核的辩证统一。

全面提升住房公积金服务既是抽象的，也是具体的，体现为办事群众在办理住房公积金事务时，能感受到的充满温情和人文关怀的办事环境、服务设施和触手可及的硬件（水、杯、镜、椅等）配套；包括在提供公共服务事项和制定具体政策措施的细节安排中；体现在细微、便捷的政务举措、亲民的服务氛围和能感到受尊重、受重视、有温度、有体贴的沟通方式等各个方面。

二、全面提升住房公积金政务服务的具体举措

（一）坚持党建引领，提升住房公积金服务新境界

“党政军民学、东西南北风，党是领导一切的。”任何时候、任何情况下，都要坚持在党中央和党的各级组织的领导下开展工作，以党建为引领应当是首选之要。党建引领，就是要确保住房公积金服务的各项政策坚持以“人民为中心”的发展思想，各项举措体现“以人民为中心”的思想。

住房公积金面向广大职工群众、服务人民群众的特性，决定了住房公积金服务工作开展得好不好、扎实不扎实、接不接地气，关系着党和政府的形象，关系着人民群众对党和政府的期盼；决定了全面提升住房公积金服务，应当坚持党的领导，列入党组的重点工作日程，作为践行“以人民为中心”发展理念的大事来抓，当作党建的重要内容来抓。因而，应当发挥各级党组织的战斗堡垒作用，使其在住房公积金服务中起到引领和领导核心作用。所有党员都应充分发挥先锋模范带头作用，成为落实住房公积金制度服务群众、联系群众的排头兵。因而，应在服务窗口设立

党员服务示范岗，把党建和服务工作有机融合，把党建品牌和住房公积金服务品牌有机融合，双创建、两融合已成为一种必然要求。

（二）落实惠民政策，提升住房公积金服务新体验

落实住房公积金的各项政策措施，始终要有服务于社会、经济和职工群众住房保障发展大局的高度自觉；坚持政策惠民，适时调整和出台回应人民群众期待的惠民政策。

一是要“惠”字当头。要不折不扣地落实住建部等三部委《关于改进住房公积金缴存机制 进一步降低企业成本的通知》和住建部《关于进一步落实住房公积金降成本政策的通知》，支持企业在5%～12%的比例区间内，自主选定住房公积金缴存比例，以降低企业成本负担，应对经济下行压力，稳住经济大盘，保护企业和市场主体的持续经营能力，维护缴存职工生存、就业的根本利益。积极落实更加便捷的支持租房提取政策，保障无房职工的基本住房需求，减轻无房职工因房价过高造成的压力。因应房地产市场形势和稳住经济大盘的宏观经济政策需求，积极服务于化解房地产市场风险，进一步调整住房公积金最高贷款额度、首付款比例和利率，鼓励缴存职工利用住房市场价格回落的窗口机遇期，实现刚需和改善型住房需求。

二是要“简”字为要。制定相关管理政策时，要充分考虑群众的便利，充分利用科技手段，认真梳理住房公积金业务事项，让“数据多跑路，群众少跑路”，努力精简办事材料，制定“容缺受理制度”，对不影响事实审核认定的非关键性材料，应当允许“容缺”办理，还要争取进一步扩大“零材料”办理的业务事项范围。

三是要“公”字取信。充分利用各种途径，征求缴存单位和职工群众的意见后，科学合理地作出决策；住房公积金业务事项的办理要公平、公开、公正，应当把归集、提取、信贷、执法等业务的申请材料、办理条件、办理流程、办理期限、审批标准等政策进行公示、上墙，在网站、服务大厅和主要媒体上进行公布，内外遵循共同的标准和依据，接受群众监督，防止住房公积金具体业务处理过程中的随意性，增强住房公积金制度的公信力。

（三）规范“窗口”服务，提升住房公积金服务新形象

1. 外在形象展示方面

一是设置统一和鲜明的服务标识。服务标识的功能主要就是信息传达。规范统一的住房公积标识，不仅是住房公积金制度形象的宣传，也是彰显单位、行业形象和精神面貌的载体。在管理中心办公场所、服务大厅和网点，设置全国住房公积金统一的服务标识，还应具备统一的、符合城市中心要求的规范化门头、门牌和办公时间公示牌、外部墙体色彩等标准设计，使住房公积金管理中心办公场所具有鲜明的辨识特征。

二是规划功能明确的场景分区。首先，服务大厅和网点应当按照高效、便民、智能的原则，合理划分业务窗口区域，一般来说，应以6S标准化设计，分划出清晰的咨询引导区、柜台业务区、自助服务区、休息等候区，投诉受理区、24小时服务区等功能区域；按照需要，在相应区域设置电子显示屏、电视机、饮水机等设施设备。还要根据不同的区域功能，配置符合功能定位的业务岗位牌、视频及监控设备；配备统一品牌、外形、色系的计算机、打印机、扫描仪、资料柜、档案柜等办公用品设备。运用6S标准化管理理念，根据不同的物品和设备特点，实施统一的6S

标准精细化管理技法，对大厅和网点的物品设备、设施等服务环境要素进行科学细致的规范，形成便于开展各项政务服务工作的良好秩序。

三是科学设置服务窗口和岗位。服务大厅和网点窗口应按照业务流程和岗位职责，清晰、明确地设置岗位，一般应设置引导咨询岗、业务办理岗、监督管理岗、投诉疑难岗、综合管理岗等。

四是加强上岗员工仪容、仪表、用语等服务风貌培养。应加强对员工仪容、仪表、仪态举止、语言沟通能力方面的培训和学习；制定符合岗位实际的站、立、坐、走等具体礼仪要求；制定具体的优质服务标准制度。强化公积金业务过程中如何接待、如何迎候、如何引导、如何打第一声招呼，加强服务用语、业务沟通技巧方面的培训和学习，使上岗职工不仅知道“说什么”，更要知道“怎么说”，明确哪些是沟通禁忌、哪些是民族禁忌，推行标准化的业务服务用语。

2. 内部制度的服务体现方面

要全面推行以首问负责制、一次告知制、限时办结制为代表的服务管理制度、协作配合制度。通过检查+监督机制，检测服务落实的可信度。始终把群众满意不满意作为制定住房公积金服务内、外部服务质量标准的唯一标准，通过内部监督、社会监督等措施，用制度化、正规化来规范服务工作和员工岗位行为。树立岗位优质服务标兵，增强示范作用。通过设立优质服务标兵岗，充分发挥示范作用；奖优罚劣，通过奖励惩罚措施，褒扬先进，惩罚落后；还要向基层倾斜，岗位前移，重心下沉，人员窗口化、服务网络化，把更多的人员充实到一线去，实现及时服务、贴心服务、周到服务；在防范风险的前提下，办理业务权限能放即放，应减尽减；加快信息化、数字化、网络化服务群众水平，实现高频事项“手上办”“指尖办”“一趟清”等便民服务措施，减少群众的现场办理事务。

（四）互联网+科技赋能，打造住房公积金服务新维度

充分发挥信息化优势，利用互联网科技、人工智能技术，开发打造“智慧住房公积金”服务平台，以“互联网+公积金”线上服务建设为抓手，构筑门户网站、12329服务热线、住房公积金网厅、微博、微信、公众号、短信、智能服务终端等全渠道的住房公积金综合服务平台；通过住房公积金网络业务大厅，为缴存单位和职工提供7×24小时便捷周到的线上渠道；住房公积金提取业务“零材料”、资金“秒到账”，实现职工住房公积金“通缴通取”；推行“不见面审批”，利用“公积金+银行贷款系统”“网上抵押系统”等，实现住房公积金贷款业务的“只跑一次”或“一次不跑”的“全程网办”；利用“区块链”技术，接入地方政府“政务服务平台”，同公安、市场监督、民政、人民银行等部门的业务系统数据共享、互联互通，实现住房公积金业务核查的“一网通办”；利用住建部业务小程序和全国住房公积金监管服务平台，实现“跨省通办”，通过科技赋能，推动住房公积金服务信息管理系统的升级跨越，努力打造全方位的“智慧住房公积金”“生态住房公积金”，激发出住房公积金服务的科技“加速度”。

（五）“品牌+评价”，打造住房公积金服务新文化

“回望住房公积金历史记忆，讲好住房公积金故事”，持续加强住房公积金制度的正面宣传，通过各种媒体、媒介和渠道宣传住房公积金工作的成绩、荣誉和正面典型，以群众喜闻乐见的短视频、头条、火山剧等载体宣传住房公积金服务风貌、服务标兵；展示住房公积金工作人员的精

神风貌，树立、打造“以人民为中心”的住房公积金品牌；积极应对可能出现的舆情事件，牢牢把握涉及住房公积金的社会舆论主导权。

创新住房公积金服务评价方式，加强住房公积金服务评价研究；设立业务“窗口”服务考核标准，量化服务质量考核指标；引进委托专业的第三方现场访查、网络评价、抽查评价等方式，通过外部评价机制，确保客观、公正、公平地对服务质量进行考核。

三、做好住房公积金服务，需要正确处理几个关系

依法实施住房公积金管理和为缴存群众提供优质的住房公积金服务，不是孤立的、静止的，还应处理好以下五个关系：

（一）正确处理住房公积金管理和住房公积金服务的关系

住房公积金的管理职责是国家通过立法，以国务院《住房公积金管理条例》的形式，赋予住房公积金行业各级决策机构、监管机构和住房公积金管理中心的神圣职责，这些管理职责不是冷漠的、生硬的、盲目的，而是以最大程度、不断提高人民群众不断增长的住房福祉为根本目的的手段和工具。实现人民群众基本住房保障目标，需要我们在具体的管理过程中提供良好的、全方位的优质政务服务。因而，依法实施住房公积金管理和全方位地提供优质的住房公积金服务是辩证统一的。要把履行住房公积金管理职责体现在全面住房公积金服务过程中，在全面住房公积金服务中实现住房公积金的规范管理目标。

（二）正确处理宏观经济形势与住房公积金政策的关系

住房公积金和房地产产业都关系民生保障问题，又是经济问题，归根结底是民生保障离不开经济发展。住房公积金制度和住房产业都与经济发展水平密不可分；住房公积金事业的发展、政策决策的考量，必须同宏观经济政策相匹配、相适应。单位、职工缴存住房公积金的基数、比例，住房公积金行政执法力度必然受宏观经济景气度、地方经济周期对职工的工资总额、收入水平的影响；提取需求与职工生活需求、收入来源密切相关，所以住房公积金缴存政策、提取政策、贷款政策、减缓缴政策、职工投诉维权、行政执法工作都应充分和宏观经济政策、经济形势相适应、相协调，并适时调整。

（三）正确处理房地产市场发展与住房公积金政策间的关系

住房公积金制度是基本住房保障制度的组成部分，是为“保基本”服务的，与房地产市场是供给侧和需求侧的相互依存关系，房地产市场中的住房市场为住房消费提供住房产品，住房公积金提供资金，支持职工通过住房市场实现住房保障和消费，二者密切联系、相互影响。住房市场热度高、价格活跃，可能影响短期的住房消费心理和倾向，住房公积金缴存提取贷款业务就会相应波动。住房公积金政策始终要定位于国家的宏观经济和住房保障的工具作用，保持住房公积金政策的定力，牢牢保持基本住房保障和“房住不炒”的基本定位相一致，同国家宏观经济政策对房地产业发展的定位相一致。

（四）住房公积金制度改革方向与短期管理目标的关系

从全国统计数字来讲，住房和房产市场的主要矛盾已经不是大多数职工的住房困难问题，而

是住房供给总量和地区分布、家庭个体需求之间不平衡、不充分的矛盾。改善职工居住水平要和社会经济发展、群众就业、生活消费之间实现辩证统一。因而，在现阶段，应当不折不扣地积极落实住房公积金阶段性政策，优化营商环境，支持企业稳住经营状况；不强求归集资金连续增长、增值收益提升，积极释放资金存量，落实降利率、降首付政策；坚决支持职工基本住房保障对住房公积金的提取，鼓励阶段性购房消费贷款需求，为稳住经济大盘和住房市场基本稳定作出贡献。

（五）正确处理部门间的关系

住房公积金制度是国家创设的以民生住房保障为目标的事业，住房公积金管理和服务工作的高质量开展，离不开国家各机关、系统、政府部门的协作和支持，比如，争取得到财政部门的核算、事业经费核定支持；加强与人民银行、合作银行建立紧密的合作联系。住房公积金业务缴存登记中共享单位注册登记的信息，设立职工个人账户对身份基本信息的查验，提取业务中的婚姻关系查证，房产建购信息的确认，以及贷款中借款人征信的调查，执法工作中调查、检查、行政处罚、申请强制等都离不开公安、民政、人民银行、住建、法院等地方部门间的协调和协作。

提升住房公积金服务质量的策略研究

广西河池　黄　飞

住房公积金制度作为解决职工住房问题的重要手段，其服务质量和效率直接关系到广大职工的切身利益。因此，如何提升住房公积金服务质量，满足日益多样化的住房需求，成为当前亟待解决的问题。

一、住房公积金服务现状及存在问题

当前，我国住房公积金服务在服务流程、服务效率、服务覆盖等方面取得了一定的成绩，但仍存在一些不容忽视的问题。

（一）服务可及性不足

住房公积金服务的可及性问题主要体现在地域限制和服务网点分布不均两个方面。在一些偏远地区或经济欠发达地区，由于公积金服务网点的缺乏，居民往往难以享受到便捷的公积金服务。此外，由于户籍制度的限制，部分流动人口的公积金服务需求也难以得到满足。

（二）政策宣传与教育缺失

目前，很多职工对住房公积金制度的了解不够，对公积金的缴存、提取、贷款等业务流程和政策规定知之甚少。这导致部分职工在需要使用公积金时，往往因为不了解政策而错失机会或遇到困难。

（三）风险管理与防控机制不完善

住房公积金服务涉及大量的资金流动和风险控制问题。然而，目前公积金管理的风险防控机制还不够完善，存在一定的安全隐患和漏洞。部分公积金管理中心存在管理不善、操作不规范等问题；一些不法分子也利用公积金制度漏洞进行非法牟利活动。

（四）资金使用效率与透明度问题

目前，住房公积金的资金使用效率还不够高，部分资金存在闲置或低效率使用的情况。同时，公积金资金使用的透明度也不足，难以让公众了解资金的使用情况和效益。

二、改善住房公积金服务的方向

（一）提升服务效率

针对服务流程烦琐、办理时间长的问题，可以通过优化服务流程、推行线上办理、一站式服务等方式来提高服务效率。同时，加强对公积金服务人员的培训和管理，提高他们的业务水平和服务意识。

（二）扩大服务覆盖面

为了扩大公积金服务的覆盖面，可以推动公积金服务的跨地区、跨户籍办理，让更多的人能够享受到公积金制度的红利。同时，加强对新市民、非正规就业群体等群体的宣传和教育，提高他们的公积金意识和参与度。

（三）加强风险管理

为了加强风险管理和防控机制建设，可以建立完善的内控机制和审计制度，加强对公积金业务流程的监督和检查。同时，引入风险评估模型，对公积金业务进行风险预警和防控。此外，加强与其他部门的合作和协调，共同打击公积金领域的违法犯罪行为。

（四）提高资金使用透明度

为了提高资金使用效率和透明度，可以建立公开透明的信息披露制度，定期向公众发布公积金资金的使用情况和效益报告。加强内部控制和审计，建立和完善内部控制体系，确保每一笔资金流动都有明确的审批记录；定期邀请独立的第三方审计机构进行审计，确保资金使用的合规性。同时，探索将公积金资金与住房租赁市场、共有产权房等住房保障政策相结合，提高资金的使用效率和社会效益。

三、学习借鉴的对象

在改善住房公积金服务的过程中，我们可以借鉴国内外先进经验。例如，新加坡的中央公积金制度以其高效率的资金运作和广泛的覆盖面而著称；德国的住房储蓄银行在住房金融功能和风险控制方面具有独特的优势；而国内一些先进城市如长三角地区在公积金服务一体化、信息化建设等方面也取得了显著成效。

1. 数据联享与监管联合。长三角地区住建部门和公积金中心通过数据共享和联合监管，提高了公积金管理的效率和透明度。

2. 服务联办。通过一网通办平台，实现了住房公积金业务的跨区域办理，如异地购房提取公积金等，提升了服务的便捷性。

3. 人员联训与机制联动。加强人员培训和机制建设，确保一体化战略的顺利实施。

4. 政策协同。推动制度衔接和政策协同，实现住房公积金服务便利共享，支持共同富裕建设。

5. 优化营商环境。通过改革创新，助力构建房地产发展新模式，推动住房公积金和住房保障制度融合发展。

6. 数字化转型。强化省级数据资源和平台支撑体系建设，实现从信息化向数字化、智能化的转型，提升管理水平。

7. 党建引领。通过党建共建，强化机关作风建设，为住房公积金事业发展提供人才和智力支持。

8. 异地提取政策。允许在长三角区域内异地办理提取公积金业务，提升职工的办事便利度。

9. 跨省通办服务。实现包括提前还清住房公积金贷款、开具住房公积金个人贷款还清证明等服务事项的跨省通办。

10. 长三角地区住房公积金一体化新发展阶段倡议书。提出要紧紧围绕保障民生推进共同富裕，优化营商环境，优化政策举措，试点利用住房公积金贷款支持保障性住房发展。

四、具体实施方案

（一）优化服务流程

推行线上办理、一站式服务等措施，简化公积金业务流程和办理手续。同时，加强对公积金服务人员的培训和管理，提高其业务水平和服务意识。

（二）加强政策宣传

利用电视、广播、报纸等传统媒体和互联网等新媒体进行公积金政策宣传和教育。同时，在政府机构、企业、社区等场所设置宣传栏和发放宣传资料，提高公众对公积金制度的认识和了解。

（三）信息化建设

1. 搭建数字化发展总体框架：加强顶层设计，构建全国住房公积金云平台，实现信息系统的互联互通和协同联动。

2. 构建一体化云平台体系：建设全国住房公积金云平台，实现与各地住房公积金云平台的互联互通和集约共享。

3. 形成数据汇聚流通体系：完善全国住房公积金数据平台功能，鼓励建设省级住房公积金数据共享平台，推动数据汇聚融合。

4. 提升共性应用支撑能力：利用国家政务服务平台的电子证照、电子印章等共性应用，丰富住房公积金领域应用场景。

5. 提高管理运行效能：运用数字技术优化管理运行体系，实现业务审核准确高效、资金结算快速安全。

6. 提升风险防控水平：加强数字化风险预警，将风控模型嵌入业务流程，提升合规性。

7. 构建便捷高效的数字化服务新模式：推进服务标准化、规范化、便利化，实现全程网办，推广 7×24 小时线上服务。

8. 推动服务跨地域、跨部门协同：完善异地业务协同办理机制，提升信息协查、业务联办效能。

9. 拓展智慧精准的数字化服务场景：利用多源数据为缴存人和缴存单位精准画像，智能推送政策和服务。

10. 筑牢稳定可靠的数字化安全新防线：全面落实安全管理责任，切实保障数据和网络安全。

11. 优化业务流程，健全服务制度：减少审批环节，缩短办理时限，提高服务效率。

12. 加快信息化建设，创新服务方式：建立业务服务网站，开展网上政策咨询、个人查询和投诉举报等业务。

13. 强化人员素质，提升服务质量：合理配置服务人员，规范网点服务行为，建立服务激励机制。

14. 加强监督检查，确保取得实效：定期开展监督检查，确保服务质量。

15. 开展专项督查：构筑方便快捷的住房公积金管理服务体系，全面提升服务质量。

浅谈住房公积金服务质量改进问题

广西河池　韦少磊

住房公积金制度是我国政府为解决职工住房问题而设立的一项重要惠民政策，旨在帮助职工通过长期储蓄实现改善住房的目的。然而，在实际运行过程中，各地的住房公积金管理服务存在着诸多问题，影响了职工对这一制度的满意度和信任度。

一、住房公积金服务方面存在的问题

1. 地域方面存在的问题，由于方言的差别，双方在交流住房公积金业务时，一时理解不了各自的意思表示，容易造成缴存职工误判，心情不舒畅。

2. 管理者还没有完全理解缴存职工的诉求，就急于应答，缴存职工听不懂什么意思。

3. 语言表达方面不够精练，对所表述的问题没有立即表述清楚，令缴存职工一头雾水。

4. 管理者对住房公积金的相关政策不够熟悉，在给缴存职工解释问题时，一时不能完全正确地表述。

5. 政令不够顺畅，一些惠民政策一时难以执行，如顺位抵押办理“商转公”，通过几个月的协商和协调才能够执行。

二、住房公积金服务问题存在的原因

（一）政策宣传不够到位

尽管住房公积金管理机构在政策宣传方面作出了巨大的努力，但由于宣传渠道有限，职工对公积金政策的了解仍然不透彻。尤其是一些新政策的调整，未能及时传达至职工，导致职工在办理业务时常常感到困惑。缴存职工在申请住房公积金贷款时，由于没有及时了解最新的贷款政策，准备材料不全，导致重复跑。

（二）服务态度问题

服务质量不够高、语言表述不够精练清楚、办事效率不够高，影响了缴存职工对住房公积金制度的满意度。缴存职工在办理公积金提取业务时，由于工作人员表述不清楚，问题得不到及时解决，导致重复跑。这样的行为不仅耗费了缴存职工的时间和精力，也影响了住房公积金管理中心的形象。

（三）信息化建设滞后

缴存职工在尝试通过网上平台申请公积金贷款时，发现系统频繁崩溃，且许多功能无法正常使用，线上服务平台功能单一，系统稳定性差，不能满足职工的需求。信息化水平的滞后极大地影响了公积金业务办理的便捷性和缴存职工的满意度。

（四）管理效率低下

住房公积金管理中心在管理过程中存在审批流程烦琐、信息更新不及时等问题，影响了公积金业务的办理效率。职工在办理贷款和提取时，往往需要提交多次材料，耗费大量时间和精力。

三、提升住房公积金服务质量的建议

（一）加强政策宣传

通过多种渠道加强公积金政策的宣传力度，利用广播、电视、报纸、网络等媒体平台，及时向职工传达最新政策信息。同时，可以组织政策宣讲会，邀请专家为职工解答疑惑，提高政策知晓率：

1. 开设公积金政策专题栏目。定期更新政策信息，邀请专家进行深度解读。

2. 利用社交媒体平台发布政策解读和办理指南。通过微信公众号、微博等平台，发布简明易懂的政策解读和办理指南，方便职工随时查阅。

3. 组织社区宣讲活动。在社区内定期开展政策宣讲会，现场解答职工的疑问，提高政策的普及率。

（二）提升服务态度

加强对住房公积金管理中心工作人员的培训，提升其服务意识和业务能力。建立有效的考核机制，奖优罚劣，激发工作人员的工作积极性和责任心，为职工提供热情、周到的服务：

1. 定期开展服务礼仪和业务培训。邀请专业培训师进行服务礼仪培训，同时加强业务知识的学习，提高工作人员的综合素质。

2. 开展语言方面的培训，练就过硬的语言表述能力。

3. 建立服务质量监督机制。设置意见箱和在线投诉平台，定期收集职工的反馈意见，及时改进服务态度。

4. 推行“一站式”服务模式。简化办理流程，减少职工在多个窗口之间的奔波，提升服务效率。

（三）加快信息化建设

加快推进住房公积金管理中心的信息化建设，完善线上服务平台功能，实现业务办理的全程电子化。通过手机 App、微信小程序等方式，提供更加便捷的服务，减少职工的排队时间和往返次数：

1. 开发功能全面、操作简便的线上服务平台。整合现有资源，推出功能齐全、操作简便的线上服务平台，满足职工的多样化需求。

2. 建立健全信息安全保障体系。采用先进的加密技术，确保职工信息的安全和隐私。

3. 提供在线客服服务。设立专门的在线客服团队，及时解答职工在使用过程中遇到的问题，提高满意度。

（四）简化审批流程

优化住房公积金业务的审批流程，减少不必要的手续和环节，提高办理效率。引入电子签名、电子档案等现代化技术，简化材料提交和审核流程，确保职工能够快速、高效地完成公积金业务办理：

1. 对审批流程进行全面梳理。通过流程优化，减少不必要的环节和手续，简化审批流程。

2. 推行电子化办公。减少纸质材料的使用，提高审批效率，缩短审批时间。

3. 建立绿色通道。为急需办理业务的职工提供快速服务，确保其能够及时办理相关业务。

（五）加强监督管理

建立健全监督机制，确保住房公积金管理各项工作的透明度和公正性。通过内部审计、外部监督和社会监督等多种方式，加强监督力度，确保各项政策和措施能够真正落地：

1. 内部审计。定期对公积金管理中心的各项工作进行内部审计，发现问题及时整改。

2. 外部监督。引入第三方监督机构，对管理中心的工作进行监督，确保其公正性和透明度。

3. 社会监督。通过设立公众监督平台，鼓励职工和社会公众对管理中心的工作进行监督，及时反映问题，促进管理中心的改进。

住房公积金在住房消费领域服务问题与对策

河北邢台　岳　伟

住房公积金制度是住房保障制度的重要组成部分，伴随我国住房制度改革逐渐发展壮大，通过发放住房公积金贷款和办理涉房消费提取，在房产需求方面提供了持续的资金支持。2023 年，全国住房公积金提取人数 7620.10 万人，提取额 26562.71 亿元，其中住房消费类提取 19780.29 亿元；共为 286.09 万户家庭发放住房公积金贷款 14713.06 亿元，全年共向房地产市场释放资金 34493.35 亿元，有力支持了我国房地产市场健康平稳发展。

一、住房公积金在住房消费领域服务现状

（一）政策环境与制度创新

近年来，国家及地方政府相继出台了一系列政策，进一步优化了住房公积金提取、贷款条件，提升了服务效率。如放宽提取条件以支持租赁住房、老旧小区改造等多元化住房需求，同时探索跨区域合作机制，促进公积金的异地使用与转移接续。

（二）服务模式的多样化与便利化

随着信息技术的应用，住房公积金服务正向线上化、智能化转型。各地公积金管理中心纷纷推广官方网站、手机 App 等电子服务平台，实现了公积金账户查询、缴存、提取及贷款相关业务一站式服务，显著提高了服务效率与用户满意度。

（三）技术创新与风险管理

大数据、云计算、区块链等技术的应用，不仅提高了公积金管理的信息化水平，还增强了风险识别与防控能力。通过住房公积金大数据分析平台，实现对公积金缴存、提取、贷款等数据的实时监控和智能分析，为决策提供精准数据支持。利用移动互联服务，通过人脸识别、电子签名等技术，简化业务流程。探索区块链技术在住房公积金管理中的应用，确保数据的真实性和不可篡改性，减少人为操作错误和风险。

二、存在问题

（一）住房公积金政策信息不对称

房地产开发企业对住房公积金政策了解不足，多数房地产开发企业虽与住房公积金管理机构建立了合作关系，但对住房公积金使用政策了解不够深入，比如，购房人最高可以申请多少住房公积金贷款额度、如何办理住房公积金提取、选择什么方式还款等。由于售楼人员不了解住房公积金有关业务流程和办理要求，所以无法为群众在购房环节提供最优购房方案，购房人需要多次往返于售楼部和公积金服务大厅之间，才能确定购房意向并办理住房公积金贷款，影响群众购房和办事体验。另外，购房人对住房公积金政策也了解不足，购房时不知道如何最大化地使用住房

公积金，未充分发挥住房公积金的保障作用。

（二）住房公积金数字化程度有待提高

近些年，各级政府都在积极推动数据共享、人工智能等数字技术在住房公积金管理与服务领域的应用，各地住房公积金管理中心均通过网上业务大厅、微信公众号、小程序、App 等线上渠道，实现了多项高频服务事项线上办理和跨省通办，极大地提升了工作效率和质量。但在数字推广和应用方面，仍存在问题。一是共享数据质量不高，有的数据无法使用、部分历史数据不全，如房产信息数据不全导致房屋套数数据不够准确。二是各部门数据共享不足，存在明显壁垒，如部分商业银行未与住房公积金管理中心共享数据，导致偿还商业贷款不能实现线上办结，无法使用公积金按月冲还贷。三是多地住房公积金贷款业务仍需要到住房公积金服务大厅面签，未实现不见面受理、审批，服务效率有待进一步提升。

（三）综合金融服务体系不健全

住房公积金与商业银行等其他金融服务的融合度不高，限制了服务范围和效果。住房公积金通过住房消费类提取和住房公积金贷款，为职工在购房的前端和中端提供了资金支持，但对购房后装修、购买家电等涉房消费支持力度较弱。2023 年发放的个人住房贷款笔数中，首套住房占 82.97%，144 平方米（含）以下的住房贷款占 90.61%。由此可见，大部分缴存职工家庭属中低收入家庭，且为首套刚需，因此付完首付后，大部分家庭无力承担装修、购买家具家电等费用，导致无法入住新房。

三、建议和对策

（一）聚焦购房场景，助力购房意愿有效释放

聚焦线下购房场景，深化与开发企业的合作。一是制作住房公积金贷款计算器，将住房公积金服务延伸到售楼部。根据住房公积金贷款政策要求，制作贷款计算器，将影响住房公积金贷款额度的有关因素均考虑在内，只需输入申请人年龄、贷款年限、公积金缴存基数等内容，即可得出可贷额度。售楼人员利用贷款计算器，只需“傻瓜式”的简单操作即可计算出购房人贷款额度。二是培训房地产开发企业销售人员学习住房公积金提取、贷款有关政策，促使售楼人员根据群众实际情况，在售楼环节即提供个性化购房方案，让职工在选定中意的房屋时即可了解能够获得的贷款额度、还款方式，方便职工审时度势作出购房选择，促进合理购房意愿释放。三是数字赋能，实现住房公积金贷款“不见面”审批。扩大网上大厅业务范围，实现住房公积金贷款网上申报，缴存职工确定购房意向并签订购房合同后，线上即可申报贷款，实现“不见面”审批，进一步提高服务效率，提升群众办事满意度。

（二）聚焦融资场景，保障购房特色资金需求

聚焦购房融资场景，提供多样化政策支持，满足多层次住房需求。对于全款购房职工，可以在一定期限内每年提取公积金用于支付购房款。对于按揭贷款购房职工，可以分阶段提取住房公积金，一是与住建部门协调沟通，支持提取公积金用于支付购房首付款，从而减轻购房人首付款筹款压力；二是贷款期间，可以每年提取住房公积金用于偿还贷款本息或办理住房公积金“按月

冲还贷”业务，进一步减轻借款人还贷压力；三是对于购房额度仍不足的，支持办理“住房公积金+商业银行”组合贷款业务。通过多层次政策支持，能够有效发挥住房公积金杠杆作用，给购房人更多资金保障。

（三）聚焦入住场景，引入购房配套资金支持

聚焦民生所需，深化金银合作，充分发挥银行在金融服务方面的优势，不断提高为民服务能力和水平。与商业银行构建信息化合作、数据共享机制。一方面，住房公积金管理机构通过获取商业银行住房贷款数据，实现线上办理提取住房公积金用于偿还住房商业贷款本息，或使用住房公积金按月冲抵商业住房贷款本息，有效减轻缴存职工还贷压力。另一方面，商业银行通过获取职工缴存住房公积金有关数据，为缴存职工提供车位贷、装修贷、购买家具家电等低息消费贷款，解决缴存职工购房的“后顾之忧”，保障职工顺利收房入住，更好满足职工提高居住品质的消费需求。同时，商业银行对正常为员工缴纳公积金的企业客户，在贷款利率、规模管控、限额管理、个性化服务等方面提供系列政策优惠。通过“政银企”三方联动，持续推进金融产品和服务方式创新，既能让广大缴存职工享受到住房公积金政策红利，又能使缴存企业获得更加优惠便利的金融支持和服务，从而更好地满足企业发展融资需求和职工住房改善需求，不断提高为民服务能力和水平。

归集提取类12345政务服务热线承办工作及其改进

河北石家庄　杨世辉　刘　钊

聚焦为民办事、助企惠企，石家庄住房公积金管理中心（以下简称中心）将12345政务服务便民热线（以下简称12345热线）承办工作作为收集民生诉求、改善营商环境、提升政务服务能力的重要抓手，把解决问题摆在首要位置，紧盯群众满意度，优化服务流程，有力助推了住房公积金事业向更高质量发展。

一、12345热线承办工作基本情况

2023年，归集提取部门（不含各管理部）共承办12345热线转办工单398笔，其中：业务咨询277笔，占比69.60%，主要咨询缴存、提取业务所需材料，业务办理流程以及手机公积金App的操作方法等事项；多部门政务合作事项27笔，占比6.78%，主要咨询在银行托收、跨省通办、异地转移、房产协查等多部门政务合作方面遇到的问题的解决办法；对公积金政策不认可或对公积金政策优化提出意见建议94笔，占比23.62%，主要对提取情形、提取金额计算、提取所需材料等方面表示不满意或提出意见建议。在398笔承办工单回访满意度调查中，有12笔不满意工单，占比3.02%，集中在对提取政策的不认可。

二、12345热线承办工单分类情况

（一）归集、提取政策咨询

转派工单中，关于住房公积金归集、提取政策咨询很多。如："夫妻一方有房，商业贷款，到目前还未入住，仍在租房，提取公积金可以以租房名义提取吗？如果可以，需要什么资料？如果不能，需要以什么名义提取？需要什么资料？"

住房公积金关系到缴存职工的切身利益，涉及石家庄市百万缴存职工，社会关注度高，关于住房公积金缴存、提取政策咨询多，说明缴存职工对住房公积金政策了解较少。

（二）线上业务操作咨询

转派工单中，关于住房公积金线上业务功能及操作流程咨询较多。如："我在邯郸的公积金封存了，想转到石家庄，能否在手机App上操作？"

住房公积金线上业务操作为缴存单位和职工提供高效、便捷的业务办理渠道，但由于缴存单位和职工对住房公积金线上业务操作了解较少，加之没有中心工作人员的现场指导，导致缴存单位和职工在线上办理业务时存在较多疑惑。

（三）多部门政务合作事项咨询

转派工单中，关于银行托收、跨省通办、异地转移、房产协查等多部门合作业务整体占比较少。如："我先前在石家庄缴存公积金，后离职封存到北京缴纳，现要在北京公积金贷款购房，

北京称两个城市缴存年限能叠加，但要提供异地贷款证明和全部缴存明细，其表示要4年左右还款明细，望协助落实两种资料能否在北京办理跨省通办获得。”

“跨省通办”等业务以其便利性在缴存职工中的知晓度不断提升，预计咨询此类业务的数量将呈逐步上升趋势。

（四）归集、提取政策不认可和意见建议

转派工单中，缴存单位和职工认为归集、提取相关规定不合理，影响其办理住房公积金业务，对住房公积金归集、提取政策意见建议较多，是需要认真研判并在未来工作中改进的重点方向。

1. 增加大病提取情形，共3笔工单，占总工单数0.8%。如：“我是来自农村的一名普通员工，家人陆续查出来癌症，给家庭带来了很大的压力，原来家里直系亲属大病也可以提取住房公积金，现在咨询说取消了，亲人有大病急需用钱，但是公积金里有很多钱却不能取出来，希望加强审核，可以提取公积金，给家人大病急需用钱的家庭多一个选择。”

在与市民沟通中，我们了解到有市民到中心管理部咨询相关政策，但中心管理部给市民反馈由于大病不便核实相关资料的真伪，且以前发生过市民持虚假大病资料骗提住房公积金的情况，所以中心停止了该项提取业务。管理部的解释误导了市民，真实的原因是河北省住建厅在2018年出台《河北省住房公积金归集、提取管理办法》时，明确了住房公积金提取的13种情形，并不包括大病提取。

2. 增加提取频次，共7笔工单，占总工单数1.9%。如：“我使用商贷购买的房屋，每次提取都需要还款满12个月才可提取，导致自身还款压力大，北京公积金是3个月提取一次，建议石家庄公积金中心参照北京公积金政策改善提取规定。”

增加提取频次，可充分保障缴存职工的公积金权益，更好地发挥住房公积金支持缴存职工住房消费作用，但在现有工作框架和流程中，会增加前台业务压力，易引起缴存职工不满意投诉。经了解，已有重庆、广西南宁、河南郑州、安徽合肥、贵州毕节、内蒙古呼和浩特、河北邯郸等多个城市提供了相关服务。

3. 一人购房全家帮，共4笔工单，占总工单数1.1%。如：“父母买房，建议直系子女也能提取公积金帮忙。直系子女作为共同还款人，也能帮助父母买房，尽孝心，很多城市都可以。”

一人购房全家帮即缴存职工本人购房的，可提取本人、配偶、双方父母及子女的公积金，石家庄住房公积金管理委员会曾发布《关于住房公积金提取政策的补充规定》（石公管委〔2015〕10号），规定共同生活的未婚子女在本市或子女工作地购买首套普通自住住房的，其父母可以提取住房公积金账户余额。2018年因《河北省住房公积金归集、提取管理办法》出台，进一步明确提取情形，该政策随即终止。经了解，现有广东潮州、湖南邵阳、四川资阳、福建泉州、甘肃定西、安徽六安、山东聊城等多个城市出台了相关政策。

4. 异地购房提取放开户籍地或缴存地限制，共7笔工单，占总工单数1.9%。如：“目前我市公积金提取，需要缴存人在户籍地或缴存地购买房产，其他地域购房的，政策不予支持，但目前北京公积金已支持异地房产提取，建议结合京津冀一体化大背景，调整相关政策。”

住房城乡建设部、财政部、人民银行、公安部《关于开展治理违规提取住房公积金工作的通知》（建金〔2018〕46 号）规定：“重点支持提取住房公积金在缴存地或户籍地购买首套普通住房和第二套改善型住房，防止提取住房公积金用于炒房投机。”对非工作地非户籍地购买住房的，基于防止炒房的考虑，目前暂不予支持。但随着近几年房地产市场的变化，炒房者已寥寥无几，经了解，现有上海、重庆、广东深圳、四川绵阳、江苏南京、安徽合肥、湖北武汉等多个城市出台不限制缴存职工缴存地和户籍地的异地购房提取政策。

5. 租房提取业务希望一致对待，共 9 笔工单，占总工单数 2.4%。如：“本人就业于栾城辖区的一家公司，目前五险一金都在栾城区缴纳，关于公积金提取，目前只能到栾城公积金中心提取，非常不方便，建议我们栾城区域也能像市内四区一样，通过手机 App 直接提取，这样很方便。”

租住石家庄市非公共保障房提取住房公积金的政策在市内各区县是一致的，需要缴存职工在本市无自有住房且租赁住房才可提取，所提供资料为房管部门出具的缴存职工家庭无房证明。由于本市居民房产情况除市内四区在市住建部门统一登记外，其他区县的居民房产情况均由各区县自行掌握，因此，如判断一个缴存职工是否符合租房提取公积金的条件，需向市住建部门及其他 17 个区县的住建部门同时发起数据协查。2023 年 1—11 月共有 12 万人次办理了租房提取业务，数据量巨大，以中心现有硬件设施，无法支撑全部发起数据协查的任务。

6. 建议优化偿还商业贷款提取住房公积金业务材料，共 3 笔工单，占总工单数 0.8%。如：“近期，我通过跨省通办平台办理异地还贷提取业务，因打印的交易流水不符合要求，被退回，我认为此政策太死板，望核实情况，做好市民解释工作。”

偿还商业贷款提取住房公积金的金额由缴存职工偿还商业贷款的本息金额确定，在实际工作中，各商业银行的交易流水五花八门，内容繁杂，之所以要求银行贷款系统出具打印并加盖银行印章的最近三个月的还款明细，是因为各商业银行还款明细中包含客户姓名、贷款账号、贷款状态、还款卡号、本金余额、是否拖欠本金及逾期状态以及总已还本金、已还应收利息等系列信息，也可以辨别明细中的资金是否为偿还该笔住房按揭贷款，交易流水和 App 下载的流水记录中信息不全，中心工作人员无法识别贷款状态及偿还情况，也就无法计算缴存职工的提取额度。

7. 建议由他人代办提取住房公积金，共 2 笔工单，占总工单数 0.5%。如：“我要提取爱人的公积金（用于偿还房贷），带了身份证、结婚证等所有的信息，到公积金中心办理，被告知不是本人，所以无法办理，我认为不合理，望核实情况，针对提取政策要求做好反映人解释工作。”

《河北省住房公积金归集、提取管理办法》规定，职工委托他人办理住房公积金提取手续的，应当提供受委托人身份证件。中心为了避免缴存职工在不知情的情况下，被他人伪造委托材料，造成住房公积金被冒领的恶劣后果，在实际工作中仅支持职工本人办理或职工单位专管员代为办理住房公积金提取业务。经了解，代办是各地公积金提取管理中的常见现象。

三、关于 12345 热线承办工作的意见建议

当前，中心 12345 热线承办工作全市考核排名成绩比较靠前，但与人民群众的期盼还有一定差距。为了减少 12345 热线咨询投诉，提高群众满意度，应从下列几个方面发力，精准施策，久久为功。

（一）加大政策宣传力度，扩大政策宣讲广度，提升政策知晓度

一是加强政策解读，建立全方位政策宣传机制。发布政策时，政策文件与解读稿件同步推出，对各项政策都从“政策文件”“政策背景”“政策解析”“媒体报道”四个维度，通过图文解读、简明问答、新闻采访、制作发布示范视频等多元化解读形式精准解读，讲明讲透政策内涵。二是承办12345热线边回复、边宣讲。在承办12345热线中做好相关政策宣讲工作，对群众不理解的政策讲深讲透，减少群众对住房公积金制度的误解，加强沟通，消除疑虑，提高群众对住房公积金制度的感性认知。三是深化“窗口”阵地关键作用。充分发挥一线人员作用，通过岗位培训、工作交流、互学互比等形式，提升政策素养和服务水平，组建青年干部政策宣讲团，不定期开展有针对性的政策宣讲。把握缴存单位和群众需求，在各大合作银行设置咨询台，摆放公积金宣传材料，提供现场咨询和答疑解惑，提升公积金政策知晓度。

（二）加大信息化建设，提升线上业务比例，减少柜台业务

一是积极推进信息化建设。加快推动公积金信息系统和公共数据的共享互通，通过数据共享、流程再造，实现业务“申报零材料、审批零人工、款项实时达”，促进住房公积金业务办理提速增效。如加强与商业银行的信息化合作，在缴存职工办理偿还商业贷款提取住房公积金时，可通过数据共享渠道获取缴存职工商业贷款还款信息，实现偿还商业贷款线上提取公积金功能。二是加快提高硬件水平。增加业务系统承载能力，支持缴存职工线上办理租房提取公积金，让各县区缴存职工与市区职工享受同等便利；采用预约提取的方式，利用夜间系统空闲时段自动办理租房预约提取业务；借鉴银行业务综合一体机等自助设备，由中心职工引导并授权缴存职工办理租房提取、同城转移等材料简单、人数较多的业务，提高业务办理离柜率。三是大力提升智能服务能力。如充分利用智能回复技术，对咨询量大、关注度高的热点问题通过智能客服实现快速回答、精准解答，提升咨询回复的处理效率和标准化水平；设置“网络意见箱”，对缴存单位和职工办理业务不顺利的，当场引导其通过扫描二维码反映意见建议，直达中心各部门，省却12345热线投诉转办环节，实现“民意直通，诉求直达”。

（三）进一步优化政策，规范业务标准，提升服务满意度

一是适时优化政策。通过使用反馈、亲自体验等方式，体会群众的难点和堵点问题，逐一分析研判，适时优化政策，让缴存单位和职工体会到实实在在的变化。如允许委托提取公积金，参照住建部发布的《住房公积金提取业务标准》，对提取受托人受提取申请人委托、为提取申请人代办住房公积金提取手续的，要求提供提取申请人和提取受托人身份证明材料、经公证的授权委托书。二是规范业务标准。针对“线上线下不统一、不同地点不统一”的痛点问题，全面梳理公积金业务服务事项、规范业务操作流程、精简办事申请材料、压缩承诺办结时限，进一步细化业务具体情形，对所有业务情形逐一制定全流程操作规范，做到同一事项无差别受理、同标准办理。三是提高耗时业务办理时效。如对银行托收、跨省通办、异地转移、房产协查等多部门合作业务，加快处理速度，高效联动，切实做到“简单情形简单办、特殊情形特殊办、全部情形加快办”，为缴存单位和职工提供更加高效、精准、便捷的住房公积金服务，持续提升服务群众满意度。

（四）规范 12345 热线承办工作机制，推动热线承办工作上水平

一是建立 12345 热线“首接负责制”。参考“首问负责制”工作制度，按照“首接即办、全程跟踪、负责到底”的工作原则，明确第一个受理转派工单的部门为首接责任部门，首接责任部门应在接到热线转办单后及时与诉求人联系，核实相关情况，对属于本部门职责范围内的事项，按照制度要求及时处理，全过程跟踪工单，并在规定时限内反馈办结；如出现需多部门协同以及职责边界不清或者因诉求人表述不清等原因，非本部门处理的工单，也应主动作为，联系相关部门，协助诉求人，将反映的问题处理完成；对于难点问题，通过组织相关业务部门召开专题会议，争取解决群众实际问题。二是建立 12345 热线“三级处置”制度。针对同一诉求人对同一问题多次反映仍未解决的疑难问题，建立“三级处理”制度。诉求人对业务办理结果、服务过程不满意的，由部门工作人员慎重对待、妥善回复；诉求人对回复结果不满意，第二次反映诉求，要求协调解决问题的，科室负责人需组织精干力量认真研究、协调解决；诉求人仍不满意，第三次反映诉求的，需上报中心分管领导，由分管领导组织调度相关科室参与、群策群力处结。

（五）优化培养机制，打造专业化人才队伍

一是建立复盘体系。坚持以问题为导向，以群众满意不满意作为根本评判标准，通过不定期的典型案例分析会，以会代训，统一思想，提出解决思路，推广成功经验。二是开展 12345 热线承办人员电话沟通技巧培训。培训 12345 热线承办人员采用共情、同感、同心理的沟通话术，建立与诉求人的共识和信任基础；采用拉近关系进行安抚、降低矛盾的沟通话术，给诉求人一种有问题一起面对的感受；根据话题的需要，适时地站在诉求人的角度与诉求人沟通，让沟通在 12345 承办工作中产生最大的效能。

（六）坚持 12345 热线承办工作过程的原则性

在 12345 热线承办工作的具体实践中，有少数诉求人采取蓄意或过激的言语提出无理要求，甚至以要向上级部门投诉、恶意信访等方式要求解决其个人问题。在承办中如为了息事宁人就广开绿灯，不仅不符合依法依规按政策解决问题的工作原则，损害公积金中心的公信力，还容易让个别人产生“闹得凶就能解决”的错误认知，更可能引起他人的效仿，增加社会不稳定因素。因此，在 12345 热线承办工作的过程中要始终保持政策定力，坚持法治思想，依法履职，尽量做到群众诉求合理的解决问题到位、诉求无理的正确引导到位、行为违法的依法处理到位。

区域一体化发展背景下住房公积金政策宣传与解读优化路径研究

山东日照　王龙梅

伴随着社会经济的快速发展，群众购房需求不断增长，住房公积金在保障群众“住有所居”方面发挥着日益重要的作用。做好住房公积金政策宣传与解读工作，是推进政务公开、提升政务服务水平的必然要求，也是提升政府部门公信力、促进社会互信与和谐的有效途径。做好政策宣传解读工作，有利于提高社会公众对住房公积金政策的知晓度，加深公众对政策制定、调整行为的理解，有利于住房公积金中心更好地落实各项政策，也有利于保障公众知情权、参与权、监督权。随着国家关于加快建设全国统一大市场的相关部署，区域一体化发展步伐日益加速，这为实行属地化管理的住房公积金制度提出了新的课题，在“一城一策”的环境下，探索住房公积金政策宣传与解读高质量发展新路径刻不容缓。

一、区域一体化发展背景下，优化住房公积金政策宣传与解读的必要性

（一）有助于促进政策理解和认同，避免出现政策误解

一方面，对于各地市住房公积金中心自身来说，通过强化对员工的业务培训及政策解读，有利于提升干部职工对住房公积金政策的了解和掌握，以便在为缴存职工解答政策细节时做到准确、全面、口径一致；另一方面，通过强化政策宣传，开展权威性政策解读，有利于帮助缴存职工准确理解政策背景及制定意图，深化对住房公积金政策的理解，提高对政策的认同度，减少群众对政策的认知偏差，化解不必要的曲解误解。

（二）有助于促进住房公积金政策更好落地，提高政策执行效果

强化政策宣传与解读，可以提高公积金制度社会知晓度，让住房公积金管理中心执行政策的过程变得更加顺畅、更易操作，进而更好地帮助群众用好、用足公积金，让更多的群众享受到新政策的便民惠民举措，充分释放公积金制度红利，推动政策更好、更快落地，提升政策出台效果。

（三）有助于促进交流，畅通意见反馈渠道

一方面，优化政策宣传与解读，可以有效地加强公积金中心与群众之间的沟通交流，便于收集群众对于政策的反馈信息，为住房公积金中心完善政策、做好下一步的政策储备提供参考依据。另一方面，对于各地市公积金中心来说，可以加强彼此之间的业务联系，强化学习借鉴，有利于深化区域住房公积金政策一体化协同发展。

（四）有助于提高政策透明度，促进社会和谐稳定

对于区域一体化范围内的地市公积金中心，不可避免的一种情况是区域政策差异引发的群众攀比心理，通过优化政策宣传和解读，可以有效提高政策透明度，让群众对地市之间的政策差异有更加全面的理解，有利于提高群众对于政策的合意度，减少由此引发的舆情风险，有效促进社会和谐稳定。

（五）有助于推动房地产市场平稳健康发展

当前，经济下行压力依旧严峻，社会预期偏弱，有效需求不足，加之社会总人口逐步减少，城镇化明显放缓，老龄化不断加剧，住房需求大幅减弱，住房公积金行业发展面临前所未有的挑战。同时，近几年，住房公积金贷款和个人住房商业贷款利差收窄，住房公积金贷款利率优势有所减弱，这些对住房公积金发展都造成一些压力。在这种大背景之下，不断优化住房公积金政策宣传与解读，有助于为住房公积金归集扩面、资金投放工作夯实基础，更有利于提振住房消费，进而释放房地产市场内需潜力，推动房地产市场健康平稳发展。

二、区域一体化发展背景下，住房公积金政策宣传与解读现状

（一）“一城一策”背景下，住房公积金行业面临宣传尺度困境

在属地化管理的框架下，城市间住房公积金政策规定不尽相同，以群众最为关注的住房公积金贷款为例，各个城市之间在最高额度、贷款计算方式等方面的内容均存在差别，相邻两个地市动辄差距数十万之多，这对于群众来说，冲击力是巨大的。这种背景下，各地市公积金中心在宣传与解读新政策时，常面临“宣传势头大了会给周边地市造成压力、引发舆情”“宣传势头小了影响政策实施效果”的两难境地。如何把握住房公积金政策宣传与解读的尺度，成为摆在各地市住房公积金中心面前的难题。

（二）宣传方式传统，难以满足自媒体时代受众的信息接收习惯

当前，住房公积金政策宣传与解读的方式方法仍较为传统，线下多以宣传栏、明白纸、办事指南等宣传材料为主，线上多以官方网站、官方微信公众号等平台开展宣传，在其他平台也多以转发这两个平台的内容为宣传手段，缺乏更加灵活的方式，在自媒体蓬勃发展的当下，受众接收信息更注重即时性、契合性、个性化，住房公积金领域这种传统的宣传方式明显满足不了受众需求。

（三）缺乏宣传专业人才

从事住房公积金政策宣传与解读的基层工作人员，多为经济、金融专业，在从事窗口服务之余抽时间、精力，兼职从事政策宣传与解读，文字水平与表达能力均未受到系统培训，缺乏宣传解读技巧，加之政策宣传解读工作特有的对政策融会贯通、语言表达、情绪安抚等方面的要求，不少员工难以胜任该项工作，这与实际需求存在不匹配的情况。

（四）重“告知”轻“解读”，对缴存职工需求考虑不足

在住房公积金领域，各地市公积金中心每年均开展政策宣传月活动，但放眼各地市的宣传解读，仍多以政策条文的生搬硬套为主，虽然凸显了政策的严肃精准，但总体来看，内容表达冗长晦涩，对于普通民众来说，语言不够“接地气”，导致公众一知半解。此外，普遍存在侧重单方面告知、解读深度不够等问题，缺乏换位思考式的人性化解读。

三、区域一体化发展背景下，住房公积金政策宣传与解读优化路径研究

（一）进一步完善住房公积金区域一体化合作机制，实现互利共赢

1. 一体化发展区域内住房公积金中心应尽快探索建立政策出台前会商制度。在政策出台前充

分对接、互通互商，进一步深化公积金政策协同，让公积金更加适应加快构建国内国际双循环、促进劳动力要素自由流动、建设全国统一大市场的时代发展要求，同时，也避免出台新政给周边地市公积金中心造成被动的局面，将舆情风险降至最小。

2. 一体化发展区域内住房公积金中心应尽快探索形成整体联动、同频共振的政策传播与解读格局。在政策出台后，各地应凝聚宣传合力，充分尊重群众诉求，将地市之间公积金政策差异的原因、背景从官方渠道解读到位，真正站在群众的角度，尤其是跨地市流动人口的角度，为群众提供一对一的精准宣传与解读，帮助群众更好地享受公积金制度红利。应进一步强化交流，提升内部员工对周边地市公积金政策的掌握程度，以便于在开展宣传与解读时全面、精准地为跨地市流动人群提供政策服务。

3. 一体化发展区域内住房公积金中心应尽快探索打造政策舆情化解互助机制。针对不同城市间住房公积金差异化政策引发的群众攀比心理，地市公积金中心之间应尽快建立互助处理机制，通过政策联合讲解、提供一对一“管家式”政策服务等方式，妥善化解群众对于区域政策差异的不理解与不满情绪，确保政策正向宣传的主导地位。

4. 尽快探索住房公积金资金跨区域调剂互补。在现有的属地化管理模式下，住房公积金资金由各市自管，较为分散，运作效率不高，要破解这一问题，区域一体化范围内住房公积金中心之间可探索建立住房公积金资金跨区域调剂机制，将各地市孤立分散的“小水池”整合为可循环互通的“大水库”，在城市和城市之间搭建起资金桥梁，打破住房公积金资金运作的封闭性和区域性，从而实现资金融通，有效缓解部分市住房公积金资金流动性紧张问题，提高部分市存量公积金资金过高、收益率偏低的问题，解决部分市因资金紧张实行公积金贷款轮候、未开办或有限制地开办异地公积金贷款和“商转公”贷款的问题，更好地满足群众的住房资金需求，也将为住房公积金政策宣传与解读创造更加宽松、和谐的环境。

（二）采取“走出去+请进来”相结合的灵活方式，全方位开展住房公积金政策宣传与解读

1. 加强内部学习与培训，提升公积金队伍宣传、解读能力与本领。全方位开展政策培训与锻炼，提高干部职工对住房公积金政策的掌握程度，打造业务过硬、本领过硬、服务一流的住房公积金业务“尖兵”，确保开展宣传、解读时解释精准、全面、高效、深入，为群众服务到位。

2. 优化宣传手段，提升宣传、解读的针对性。发挥新媒体快捷无感化模式，对群众关心关注的住房公积金缴存、贷款使用和服务举措情况进行重点宣讲和答疑解惑，送到群众的眼前指尖，进一步提升公积金政策知晓度。通过设立政策咨询台、宣传展板、发放政策宣传手册等形式，深入大型企业、楼盘社区开展多种形式的公积金政策集中宣讲。灵活运用各类新媒体平台，探索采取线上直播、“智能管家”等方式，提升政策服务的可及性、精准度，满足不同群体的信息接收需求。坚持向前一步、主动服务，强化沟通交流，让政策宣传走在企业和群众上门办事之前，切实做到“有求必应、无需不扰”。

3. 应坚持问政于民，问需于民，问计于民。在宣传与解读的过程中，广泛组织开展“政府开放日”活动，邀请市民代表走进住房公积金窗口一线、列席主任办公会，在交流中大力宣传、展示公积金制度在改善职工住房条件中发挥的作用，提高群众参与度，让更多的群众走进公积金中

心，了解公积金政策制定的流程，为公积金制度高质量发展营造良好的舆论氛围。

（三）提高政策解读深度，提高群众合意度

1. 组建住房公积金政策解读专家队伍和工作团队，综合运用数字化、一图读懂、音频视频等方式，进行形象化、通俗化、多元化解读，不断提升政策解读的针对性、科学性；充分运用新媒体及官方网站、微信微博和移动客户端，做好重要政策措施宣传解读工作，发挥主流媒体“定向定调”作用，正确引导舆论，增强政策解读的传播力和影响力。

2. 提高解读方式与解读技巧。为方便群众对政策准确认知、正确理解，住房公积金管理中心在开展政策解读时应尤为注重解读方式与技巧：政策出台前应广泛征求群众意见，更要认真回应群众反馈的意见，对于吸纳的意见要注重解释，对于未予采用的意见要及时解释清楚原因，提高群众参与感与获得感；政策出台后，要及时发出权威声音，灵活使用接地气、贴民心的通俗语言解读群众关注的热点，注重解释政策调整、变动的背景原因、来龙去脉，化解群众疑虑，提升群众对政策的认同感和合意度。

3. 完善政策跟踪回访机制，稳妥处置政策执行中的舆情反映，适时回应群众诉求。建立完善政策跟踪回访机制，密切关注政策出台后的实施反馈情况、群众满意度及舆情状况，对执行中遇到的具体问题，要认真研判、主动跟进，必要时应连续解读，及时回应社会关切，防止政策信息因失实失真、言论不当误导公众，避免舆情发酵引发负面影响。

后　记

住房公积金制度诞生30多年来，经济实力不断壮大，作用发挥日益充分，已经成为中国特色社会主义建设中的一支生力军，为经济社会发展和小康社会建设作出了重要贡献。住房公积金理论研究氛围浓厚，优秀学术成果层出不穷，在住房保障和住房政策性金融领域独树一帜。各地住房公积金研究会（协会）工作卓有成效，充分发挥了理论研究、工作交流、联谊共进作用，起到了参谋助手、交流平台作用。

河北省住房公积金研究会第四届理事会成立以来，十分重视理论研究与学术交流，开展了一系列卓有成效的工作，在全国的影响力越来越大。2024年1月，河北省住房公积金研究会联合燕山大学住房公积金研究中心、天津师范大学经济学院、住房公积金研究杂志社、住房保障与住房公积金报社，在河北神玥软件科技股份有限公司的赞助下，举办了“神玥杯”住房公积金论文大赛活动。活动得到了业内外专家学者和公积金从业人员的热烈响应与积极参与，组委会共收到参赛论文112篇，涉及住房公积金改革发展、制度完善、规范管理、优质服务、精神文明、文化建设等方方面面，代表了国内住房公积金理论研究的较高水平。本着严肃认真、公正公平的原则，组委会聘请了国内知名专家学者组成了评委会，通过盲审评出了各类奖项，并于2024年9月在北戴河举办了颁奖大会和学术交流活动，在全国引起了很大反响，受到了行业内外广泛关注。

为了充分展示论文大赛成果，进一步加强学术交流，我们甄选了获奖作品和优秀作品59篇，分为制度改革、机制完善、归集扩面、贷款管理、风险防控、法制建设、数字化、服务提升8编，出版了这部《住房公积金高质量发展研究》文集，以充分展示理论研究成果，供社会各界参阅和学术交流。

本次论文大赛和优秀论文集的出版，得到了河北省住房和城乡建设厅的关怀与支持。河北神玥软件科技股份有限公司给予了全方位大力支持，使论文大赛、学术交流、图书出版等一系列活动得以圆满进行。河北省住房公积金研究会会长吴铁、《住房保障与住房公积金报》总编辑莫鹤群、《住房公积金研究》杂志总编辑谷俊青分别为本书作序，在此一并表示感谢。

当前，高质量发展已经成为住房公积金行业的发展主旋律，各地以改革创新、规范管理、优质服务为主题，开拓进取，主动作为，在满足职工高质量住房需求、发挥住房保障基础性作用、促进房地产市场持续健康发展方面起到了重要作用。我们相信，这部文集的出版，必将为促进住房公积金事业高质量可持续发展起到积极的推动作用。

风劲正是扬帆时，白云常在有新天。我们期待有更多更好的理论研究成果问世，期待更多的有识之士投身于创新发展的大时代，用我们的智慧共同描绘住房公积金事业发展的美好蓝图。